21세기 목회학

21세기

21세기의 목회를 꿈꾸는 사람들을 위한 책

목회학

이용원 지음

도서출판

소망사

머리말

    시대가 아무리 변해도 하나님의 교회는 계속 존속할 뿐 아니라 계속 성장하고 발전해야 한다. 20세기 말부터 한국교회는 그렇게 자랑하던 유례 없는 성장은 고사하고 성장의 위기상황을 감내해야 하는 형편이다. 따라서 교회의 최고 지도자들이요 목회를 책임지고 있는 목사들의 책임과 고뇌도 깊어지고 있다고 보아야 할 것이다. 이런 상황에서 21세기의 목사 후보생들과 목사들이 목회 현장에서 참고로 삼을 수 있는 글을 내놓는다는 마음으로 이 글을 정리해본다.

    우선 21세기의 시대적 상황을 이해하는 것이 우선이라고 생각하고 21세기의 한국 사회와 교회를 전반적으로 이해해보려고 했다. 변화하는 문화적 상황과 거기에 따르는 21세기형의 인간상을 찾아보는 것이었다. 다음으로는 목회에 임하는 목사 상을 그려보려 했다. 무엇보다도 자기 정체성(identity)을 먼저 분명히 하지 않고 목회 현장에 뛰어들어서는 하나님께나 교회에, 그리고 자신에게도 불행한 일이라고 믿기 때문이다. 목사는 거의 팔방미인이 되어야할 만큼 다양한 기대치를 감당해야 하는 사람이다. 그만큼 보람도 있지만 부담도 결코 적지 않다. 목회는 목사의 생활과 사역이라는 양면이 모두 관련되는 일이다. 생활이 곧 일이요 일이 곧 생활이라는 말이다. 따라서 그의 삶과 관련해서도 몇 가지 고찰을 시도했었다.

    그리고 목회의 실제를 논하기 전에 먼저 불변하는 목회 원리(철학)들을 거론했다. 아무리 시대가 바뀌고 문화적 흐름의 소용돌이가 몰아쳐도 불변하는 목회 원리들을 분명하게 가지지 않고서는 바른 목회, 성공적인 목회를 기대할 수 없으리라는 확신 때문이었다. 천년이 지나도 그 자리를 지키는 바위처럼 확고한 목회 원리들을 신념으로 삼아야하는 것이다. 그러나 목회를 위한 실제론들은 상황에 따라 최대한 활용하고 적응하지 않으면 안 될 것이다. 마치 강물이 지형따라 유유히 흐르듯이 양보할 것은 과감하게 양보하고 취할 것은 취해야만 할 것이다. 상황에 빠져들어 허우적거려서는 안 되지만 주어진 상황을 최대한 이용하여 사역의 효율성을 높이지 않으면 안 될 것이다. 결국 각론도 거의 원론적인 수준을 벗어나지 못하고 있음을 밝혀둔다. 실제는 항상 주어진 원리들을 활용하여 그 현장에 가장 적합하게 재창조되지 않으면 안 되기 때문이다. 실제를 다룬 몇 장은 이미 전에 발표되었던 것이라는 점도 밝혀둔다.

그리고 이 책은 서울장신대학교의 연구비를 지원받아 내놓게 되었음을 밝혀둔다. 그동안 강의를 기꺼이 들어주던 학생들과 여러 모로 기도와 도움을 베풀어주시던 분들께 감사를 드리면서 이 작은 글이 21세기의 목회를 꿈꾸는 사람들과 목회 현장에서 부딪히고 있는 목사님들께 작은 도움이라도 되기를 간절히 기원하면서 머리말에 가름한다.

2005년 봄 학기를 보내면서
이 용 원

목 차 contents

교회가 살아가는 그리스도의 몸이라면, 그것이 자연스럽게 성장해야 한다. 따라서 나쁜 목적의 결과로 삶을 잃어 가기는 쉽지만 기적 성장으로 나가기 어렵다. 교회 성장에 의해 타락적인 시각을 가진 사람들이 있겠는 하지만 바른 신앙의 시각을 비롯하여 살아나면 무정적인 시각보다는 긍정적인 시각으로 교회 성장을 보아야할 것이다. 그리고 교회 성장을 위해서는 복음 전도(evangelism)는 필수적이다.

현대 사회에서의 가장 시급한 문제 중의 하나가 가정 갈등이라는데, 거의 가족의 아이가 일하고 있을 먹고 대나기로 내가족 내가족 제도는 무너지고 핵가족 시대가 도래하면서 이와 주의 정치와 사회 문제가 맹배하면서 대두된 문제이다.

교회는 유기적으로 구성되므로 하나의 몸에서 누구나 부능하며 목적을 관계 가게 시작에 건강한 우리에 없이 서로 상호교통적으로 얽혀야 한다.

21세기를 맞이한 한국교회는 유럽의 붕괴 과거도서 통일되기 되어 멀지 못 고 2가라는 기대나 더불어 북한 선교에도 재우가 관심 안고 있다.

오늘의 한국교회는 하나님께로부터 칭찬들을 수 있는 좋은 교회인가? 물론 목사들은 모범된 모든 교회지도자들이 건전하고 홍살을 데가 같지 않은 좋은 교회를 추구하고 있다.

교회의 머리는 의심지 않는 목자이신 물론 우리 그리스도 몸이 되신 교회가 성장하면 바라는 것은 당연하고 할 수 있다. 교회가 성장하면 자신의 공동체이며 힘이 약해질지도 모른다고 두려워하는 교회이 아니라면 자기 교회나 세부 한 그룹 장기되거나 설치와 증진 성도가 늘어들기를 바라는 사람은 없을 것이다.

우리는 급격하는 사회에서 세계에서나 두고 경쟁시대라는 걸을 수없이 돌으면서 살고 있다. 무단 경쟁시대는 적당인간은 있다는 최적자(適者) 생존 survival of the fittest)이라는 것이 진화론자들이 쓰임 개념을 선택로 하고있으고 할 수 있다.

제1장

21세기의 사회와 교회를 이해하라

21세기의 사회적 환경은 무엇보다도 전반적인 급격한 변화를 그 특징으로 한다고 할 수 있다. 20세기에도 우리는 흔히 오늘의 10년간의 변화는 과거의 100년간의 변화보다 크다는 말을 해왔다. 아마 21세기는 1년간의 변화가 과거의 100년간의 변화보다 더 크다고 해야 할지도 모른다. 그러나 그 변화의 이면에는 그 사회가 가지고 있는 변하지 않는 문화적 정신적 전통이 있다는 것도 결코 간과할 수 없는 진리라고 할 수 있다. 이런 양면성을 가진 사회적 문화적 환경을 바로 이해하지 못한다면 시대에 맞는 바른 목회를 논할 수는 없을 것이다.

I. 21세기의 사회 이해

현대 사회의 일반적 특성 – 변화와 탈 권위

앞에서 말한 대로 현대 사회의 특성 중에 가장 두드러진 것은 급격한 변화라고 할 수 있다. 그리고 그런 변화의 중심에는 늘 과학 기술의 혁명적 발달과 사회를 구성하고 있는 사람들이 가지는 의식의 변화, 즉 가치관과 사고방식의 변화가 자리잡고 있다(이문균 1999: 69). 전자를 고려한 목회라고 하면 늘 새롭게 전개되는 정보화 사회와 멀티미디어 환경을 활용하여 목회와 선교 사역의 효율성을 높여야 할 것이다. 인류 역사는 3,000년간의 농경사회와 300년간의 산업사회를 거쳐 이제 정보사회가 절정에 이르고 있다고 할 수 있으므로 이런 현실을 활용하지 못하고 늘 농경사회나 산업사회적 사고에 머물러 있어서는 현대인들을 상대로 효율적인 목회를 할 수는 없을 것이기 때문이다. 물론 그렇다고 농경사회 의식이나 산업사회 의식을 완전히 버려서도 안 된다. 사회 구성원들은 매우 다양한 계층으로 이루어져 있고 목회는 그 다양한 계층의 사람들을 모두 대상으로 삼고 있기 때문이다.

그러나 목회에 직접적 영향을 미치고 더 중요하게 고려해야 할 것은 후자, 곧 사람들의 의식과 가치관, 사고방식의 변화라고 할 수 있다. 목회는 사람들을 대상으로 하는 일이기 때문이다. 그리고 전자는 활용하기만 하면 되지만 후자는 목회 사역의 대상으로 삼아 그들을 그리스도의 제자들로 양육하고 성숙한 그리스도인들로 살아가도록 해야 하기 때문이다. 사람들은 각기 다른 인격체들이기 때문에 현대인들에 관한 이해를 어느 정도 했다고 해서 그것을 기계적으로 대입하여 사람들을 이해하거나 다룰 수는 없다. 그렇다고 하더라도 일반적인 특성에 대한 이해를 포기해 버릴 수는 없다.

급변하는 현대의 사회의식을 흔히 크게 묶어서 포스트모더니즘(post-modernism)이라고 부르고 있다. 그것은 새로운 시대를 살아가는 현대인들의 사고와 행동을 지배하고 있는 시대 정신 또는 시대 풍조(風潮)를 말한다. 이런 사고 양식의 특성을 제대로 이해하려면 여러 권의 책을 읽고 써야 할 것이지만 우리의 관심은 포스트모더니즘 자체에 있는 것이 아니라 목회와 관련될 수 있는 특성들을 이해하려는 데 있으므로 그 중 중요한 몇 가지를 살펴보는 것으로 만족하려 한다. 먼저 현대인 특히 신세대라고 지칭되는 사람들의 특성은 흔히 이야기되듯이 지성적이기보다는 감성적이라고 할 수 있다. 그래서 그들은 절대불변의 진리를 교조적으로 받아들이기를 좋아하지 않는다. 또 무슨 의미 있고 참된 진리를 추구하는데도 미온적이다. 오히려 다양성과 다른 사람들과는 다른 차별성과 개성을 추구하고 지적 경험을 즐기기보다는 감성적인 경험을 더 선호하고 또 누리려고 한다. 철학 강의보다는 현대 음악에 심취하는 경향이 그런 특성을 잘 보여준다.

그런 성향은 결과적으로 권위를 거부하거나 무시하게 된다. 기성세대가 경험한 어린 시절에는 아버지의 권위가 거의 절대적이었는데 반해 오늘의 어린 아이들은 아버지와 대등한 위치에서 맞먹게 되는 현상과 같은 것을 말한다. 우리 사회의 도처에서 이런 권위에 대한 도전, 거부, 무시 등은 발견된다. 국민이 대통령의 이름을 가볍게 입에 올리는 경우나 초등학교 어린이가 선생님을 경찰에 고발하는 등의 현상이 모두 그런 풍조를 대변한다. 그리고 개성의 강조는 개인주의적 사고를 발전시키고, 상대성의 선호는 상대주의적 사고를 발전시킨다. 절대적 권위는 받아들여지지 않고 어디서나 상대적 가치만 인정되는 것이다. 결국 전통에 충실한 전문적 지식인이나 전문가보다는 창조적 발상을 하는 사람이 존중되고, 따라서 전통보다는 새로운 변화를 추구하며, 사회 모범생으로 통하는 표준적인 삶보다는 개성이 분명하게 드러나는 삶을 추구하게 된다. 다른 사람 특히 기성세대가 어떻게 볼 것인가에 전혀 신경을 쓰지 않고 나름대로의 자유를 누리되 또래 그룹의 관심의 대상이 되기를 바라기는 한다. 그들은 깊이 생각한 후에 어떤 결단을 내리고 그 결단에 따라 행동하기보다는 단순하고 순간적인 경험을 즐기고 누리는 것으로 만족할 줄도 안다. 연예인들이 선망의 대상이 되고 개그맨들의 연기를 즐기는 것도 이런 현상으로 설명할 수 있을 것이다.

이런 특성들이 종합적으로 드러나는 사회는 다양성을 그 특성으로 한다. 다른 한편 산업과 기술이 발달한 결과로 교통수단의 발달은 눈부시게 이루어지고 있고, 거기다가 정보화의 속도가 가속됨으로써 세계의 문화는 하나의 '세계 문화화(文化化)' 하고 있다고 할 수 있다. 청바지를 입으면 세계 어디에서나 통할 수 있고 코카콜라는 세계 어디에서나 선호되는 음료가 된 것이다. 다시 말해서 현대 사회는 다양성을 기본으로 하면서도 문화적으로는 공통성이 짙게 지배하는 사회가 되고 있는 것이다. 문화적으로는 미국과 한국의 차이가 크게 없고 도시와 농촌의 차이가 그리 크지 않다는 현상이 그것을 대변해준다. 신세대가 그렇게 개성과 차별성을 강조하고 추구하면서도 옷차림이나 헤어스타일로는 남녀를 구별하기 어렵게 되는 현상도 같은 흐름에서 이해할 수 있을 것이다.

현대 사회의 일반적 특성 – 경제 우선의 사회

현대 사회는 경제가 우선시되는 사회라고 할 수 있다(Anderson 1990: 26-27. Means 1993: 35-52). 과거 수천년간의 인류 역사는 정치적 지배가 우선하는 사회였지만 오늘과 내일의 인류 사회는 경제적 지배가 정치적 지배에 우선한다는 것이다. 국가 경쟁력은 경제력으로 평가되고 군사력마저 경제력에 비례하는 사회로 변하고 있는 것이 현실이다. 그리고 그 이면에는 빈부 격차의 심화라는 고민도 함께 해야 하는 사회이기도 하다. 빈익빈(貧益貧) 부익부(富益富) 현상은 사회 전반에서 볼 수 있는 현상이고 교회도 이런 현상에서 예외가 아니다. 성장하는 교회는 가속도가 붙는 것처럼 급성장하고 영세한 미자립 교회들은 어려움에서 헤어나기가 매우 어려워지는 현실인 것이다.

경제 우선의 사회는 도시화와 인구 집중이라는 현상을 낳는다. 세계적으로는 이미 인구가 60억을 넘어섰지만 그 증가는 거의 후진국에서 이루어지고 있다고 할 수 있다. 소위 기독교 국가라고 하는 나라들은 인구 증가율의 급감으로 고민하는데 반하여 이슬람 국가들의 증가율은 여전히 높다는 것도 선교적인 안목에서 보면 하나의 위협이라고 할 수 있다. 우리나라도 인구 증가율의 감소로 인하여 노인 인구는 급증하여 노령화 사회로의 조기 진입이라는 고민을 안겨주고 반면에 그들을 부양해야 할 노동 인구는 감소한다는 어려움을 예견하고 고민하는 것이 현실이다.

또한 현대는 대부분의 인구가 도시에 집중되어 살게 되고, 지역적으로는 도시가 아닌 곳에 살고 있는 소수의 사람들도 도시화된 생활양식으로 살게 되는 현실이다. TV나 인터넷을 통한 정보화 사회는 도농(都農)의 구별이 어렵도록 하고 있고 생활 양식이나 생활 의식(意識)까지도 큰 차이가 없어지는 것이다. 우리 사회에서 지역 균형 발전론이 크게 논의되는 것도 같은 맥락에서 이해할 수 있을 것이다.

그리고 이런 경제 우선의 사회는 경제발전 추진 과정에서 피할 수 없는 환경오염과 생태계의 위기라는 고민도 안겨준다. 아직은 말로만 위기 상황을 이야기하는 단계를 크게 벗어나지 못하고 있지만 멀지 않은 미래 사회는 자연 생태계뿐만 아니라 인간 사회 자체가 생존의 위협을 겪을 수도 있으리라고 예견하기도 한다. 이런 환경오염과 생태계의 위기를 불러오는 주범은 인간이요, 인간의 삶을 좀 더 편이하게 하려는 이면(裏面)의 현상이다. 따라서 교회는 이런 위기론 앞에서 어떻게 하나님께서 주신 지구와 자연 생태계를 지키고 보전할 수 있을지를 고민하고 거기에 대처하기 위한 적극적인 노력을 보여야 할 것이다. 교회의 선교적 과제가 단순히 사람들을 복음화하는 차원에서 벗어나 하나님의 창조 세계를 보전하고 지키는 일에까지 미쳐야 하는 것이다.

우리는 또한 현대를 인간의 도덕적 타락과 세속화가 가속되는 사회로 인식할 수밖에 없다. 도덕적 해이 현상은 도처에서 발견되고, 어쩌면 전통적 가치를 기반으로 유지되어오는 사회의 붕괴라는 비극적 현상이 올 수도 있으리라는 위기감이 감지되기도 한다. 이런 도덕적 타락상은 갈수록 심화되고 다른 한편에서는 '하나님 없이도 능히 살 수 있다'는 신념체계인 세속주의 정신이 팽배하는 사회가 되고 있다. 결국 하나님을 두려워하지 않는 행태(行態)를 교회 밖에서 뿐 아니라 교회 안에서도 적지 않게 볼 수 있기 때문이다. 이런 현상을 한마디로 세속화 사회라고 부를 수 있다. 결국 하나님의 교회 안에까지 세속화의 물결이 들어와 교회의 세속화라는 부정적인 현상들이 도처에서 감지되기 시작하는 현실을 부인할 수 없는 것이다. 사람들의 의식이 세속화되고 있고 그 흐름에서 그리스도인들, 특히 교회 지도자들마저도 자유롭지 못한 것이 오늘의 현실이라고 해야 할 것이다.

영적 기갈의 사회

세속주의 정신의 팽배와 세속화의 이면은 영적 타락의 시대 또는 영적 기갈의 사회가 있다(Peterson 1992: 44). 현대의 종교적 신앙적 상황은 세속주의와 더불어 하나님을 떠나 자기를 신뢰하는 지극히 인본주의적인 상황, 곧 탈 신앙적 상황을 표출시키고 있다. 그리고 종교와 신앙에 관심을 가진 사람들도 철학적 신학적 논증을 추구하는 사람들은 점점 줄어들고, 반면에 초자연적 체험을 추구하는 사람들이 늘어날 것이라고 예상한다. 현대는 세속주의와 더불어 뉴에이지 운동도 커다란 하나의 흐름으로 이해되어야 하고 거기에서는 초자연적인 것에 관심을 크게 드러내고 있기 때문이다.[1] 이런 현상은 만화에서부터 소설이나 영화까지 현대 문화를 지배하는 모든 분야에서 초자연 초능력이 빠지고는 흥행의 대상에서 제외되는 것에서 분명히 볼 수 있다.

결국 교회 안에서도 이론적인 신학보다는 이적과 기사(signs and

wonders)에 대한 관심이 커가며 은사 중심의 갱신운동(charismatic renewal movement)에 대한 관심이 높아가는 현상, 곧 전 세계적으로 오순절 계통의 교회가 급성장하고 있는 현상이 이를 반영하고 있다고 할 수 있다(Anderson 1992: 20; Peterson 1992: 44). 한국 교회의 경우에도 대형 교회로 성장한 교회들은 교단 관계없이 대체로 체험이 강조되는 교회임을 보면 이런 현상에서 결코 예외일 수 없다. 따라서 현대 교회는 신비를 무시하거나 외면하기보다는 건전한 바른 신비를 추구해야만 할 것이다.

가정의 위기

이런 변화의 소용돌이 속에서 나타나는 다른 하나의 현상은 가정의 위기라는 현상이다. 인간은 사회적인 존재로서 가정이라는 작은 사회에서 태어나서 가정이라는 테두리 안에서 자라서 또 하나의 가정을 이루고 살다가 가정에서 죽는 존재로 이해되어 왔다. 그런데 현대는 이 가정이라는 기초 공동체가 위기를 맞고 있다는 것이다. 물론 한국사회는 좀더 강한 유대감으로 얽혀있는 가정 문화를 지켜왔기 때문에 서구 사회보다는 덜 하다고 하더라도 우리 사회도 이미 가정의 위기 시대가 도래하였음을 부인할 수는 없다. 이혼율의 급속한 증가는 그 점을 분명히 보여주고 있다. 결국 결손 가정(broken family)이 늘어나고 거기에서 파생되는 청소년 문제 등의 부차적인 문제들이 사회문제로 떠오르는 것은 당연한 귀결이라고 할 수 있다.

그리고 아직 국내에서 조사 연구된 보고서를 찾기는 어렵지만 미국에서 나온 연구보고서들을 보면 우리 사회도 예외일 수 없다고 판단할

---

1) 뉴에이지 운동은 에덴 동산에서 "너희가 그것을 먹는 날에는 너희 눈이 밝아져 하나님같이 되리라 (You will be like God)"고 하던 사탄의 책략의 연속상에서 이해되어야 한다. 이런 이해를 좀 더 넓히려면 Erwin W.Lutzer and John F. Debries, *Satan's Evangelistic Strategy for This NewAge*(Wheaton, Ill.:Victor Books, 1989)를 참고하라.

수밖에 없는 현상 중의 하나는 심각한 가정 폭력이라는 문제이다. 인간 역사에서 폭력행사는 늘 있어온 현상이고 가정폭력도 여성의 인권이 신장되지 못했던 과거에는 여성들의 인고(忍苦)의 역사에 묻혀버렸지만, 현대에 와서 여성들의 인권이 신장되고 여성들도 제 목소리를 내게 되면서 표면적으로 두드러지게 나타나는 하나의 현상이라고 할 수 있다. 미국의 경우 가정을 이루고 있는 부부들 중 삼분지 일 이상이 가정폭력 문제로 고통받고 있다고 보고될 정도로 그것은 심각한 사회 병리 현상의 하나로 부각되고 있는 것이다.[2] 놀라운 일은 외견상으로는 건전한 부부관계를 유지하는 것으로 보이고, 교회에서는 봉사활동을 헌신적으로 하는 사람들 중에도 이런 문제로 고민하고 고통받는 사람들이 많다는 것이다. 가정생활이라는 특수성 때문에 밖으로 쉽게 드러나지 않을 뿐인 것이다. 혹 폭력이라는 이름으로 경찰에 신고를 하더라도 대체로는 부부문제이니까 두 분이 잘 해보라는 정도의 반응을 얻을 뿐이고, 목사님께 상의를 해도 기도해주는 것 이상의 다른 답을 얻지 못하는 것이 현실이다. 더군다나 한국사회의 경우 이런 은폐성이 더욱 크리라는 것은 쉽게 짐작할 수 있는 일이다. 이런 몇 가지 현상만으로도 21세기의 우리 사회는 가정의 위기라는 분명한 병리현상으로 어려움을 겪게 되리라고 분명히 말할 수 있는 것이다.

세계화와 지방화

교통수단과 정보 전달 체계의 급격한 발달로 현대가 세계화(지구화: globalization)의 시대가 되고 있다는 데는 이론의 여지가 없다. 세계가 일일 생활권에 들어왔다고 할 수 있고 마치 지구가 하나의 마을인 것처럼

---

2) 이 문제를 좀 더 관심을 가지고 살피려면 S.R. McDill and Linda McDill, *Dangerous marriage*(Grand Rapids, Michigan: Fleming H. Revell, 1999)를 참고할 수 있다.

변한 것이다. 그래서 지구촌(global village)이라는 말이 이미 상식적인 언어가 되고 말았다. 이제 세계화의 물결은 거스를 수 없는 하나의 거대한 물결이다. 우리가 그 바람과 물결을 잘 이용하면 우리 사회나 교회는 순조롭게 그리고 굉장한 힘을 얻어 발전하겠지만 그것을 역행하려 하다가는 아마 파선이라는 쓰라린 체험을 하게 될 것이다.

기독교는 처음부터 세계화를 목표로 하여 꾸준히 달려왔다고 해도 틀린 말은 아닐 것이다. 예수께서 부활하신 후 승천하시기 전에 제자들에게 주신 지상명령(至上命令)은 기독교가 처음부터 복음의 세계화를 지향해왔음을 보여주기 때문이다. "너희는 가서 모든 족속으로 제자를 삼아 아버지와 아들과 성령의 이름으로 세례를 주고 내가 너희에게 분부한 모든 것을 가르쳐 지키게 하라"(마 28:19-20)는 말씀은 지상에 흩어져 있는 모든 사람들이 복음화와 제자화의 대상임을 밝히고 있는 것이다. 그러므로 교회는 오늘의 세계화의 흐름을 주님의 명령을 순종하여 온전히 수행할 수 있는 계기로 삼아야 한다.

그러나 세계화 물결의 다른 한 편에는 지방화라는 흐름도 있음을 간과해서는 안 된다. 양자는 언뜻 상반되는 개념으로 보인다. 그러면서도 그것은 현대의 시대상을 보여주는 현대의 양면이라고 할 수 있다. 세계화가 급속히 진행되고 있는 다른 한편에서는 지방 분권화의 물결도 도도하게 흐르고 있기 때문이다. 제 2차 세계 대전 이후 수많은 신생국가들이 독립한 뒤를 이어 20세기 말에 이르러서는 거대한 소련(소비에트 연방 공화국: the Union of Soviet Socialist Republics)이 17개의 독립국가로 분립되었고 이런 추세는 세계 도처에서 볼 수 있는 하나의 현상이다. 우리나라에도 이미 지방 자치제가 도입되었고 지방의 균형 발전이라는 과제는 거의 국가적 과제로 이해되고 있다. 이런 지방화의 흐름은 정치적인 측면에서만의 흐름이라고 할 수는 없다. 이것은 현대의 전반적인 정서의 흐름이라고 이해되어야 하기 때문이다. 다시 말해서 절대 권위에서 탈피하여 개성을 강조하고 차별화를 추구하는 의식이 이미 모든 분야에서 표출되고 있는 것이다. 세계 문화화라는 이면에서 나라나 민족마다 자기네의 문화적 전통을 지키려는 노력이 그것을 보여준다. 그리고 이런 의식이 개인적인 차원을 넘어 집단적 현상으로 나타날 때 그것을 지방화 (lacalization)라는 말로 표현될 수 있다는 뜻이다.

결국 현대는 분열과 통합이라는 이중구조를 가지고 발전하고 있다고 할 수 있다(이성희 1996: 19, 68-78, 82). 한편으로 세계화를 추구하면서 다른 한편으로는 독립적인 차별성과 개성을 추구하고 있기 때문이다. 이것은 세계화를 추구한다고 해서 자신의 개성이나 차별적인 독립성을 포기해버리지 않고, 자신의 것을 지키고 자기 정체성을 잃지 않으면서 그런 자신의 것을 세계화의 대열에 합류시켜나가는 현대의 의식구조를 보여주는 현상이다. 철저한 이중 구조, 이중성이 현대성의 하나의 특성이라고 할 수 있는 것이다. 여기에서 우리는 선교학에서 사용하는 "다양성 가운데서의 통일성(unity in diversity)"이라는 개념으로 이런 사회 현상을 설명할 수도 있다. 현대는 획일성이나 제일성(濟一性: uniformity)은 통하지 않는 시대이다. 반대로 어디에서나 다양성을 볼 수 있고 다양성이 추구되고 있다. 그러나 그런 다양성 안에서 하나의 통일성이 추구되어야 하는 것이다. 현대 교회에서 개성과 차별성이 충분히 인정되고 그것을 발현할 수 있는 장을 열어주기도 하되 복음의 영원 불변적 요소들을 철저히 고수해나가는 태도를 말한다.

미래형 인간상

현대를 이해하려면 현대인을 이해해야 한다. 또한 21세기의 현대인을 이해하려면 흔히 말하는 신세대를 이해해야 한다. 그런 신세대 의식의 특징은 PANTS 신드롬으로 설명된다(이성희 1996: 92-96).

먼저, 신세대는 철저히 개인적(personal)이다. 자기만의 공간과 세계를 누리며 즐기는 것이다. 자신의 삶을 존중하고 거기에 최고의 가치를 부여하기도 한다. 그러므로 자신의 삶이 침해되는 것은 참지 못한다. 기성세대의 눈에는 너무 개인주의적이라고 이해될 수밖에 없다. 자기만 아는 듯한 인상을 주기 때문이다.

둘째로 그들은 흥미 본위(amusement)의 삶을 추구한다. 깊은 철학적 사고나 객관적으로 가치 있다고 하는 일을 추구하기보다는 감성적으로 그리고 즉흥적으로 자기가 좋아하는 것을 추구하는 것이다. 친구를 왕따시켜 죽음에로 몰아넣고도 '재미있어서 그렇게 했다'고 하면서 웃는 현상도 이렇게 설명해볼 수 있을 것이고, 연예인들이나 인기인들에 대해 거의 우상적 추앙을 하거나 TV의 오락 프로에 심취하는 현상 등도 이렇게 설명될 수 있을 것이다.

셋째로 신세대는 자연스럽게(natural) 살려고 한다. 때와 장소에 구애받지 않고 누구 앞에서나 자기 식으로 행동하며 살려고 하는 것이다. 혹 어른들로부터 지적을 받으면 '자연스럽지 않느냐?'고 반문한다. 남의 시선이나 전통에 얽매이지 않고 자기 식으로 행동하는 것을 자연스럽다고 이해하는 것이다. 그리고 자신도 다른 사람의 행동이나 차림새에 대해 간섭하지 않고 있는 그대로를 자연스러운 것으로 받아준다. 역시 개성과 차별성이 용인되고 또 추구되는 것이다.

넷째로 신세대는 남녀의 성별 구별이 어려울 만큼 남녀의 경계가 명확하지 않다(trans-border). 의상이나 패션, 헤어스타일만으로는 쉽게 남녀를 구별하기 어려울 뿐 아니라 하는 일에 있어서도 거의 구별이 없다. 남자들만 하던 스포츠 종목들(축구, 권투, 레슬링 등)이 모두 여성들에게도 개방되었고, 직업 전선에서도 거의 남녀의 구별이나 차별이 사라지고 있는 것이다. 이제 남성다움이나 여성다움이라는 개념들도 다시 정리해야 할 시대가 되었다고 할 수 있다.

　마지막으로 그들은 자기 사랑(self-love)에 심취한다. 자기중심적 사고의 결과라고 할 수 있다. 개인적이라는 특성이 자기 중심적 사고에 빠지게 하고, 나아가서 자기 사랑으로 발전한 것이다. 그러므로 자기만의 세계를 공개하기를 싫어하고 다른 사람들과의 관계에서는 협력적이기보다는 독립적, 경쟁적인 의식을 가진다고 할 수 있을 것이다. 자기 사랑은 결국 자기의 이익을 위해서는 투쟁적인 성향을 드러내고, 희생적 이타적(利他的) 성향은 점차 줄어들며 우리 사회는 점차 냉정한 이익 추구의 사회로 발전하게 되리라고 예견할 수 있다. 이런 점들에 비추어볼 때 현대 사회는 대체로 기독교의 가치관과는 다른 방향으로 가고 있다고 할 수 있을 것이다. 결국 교회의 역할이 더욱 막중해지고 있다고 할 수밖에 없다.

II. 21세기의 교회 이해

　21세기의 교회라고 해서 교회의 본질에 변화가 생긴다고 할 수는 없다. 교회의 본질은 영원히 불변하는 진리이기 때문이다. 그러나 교회는 세상 밖에 있지 않고 사회 안에 존재한다. 현대 교회는 현대 사회 안에 존재하기 때문에 그 문화적 변화의 영향에서 결코 자유로울 수 없다. 현대 사회의 변화는 그대로 교회에도 그 영향을 미치는 것이다. 그러므로 앞에서 살펴본 21세기의 사회 문화적 변화와 도전은 21세기의 교회의 모습에도 직접적 연관이 되는 것이다. 특히 21세기의 교회는 과거 어느 시대보다도 더 큰 도전들에 직면하게 될 것이고 거기에 바르게 대처하는 교회들만이 교회로서의 정체성(identity)을 유지하면서 계속 발전할 수 있으리라는 것은 자명한 사실이다.

교회의 본질

교회의 모습을 이해하기 위해서는 먼저 "교회란 무엇인가?"라는 본질에 관한 질문을 먼저 하지 않으면 안 된다. 교회의 본질적인 면들을 먼저 이해함으로써 오늘의 현실적인 교회가 지향해야 할 방향성을 정할 수 있을 것이기 때문이다. 그런 준거점이 없이 나간다면 현재의 문화적 상황에 끌려가서 잘못된 교회상을 이룰지도 모르는 것이다. 그러나 본서는 교회의 실제적 상황을 다루는 자리이므로, 교회에 관한 이해도 조직신학 체계 안에서의 교회론적 답을 찾기보다는 누구나 성경말씀을 읽으면서 이해할 수 있는 교회론, 곧 실천적인 응용을 쉽게 할 수 있는 교회론을 찾아볼 것이다.

교회라는 개념은 널리 알려진 대로 신약성서에서 에클레시아(ekklesia)라는 개념으로 표현된다. 그것은 "불러냄을 입은 자들(the called-outs)" "모임이나 총회(assembly)" 등의 의미를 가진다. 신약성서는 때때로 시간과 장소를 초월하여 하나님의 백성들 모두를 나타낼 때 즉 모든 참 신자들을 교회라고 부르기도 한다. 신학자들은 이것을 보편 교회(the universal church) 또는 눈에 보이지 않는 교회(the invisible church)라고 불러왔다. 그리고 또 어떤 특정한 때와 장소에 있던 신자들을 교회(에베소 교회, 고린도 교회, 빌립보 교회 등)라고 부르기도 했다. 즉 신약성서는 보편 교회와 구체적인 지역 교회를 모두 교회라고 부른 것이다. 우리는 지금도 교회라는 말을 이 두 가지 의미로 사용하고 있다. '하나님의 교회' 등 일반적으로 말하는 교회는 전자를, '영락 교회'나 '서울 교회' 등은 후자를 나타낸다. 전자에는 살아있는 성도들은 물론 이미 하늘나라에 간 성도들까지 포함된다고 할 수 있다. 그것은 심지어 어느 교회에 등록하고 교인으로서의 의무와 권리를 행사하지 않더라도 주 예수 그리스도를 자기의 구주(the savior)로 영접하고 사는 사람까지를 포함하는 성도공동체이다 (Gets & Wall 2000: 15-16). 반면에 후자에는 현재 그 교회에 등록하고 있는 성도들만 포함된다고 할 수 있다. 또 전자에는 참 그리스도인들만 포함된다고 할 수 있는 반면 후자에는 모양만 그리스도인이라고 하는 사람들 (가라지)까지 포함된다고 할 수 있다. 그러나 현실적으로는 대체로 보편적 교회라는 개념을 머리로는 이해할 수 있지만 피부로 느끼거나 이해하지는 못한다. 우리가 경험하는 것은 우리가 속해있는 지역 교회에 한정되어있기 때문이다. 지역 교회(a local church)가 되는 요건도 규정하는 것은 쉬운 일이 아니다. 물론 총회 헌법은 몇 사람 이상의 세례 교인을 가지면 교회가 된다고 규정하고 있다. 그리고 목사와 2인 이상의 장로가 있으면 조직교회로 인정한다는 규정도 있다. 그러나 단순히 그것만으로 교회가 되는 것일까? 목사, 장로, 집사, 건물, 주일 예배를 비롯한 정기적인 예배, 세례와 성찬, 교회학교, 교육, 전도, 친교 등이 갖추어지고 행해지면 지교회가 되는 것일까? 하여간 특정한 때와 장소에 있는 성도들의 무리가 (지)교회가 되려면 그들이 아버지와 아들과 성령의 이름으로 세례를 받고 스스로를 그리스도의 제자들이라고 고백하면서 (지)교회로서의 기능을 수행하려고 모인 성도들이 있다면 우리는 그것을 교회라고 불러야 할 것이다(Gets & Wall 2000: 17).

교회의 모형은 이미 구약시대의 이스라엘 총회에서 볼 수 있다. 그러나 진정한 의미에서의 교회는 부활하신 그리스도를 체험하는 데서부터 태어났다고 해도 잘못은 없다. 그리고 이 교회는 성경에서 '그리스도의 몸'이라고 불려지는 것이었다. 그리스도는 동정녀 마리아의 몸을 통해 육의 몸을 입고 세상에 오시어서 사시었다. 그는 이 몸을 가지시고 하나님의 말씀을 전하셨고 맡겨진 사명을 수행하시었다. 그러나 그 몸이 십자가에 달려 죽으셨다가 부활하시어 승천하신 뒤 예루살렘에서 오순절 날에 제2의 그리스도의 몸인 교회가 태어났다. 그리고 이 제2의 그리스도의 몸으로서의 교회의 성장과 발전에 대한 묘사는 신약성경 곳곳에서 발견된다.[3] 교회는 예수 그리스도께 속하여 함께 모이고, 성령의 내주(內住)하심을 통하여 성품이 변화되어 그가 주시는 영적 은사를 받아 누리면서 주어진 때와 장소에서 맡기신 일을 수행해가는 사람들의 공동체인 것이다.

그러면 교회에 기본적으로 맡겨진 일은 무엇인가? 첫째로 모이기를 힘써야 한다(행 2:46; 히 10:25). 그리스도의 몸으로서의 가시적(可視的)인 모습을 정기적으로 드러내는 것이다. 둘째로 그것은 영적 지도자(spiritual leadership)를 중심으로 조직되어야 한다(행 14:23; 딤전 3:1-13; 딛 1:5-9). 셋째로 교회는 예배, 기도, 말씀, 친교, 구제, 전도 등의 기본적인 기능을 수행해야 한다(행 2:40-47). 마지막으로 교회는 세례(행 2:41)와 성찬(고전 11:23-29)을 행해야 한다. 이런 기능들을 수행함으로써 하나의 독립된 지교회가 되는 것이다(Gets & Wall 2000: 17).

몸은 무엇보다도 건강해야 한다. 그러므로 '그리스도의 몸으로서의 교회'의 기본적인 요건도 건강한 교회(healthy church)여야 한다. 단순히 살아있는 교회가 아니라 살아있는 건강한 교회여야 한다는 말이다. 건강한 몸은 모든 지체가 모두 건강하여 제 위치에서 제 기능을 다 하는 것, 곧 머리에서 지시하는 것을 자율신경계를 통하든 타율신경계를 통하든 그대로 수행해가는 몸이다. 따라서 교회는 무엇보다도 먼저 머리되신 예수 그리스도의 명령에 순종해야 한다. 다음으로 건강한 몸이 되기 위해서

3) 엡 1:23, 4:12, 16, 5:30; 골 1:18; 고전 12:27.

교회는 그 지체 하나 하나가 모두 건강해야 한다. 지체들이 모두 건강한 표는 성도 한 사람 한 사람이 그리스도를 삶의 주와 구주로 모심으로 영적으로 깨어있고, 거룩하고 경건한 삶을 통하여 하나님께 영광을 돌리며 영적 은사를 받아 누릴 뿐 아니라 형제와 이웃을 섬기는데 그것을 사용하는 것으로 나타난다. 즉 하나님을 향한 바른 신앙을 견지하면서 밖으로는 아름다운 모습을 드러내어 세상의 소금과 빛(마 5:13-16)으로서의 소임을 다하는 것이 건강한 그리스도의 몸으로서의 교회인 것이다 (Anderson 1992: 129-138, 140-141).

몸이라는 개념은 지체들 간의 관계도 생각하지 않을 수 없다. 몸은 수많은 지체들로 구성되어있고 그 지체들 사이에는 신비로운 조화가 이루어지고 있으며, 그런 조화를 바탕으로 각기 몸을 위한 맡은 소임(所任)을 다하고 있기 때문이다. 그리스도의 몸으로서의 교회도 이와 같이 지체들 간에 서로 자랑하거나 부끄러워하는 일 없이 각기 성령께서 주시는 은사에 따라 주어진 사명을 감당하되 서로 비방하거나 간섭하거나 싸우지는 말아야 할 것이다. 그러나 현실적으로는 교회에 속한 지체들 사이에 수많은 분쟁과 갈등이 존재한다는 것이 우리의 고민이다. 말로만 그리스도의 몸으로서의 교회를 고백하고 그 머리가 그리스도라고 하면서 그 삶의 현실은 건강한 몸이 가르치는 교훈을 거의 따르고 있지 못하다는 것이 문제인 것이다.

그리스도의 몸으로서의 교회는 하나의 유기체이다. 모든 지체가 상호 의존적이면서 머리되신 예수 그리스도께 생명의 관계로 관련되어 있다는 의미에서 교회는 하나의 유기체이다. 그리고 어떤 유기체도 조직이 없는 유기체는 없다는 점도 유의할 필요가 있다. 교회의 건강을 위해 예배와 바른 말씀의 가르침, 성만찬, 성도의 교제와 기도 등이 필수적 요소임은 말할 필요가 없다. 그러나 거기에 덧붙여 반드시 있어야 하고 눈으로 쉽게 볼 수 있는 다른 하나의 요소는 교회에도 직분자들(감독, 목사, 장로, 집사 등)이 있어 조직되고 그 조직을 통해 활동하며 일하고 있다는 점이다. 실제적으로 교회에는 가장 효율적인 조직이 필요하고 좋은 지도자들이 있어야 하는 것이다.

이런 교회의 건강론에 비추어서 오늘의 한국교회를 볼 때 그것은 성장의 속도가 둔화 내지는 정지되었고, 영적 거장(spiritual superstar)들을 중심으로 성장한 대형 교회들(mega-churches and meta-churches)이 즐비한 이면에는 자립과는 거리가 먼 농어촌 교회들과 개척 교회들이 그 수를 가늠하기조차 어려운 형편에 놓여있다. 지체들의 크기가 각기 다른 것은 당연하지만 아무리 작은 지체라도 자기 몫은 감당할 수 있어야 하는데 오늘의 현실은 그렇지 않은 것으로 보인다는 데 문제가 있다. 그리고 건강한 몸이 성장하는 것은 당연한 일이므로 오늘의 교회가 성장의 정체 내지는 둔화되고 있다는 것은 건강에 이상이 있음을 의미하지나 않은지를 반문해보아야 할 것이다. 이와 같은 규모 면에서의 양극화 현상과 더불어 양극화 현상은 여러 국면에서 볼 수 있는 것이 현실이다. 예를 들어 신학적인 입장에서 보수적이냐 개방적이냐? 하는 것으로, 선교적 입장에서 복음 전도와 선교사 파송에 주력하는가? 아니면 사회개혁과 사회정의의 실현을 위한 참여에 관심의 초점을 모으는가?로 양분되고 있는 것이다.

하여간 교회의 본질에 대한 바른 이해, 다시 말해서 교회 건강론을 바탕으로 삼고 목회에 임하는 것은 하나의 바람직한 태도라고 할 수 있다. 그리스도의 몸으로서의 교회가 건강하지 못하다면 그 교회는 교회로서의 사명과 구실을 다하기 힘들 것은 분명하기 때문이다. 그러므로 무엇보다 먼저 교회를 건강하게 유지 발전시키는 것이 가장 우선적인 과제라고 할 수 있을 것이다.

사회적 변화와 관련하여

21세기의 사회가 급변하고 있으므로 교회도 거기에 맞추어 본질에 손상을 끼치지 않는 범위에서 유연하게 대처해야 한다. 복음의 진리나 교회의 본질적인 면은 마치 바위처럼 움직이지 말고 굳건하게 지켜져야 하지만 사회 문화적인 변화에는 강물처럼 유연하게 적응하고 대처해야 하는 것이다. 하여간 이런 변화의 시대에서 교회는 사회적 변화들에 직면하여 몇 가지 두드러진 변화를 예상하고 거기에 대처하지 않으면 안 될 것이다.

먼저 21세기 교회에서는 평신도의 위상이 과거보다는 훨씬 높아지리라는 전망을 하게 된다. 앞으로도 목회자에게 가장 크게 요구되는 일들 중의 하나가 성도들이 영적으로 성장 성숙하도록 하는 일이라는 데는 이론(異論)이 없을 것이다. 그리고 그렇게 성장 성숙하게 된 평신도들이 목회 사역에 좀 더 적극적으로 참여하도록 하는 것이 또한 분명한 하나의 추세라고 할 수 있다(Barna 1993: 101). 종래의 교회는 성직자 즉 목사를 중심으로 모이고 사역하는 교회였으므로 교회의 모든 사역은 목사 중심 (clergy-centered approach to ministry)으로 이루어졌다. 따라서 평신도의 봉사생활은 단순히 목회자의 하는 일을 돕는 정도에 불과하였다. 그러나 미래의 교회는 평신도들이 그 사역의 중심으로 부상하리라는 예상을 하는 것이다. 즉 21세기의 교회는 소그룹을 이끌어 가는 등의 작은 목회자로서의 평신도들이 교회의 주역들로 부상하리라는 것이다. 따라서 목사는 그들이 그런 사역을 수행할 수 있도록 그들에게 권한을 위임하고 (empowering), 또 적절한 자격 요건을 갖추도록 하는(equipping) 일을 해야 한다. 교회의 사역이 목사의 목회 사역에서 성도들이 적극적으로 참여하는 봉사 사역으로 그 중심 축이 바뀌리라는 말이다(Chandler 1992: 210-211).

평신도 사역론은 그리스도의 몸으로서의 교회 안에는 다양하고 수많은 지체들이 있는데 그 중 어느 하나도 소외되거나 무시되어서는 안 되고 각기 맡은 바 기능을 다 해야 건강한 몸이 된다는 원리에서 출발한다. 그리고 현대 사회는 개성과 차별화를 추구하고 개인이 존중되는 민주화를 지양하는 사회라는 현실론이 그것을 뒷받침한다. 따라서 교회 안에서도 지체마다 그 맡은 사명이 다양하다는 것을 인정하고 그 중 어느 것도 무시될 수 없다는 것을 인정해야 한다. 실지로 사도행전 시대로부터 오늘에 이르기까지 복음전파와 교회성장의 주역은 성직자들이나 신학자들이었기보다는 충성스럽게 자기 몫을 감당한 다양한 작은 지체들이었다는 데는 이론이 있을 수 없다(Hall & Morsch 1995: 13). 특히 한국교회의 경우 그 성장의 배후에는 선교사들과 목사들의 몫도 있었지만 전도에 최선을 다하였던 평신도들, 특히 여성들의 몫이 더 컸다고 할 수 있을 것이다.

하여간 21세기의 교회는 평신도 사역이 활발해질 수밖에 없다고 할 수 있다. 단순히 수동적인 자세로 목회의 보조자 역할만 해오던 과거와는 달리 적극적인 태도로 목사의 동역자(partner)로서의 사역을 평신도들이 담당하게 된다는 말이다. 최근에 활발하게 논의되고 도입되는 소그룹 활성화나 셀목회, G-12 운동 등은 모두 같은 맥락에서 이해되어야한다. 그러므로 이제 목사의 중요한 역할은 평신도들을 교육 훈련시켜 적재적소에 배치함으로써 그 지체로서의 소임을 다하게 하는 일이 된다. 목회 전선의 최일선에 훈련된 평신도들이 포진되는 교회를 말하는 것이다. 따라서 21세기의 교회에서는 그 어느 때보다도 목사의 영적 지도자로서의 자질과 능력(spiritual leadership)이 요구된다고도 할 수 있다.

덧붙여서 교회 안에서의 여성의 위상이 현격하게 높아지리라고 예상할 수 있다. 세계적으로 현대 사회에서의 여성의 위상은 이제 남녀동등의 차원을 지나 어떤 면에서는 여성 우위라고 할 만큼 높아져있다. 교회라고 다를 수 없다. 이미 한국에서도 다수 교단에서 여성 안수가 허락되었고 많은 여성들이 목회자로 또는 장로로 안수 받아 활발하게 활동하고 있는 것이 현실이다. 거기에다가 교인 구성비를 보면 여성이 남성보다 훨씬 많고, 지금까지 교회의 사역에서 여성들은 기도하는 일과 전도하는 일로 교회성장에 절대적 공헌을 하였음에도 불구하고 교회의 지도적 사역에서는 거의 배제되어왔던 것도 사실이다. 그리고 아직까지는 전문적이고 책임 있는 교회 사역에 들어가는 비율은 남성에 비해 비교가 되지 않을 만큼 낮은 것이 현실이다. 그러나 미래의 교회에서는 이런 여성 지도력이 급신장될 것이고 그것은 그대로 교회사역 현장에 반영될 것이다. 현재 신학대학원에서 미래의 목회자로 훈련받고 있는 학생들 중에 여학생들의 비율이 갈수록 높아지고 있다는 사실이 그것을 뒷받침한다고 할 수 있다. 이런 현상은 교회 현장에서도 마찬가지라고 할 수 있으므로 미래를 내다보는 안목이 있는 교회라면 여성 지도력을 적극적으로 개발하고 활용하는 일에도 앞서야 할 것이다.

결과적으로 목사의 위상은 상대적으로 상당히 위축될 수 있다고 해야 한다. 목사직에 대한 안전보장은 더욱 약화되어 좀 더 쉽게 임지에서 밀려나게 될 수도 있다고 해야 할 것이다. 따라서 목사는 스트레스가 가장 많고 가장 좌절감을 많이 느끼는 전문 직업인이 될 수 있고, 한 곳에서 봉사하는 사역의 기간은 점점 짧아질 수도 있다고 예상할 수 있다(Chandler 1992: 216-217). 이러한 현상은 비록 미국에서 나온 보고이기는 하나 많은 목회자들이 그들의 사역 기간 중 새로운 임지에 부임한 후 3년에서 15년 사이에 가장 생산적인(productive) 사역을 경험한다는 보고(Barna 1993:30)에 비추어보면 결코 밝은 면이 될 수는 없을 것이다. 여기에 대비하기 위해서는 목사들은 목회자로서의 어느 분야에서의 전문성을 제고(提高)하지 않으면 안 될 것이다.

다음으로 우리는 미래의 교회에서는 연합사업이 지금보다는 훨씬 활성화되리라고 예상할 수 있다. 신세대들의 사고에서는 폐쇄적인 사고는 줄어들고 민주적 개방적 사고가 일반화되고 있고 세계적인 흐름은 이미 그런 방향으로 흘러가고 있기 때문이다. 반목과 분열로 점철되었던 한국교회에서도 연합사업이 점차 활성화되고 있고 일부에서이기는 하지만 재통합의 움직임이 보이는 것은 이런 미래를 예측할 수 있게 해준다. 그렇다고 해서 한국교회의 경우 개교회주의가 급속히 퇴조하리라고 예상하기는 어려우리라고 본다.[4] 그것은 우리 문화의 오랜 유산의 결과물이고, 한국교회가 자랑하는 급성장의 배후에 있는 하나의 흐름이었다고 할 수 있으며, 그런 교회 성장을 지향하는 흐름도 쉽게 꺾이지는 않으리라고 예상할 수 있기 때문이다.

영적 욕구와 교회

앞에서 언급한대로 우리 사회는 풍요를 구가하면서도 영적으로는 더욱 심한 기갈(飢渴) 현상을 빚게 될 것이다. 따라서 미래의 교회는 그런 요구와 필요를 충족시켜야 하고 그러기 위해서는 새로운 영성과 건전한 신비를 추구하지 않으면 안 된다. 엄청난 과학적 발전을 경험하였지만 인간은 하나님께서 육적인 존재로만 창조하지 않으시고 영적인 존재가 되도록 하셨기[5] 때문에 결코 합리적 지적인 존재로만 머물러있지 않고 영

---

4) 이성희 목사는 그의 책(1996:171~178)에서 그런 예측을 하고 있으나 한국 문화의 특성상 그런 예측과는 다를 수 있다고 보기 때문이다. 한국 문화의 특성 중의 하나인 '우리문화'는 '우리집단'을 중요시하고 그 '우리집단'을 중심으로 강한 결집력으로 결속시킨다. 그 결과 우리문화는 파벌주의 '연(緣)의 문화'를 낳았으니 곧 혈연 지연 학연 등의 고리는 쉽게 고칠 수 없는 문제로 그대로 남아있기 때문이다.

5) 창세기 2장에서 하나님께서는 흙으로 사람을 만드시고 그 코에 생기(the breath of life)를 불어넣으셔서 생령(生靈, a living creature)이 되게 하셨다고 한다. 다른 천지 만물은 말씀으로 그냥 지으셨지만 특별한 피조물인 사람만은 흙으로 만드시고(육적인 존재), 그 코에 하나님의 생기를 불어넣으셔서 영적인 존재가 되게 하심으로 영이신 하나님과 교통(교제)할 수 있는 존재가 되었다고 할 수 있다.

적 필요를 절실히 느끼고 있는 것이다. 그래서 현대인들은 이성과 지성의 능력으로 발명한 과학과 기술의 성과에 의존하여 살아가지만 동시에 영적인 것을 동경하고 추구하며 사는 것이다.

그러므로 미래의 교회는 건전한 신비를 추구함으로써 그런 현대인들의 영적 욕구를 충족시키지 않으면 안 된다. 실지로 성경말씀은 신비로 가득하고 기독교는 엄격한 의미에서 신비의 종교라고 할 수 있다. 하나님의 존재 자체가 신비이고 기독교 교리 중의 어느 하나 신비 아닌 것이 없다고 할 수 있다. 다시 말해서 하나님이나 기독교의 다른 가르침들을 이성적으로만 이해하려고 해서는 설명할 수가 없는 것이다. 영적인 일, 곧 신비는 이해의 대상이 아니라 믿음의 대상이기 때문이다. 그것은 이성으로 이해하는 것이 아니라 영적으로 이해하고 받아들여야 하는 진리에 속하는 것이다.

문제는 교회 안에서까지도 신비라고 하면 하나님에 대한 이상한 개인적인 체험이나 이상한 의식(秘儀, esoteric occultism)을 연상하는 것이 보통이라는 데 있다. 성경말씀은 주로 은유적으로(as allegory)만 이해하려 하고 상징(symbol)을 즐겨 사용하며, 비현실적인 이상을 꿈꾸며 환상에 젖어 사는 등을 신비라고 이해하는 것이다. 물론 기독교의 신비에 그런 면이 없다고 할 수는 없지만 기독교의 신비는 건전한 이성을 가지고 합리적인 사고를 하되 하나님께 대한 확고한 믿음을 기초로 하여 이성으로 합리적 설명을 할 수 없는 것까지 받아들이는 것이라고 할 수 있을 것이다. 하나님께서는 지금도 살아계셔서 천하 만물을 다스리시고 인간의 생사화복(生死禍福)을 주관하심을 믿고, 필요하실 때 인간의 이성으로는 설명할 수도 이해할 수도 없는 기적적인 일들을 보여주시는 것을 믿고 실지로 그런 체험을 하고 또 그것을 고백하며 나아가 다른 사람들에게 확실하게 증거하는 태도를 말한다. 그러므로 이상한 체험에 사로잡히지 않고도 얼마든지 건전한 신비를 체험할 수 있고 그런 건전한 신비를 미래의 교회는 추구해야 하리라는 것이다. 다른 말로 하면 그런 건전한 신비를 체험할 수 있다는 것이 바로 기독교의 신비라고 해야 할 것이다.

이것은 새로운 영성 회복 운동이라고도 할 수 있다. 영적으로 갈급해하는 현대인들에게 참된 영성 함양(spiritual formation)을 도모하는 것을 말한다. 여기에서 이원론적 사고에서 출발한 영성이라는 개념보다는 성경적인 개념인 '경건(piety)' 이라는 말을 사용했으면 한다. 우리가 믿는 전능하신 인격적인 하나님 앞에서 인간이 가지는 바른 모습이나 태도를 말한다. 속한 성도들이 모두 이런 바른 경건생활을 하도록 하는 것이다. 기도와 묵상, 말씀, 예배 등을 통해 경건생활을 훈련할 수 있고, 그런 생활은 일상생활을 통해서도 이루어져야 할 것이다. 문제는 성도들이 바른 기도생활, 바른 말씀생활, 바른 예배생활 등을 할 수 있도록 교회와 목회자들이 먼저 거기에 대한 바른 이해를 하고 성도들을 바른 길로 인도할 수 있는 자질을 갖추지 않으면 안 된다는 데 있다고 할 수 있다.

가정의 위기에 직면하여

현대 사회의 변화의 중심에는 가정이 있다고 할 수 있다. 오랜 전통으로 이어지던 대가족제도는 무너지고 핵가족 시대가 되었고, 심지어 개인주의 정신의 팽배와 여권신장의 결과로 독신 세대는 갈수록 늘어나고 있는 현실이다. 또 이 땅 위에서의 삶을 마음껏 즐기며 살겠다는 소위 DINK(Double Income No Kids)족과 TONK(Two Only No Kids)족이라 불리는 사람들도 늘어날 전망이다. 한 때 우리는 인구증가를 억제하려고 '둘만 낳아 잘 키우자' 는 구호를 정책적으로 퍼뜨리기도 했고, '아들 딸 구별 말고 하나만' 을 이야기하기도 했다. 심지어 아이를 낳지는 않고 둘만 즐기며 살려는 흐름인 것이다.

결과적으로 교회학교가 위기상황이라고 하는 어려움에 처하게 되기도 했다. 전체적으로 아이들의 수가 상대적으로 줄어들기도 했고 핵가족 상황에서 하나 아니면 둘인 아이들을 잘 키우려는 부모의 교육열이 접목되어 부모들이 교회생활보다는 학교의 성적 신장을 위한 교육에 매달리고 있는 것도 영향을 주고 있다고 할 수 있으리라. 20세기 중반까지만 해도 불신 가정에서도 많은 아이들이 교회학교를 통해서 신앙생활을 했고 그것이 교회성장의 주요 요인 중의 하나였다고 하면, 오늘에 와서는 신앙인으로 자처하는 사람들의 자녀 중에도 교회학교를 통한 신앙생활을 제대로 하지 못하는 수가 상당수 있다는 것이 현실이다. 하여간 가정 단위의 신앙생활 형태에는 상당한 변화가 있으리라고 예상해야하고 교회는 이런 현상들에 대한 이해와 대처 능력을 키워나가야 할 것이다.

미래 사회는 육체적으로는 훨씬 편안한 삶을 살 수 있겠지만 심리적 정신적으로는 오히려 더 큰 갈등과 어려움을 겪게 되리라고 예상할 수도 있다. 가정생활도 예외가 아니다. 물질적 육체적으로는 훨씬 안락한 삶을 사는데도 이혼율이 급증하고 부부 갈등이 심화되고 있는 현실이 그것을 보여준다. 따라서 영적 정신적 문제를 다루는 교회의 역할은 더욱 절실해진다. 건전한 가정 회복을 위한 목회적 노력이 더욱 필요한 것이다.

전통 문화와 관련하여

21세기의 교회라고 해서 그것이 하늘에서 떨어진 교회는 아니다. 어제의 교회에서 오늘의 교회로 그리고 오늘의 교회에서 내일의 교회로 이어지고 있는 것이다. 그리고 한국교회를 구성하고 있는 사람들은 한국인들이다. 신세대의 의식이 세계 문화의 영향으로 급변하고 있는 것도 사실이지만 그들도 여전히 한국인임에는 틀림없다. 그러므로 우리 문화의 오랜 전통에서 오는 영향권에서는 그들 역시 예외가 아닐 것이라고 예상할 수 있다.

신앙생활과 관련하여 한국인들의 심성(心性)이 보여주는 가장 큰 특징은 지성(至誠)이면 감천(感天)이라는 의식일 것이다. 이것은 한국인의 신심(信心)의 모태라 할 수 있는 무속신앙(巫俗信仰)[6]에 그 뿌리를 두고 있다. 한국인이라면 그 종교에 관계없이 기도에 열심이라는 것이 이를 보여준다. 시대의 변화에 무관하게 이런 전통이 이어지는 것은 대학 수능 시험을 앞둔 부모들이 교회와 사찰, 심지어 바위나 물을 찾아 지성으로 기도를 올리는 현상을 보면서 알 수 있다. 특히 한국교회가 새벽기도 문화를 발전 정착시켰고 기도하는 교회로 세계에 알려졌으며 지금도 기도하는 교회임을 자부하는 것도 이런 문화적 전통과 무관하다고 할 수 없다.

이런 지성이면 감천이라는 기도 문화는 기복신앙(祈福信仰)이라는 약간 부정적인 신앙 행태도 낳았다. 지성으로 기도하면 복을 받는다는 의식이다. 물론 기도는 하나님과의 영적 교통으로 성경이 가장 강조하는 그리스도인들의 덕목이다. 그러나 성경에서 가르치는 기도는 하나님의 뜻에 부합하는 기도이고, 그의 뜻을 깨닫고 순종하기 위한 기도라고 할 수 있으므로 간절히(지성으로) 기도함으로 자신의 소원을 성취하려는 기도와는 다르다. 더군다나 기복신앙에서 추구하는 복(소원)[7]은 영원한 영적 복과는 거리가 멀고 지극히 현실적인 복을 얻으려 한다는 점에서도

---

6) 무속신앙이란 우리 민족에게 외래 종교가 들어오기 전부터 한민족이 가지고 있던 기층적(基層的) 종교 현상으로 민간 사고가 집약되어 무당을 중심으로 체계화된 종교 현상이다. 무당은 신(山神, 天神, 七星神, 龍神, 將軍神, 王神 등)과 인간 세계를 이어주는 영매(靈媒) 역할을 하였고 오랜 역사 속에서 전문화된 신직(神職)의 종교 지도자였다고 할 수 있다. 하여간 무속은 민간층의 종교의식이 집약된 것으로 한민족의 정신 속에 뿌리 깊게 자리잡고 일상생활을 통해 생리화된 산 종교현상으로 이해해야 한다.

7) 무속신앙에서 추구하는 복은 현세적인 복임을 알 수 있다. 화(禍)를 피하고 복을 비는 것이다. 무당이 펼치는 굿의 목표가 바로 그런 것이었다. 이런 의식은 조상 제사에서나 묘터를 잡는 데서도 나타난다. 죽은 조상이 잘되게 하려는 것이 아니라 살아있는 후손이 현세적 복을 누리기 위해서 하는 것이기 때문이다.

성경이 가르치는 기도와는 거리가 있다. 사실 복은 가장 기본적인 성서적 개념 중의 하나이다. 인간을 창조하신 하나님께서 맨 먼저 인간에게 허락하신 것이 복이요[8], 복에 대한 하나님의 약속은 계속되기 때문이다. 그러나 구약에서는 주로 현세적인 복을 이야기하고(자손의 번성, 땅의 약속 등) 신약에서는 그 강조점이 영원한 복과 영적인 복으로 옮겨짐을 알 수 있다.

이와 같이 우리 민족의 정신에 뿌리 깊게 자리잡고 있는 이런 면(기도 문화와 기복신앙)을 어떻게 성도의 성장과 성숙 그리고 교회의 성장을 위해 활용하고, 잘못된 의식은 바로잡을 것인가는 미래 교회에 맡겨진 커다란 하나의 과제라고 해야 할 것이다. 효과적인 목회를 위해서는 복음의 진리를 훼손하지 않고 성경말씀의 가르침에 부합되는 범위에서 이런 면들을 최대한 활용해야만 한다. 우리의 새벽기도 문화는 그런 접목을 이룬 가장 좋은 예가 될 것이다. 그리고 한국교회에서 부흥회 문화가 꽃을 피우고 있는 것도 우리의 전통문화와 무관하다고 할 수 없다. 하여간 이런 문화적 전통을 무시하고는 한국교회에서의 목회는 어렵다고 할 수 있다. 그러나 거기에 잘못 끌려가서는 참된 의미에서의 목회를 기대할 수 없을 것이다.

다음으로 우리는 '연(緣)의 문화'[9]를 우리 문화의 전통이 빚은 것으로 이해할 수 있다. 우리 문화에서 혈연, 지연, 학연(學緣) 등을 무시할 수는 없고 쉽게 고치지도 못한다. 정치권에서 지방색을 없애겠다고 공약도 해보지만 쉽게 실현될 수 있는 문제가 아니다. 역사에서도 이미 우리는 당

---

8) 창세기 1: 28. "하나님이 그들에게 복을 주시며 그들에게 이르시되 생육하고 번성하여 땅에 충만하라. 땅을 정복하라. 바다의 고기와 공중의 새와 땅에 움직이는 모든 모든 생물을 다스리라 하시니라."
9) 앞에서는 "우리 문화"라고 표현하기도 했고, 어떤 사람들은 그것을 부정적으로 "패거리 문화"라고 표현하기도 한다. 우리 사회의 도처에서 쉽게 볼 수 있는 혈연, 지연, 학연 등이 중요시되는 문화를 말한다.

파 정치를 경험했고 그 폐해도 알았으며 그것을 고쳐보려는 시도들도 있었음을 알고 있다. 하여간 이것은 오랜 우리 문화적 전통의 결과라고 할 수 있다. "한국교회는 분열함으로 성장했다"는 명제도 이와는 무관하지 않을 것이다. 일단 "우리 집단"이라고 인식되면 그 결속력은 공고해지고 그 밖의 세계와는 무한 경쟁 상태에 들어가게 되기 때문에 분열된 교회들은 굳게 뭉쳐 열심을 내게 되기 때문이다. 파벌주의나 집단 이기주의와 같은 부정적인 면이 없지 않지만 이것 역시 긍정적으로 받아들여 활용한다면 교회 성장에 큰 도움이 될 수 있는 요인이 될 수도 있을 것이다.

다음으로 우리 문화는 오랜 예절의 문화를 지켜왔다. "동방예의지국(東方禮義之國)"으로 부르기도 했고 충효(忠孝)를 사회질서 유지의 근간으로 삼기도 했다. 그래서 "버릇없다"는 말은 쉽게 쓰기도 하고 듣기도 하는 말이 된다. 예절을 지킨다거나 예의 바르다는 것은 부정적인 면보다는 긍정적인 면이 훨씬 크다고도 할 수 있다. 그러나 이런 예절 문화에서 '양반 문화'와 '체면 문화'라는 부정적인 면도 나왔다. 또 거기에서 '눈치 문화'나 형식주의 의식이 뿌리를 내리기도 했다. 내용은 없으면서도 겉치레를 번지르르하게 하는 문화를 낳은 것이다. '인사 문화'까지도 여기에서 태동되었다고 할 수 있다. 인사를 하는 것은 고상한 예절의 표현이다. 문제는 윗사람에 대한 인사가 외양(外樣)으로, 또는 물질적으로 표현되어야 하는 것으로 발전한 데 있다. 빈손으로 인사를 갈 수 없다는 의식을 말하고, 이런 의식은 뇌물과 청탁의 문화로까지 발전한 것이 문제인 것이다. 그리고 예절 문화는 '상하 서열의식'을 분명히 심어주게 되고 이것은 '감투지향 의식'으로 발전하게 되었다. 출세지향 의식이나 현실적인 왜곡된 성공지향 의식 등도 여기에서 파생되었다고 할 수 있다. 이런 것들이 종합되어 양심에 가책이 없이 거짓말을 쉽게 하는 문화로까지 발전하였다. 외국에서 한국 사람들이 쓴 추천서를 신뢰하지 않는 것은 같은 맥락에서 이해해야 한다. 그리고 시험에서 부정행위를 별 의식 없이 쉽게 행하는 것도 모두 같은 문화적 뿌리의 소산으로 이해할 수 있다.

하여간 예절이라는 고상한 문화가 현실에서는 거의 부정적으로 발전된 것이 우리의 현실이다. 교회는 이런 현실에 직면하여 교회 안에도 이런 예의 문화의 부정적인 면들이 뿌리내리지 못하게 해야 할 것이다. 예절이 외적 물질적으로 접목되는 데서 많은 문제들이 발전되었으므로 교회 안에서 만이라도 그런 면들이 자라지 못하게 하고, 나아가서 전통 예절이 가진 바른 가치관과 오늘의 가치관이 바르게 접목되게 하고 거기에 성서적 복음적 가치관이 또한 접목되어야 할 것이다.

III. 바람직한 교회상

앞에서 우리는 이미 바람직한 교회상으로서 건강한 교회 이야기를 하였다. 물론 그것으로 바람직한 교회상을 모두 이야기하였다고 할 수는 없다. 그러나 그것만으로도 우리가 바라는 교회상의 한 면은 충분히 표현되었다고 할 수 있다. 문제는 교회의 현실에서 너무 많은 교회의 병리 현상들이 발견된다는 것이다. 그 증후로는 교회 내의 갈등 현상, 생동감의 결여와 무기력증, 영적 무능력, 체중 감소(교인 감소) 등으로 나타난다 (Anderson 1992: 13).

그리고 많은 교회에서 병인(病因)의 제공자는 교회의 지도자들 즉 목사나 장로에게 있다고 할 수 있다. 자질을 구비한 목사의 필요성과 교회의 일꾼들을 세울 때의 중요성이 요구되는 것이다.

그리고 외견상 안정되어있고 건강한 것으로 보이는 교회들이 빠지기 쉬운 병증들도 있다. 예를 들면 (1)조직적인 면에서는 훌륭하나 영적으로는 무기력증에 빠진 교회, (2)통일성과 일관성을 유지하는 데는 성공하지만 다양성을 개발하고 발전시키는 데는 실패하는 교회, (3)신학적 정통성을 지키는 데는 성공하나 복음을 들고 현장에 파고드는 데는 실패하는 교회, (4)신나는 집회를 하고 사람들을 가득히 모으는 데는 성공하지만 영적으로 병든 사람들에게 영적 병원으로서의 기능을 제대로 감당하지는 못하는 교회, (5)현실 감각에 뛰어난 프로그램들을 개발하여 현대인들에게 쉽게 접근하고 끌 수 있다고 자랑은 하지만 실제로는 잘못된 교리 위에 서있는 교회, (6)현대의 기술문명이 제공하는 모든 장비와 설비를 이용하기는 하지만 영적 전투를 위한 무기를 사용하는 데는 실패하는 교회 등을 말할 수 있다(Means 1993: 141). 어떻게 보면 엄밀한 의미에서 완전히 건강한 사람이 없는 것처럼 온전히 건강한 교회는 없다고 할 수 있으므로 모든 교회는 항상 깨어있어 자신의 건강을 돌아보고 병증은 조기에 발견하여 치료하는 습관을 들여야 할 것이다.

여기에서 또 다른 고민 중의 하나는 교회의 병리 현상을 정확히 진단하는 길이 없다는 것이다. 의사는 환자가 찾아왔을 때 먼저 정확한 진단을 하고 거기에 맞는 적절한 처방과 치료를 행해야 한다. 잘못된 진단과 처방이나 치료는 환자를 고치기보다는 악화 내지는 죽음으로 몰아넣을 수도 있다. 문제는 교회의 건강 상태나 병리현상을 진단할 수 있는 혈압계나 체온계, 청진기마저도 없다는 것이다. 그냥 주관적으로 보고 병리현상을 파악하고 판단할 뿐이기 때문이다.

하여간 어떤 식으로든 교회의 병리현상에 대해서도 병증(病症)에 대한 정확한 진단과 적절한 처방이나 치료는 필수적이다. 그리고 치료 과정에서 최선의 노력이 다해질 때 효과가 배가(倍加)되는 것도 사실이다. 그러나 교회의 병리에 대한 치료는 정확한 진단과 바른 처방, 최선의 치료를 위한 노력만으로 이루어지지 않는다. 교회의 건강 회복이나 유지를 위해서는 하나님의 능력을 힘입지 않으면 안 되기 때문이다. 이것을 도식적으로 표현해보면 "(정확한 진단 + 바른 처방 + 치료를 위한 최선의 노력) ×하나님의 권능 = 교회의 건강 회복"이라고 할 수 있을 것이다(Anderson 1992: 13-14).[10]

21세기는 엄청난 변화와 더불어 수많은 도전들과 충격을 동반하고 우리에게 직면해왔다. 새로운 시대에도 교회는 존재해야 하고 그것은 세상 끝날까지 이 땅 위에 계속 존재할 것이다. 그리고 훨씬 다양화되어 가는 세계 안에 존재하게 되는 교회도 그 변화와 다양성의 영향에서 벗어나지는 못할 것이다. 사회 문화적 환경의 영향을 받는다는 말이다. 그러나 교회의 본질은 아무리 시대가 바뀌어도 변할 수 없다. 성경말씀에 기초를 둔 교회의 본질은 영원불변의 진리로 받아들여지기 때문이다. 단지 효율적인 사역을 위해서 사회 문화적 변화를 이용해야할 뿐이다.

21세기의 새로운 세대의 사람들도 이해해야 한다. 그들이 교회 구성원의 주류를 이룰 것이기 때문이다. 그러나 그들도 과거의 문화적 전통에서 완전히 자유로울 수는 없다. 그들도 한국의 문화적 토양에서 그 피를 이어받은 한국인들이기 때문이다. 또한 인간은 각기 다르다. 똑같은 사람은 하나도 없기 때문이다. 교회는 이런 다양한 사람들로 이루어진다. 따라서 급격한 변화의 시대에도 결코 문화적 전통을 무시하고서는 효과적인 바른 사역을 할 수 없다. 성경에서 찾은 바른 교회상을 늘 염두에 두고 성경의 가르침과 복음적 진리에 어긋나지 않는 범위에서 효과적인 복음 사역을 위하여 진리와 문화적 현실을 잘 접목시키고, 나아가서 교회

---

10) 이런 교회의 병리와 건강상태에 대한 진단과 처방을 위한 전문적인 연구소나 기관(church ministry consulting institute)이 설립되어 한국교회의 현실과 실정을 조사 연구하고 개 교회들이 안고 있는 문제들에 대한 상담과 자문에 응할 수 있어야 할 것이다.

의 건강을 매일 확인하고 병인을 조기에 발견하여 치료함으로써 교회의 건강을 회복시키고 유지하는 것이 21세기의 교회와 목회자에게 주어진 최대의 과제일 것이다.

제2장

목사란 누구인가? – 목사의 정체성

목회란 목사가 하나님의 교회에서 행하는 사역이다. 목회의 주체는 목사인 것이다. 그러므로 목회를 논할 때 목사란 누구인가를 먼저 생각하는 것은 당연한 귀결이다. 목사는 일반적으로 하나님의 종이나 하나님의 사자 등으로 이해된다. 그러나 여기서는 좀 더 근본적인 데서부터 좀 더 폭넓게 목사의 정체성을 살펴보려 한다. 목사는 목사이기 이전에 하나의 사람이다. 사람이기는 하나 단순히 어떤 사람(a natural man)이 아니라 하나님 앞에 서있는 사람(a man in the presence of God)이다. 그래서 우리는 하나님 앞에 적나라하게 서있는 그는 정말 누구일까를 생각하게 된다. 그는 하나님 앞을 떠날 수 없는, 그래서 항상 하나님 앞에 서서 하나님께서 맡기시는 일을 해야 하는 하나님의 사람이다.

성경은 그런 사람들을 하나님의 사람(the man of God)이라고 불렀다. 사무엘(삼상 9:6)을 비롯하여 신약에서 구약의 대표적인 인물로 소개하는[11] 모세는 바로 그런 하나님의 사람(신 33:1)이었고 엘리야(왕상 17:18; 왕하 1:10 이하)도 그러하였다. 그러나 가장 하나님의 사람이라고 많이 소개된 인물은 엘리사(왕하 4장 이하 13장까지 20회 정도)였다. 그는 실로 능력

---

11) 예수께서 영광스러운 모습으로 변형되셨던 변화산 사건(마 17:1-8; 막 9:2-8; 눅 9:28-36)에서 홀연히 그 모습을 드러낸 것은 모세와 엘리야였다.

의 종이었고 당대에 가장 크게 일했던 하나님의 사람이었다고 할 수 있을 것이다. 그러면 오늘을 사는 대표적인 하나님의 사람인 목사는 우선 하나님 앞에서 스스로를 어떻게 고백해야할까?

1. 하나님의 사람으로서의 목사

죄인이면서 동시에 의인인 사람

우리가 하나님 앞에 섰을 때 가장 먼저 깨닫게 되는 자신의 모습은 죄인이다. 구약에서 선지자 이사야가 성전에서 영광 가운데 계시는 엄위하신 하나님을 뵙고 한 고백(사 6:1-7)이나 누가복음에서 베드로가 예수님을 만나 그가 하나님과 같은 존재임을 발견했을 때 한 고백(눅 5:1-8)이 그것이다. 이 때 죄인이라는 고백은 단순히 무슨 죄를 지었기 때문이거나 아담이 범한 원죄 때문이라는 신학적 고백이기보다는 인간이 거룩하신 하나님 앞에 섰을 때 감히 그분 앞에 바로 서서 대면할 수 없는 자신의 형편없는 모습을 실존적으로 표현한 고백이라고 해야 한다(이용원 2004: 85-86). 목사는 무엇보다 먼저 하나님 앞에 서서 자신의 힘으로는 아무 것도 할 수 없는 무능하고 어리석고 연약한 그리고 악하기까지 한 존재임을 고백해야 하는 것이다.

이런 고백은 바꾸어 말하면 자신은 구원에의 여망이라고는 전혀 없는, 그래서 저주와 멸망의 대상임을 고백하는 것이다. 이 때 하나님께서는 인간을 구원하시는 주님(the savior)으로 나타나신다. 그리고 그는 그의 은혜로 우리가 구원의 대상이 되도록 의롭다고 해주심(稱義)으로 우리는 의인(義人)의 대열에 들어서게 된다. 여기에서 우리는 의인이면서 동시에 죄인(simul justus et peccator)이라는 신학적인 고백을 하게 되는 것이다.

자신의 모습은 아무리해도 죄인이지만 하나님의 은혜로 의인이 됨으로써 우리는 한편으로 두렵고 떨리는 그래서 겸손할 수밖에 없는 존재로 살아가지만, 다른 한편 의인이 된 기쁨과 감사에 넘쳐 하나님 앞에서 충성스럽게 살 수 있는 것이다.

하나님의 피조물로서 쓰임받는 도구

구원의 하나님 앞에 섰을 때 하나님의 사람들의 모습은 죄인으로 드러났고, 그는 하나님의 은혜로 의인의 대열에 들어서기도 했다. 이제 창조주 하나님 앞에 서게 되면 그들도 하나님께서 지으신 피조물 중의 하나임을 발견하게 된다. 피조물 가운데서 가장 영광스러운 자리에 앉혀지기는 했지만 역시 전능하신 하나님과는 감히 짝할 수 없는 존재인 것이다. 이 때 하나님은 창조주로서 전적 타자(他者: the Other)로 임하시는 것이다. 그래서 성경에서는 하나님을 토기장이로 인간을 그가 만드신 그릇으로 표현하기도 한다(사 64:8; 렘 18:3-12; 롬 9:21). 인간을 다루시는 하나님의 주권을 나타내는 말씀들이다.

그리고 다양한 그릇들은 하나님께서 쓰시는 일군들의 다양성을 나타낸다. 금 그릇, 은 그릇, 나무 그릇, 질그릇 등이 그것이다(딤후 2:20). 그 중에는 귀하게 쓰이는 그릇도 있고 천하게 쓰이는 그릇도 있다고 한다. 문제는 쓰임받느냐? 버림받느냐?에 있다. 비록 값비싸지 않아도 귀하게 쓰일 수도 있고 아예 쓰이지 않을 수도 있다. 또 값싼 그릇이라도 매일 귀하게 쓰임받는 그릇일 수도 있는 것이다. 그런 의미에서 스스로를 금 그릇보다는 더 귀하게 쓰이는 질그릇이라고 고백 할 수도 있다. 금 그릇은 금고에 넣어 아무도 모르게 보관하고 은 그릇은 장식장 안에 보관하다가 특별한 경우에만 꺼내 쓰지만 질그릇은 매일 쓰일 수 있기 때문이다. 하나님의 질그릇으로 쓰이는 것이다.

여기에서 개인적으로는 '하나님의 걸레'라는 고백을 하면서 산다. 걸레는 집안에 있는 모든 도구(그릇)들 가운데 가장 천한 것에 속하고 아무도 귀하게 여기지 않지만 어느 집에도 없어서는 안 되는 것이기 때문이다. 지저분하고 더러운 것이 엎질러지든지 흩어져 있으면 걸레로만 그것을 치울 수 있는 것이다. 하나님의 나라 건설을 위해서 더러운 것들을 닦아내고 바로 세우는 일에 언제라도 써주시기만 하면 감사하는 생활을 말한다. 그리고 걸레는 일단 깨끗이 하고난 뒤에는 앞에 나서서는 안 된다. 사람들의 눈에 띄지 않는 곳에 숨겨져야 하는 것이다. 그 대신 더러운 그대로 숨겨져서는 썩을 수밖에 없으므로 걸레는 반드시 깨끗이 빨아지고 말려져서 뒤에 감추어져야 한다. 언제라도 다시 쓰일 준비가 되어 있어야 하는 것이다. 다시 말해서 영적으로 깨끗해진 모습으로 준비되어야 한다는 뜻이다. 또 더러운 것이 엎질러지면 닦아낼 준비가 되어 있어야 하기 때문이다.

하나님의 자녀이면서 동시에 하나님의 종이 되어

다음으로 하나님의 사람들은 하나님을 아버지로 모시는 그의 자녀들이면서 동시에 그의 부르심을 듣고 그를 자신의 주님(the Lord: 주인)으로 모시는 그의 종(일군)들이다. 그들은 만왕의 왕이신 하나님의 자녀들이니 하나님 나라의 왕자들이요 공주들이다. 정말 자랑스러운 신분이지만 그것 때문에 자만에 빠져서는 안 된다. 그 신분은 100% 하나님의 은혜로 주어진 것이기 때문이다. 동시에 그들은 하나님을 그들의 주인(the Lord; the master)으로 모시는 그의 종들이다. 종이란 신분은 전혀 자랑할 만한 것이 아니지만 주눅 들지 말고 자신이 마귀의 종이나 세상의 종이 되지 않고 하나님의 종이 된 것을 자랑스러워하며 감사해야 한다.

종의 삶은 철저히 주인을 위해서 사는 삶이다. 철저히 주인의 기쁨과 영광을 위해 사는 것이다. 종은 섬기기 위해서 사는 존재이므로 일은 종이 하지만 영광은 오로지 주인이 차지하는 법이다. 종은 주인으로부터 '수고했다(잘 했다)' 는 한마디 칭찬을 들을 수 있으면 그것으로 감사해야 하는 존재인 것이다. 하나님의 종들은 하나님을 섬기고 그의 명에 철저히 순종해야 한다. 다시 한 번 순종과 겸손이 최고의 덕목으로 떠오르는 자리이기도 하다.

그리고 그들은 사람들도 섬겨야한다. 그들은 하나님의 종들이지만 그들의 종이라는 신분은 어디에 가도 변하지 않기 때문이다. 김 대감댁의 종은 이 대감댁에 심부름을 가서도 여전히 종의 신분으로 가는 것과 같은 이치에서이다. 요즈음 언급되고 있는 섬기는 지도자(servant leadership) 론은 그런 목사의 신분을 이야기해주고 있다. 그들은 하나님을 섬기면서 동시에 사람들도 섬겨야만 하는 존재인 것이다. 여기에서 목사는 섬기기 위해서 사는 존재라는 원리도 생각할 수 있다.

하나님의 사자(the messenger of God)

하나님의 사람들은 하나님의 종들이지만 또한 그의 사자(使者, 使臣)이기도 하다(고후 5:20). 하나님의 뜻을 사람들에게 전하고 알리는 사명을 띤 사람들인 것이다. 다른 곳에서는 그것을 '하나님의 비밀을 맡은 자(stewards of the secrets of God)' 라고 표현되기도 한다(고전 4:1). 하나님의 비밀스러운 뜻을 맡아서 지키고 알려주는 청지기의 사명을 다해야 하는 사람임을 의미한다. 목사는 말씀의 전문가가 되어 사람들에게 그 말씀을 가르치고 그것을 통해 전해지는 하나님의 뜻을 전해야 하는 것이다. 설교가 목사에게 있어서 가장 중요한 사역 중의 하나임을 말해주는 것이다.

이런 의미에서 설교단에서의 목사는 목사 개인이 아니라 하나님을 대신하여 회중들에게 하나님의 뜻을 전하는 하나님의 사자이다. 이 때는 하나님의 사자로서의 절대적인 권위로 말씀을 선포해야 한다. 설교의 내용도 그것이 설교자가 준비한 설교자의 말이 아니라 하나님께로부터 위임받은 하나님의 말씀이어야 함은 말할 필요가 없다. 그러나 설교단에서 내려온 목사의 신분은 하나님의 종의 신분으로 돌아가 있음을 명심해야 한다. 설교단에서는 하나님의 권위로 권위 있는 하나님의 말씀을 전하고 내려와서는 종의 신분에서 모든 사람들을 섬겨야 하는 것이다. 문제는 많은 경우에 설교단에서는 속된 표현으로 '죽을 쑤고', 내려와서는 권위를 내세우려는 목사들이 상당 수 있다는 것이다.

이런 목사상은 전통적으로 설교자와 학자 또는 선생(preacher, scholar and teacher)이라는 형태의 목사를 나타낸다. 목사는 언제나 작은 신학자로서 교육과 훈련을 받아왔고 교회현장에서는 그런 모델로 사역을 감당하고 있는 것이다. 목사에게 요구되는 능력으로 설교는 성경말씀과 신학적 기초를 가르치는 역할도 반드시 요구되기 때문이다. 계속 말씀을 전하고 가르치기 위해서는 끊임없이 배우는 것도 필수적이다. 다른 어떤 역할은 위임도 하고 조금 소홀히 할 수도 있겠지만 설교와 가르침은 결코 다른 사람에게 미루거나 소홀히 할 수 없는 사명인 것이다. 그리고 성경이 말하는 목사의 자격 요건은 모두가 성품인데 이것만이 유일하게 능력에 속하는 것이기도 하다.[12]

하나님의 양이면서 그리스도의 목동

하나님의 사람들은 하나님께서 기르시는 양들이다. 때로는 목사는 양

---

12) 디모데 전서 3장과 디도서 1장에 나오는 감독이나 장로를 오늘의 목사와 같은 직분으로 이해하면 그 자격 요건들은 모두 성품과 관련되는데 유일하게 능력과 관련되는 것은 '가르치기를 잘하며'(딤전 3:2)인데 이것은 바로 설교자와 학자로서의 목사의 자질을 가리킨다고 보아야 할 것이다.

인가 목자인가 하는 논란도 할 수 있다. 그에게는 양면성이 모두 있기 때문이다. 하나님 앞에 서서 볼 때 그는 분명히 하나의 하나님의 양임에 틀림없다. 모든 그리스도인들은 모두 스스로 하나님의 양임을 고백하기 때문이다. 반면에 그에게 맡겨진 양들을 생각하면 목사는 목자의 대열에 속한다. 그러나 우리에게 참 목자는 한 분 예수 그리스도 밖에 없다. 그가 친히 "나는 선한 목자라"(요 10:11)고 하셨기 때문이다. 그런 의미에서 목사는 목자의 반열에 속하기는 하나 '목자' 이기보다는 참 목자이신 그 분으로부터 일정 수의 양을 위임받아 돌보고 기르는 '목동' 이라는 의식을 가질 필요가 있다.

여기에서 먼저 하나님의 양이라는 신분부터 생각해볼 필요가 있다. 그리스도인들은 누구나 자기는 하나님의 염소가 아니라 양이라고 고백한다. 예수께서 비유를 통해 염소를 멸망의 대상으로 가르치셨기(마 25:31-46) 때문이다. 왜 성경은 하나님께서 자기 백성들을 '양' 이라고 표현하셨을까? 양과 염소는 비슷한 동물이고, 구약에서 소나 양, 그리고 염소는 모두 하나님께 바치는 제물로 쓰였다. 그런데 하나님의 백성들을 송아지나 염소로 표현한 곳은 한 곳도 없다. 왜 그랬을까? 그 이유는 이 동물들 간의 차이점에서 이해해야 한다. 그것도 외형적인 차이점보다는 그들의 생활 습성과 본성적 차이점에서 이해해야 한다. 모든 동물들은 본능적으로 자기 방어 능력을 어느 정도 가지고 있다. 공격을 통해서든 도피나 위장, 위협적 소리나 모습을 통해서든 자기를 지켜내는 능력을 타고나는 것이다. 그러나 양은 어떤 식으로든 자기를 지킬 수 있는 능력이나 수단을 가지고 있지 않다. 거기다가 모든 동물은 거의 본능적으로 자기 집을 찾아갈 줄 안다. 그러나 양은 자기 집을 찾아갈 줄도 모른다. 아마 사람과 양만 자기 집을 잃고 미아가 된다고 할 수 있을 것이다. 그래서 어디에도 길 잃은 송아지나 염소 이야기는 없지만 길 잃은 양 이야기는 찾을 수 있다(겔 34:4, 6, 11-12; 요 15:3-6; 벧전 2:25). 한 마디로 말해서 양은 목자 없이는 살아갈 수 없는 존재라고 해야 할 것이다. 그리스도인들에게는 바로 이런 자기 고백이 필요하다. 더군다나 하나님께서 맡기시는 일을 한다고 하는 목사는 먼저 스스로가 하나님의 양임을 고백하는 것이 선결 조건이라고 할 수 있다.

20세기 후반을 살면서 한 때 교회 성장 이론과 함께 적극적 사고(positive thinking)라는 흐름이 유행한 적이 있고 지금도 그런 흐름을 따르는 사람들이 있다. 그러나 이런 사고는 분명한 자기 신앙고백을 전제로 하지 않으면 안 된다. 즉 '양으로서의 나는 내 힘으로는 아무 것도 할 수 없다. 그러나 내게 능력 주시는 그리스도 안에서는 모든 것을 할 수 있다(I can do nothing for myself. But I can do everything through Christ who gives me power.)' 는 고백이다(빌 4:13). 목회는 하나님께서 주시는 능력으로 하는 것이지 목사 자신의 어떤 능력이나 지식, 지혜로 하는 것이 아니라는 말이다.

다음으로 목사는 스스로 '하나님의 목동' 임을 고백하고 목동의식을 가져야 한다. 양들은 '목사의 양' 이 아니라 참 목자이신 하나님의 양들이다. 다만 일정 기간 동안 그에게 돌보고 먹이라고 맡겨졌을 뿐이다. 부활하신 주님께서 베드로에게 자기 양떼를 위탁하신 일(요 21:15-17)이 그것을 분명히 보여준다. 그런데 마치 그들이 자기 양들인 것처럼 함부로 대하는 것(겔 34장)은 있어서는 안 되는 일인 것이다. 목자로부터 위탁받은 양떼를 책임성 있게 관리하고 돌보며 건강하게 키우는 것이 목동으로서의 목사의 사명인 것이다.

그리고 맡겨진 양들 가운데는 반드시 염소같은 양들도 있음을 명심해야 한다. 분명히 하나님의 부르심을 입고 나온 그의 양인데 그 성격이나 생활 태도가 염소같은 경우를 말한다. 다시 말해서 고집스럽고 잘 대드는 형의 성도를 말한다. 그러나 그런 양을 대할 때 염소를 대하듯이 대해서는 안 된다. 아무리 염소처럼 굴어도 못난 양의 본성을 그대로 가지고 있기 때문이다. 그리고 그런 양을 양다운 양으로 변화시켜 하나님의 좋은 양으로 양육하는 것이 목사에게 주어진 최대의 사명임을 명심해야할 것이다. 모든 양들이 고분고분 말 잘 듣고 따르는 양들이라면 좋겠지만 염소같은 양들을 아울러 맡기신 하나님의 뜻은 무엇일까? 목사의 충성도와 능력을 시험하는 시금석(試金石)으로 주신 존재들이요, 기도하라고 주신 하나님의 선물로 이해할 수는 없을까? 양이란 원래가 어쩔 수 없는 존재(helpless)요, 길 잃고 방황하기 쉬운(likely to wander and stray) 존재이기 때문이다. 그런 양들을 양다운 양, 훌륭한 양으로 양육해냈을 때의 그 기쁨과 보람을 상상할 수 있을 것이다.

한 마디로 좋은 목사란 하나님의 말씀의 전문가이면서 섬기는 종으로서의 지도자(servant leader)로서 사랑으로 사람(양)들을 돌보는 사람이라고 할 수 있다. 뒤에서 지시하고 내모는 목자가 아니라 한 발자국 앞서 가면서 양들의 길을 인도하고 악한 짐승들(사탄의 세력)로부터 지키고 보호해야 할 것이다. 시대가 아무리 변해도 목사에게 요구되는 이런 모습은 변할 수 없는 일에 속한다.

II. 21세기를 위한 목사

21세기라고 해서 목사의 기본적인 상이 변하는 것은 아니다. 가장 기본적인 원리 중의 하나는 "하나님의 사람이 되지 않고 하나님의 일을 하려고 하지 말아라"(Don't try to do the works of God without being a man of God)라고 할 수 있다. 목사는 먼저 하나님의 사람이 되고(being a man of God),

다음으로 하나님의 사람답게 살며(living as a man of God), 그 다음에 맡기시는 하나님의 일을 하는(doing the works of God) 사람인 것이다. 아무리 급변하는 시대, 변화무쌍한 시대라 해도 이런 기본적인 원리는 변할 수 없다. 예나 지금이나 목사는 대표적인 하나님의 사람이기 때문이다.

영적 지도자로서의 목사

목사는 하나님과의 관계에서 좀 더 온전하고 성숙한 모습을 갖추어야 하는 영적 지도자(spiritual leader)이다. 목사가 교회의 지도자라는 데는 이론(異論)의 여지가 없다. 그러나 그는 일반적인 지도자가 아니라 영적인 지도자라는 점에서 독특성을 지닌다. 사람들과의 관계보다 하나님과의 관계가 우선시되는 지도자인 것이다. 예를 들어 일반적인 지도자는 어떤 일에 대해서 독립적으로 스스로 결단을 내려야 하는 사람인데 반하여, 영적 지도자로서의 목사는 철저히 하나님께 의존하여(God-dependent) 하나님의 뜻에 따라 어떤 일에 대하여 결정을 내려야 한다. 모든 일에 있어서 하나님 중심으로 일을 처리해나가는 것이다. 그는 꿈(vision)을 가지되 자기의 욕심이나 인간적인 필요를 충족시키기 위한 야망이 아니라 하나님을 바로 섬기고 또한 사람들을 섬기려는 거룩한 욕망 때문에 가지는 꿈이요, 하나님께서 약속하시고 보여주시는 꿈을 가진 사람인 것이다.

영적 지도자로서 목사가 갖추어야 할 요건은 무엇보다도 먼저 온전한 신앙인이어야 한다는 것이다. 하나님과의 관계가 누구보다도 바르게 정립되어 있어야 한다는 뜻이다. 그 신앙은 지적인 신앙고백과 체험적인 신앙고백이 균형을 이루어야 하고 그의 삶이 그것을 드러내야 한다. 바른 신앙과 거기에 부합되는 생활이 또한 균형을 이루어야 하는 것이다. 신행일치(信行一致)의 삶을 말하는 것이다. 어떤 의미에서 이것이야말로 오늘의 현실이 가장 절실히 요구하는 영적지도자로서의 목사의 모습이라 할 수 있을 것이다.

그리고 그는 하나님께서 맡기시는 일을 수행해야 하는 사람이므로 소명의식(召命意識) 또한 확실하지 않으면 안 된다. 부르심이 없으면 아무도 하나님의 일을 할 수 없기 때문이다. 물론 우리는 그리스도인이라면 누구나 하나님의 부르심을 입었다고 고백한다. 하나님의 사람들로 자처하는 목사라면 더 말할 필요도 없다. 그리고 그것은 일반 성도들을 부르신 부르심과는 구별되어야 하는 소명의식이다. 특별한 임무와 직분에로의 부르심이기 때문이다.[13] 문제는 모든 목사들은 그런 소명의식을 가지고 있는데 그것을 어떻게 검증할 수 있느냐 하는 것이다. 실지로 목사가 되겠다고 신학대학을 찾는 신입생들을 면접하면서 알 수 있는 사실은 그들의 소명의식이 다양하다는 점이다. 물론 오늘에 와서 하나님께서는 옛날 모세나 이사야를 부르실 때처럼 직접 부르시는 경우는 극히 드물다. 그래서 알아보면 상당수는 부모가 아기 때부터 하나님께 드리기로 서원하고(사무엘의 경우처럼) 기도하면서 권한 경우이다. 또 나이 먹고 늦었지만 소명의식을 느끼고 찾는 사람 중에는 지난 세월 동안 보낸 허송세월을 보상하려는 심리가 밑바닥에 깔려있는 경우나 인생의 위기상황(전쟁터나 질병 등)에 직면하여 하나님께 서원하고 오는 경우도 있다. 다른 길로는 갈 수 있는 방도가 없어서 이 길이 하나님께서 부르신 길임을 깨닫고 온 사람들도 있다. 하여간 어느 것이 참 소명의식이라고 판단하기는 어렵다고 할 수밖에 없다. 그러나 그 부르심은 강제로 몰아붙이시는

---

13) 하나님의 부르심을 세 가지로 나누어 생각할 수 있다. 첫째 부르심은 하나님의 자녀에로의 부르심으로 사람들을 구원에로 인도하시려는 부르심이요, 그 부르심을 입은 사람은 무조건 감사함으로 응답해야 한다. 그러나 둘째 부르심은 첫 번 부르심을 입고 하나님의 자녀가 되어 구원을 보장받은 사람들에게 일을 시키시려고 부르시는 부르심이다. 교회에서 어떤 직분을 주는 부르심으로 하나님의 일군들로 부르는 것이요, 그 부르심을 입은 사람은 무조건 순종함으로 응답해야 한다. 셋째 부르심은 그런 일반적인 하나님의 일군들 중에서 특별한 일을 맡기시려고 부르시는 부르심으로 목사직에로의 부르심을 말한다. 그 부르심에는 역시 순종함으로, 그리고 충성으로 응답해야 할 것이다.

것이 아니지만(not driven), 강력한 힘을 지닌 하나님의 초청(called)이라고 해야 할 것이다.

단지 우리는 하나님의 부르심에 대한 증거로 내적인 것과 외적인 증거를 말할 수는 있다. 소명의 내적 증거란 주관적인 자기 확신에 근거하는 것으로 복음을 위해 일하지 않고는 견딜 수 없는 사람의 모습에서 볼 수 있는 것들이다. 그 일을 하면서 즉 봉사와 희생의 일을 하면서도 안에서 솟아나는 큰 기쁨을 누리는 사람이 보여주는 증거를 말한다. 그 일을 하나님께서 자신에게 맡기셨다는 자기 확신이 있고, 그 일을 할 때 어려움을 끊임없이 겪으면서도 스스로 기쁨을 누린다면 그는 주관적인 소명의식이 분명하다고 할 수 있을 것이다. 그러나 그것이 바른 소명의식이 되려면 그것에 대한 객관적인 증거도 동반해야 한다. 즉 다른 사람들이 그의 소명에 대하여 객관적으로 보여주는 증거를 말한다. 다시 말해서 그를 지켜본 다른 사람들이 그는 효과적으로 목회할 수 있는 자질을 갖추었다고 증거하는 것으로 신학교육을 받으려면 반드시 당회나 노회의 추천을 받아야 하는 이유가 여기에 있다. 문제는 우리 한국인들은 체면문화와 연(緣)의 문화에 젖어 추천서를 대체로 과장되게 쓰거나 심지어 거짓말까지 써가면서 쓰는 것이 보통이라는 데 있다. 하여간 다른 사람들의 눈에도 그의 가르침의 은사나 상담의 은사 등 목사로서의 사명을 감당하는 기본 바탕이 되어있다는 객관적 증거가 주관적인 증거와 더불어 있어야 그의 소명의식은 온전하다고 할 수 있을 것이다.

변화의 물결과 목사

그러나 이런 전통적인 의미에서의 목사상만으로는 도도하게 흘러오는 21세기의 변화의 물결에 부딪히고 있는 교회의 목사로는 적합하다고 하기 어렵다. 21세기의 목사는 시대적 흐름을 감지하고 세계와 교회의 변화에 민감하게 대처하는 문화적 민감성(cultural sensitivity)을 갖추고 밀려오는 변화의 물결에 능동적으로 그리고 효과적으로 대처하는 능력까지 갖추고 있어야 한다는 말이다(Means 1993: 27-29). 목사는 이전 세대가 전혀 경험하지 못했고 예상하지도 못했던 환경과 문화적 상황에 처해 있는 목회현장으로 가야 하기 때문이다. 그는 그곳에서 그곳의 역사와 문화를 이해하고 하나님께서 맡기신 목회사역을 해야 하는 것이다(Farris 2003: 1-12). [14]

예나 지금이나 부모는 자녀를 사랑하고 훌륭하게 양육하고 싶어 한다. 그러나 시대가 바뀜에 따라 사랑하는 방식은 전혀 달라져야 한다. 21세기를 살면서 자녀를 서당(書堂)에 보내서 과거시험 준비를 하게 하는 부모가 있다면 그런 부모는 정신병원으로 바로 보내야 할 것이다. 마찬가지 논리로 목사가 성도들을 사랑하고 돌보며 양육해야 한다는 목회 원리에는 전혀 변함이 없다. 그러나 그 사랑을 표현하는 방식과 양육하는 방법은 현대적 필요를 충족시키는 것이어야 한다. 그러므로 목사는 무엇보다도 먼저 그런 필요를 바르게 감지하는 능력을 갖추고 있어야 한다. 또 그 필요는 목사 자신이 느끼고 생각하는 필요가 아니라 현대를 호흡하면서 살고 있는 성도들이 스스로 느끼고 생각하는 필요임을 잊어서도 안 된다. 그리고 불변의 진리인 복음을 전달하여 그 필요에 접목시키는 능력까지 갖추어야 한다.

그리고 그런 필요를 감지하는 능력을 키우기 위해서는 먼저 듣는 훈련을 해야 한다. 때때로 질문을 던지기는 하지만 상대방에게 주의를 기울

---

14) 저자는 이 책에서 새로운 임지에 부임하는 21세기의 목사에게 주는 첫째 계명을 "Thou shalt be a Cultural Historian(문화를 이해하는 역사가가 되라.)"고 했다. 또 둘째 계명은 "Thou Shalt Spend Thy Blue-Chips-for-Change on Changes that Matter(중요한 변화들에 대처하기 위하여 쓸 수 있는 가장 좋은 카드를 사용하라.)"고 함으로써 문화적 변화에 효과적으로 대처하는 것이 현대 목회의 관건임을 강조하고 있다.

여 들음으로써 그가(그들이) 어떤 필요를 실지로 가지고 있는지를 파악하는 것이다. 신학교육을 통해서나 신학 서적을 통해 얻은 지식이나 이론은 그런 들음(listening to)을 통해서 목회 현장에 바로 적용할 수 있는 살아있는 이론과 지식으로 거듭나는 것이다. 신학교육을 통해서 성경 본문(text)을 주석하여 진리를 캐내는 법을 배운다면 현장에서는 사람들의 이야기에 귀를 기울임으로써 그 사람들과 그들의 공동체, 그리고 그들의 삶의 방식을 이해하는 법을 배울 수 있고, 그렇게 함으로써 이론적으로 알고 있는 진리를 현장에 생명력이 있는 진리로 태어나게 할 수 있는 것이다(Fisher 1996: 34). 예를 들어 설교의 내용이 하나님의 말씀이고, 그 말씀은 언제 어디서나 불변하는 진리(timeless truth)라고 하더라도 그것을 전달하는 과정이나 방법이 그 때 그 자리에 적합하지 않으면 그 진리는 전하는 사람에게는 진리이지만 듣는 사람에게는 전혀 이해할 수 없는 생소한 것이 되고 만다. 영어를 전혀 모르는 사람들에게 미국에서 온 선교사가 영어로 진리를 자세하게 성의를 다하여 전한다고 해서 그 진리가 전해질 수 없는 것과 같다. 그러나 어떻게 하는 것이 적합한 방법이냐? 라는 질문에는 분명한 정답이 없다. 그것은 이론이 아니라 실제적인 문제이기 때문이다. 그것은 책이나 학교에서 배울 수 있는 것이 아니고 현장에서 스스로 체득(體得)해야만 하는 것이다. 이것은 지식이기보다는 지혜라고 해야 할 것이기도 하다. 목사는 현장에서의 들음을 통해서[15] 그리고 오랜 훈련과 실천을 통해서 그 때 그 자리에 적합한 정답을 스스로 깨닫고 습득할 수 있는 것이다. 그러므로 21세기의 목사에게는 바로 그런 배움의 태도가 현장의 필요를 감지하는 능력 이전에 요구된다고 할 수 있다.

그리고 같은 한국교회라 할지라도 교회마다 독특한 문화를 가지고 있

---

15) 이 때의 들음은 꼭 귀로 듣는 들음에 국한되지 않는다. 눈으로 보는 것, 가슴으로 느끼는 것 등 모든 감각을 통해 현장의 소리를 듣는 것을 말한다.

다. 마치 가정마다 그 가정 특유의 문화가 있는 것과 같다. 그러므로 목사는 교회를 개척하는 경우가 아니라면 대체로 익숙하지 않은 문화를 가진 교회에서 목회를 하게 된다. 그럴 경우 더욱 이런 배움의 태도는 절실할 것이다. 문화라는 지도(cultural map)를 잘 읽지 못한다면 그곳에서 어떻게 말하고 행동해야 하는지를 모르는 셈이기 때문이다. 그렇게 되면 결국 그는 늘 이방인이 된 듯한 느낌을 가지고 목회할 수밖에 없다. 이런 곤경에서 벗어나려면 배움의 태도, 즉 그 문화를 이해하고 적응하려는 마음가짐부터 가져야 하는 것이다. 그리고 비록 마음에 들지 않아도 그 문화를 존중하고 그 가운데서 사는 사람들을 이해하고 사랑해야한다. 그렇게 할 때에만 그 성도들의 사랑과 협력, 충성을 기대할 수 있을 것이다.

개척을 했을 경우에는 기존의 문화는 없다고 할 수 있다. 따라서 바른 교회 문화를 형성하도록 해야 할 것이다. 초기 구성원들과 함께 그 교회 특유의 문화를 창출해야 하는 것이다. 이 때 방향 설정은 순전히 목사의 몫이라고 할 수 있다. 예배 문화, 기도 문화, 봉사 문화 등은 물론 교회 행사를 치르는 행사문화나 절기 예배 문화 등 모든 것을 그 교회와 목사, 그리고 구성원들인 성도들에 어울리는 특유의 문화가 되어야 하고 그것이 다른 사람들을 그 교회로 끌어들이는 힘이 되어야 한다. 교회 성장이나 부흥을 위해서는 복음의 진리를 고수하는 것은 물론 필수적인 일이지만 성패 여부는 진리여부에 달려있기보다는 그 진리를 어떤 문화적 용기(그릇)에 담아 전하느냐?에 달렸다고 해도 틀린 말은 아니다.

앞에서 언급한 것처럼 21세기의 문화적 환경은 결코 단순하지 않다. 복잡한 그 문화적 현상, 더군다나 교회마다 다른 특징적 요소가 가미된 그 문화를 모두 이해한다거나 소화한다는 것은 거의 불가능한 일이다. 그러나 21세기의 목사라면 다양하고 복잡한 그 문화적 현상들 가운데 적어도 어떤 한 두 분야에는 익숙할 뿐 아니라 거의 전문가적인 소양을 갖추고 그것을 목회사역에 활용할 수 있어야 할 것이다. 한국교회의 경우 선교 초기부터 1950년대까지는 그리스도의 부르심에 응답하여 일생을 헌신적으로 봉사한 소명감이 투철한 목회자를 목사의 이상형으로 생각했었다. 그러나 1960년대부터는 일반적으로 전문가적 소양을 갖춘 목회자(professional minister), 즉 설교나 상담, 행정 등을 잘 해내는 목사를 요구해왔다고 하면 21세기는 좀 더 세분화된 전문가, 즉 어떤 특정 분야의 전문가적 소양을 요구하게 되었다고 할 수 있다. 따라서 신학교육도 영적인 면보다는 학문적이고 지적인 면을 강조해왔다. 그리고 실지로는 상당수의 급성장한 대형 교회들이 지적(知的), 학문적으로 뛰어난 지도자들에 의해서가 아니라 그렇지 않은 지도자들을 통해 이루어졌음에도 불구하고 대부분의 교회들은 영적이기보다는 전문적인 지식과 자질을 갖춘 목회자들을 선호해온 것이다. 이제 21세기를 맞아 일반 사회에서는 재벌 기업도 있지만 벤처 기업을 창업 운영하는 것이 성공의 지름길처럼 여겨지는 사회에서 교회나 목회에서도 비슷한 원리를 적용할 수 있다는 것이다. 특히 교회를 개척하려고 할 때에는 그 교회가 어떤 목회를 전문적으로 하는 교회일지를 먼저 생각하지 않으면 안 된다는 말이다. 이 때 전문적이라는 말은 신학이나 말씀의 전문가라는 차원과는 다른 각도에서 이해해야 한다. 목사라면 누구나 정도상의 차이는 있지만 신학이나 말씀의 전문가라고 할 수 있기 때문이다. 그러므로 여기서 말하는 전문가란 어떤 분야의 문화적 전문성을 갖추어야 한다는 의미로 이해해야 한다.[16]

목사의 좌절과 소망

이러한 현대의 요구들에 직면하게 되면 목사들은 흔히 좌절해버리기

---

16) 벤처 기업이 아니라 벤처 목회라는 말을 사용할 수 있다면 예를 들어 농촌 목회, 어촌 목회, 광산촌 목회, 청소년 목회, 노인 복지 목회, 음악 목회 등의 이름을 생각할 수 있을 것이다.

쉽다. 자신의 무능함을 절실히 느끼기도 하고 다른 사람들은 모르는 자신의 지극히 인간적인 모습 때문에 고민하기도 하는 것이다. 하나님의 위대한 사업에 동참하여 그가 바라시는 일을 수행하기에는 자신이 너무 준비가 되어있지 않고 부적절하다는 생각 때문에 좌절할 수도 있다. 목회 현장에서 느끼는 외로움, 냉담한 교회와 교인들, 다른 교회나 목사와의 비교 의식, 밀려드는 현대 문화의 반 복음적인 현상들 등이 모두 좌절의 원인으로 떠오를 수 있다. 그래서 오늘의 목사들은 "가장 좌절감을 크게 느끼는 전문직 종사자(most frustrated profession)"(Chandler 1992: 216)라는 말까지 등장할 정도이다. 그리고 미국에서 나온 한 보고서는 목사들 중의 삼분지 일만이 성도들을 영적으로 성장시키려는 그들의 노력이 성공하리라고 믿는다고도 했다(Chandler 1992: 216). 자신은 하나님의 일군으로 부름받기는 하였으나 질그릇처럼 못난 일군이라는 생각 때문에 오는 고민을 말한다. 질그릇도 온전하여 매일 요긴하게 쓰이는 질그릇이 아니라 금이 가고 이가 빠져 가치는 더욱 떨어졌고 자칫하면 깨져버릴 것 같은 질그릇이어서 하나님께서 아직 참고 쓰시기는 하지만 언제 버리실지 모른다는 불안감까지 겹친 좌절감이 되기도 한다.

그는 하나님을 위해서 일한다고 하면서, 그리고 늘 거룩하고 영원한 문제를 다루며 산다고 하지만 그가 실지로 사는 곳은 하늘나라가 아니라 이 세상에 발을 붙이고 살아야 하며 다른 사람들과 똑같은 세상에서의 필요를 느끼며 살아야 하기 때문이다. 그도 여전히 타락한 인간 본성을 벗어나지 못했고 늘 죄와 유혹에 노출되어 있으며 때때로 다른 사람들이 알게 또 모르게 넘어지기도 하기 때문인 것이다.

그러나 이런 그에게도 소망은 있다. 비록 약하고 무능하고 악하기까지 해서 하나님과 그의 백성들 앞에 서기가 부끄럽다고 느끼면서 살지만 하나님께서는 그런 사람들을 통해서 일하시겠다고 약속하셨기 때문이다

(고전 1:26-31). 실지로 신구약 성경에 나오는 위대한 신앙의 거장들을 비롯하여 교회역사에 등장하는 위대한 하나님의 일군들도 모두 그런 고민을 하면서 일했음을 알 수 있는 것이다. 그리고 목사 자신은 비록 연약한 질그릇에 불과하지만 그 안에는 '복음'이라는 보배가 담기어진 질그릇(고후 4:7)이기 때문인 것이다(Chandler 1992: 128-129) 오히려 그의 약하고 어리석고 무능한 그 면이 그로 하여금 스스로 교만에 빠지지 않고 겸손하게 하나님과 그의 교회를 섬기도록 하기 때문이기도 하다. 목회는 인간적인 기술과 능력으로 이룰 수 있는 일이 아니라 하나님께서 그의 종들의 약함과 무능함을 통해 이루시는(고후 12:9) 하나님의 일이기 때문인 것이다. 그러므로 비록 약하고 온전하게 갖추어지지 못한 목사라도 겸손하게 기도로써 하나님의 능력을 힘입어 맡겨진 일을 감당할 수 있게 되는 것이다.

III. 건전한 목사상을 그려보며

앞에서 논의한 것을 기초로 하여 21세기에 바람직한 목사상을 간단하게 정리해볼 수 있을 것이다. 어쨌든 성서가 요구하는 목회자 상은 시대를 초월하는 영구불변의 진리로 받아들여야 한다. 즉 성서(특히 목회서신)는 능력이나 기술보다는 성품과 삶의 모습에서 자질을 갖춘 일군들을 요구하고 있다. 성서가 요구하는 목회자 상은 한 마디로 표현해서 하나님과의 관계에서 온전한 하나님의 사람의 모습을 갖춘 영적 지도자(spiritual leader)이다. 아무리 인격적으로 훌륭한 사람이라고 하더라도 하나님과의 관계가 바로 형성되지 않은 사람은 영적 지도자일 수 없고, 그런 사람은 목사가 되어서는 안 될 것이다. 오히려 일반 사회적으로 보았을 때는 지적, 사회적 측면에서 지도자라 하기에 부족하더라도 하나님과의 관계가 온전하게 정립된 사람이라면 목사직을 감당하기에 적합한 사람이라 할 수 있을 것이다.

그는 또한 사람들과의 관계에서 삶 자체가 그의 신앙고백과 유리되지 않고 다른 사람들에게 모범을 보이는 지도자(modeling leader)여야 한다. 성경말씀에서는 지도자들은 하나님과의 관계가 바르게 정립되어 있을 뿐 아니라 사람들과의 관계에서도 바른 도덕적 윤리적 정도를 걸을 것을 요구하고 있기 때문이다. 물론 사람은 누구도 완전할 수 없다. 그래서 실수도 하고 넘어지기도 한다. 그러나 적어도 말씀을 따라 바른 삶을 살려는 노력은 보일 수 있어야 한다. 누구도 그 교회의 목사가 윤리적 도덕적 성서적으로 완벽할 것을 요구하지는 않을 것이다. 단지 그가 제시하는 삶의 모습에 따라 살아가려는 철저한 노력이 보일 때 사람들은 그를 사랑하고 존경하며 따르게 될 것이다. 반대로 아무리 훌륭한 신학을 가지고 있고 달변의 말솜씨를 발휘한다고 하더라도 그런 삶을 위한 노력의 흔적이 보이지 않으면 그에게는 위선자라는 이름을 붙여주고 사람들은 떠나게 될 것이다.

나아가서 21세기의 바람직한 목사 상은 존경받고 대접받기보다는 주님의 자취를 본받아 섬김의 삶을 실천하는 종으로서의 지도자(servant leader)이다. 설교단에 올라서서 하나님의 말씀을 선포할 때에는 하나님의 권위로 권위 있게 말씀을 전해야 하지만 일단 단에서 내려온 뒤에는 종으로서의 섬김의 삶을 실천하는 지도자가 되어야 한다는 것이다. 목사는 지도자임에는 틀림없지만 섬김을 받는 지도자이기보다는 섬기는 지도자라는 점에서 독특한 지도자 상을 갖추어야 하는 것이다. 많은 경우 목사들이 이런 지도자 상을 정립하지 못함으로써 넘어지는 것을 주변에서 그리 어렵지 않게 볼 수 있는 것이 현실이라고 할 수 있을 것이다.

이런 목사 상을 한 마디로 요약할 수 있는 말은 온전함(integrity)이라고 할 수 있다. 문제는 오늘의 사회에서 목회자가 존경과 사랑의 대상에서 멀어지고 있는 온전성의 위기(the integrity crisis)를 경험하고 있다는 점이다(Means 1993: 21). 온전성은 인격적인 온전함(personal integrity)과 영적인 온전함(spiritual integrity)을 모두 포함하는 것으로 보아야 한다. 온전함 다음으로는 영적 생명력(spiritual vitality)을 전해줄 수 있어야 한다. 인간이 지닌 가장 무서운 질병인 죄 가운데서 가장 무서운 죄는 하나님을 반역하는 죄라고 할 수 있다. 그리고 그 병을 나타내는 모든 징후들은 인간적 세속적 수단이나 처방으로는 성공적으로 치유할 수가 없다. 이 때 가장 훌륭한 처방이 영적 생명력을 주입하는 것이다. 그런 생명력은 건전한 신학(authentic theology)과 영적 건전함(spiritual authenticity)에서만 나올 수 있다. 목사 자신이 바른 신학에 바탕을 두고 영적으로 건전함을 갖출 때 하나님께서 주시는 영적 생명력이 그를 통해 전달되고 그것을 통해 영적인 질병들이 치유되는 것이다.

다른 한편 이런 21세기의 목사들이 빠지기 쉬운 함정 몇 가지도 검토하고 목사는 거기에 빠지지는 말아야 한다. 문제아로서의 목사가 되지 말아야 한다는 말이다. 첫째 류의 문제아로서의 목사 상은 꿈과 열정을 가지고 목회사역을 시작하지만 조그만 걸림돌에 걸려 넘어지거나, 목표를 정하고 꾸준히 그것을 추구하기는 하지만 거기에 필요한 훈련을 쌓지 않아 결국 그 목표를 이루지는 못하는 목사들이다. 둘째로 생각할 수 있는 문제아는 꿈과 신념 그리고 실력까지 모두 갖추고 있어서 모든 일을 훌륭하게 해내는 것으로 보이지만 자만심과 세속적인 유혹들에 걸려 넘어지는 목사들이다. 셋째로는 훌륭한 은사들을 받아 누리고 또 이를 잘 개발하여 능력을 발휘하고 있지만 성품을 고치는 훈련을 게을리 함으로 결국 좋은 목사로서의 성품은 거의 갖추지 못한 사람들의 부류이다. 마지막으로 학문적으로는 실력을 갖추었으나 영적 생명력을 결여하고 있고, 정치적으로는 유능한 지도자라 할 수 있을지 몰라도 영적으로는 무능하며, 법에 대해서는 정통하고 있으나 은혜에 대해서는 무지하고 체험도 없는 목사들을 들 수 있다. 하여간 앞에서 살펴본 이상적인 목사상을 꿈꾸는 사람이라면 이런 함정들에는 빠지지 말아야 할 것이다.

결론적으로 이런 기초적인 면들을 먼저 갖추고, 거기에다 사회적 문화적 변화에 능동적으로 대처하는 능력까지 갖춘 목사라면 21세기에도 성공적으로 하나님께서 맡기시는 일을 감당할 수 있을 것이다. 그리고 하나님께서 자신과 그의 교회에 보여주시는 꿈(God's vision)을 교회 앞에 제시하고 그 꿈을 향해서 구체적으로 이루어나갈 선교적 목표(specific, concrete missional objects)들을 때에 맞게 기획 제출하여 이루어나갈 수 있다면(Callahan 1983: 1-10) 훌륭한 목사라고 할 수 있을 것이다.

제3장

목사의 삶이 바로 목회이다

목사에게 있어서는 일과 삶이 분리되지 않는다. 삶이 바로 목회인 것이다. 일반 사회에서는 대체로 주어진 일을 얼마나 유능하게 해내느냐? 에 따라 일과 직책이 주어진다. 소위 말하는 공인(公人)들의 경우 그 생활까지 어느 정도 검증해야 하는 추세에 있기는 하지만 대체로는 생활과 일은 별개이며 더군다나 사생활에 속하는 부분들은 사회적으로 문제가 되지 않는 한 덮어두는 것이 일반적이다. 그러나 목사의 경우는 거의 그 반대이다. 사생활에 속하는 부분들이 먼저 검증되어야 하고 일과 그 생활이 늘 병행되고 있는 것이다. 그래서 생활면에서의 문제는 바로 목회 사역의 실패로 직결되는 것이다.

1. 목사의 성품

사람의 생활을 결정짓는 중요한 요인 중의 하나가 그가 지닌 성품(性品: character)이다. 타고난 성품도 있고 자라면서 형성된 성품도 있다. 성경은 목사(감독)의 삶을 이야기할 때 목사가 지녀야 할 성품과 인간관계에서 지녀야 할 삶의 태도들을 보여준다(딤전 3:1-7; 딛 1:6-9). 다시 말해서 성경은 능력이 많은 유능한 목사를 말하지 않고 바른 삶의 태도를 지닌 인격적 목사를 요구하고 있는 것이다.

책망할 것이 없으며 (딤전 3:2; 딛 1:6-7)

사람은 사회적 존재로 혼자 사는 것이 아니라 늘 다른 사람들과 더불어 살아간다. 더욱이 목사는 그 일이 사람을 다루는 일이다. 농부는 가축이나 논밭에 자라는 식물을 상대로 일을 하고 상인은 물건을 취급하면서 일을 한다. 공장에서는 물건을 생산하는 일을 하고 심지어 정보산업에서도 정보를 일의 대상으로 삼는다. 물론 모든 일에는 사람들이 관여하니까 사람들을 상대해야 되는 면이 부분적으로는 있다. 그러나 목회는 처음부터 끝까지 사람을 상대로 한다. 그런 인간관계 속에서 목사는 교회 안에서는 물론 일반 사회에서도 흠잡힐 일이 없어야 한다는 말이다. 물론 누구나 죄인으로 태어나 죄인으로 살아가는 이상 전혀 털어도 먼지 한 점 나지 않는 사람을 없다. 그러나 적어도 일반 상식선에서 다른 사람들로부터 손가락질 받을 일은 없어야 한다는 뜻이다.

그리고 사생활까지도 큰 흠이 없어서 누구에게나 개방될 수 있어야함도 의미한다. 누구에게나 꼭 감추고 싶은 비밀스러운 부분들이 있게 마련이다. 그러나 다른 사람들에게 숨기는 비밀스러운 일이 많아서는 안 된다는 뜻이다. 특히 그것은 현재의 일이기보다는 전에 있었던, 다시 말해서 이전의 이력(前歷)과 관계되는 경우가 많다. 문제는 전력도 목회자의 길을 가겠다고 결단하기 이전의 일들은 그래도 쉽게 양해를 구할 수 있지만 이미 결단하고 신학교육을 받기 시작한 이후부터의 이력은 적어도 깨끗해야 한다는 말이기도 하다. 드문 일이기는 하나 이력을 속이는 목사 이야기를 듣는 것은 매우 불행한 경험일 수밖에 없다. 그리고 예외적인 경우이기는 하지만 말씨가 거칠어 함부로 말을 하거나 쌍소리까지

내뱉는 목사도 볼 수 있는데 이것도 충분히 책망받을 만한 일이라고 할 수 있다.

한 아내의 남편이 되며 (딤전 3:2; 딛 1:6)

이 말씀을 어떻게 이해해야 할지를 두고 때로 논란이 되기도 한다. 당시 희랍 로마 사회의 풍조였던 일부다처(一夫多妻)를 금지한 말씀, 혼외의 이성과의 문란한 관계를 금지한 말씀 등의 해석이 있으나 너무나 당연한 말이기에 설득력이 부족하다. 그러면 이 말씀이 이혼한 경험이 있는 사람은 아예 목사가 되지 말라는 것일까? 물론 하나님과 많은 사람들 앞에서 결혼식을 올리고 하나님께서 짝지어 주신 것을 사람이 나누지 못한다는 선언을 들은 사람이 이혼을 한다는 것은 매우 불행한 일이고 결코 자랑스럽게 내놓을 수 없는 일이다. 그러나 본문의 말씀이 이혼한 사람은 목사직을 가져서는 안 된다는 율법 조문으로 받아들이기에는 현실의 아픔이 너무 크다. 어쩔 수 없이 이혼을 하거나 당하는 경우를 이해하려는 입장에서이다. 그리고 적어도 목사가 되겠다고 목회의 길에 들어선 이후에는 이혼이란 말을 입 밖에 내지 말아야 할 것이다.

이 말씀을 '이혼 절대 금지'로 이해하지 않고 "한 여자로 만족하는 그런 남자(an one-woman kind of man)"(Anderson, 이용원 역 2000: 17)로 이해해야 한다는 입장에 뜻을 같이 하고 싶다. 여자 목사의 경우에는 "한 남자로 만족하는 그런 여자"라고 이해해야 할 것이다. 다시 말해서 목사는 자기 아내나 남편만으로 만족하고 다른 남자나 다른 여자에게 곁눈질하지는 말아야 한다는 뜻이다. 목사직은 어떤 다른 직종보다도 이성과의 접촉이 많을 수밖에 없다. 그러므로 그만큼 유혹도 많다고 보아야 한다. 이때 소위 말하는 '끼'가 발동하는 사람은 처음부터 목사가 되는 길에 들어서지 말아야 할 것이다. 그리고 목사는 경우에 따라 노골적인 유혹에 접하는 경우도 있다. 대체로 자기 남편이나 아내와의 관계가 원만하지 못한 사람들이 흔히 목사를 이상형으로 삼고 지내다가 어떤 계기에 그것을 적극적으로 표해오는 경우이다. 이럴 때에도 이를 지혜롭게 피하는 길을 늘 찾을 수 있어야 한다.

이런 유혹을 피하는 한 가지 길은 목사 자신의 부부관계가 원만하고 매우 친밀하다는 것을 사람들에게 보여주는 것이다. 평소에 부부 사이가 친밀한 것을 어떤 식으로든 보여주고, 가끔은 공적인 자리에서까지 배우자의 장점을 들어 칭찬하는 모습을 보여주며, 경우에 따라서는 사람들이 보는 자리에서 배우자의 손을 잡든지 가벼운 포옹 자세를 보여주는 것이다. 이런 모습을 본 사람들은 혹 목사에 대한 환상을 가진 경우에도 쉽게 이성적으로 접근할 생각을 못하기 때문이다.

그리고 사석에서 이성을 상대로 하는 경우 특히 언행에 조심하지 않으면 안 된다. 오해를 살만한 언행을 삼가라는 뜻이다. 예를 들어 별 의미 없이 가볍게 손을 잡아주었는데 상대방은 그것을 목사가 자기에게 특별한 어떤 감정을 표현한 것으로 오해하는 것과 같은 일이 있을 수 있기 때문이다. 심지어 병원 심방을 가서 입원 환자를 위한 기도를 하는 경우에도 조심해야 한다. 입원해있는 상태란 몸만이 아니라 심리적으로도 약해져 있고 위축되어 있는 상태이므로 평소에는 전혀 감정의 흔들림을 느끼지 못했던 목사의 언행에도 이상한 감정의 동요를 겪을 수 있는 것이다. 하여간 목사에게 있어서 이성간의 스캔들은 목회에 치명상을 입히는 것이므로 비록 헛소문이라도 그런 류의 소문이 떠돌 수 있는 원인 제공은 하지 말아야 한다.

절제(자제)하며 (딤전 3:2; 딛 1:8)
이 말은 어떤 일에서든 과도함을 피하라는 말이다. 의식주의 생활에서부터 모든 일에서 중용(中庸)을 지키라는 것이다. 먹을 때도 다른 사람들의 눈에 너무 탐식(貪食)하는 것으로 보여서도 안 되고 너무 가려먹는 것으로 보이는 것도 좋지 않다. 옷을 입을 때도 너무 화려하거나 고급스러운 옷도 피하고 그렇다고 너무 남루한 옷도 피해야 하며, 차나 집도 자기에게 어울리는 차와 집을 이용해야 한다. 기준을 꼭 제시한다면 그 교회의 중-상류층의 생활과 맞춘다면 무난할 것이다. 절제라는 덕을 잘 갖추지 못하는 가장 큰 이유는 목사가 탐욕을 버리지 못하는 데 있다. 자기 과시욕(誇示慾) 때문이다. 결국 겸손이라는 미덕만 갖추면 절제의 생활은 어렵지 않을 것이다. 디도서에서 말하는 '절제하며'는 '자제하며(self-controlled)'로 옮길 수 있는 말로 스스로를 억제하고 통제할 수 있다면 다른 대부분의 품성과 덕목들도 따르게 될 것이다. 자신의 욕망을 억제하고 자신을 드러내려는 모든 것이 통제될 것이기 때문이다.

신중(근신)하며 (딤전 3:2; 딛 1:8)

이 말은 다른 사람들에게 거슬리는 말과 행동을 하지 않으려고 조심하는 것을 의미한다. 자신의 그런 언행이 그 자리에서 다른 사람의 눈과 귀에 거슬린다고 생각되면 그런 언행을 삼가는 태도를 말한다. 결과적으로 예의바른 언행과도 일맥상통하는 말이다. 그런 사람은 예의에 어긋나는 언행을 하지 않기 때문이다. 따라서 함부로 소리를 지르거나 소란을 피우지 않고, 일을 할 때도 너무 밀어붙이기 식으로 추진하지는 않는다. 다른 사람에게 상처를 주지 않으려는 태도 때문이다. 하나님께서는 사랑하는 자기 양떼를 함부로 설쳐대거나 허둥대는 일군에게 맡기기를 기뻐하시지 않을 것이기 때문이다. 목사라면 언행에 있어서 함부로 설쳐대지 않고 조심스럽게 다른 사람에게 상처가 되거나 거슬리지 않도록 하는 것은 당연하겠지만 때때로 그 언행에 신중하지 못한 목사를 보게 되는 것이 우리의 현실이기도 하다.

단정(아담)하며 (딤전 3:2)

앞의 '신중(근신)하며' 라는 말이 조심스럽게 언행을 삼가는 내적인 성품이라면 '단정(아담)하며' 는 외적으로 나타나는 태도가 적절하다는 뜻이다. 때와 장소에 어울리는 적절한 언행을 통해 사람들에게 본을 보이고, 또 사람들이 그런 적절한 언행을 하도록 지도하는 것을 말한다. 물론 이 덕목은 언행에만 국한되지 않는다. 예를 들어 어떤 자리에 어떤 복장을 해야 할지를 알고 거기에 적절한 옷을 차려 입을 줄 아는 것을 의미한다. 때와 장소에 따라 다른 기준이 있다는 것을 알고 거기에 적절한 언행과 복장, 예절 등을 갖출 줄 아는 태도를 말하는 것이다. 실지로 목회 현장에서 필요한 것은 복음에 대한 신학적 지식도 필요하지만 이런 적절한 언행과 예절이 목회의 성패를 가름하는 잣대가 되는 것은 흔히 볼 수 있는 일이다. 목회의 실패는 신학적 지식의 부족이나 결여 때문이기보다는 사람들의 눈에 거슬리는 언행을 계속 반복하는 것 때문일 경우가 훨씬 많은 것이다.

나그네를 대접하며 (딤전 3:2; 딛 1:8)

이 말은 손님 대접을 잘함을 의미한다. 목사의 가정은 사생활도 보장되기는 해야 하지만 최대한 개방되어 있어서 사람들이 쉽게 방문할 수 있어야 하고 그렇게 찾는 사람들을 사랑으로 접대할 수 있어야 한다는 것이다. 그러려면 무엇보다도 목사와 그의 배우자를 비롯한 가족들이 다른 사람들을 좋아할 수 있어야 한다. 사람들을 만나는 것을 좋아하고 대인 기피증(對人 忌避症)은 없어야 한다. 그래야 사람들이 자기 집에 오는 것을 진심으로 반길 수 있기 때문이다. 그리고 이것은 반드시 값비싼 음식으로 대접해야 한다는 뜻은 아니다. 비록 평범한 음식이나 차를 내놓더라도 정성껏 준비하여 대접한다면 사람들은 그것을 느낌으로 알게 된다.

문제는 목사 가정의 사생활 보호와 손님 접대 사이의 균형을 유지하는 일이다. 아무리 목사의 가정이라도 사생활은 보호되어야 하고 또 유지되어야 한다. 그렇다고 사생활을 너무 중시하다보면 손님 접대와 사택의 개방이 자유로울 수는 없다. 하여간 이 양자가 균형을 이루면서 조화되게 하는 것이 목사에게 필요한 지혜일 것이다. 실지로 아무리 사람들에게 개방적으로 손님을 접대해도 찾아오는 사람들도 가장 기본적인 예의 정도는 차릴 줄 아는 법이고 혹 그렇지 못한 경우라도 약간의 지도로 바로잡을 수도 있다.

목사 사택의 문턱을 낮추어봄으로써 사람들이 쉽게 방문할 수 있는 길을 트는 것도 중요하다. 예를 들어 대형 교회가 아닌 경우라면 당회를 사택에서 열 수도 있다. 간단한 식사를 준비하여 식사 후에 부드러운 분위기에서 회의를 한다. 그러면 다음 당회는 자연스럽게 다른 장로님의 집에서 할 수 있게 된다. 이런 식으로 작은 모임들을 사택에서 하도록 하면 자연스럽게 사람들이 사택의 문턱을 넘어설 수 있게 되는 것이다. 목사의 가정에서 본을 보임으로써 모든 성도들이 사람들을 좋아하는 성향을 갖게 되고 자연스럽게 손님접대에 힘쓰는 교회가 될 수도 있다.

가르치기를 잘하며 (딤전 3:2; 딤후 2:24)

목사에게 가장 절실하게 요구되는 하나의 능력을 든다면 '설교'라고 할 수 있다. 성경에서도 목사의 여러 가지 자격 요건을 이야기하면서 유일하게 능력에 속하는 것으로는 '가르치기를 잘하며'라고 하고 있다. 여기에서 가르친다는 개념은 성경의 내용이나 신학적 내용을 가지고 강의를 잘한다는 뜻이기보다는 말씀을 바르게 잘 전하는 것으로 이해해야 할 것이다. 그렇다고 설교를 잘하기 위해서 목사는 밤낮 서재에만 틀어박혀 있어야 한다는 뜻은 물론 아니다. 어떻게 하는 것이 설교를 잘하는 것인가는 다른 장에서 따로 다루게 될 것이다. 또 성경을 재미있고 효과적으로 가르치는 일도 결코 소홀히 할 수는 없다. 그러나 더욱 중요한 것은 가르치는 일을 말로만 하고 실천이 따르지 않는다면 그 가르침은 반쪽일 수밖에 없다. 삶을 통해서 모범을 보임으로써 좋은 교사가 될 수 있다는 것은 누구나 알고 있는 원리이기 때문이다.

그리고 가르치기를 잘하기 전에 가르치기를 좋아하기도 해야 한다. 성경을 가르치거나 설교를 하는 것이 괴로운 짐으로 여겨지는 것이 아니라 그것을 즐거워하고 그렇게 하는데서 보람과 긍지를 느끼고 행복해져야 한다는 말이다. 또 이렇게 혼자 즐기는 것으로 만족하는 것이 아니라 가르침의 대상이 되는 사람들 즉 성도들로부터도 객관적으로 좋은 평가를 받을 수 있어야 함은 말할 필요도 없다.

술을 즐기지 아니하며 (딤전 3:3; 딛 1:7)

이 말씀은 목사는 구약의 나실인처럼 술을 입에도 대지 말라는 말씀이기보다는 술에 인박혀 습관적으로 술을 마시거나 중독되지는 말라는 것으로 이해할 수 있다. 한국교회는 다행히 초기부터 엄격한 금주를 교회문화의 중심 요소 중의 하나로 받아들여 왔고 그것이 전통이 되었으므로 목사라면 당연히 금주하는 것으로 여겼으므로 과거에는 큰 문제가 되지를 않았다. 그러나 최근에 와서는 목사들이 음주를 한다는 이야기를 어렵지 않게 듣게 된 형편이다. 문제는 본문의 말씀이 엄격한 금주를 요구하지 않는다고 해서 취해서 실수만 하지 않는다면 어느 정도의 목사의 음주는 허용되어야 한다고 주장하는 것이다. 그러나 이런 주장도 중용의

도를 넘어선 것이다. 예를 들어 집에서 생일 축하 파티를 하면서 가족끼리 포도주를 나누어 마시는 정도라면 충분히 이해할 수 있다. 아니면 친구 목사의 집을 방문했다가 비슷한 경험을 하는 것까지를 탓하기는 어렵다. 그러나 밖에서 다른 어떤 사람과 아니면 다른 사람들 앞에서 음주를 한다는 것은 아무리 소량이라도 건덕상(健德上) 결코 옳은 일이라고 할 수는 없다.

성경에는 술 이야기만 나오지만 현대에는 술 못지않게 사람들이 빠져 드는 일들이 많이 있다. 소위 말하는 중독될 수 있는 것에 탐닉해서는 안 된다는 말이다. 예를 들어 성경에는 금연 이야기가 없다. 당시까지는 담배가 알려지지 않았기 때문인데 어떤 사람들은 그 때 담배가 있었으면 역시 철저한 금연을 명했으리라고 하는가 하면, 반대로 만일 그랬다면 바울 자신이 애연가였으리라는 말도 한다. 그러나 담배가 사람에게 여러 가지 해독을 미친다는 것이 밝혀진 이상 목사는 거기에 빠져도 물론 안 된다. 그밖에도 중독성이 있는 것, 즉 도박이나 마약 등에 손을 대는 것은 결코 용납될 수 없을 것이다. 하여간 목사라면 모든 면에서 성도들에게 뿐 아니라 일반 사회인들 앞에서도 덕을 세우며 칭송들을 만한 삶을 살아야 하는 것은 당연한 요구라고 할 수 있다.

구타하지 아니하며 (딤전 3:3; 딛 1:7), **다투지 아니하며** (딤전 3:3; 딤후 2:24)

구타한다는 말은 술을 마시고 폭행까지 하는 것 또는 술을 마시지 않고도 천성이 포악하여 폭력을 행하는 것을 의미한다. 또 다툰다는 말은 폭력을 행사하며 싸운다는 말이기보다는 말로 논쟁을 벌여 상대를 꺾는 것을 의미한다. 물론 두 가지 모두 목사에게 있어서는 안 될 성품이지만 주먹을 휘두른 목사 이야기를 들은 적도 있고 가정에서 자기 부인에게 폭력을 휘두르는 목사 가정 이야기도 들려온다. 또 실지로 언어폭력을 행사하는 목사를 보는 것은 그리 어려운 일도 아니다. 심지어 설교 시간에 언어폭력을 행한 목사 이야기도 들은 적이 있다. 어쨌든 목사도 선한 싸움을 싸우기는 해야 한다. 그러나 누가 보아도 그것은 주님을 위한 또는 복음을 위한 선한 싸움이 아닌데도 언제라도 기꺼이 싸움판에 끼어들 준비가 되어있는 듯한 목사들도 있는 것은 사실이다. 그런 싸움의 상대는 마귀가 아니라 서로의 이익을 추구하는 사람들인 것이다.

목사는 주먹을 휘두르는 싸움판은 벌이지 않을 것이다. 그러나 말로 벌이는 논쟁에는 쉽게 휘말린다. 논리적인 말로 상대를 압도하고 이기려는 것이다. 그러나 목사라면 말로 하는 논쟁에서조차 이기려고 애를 쓸 필요는 없다. 바울이 아덴 선교에서 에피큐러스 학파와 스토아 학파의 철학자들과 벌인 변론으로는 복음을 효과적으로 전할 수 없었다(행 17:16-31)는 것을 상기할 필요가 있다. 따라서 어떤 형태의 싸움(다툼)에서이든 목사는 이기려 하기보다는 명쾌하게 자기 의견은 진술하되 그 표현은 부드럽고 다른 사람들에게 공격적으로 보이지 않게 해야 한다. 그러므로 논쟁을 즐기는 성향을 지닌 사람이라면 목사가 되기 전에 그 성품을 고치도록 노력해야 할 것이다.

관용하며 (딤전 3:3; 딤후 2:24)

마음이 너그럽고 부드러움을 나타내는 말이다. 실수한 사람을 보고도 화를 내거나 바로 야단치지 않고 참아주고 이해해주려고 노력하는 모습을 일컫는다. 반드시 고치도록 하고 싶을 때에도 공격적으로 야단치지 않고 부드러운 말과 표정으로 권면하는 것을 말한다. 교회마다 이런 목사님을 모실 수 있다면 얼마나 좋을까? 그런데 현실적으로는 그렇지 못한 경우를 너무 쉽게 볼 수 있다. 목사가 죄를 미워하고 멀리해야 함은 당연한 일이다. 그러나 사람은 사랑해야 하므로 비록 죄를 범하고 큰 실수를 한 사람이지만 그도 하나님의 형상대로 지으신 사람이라면 최대한 그를 감싸주려는 노력과 태도가 필요한 것이다. 쉽게 되지 않더라도 그도 하나님께서 지극히 사랑하시는 사람이라는 점을 먼저 발견할 수 있는 눈을 달라고 기도하고 그런 훈련이 쌓여진다면 관용이라는 성품도 자라게 될 것이다.

돈을 사랑하지 아니하며 (딤전 3:3; 딛 1:7), 더러운 이득을 탐하지 아니하며 (딛 1:7)

돈(물질)은 이 땅 위에 발을 붙이고 사는 한 반드시 필요한 것이다. 목사라고 예외일 수는 없다. 목사나 목사의 가정에도 돈은 있어야 하고 가능하다면 많이 있으면 더 좋을 것이다. 그래야 선한 일에 쉽게 돈을 쓸 수 있을 것이기 때문이다. 실지로 써야 할 곳이 너무 많지만 주머니 사정이 허락지 않아 쓰지 못하는 경우를 목사라면 누구나 느끼며 살 것이다.

교회의 전통은 청빈(淸貧)을 미덕으로 삼아왔고, 한국교회의 경우에도 일제와 6.25의 어려움을 경험했던 지난날의 목사님들은 대체로 그런 삶으로 본을 보여왔고 그래서 존경도 받았다. 문제는 한국 교회의 급성장기와 한국 경제의 급성장기가 맥을 같이 하면서 생기기 시작했다. 어렵게 신학공부를 하였고 목회의 길에 들어섰던 목사님들이 돈의 단 맛을 본 데서 문제가 시작된 것이다. 그 결과 일부에서이기는 하지만 목회라는 길이 진정한 소명의식에서가 아니라 하나의 생계 수단으로 삼는 경우까지 생기게 된 것이 현실이다.

돈은 반드시 필요한 것이기 때문에 목회를 하고 교회로부터 사례를 받는 것은 결코 잘못일 수 없다. 문제는 그 사례의 크기가 주요 관심사가 되고 또 받아 누리는 것에 대해서 만족하고 감사하지 못하는 것이다. 실지로 많은 경우 어느 교회의 청빙을 받을 때 사례가 얼마인지 사택의 크기가 얼마나 되는지를 물어본다는 것이다. 심지어 교육 전도사로 갈 때도 그 사례의 규모가 부임 결정의 주요 요인이 되고 있는 것이다. "염려하여 이르기를 무엇을 먹을까? 무엇을 입을까? 하지 말라. 이는 다 이방인들이 구하는 것이라. 너희 하늘 아버지께서 이 모든 것이 너희에게 있어야할 줄을 아시느니라."(마 6:32-33)는 말씀을 믿는다면 아마 그 관심사가 달라질 것이다. 그리고 많은 목회자들이 그렇게 믿고 살아왔는데 하나님께서 친히 그 필요 이상으로 공급해주셨다고 간증하고 있다.

본문은 목사라면 돈을 사랑하지 말아야 한다고 했다. 돈은 사랑할 대상이 아니라 이용할 대상이기 때문이다. 성경에서는 사랑의 대상이 위로 하나님과 아래로 사람이라고 가르치고 세상과 물질(돈)은 이용할 대상이라고 가르친다. 그런데 많은 경우 돈은 사랑하고 하나님과 사람을 이용하려는 데 문제가 있다. 다른 사람을 평가할 때 이용 가치가 얼마나 있는지를 가지고 가까이 할 것인지 멀리 할 것인지를 결정하는 것이다. 그리고 기도하는 태도를 보면 흔히 하나님을 이용하려는 태도를 보게 된다. 예를 들어 교회건축을 할 때 교회의 형편보다는 터무니없이 큰 규모의 건축을 하면서 하나님께 도와달라고 떼를 쓰면서 기도하는 모습 같은 것이다. 하나님을 이용하여 자기(들)의 계획을 이루려는 태도를 말한다. 하여간 하나님과 사람은 처음부터 끝까지 사랑해야 할 대상이고 돈은 사랑의 대상이 아니라 이용할 것임을 잊지 않는다면 실수하지는 않을 것이다. 더군다나 더러운 이득을 탐하는 것은 있을 수 없는 일이라고 해야 할 것이다.

흔히 넘어진 목사 이야기를 들을 때 대체로 그 중심이 이성과의 스캔들이거나 돈(물질)에 대한 욕망과 관련되어 있음을 쉽게 발견한다. 때로는 이 양자가 겹쳐져 있는 경우도 볼 수 있다. 중세에서 청빈(淸貧)과 금욕(禁慾)을 교회의 최대 미덕으로 삼았던 사실을 상기할만하다. 또 성 프란체스코의 후예들이 추구하던 "이용은 하되 소유는 하지 않는다(use, but not possess)"는 원리도 목사가 음미해볼만한 원리라고 하겠다.

자기 집을 잘 다스리며 (딤전 3:4), 믿는 자녀를 두며 (딛 1:6)

우리 선조들도 수신제가 치국평천하(修身齊家 治國平天下)라는 가르침을 남겼다. 일반 지도자라도 집안을 잘 다스려 아내와 자녀들이 정도(正道)에서 벗어나지 않도록 해야 하겠지만 영적 지도자인 목사의 경우에는 더욱 절실한 필요라고 할 수 있다. 목사의 아내(남편)와 자녀라고 늘 완벽한 삶을 살 수는 없다. 그러나 너무 어긋나서 목회에 지장을 주는 정도까지는 되지 말아야 한다. 물론 그것이 생각만큼 잘 되지 않는 경우도 흔히 있을 수 있다. 목사의 아내(남편)가 말썽의 중심에 설 수도 있고 자녀가 벗어나서 문제를 일으킬 수도 있다. 그러나 목사는 평소에 교회를 돌아보는 것 못지않게 가정도 돌아봄으로써 사전에 이런 가족의 탈선을 예방하려는 관심과 노력을 결코 소홀히 해서는 안 된다. 목사의 가정은 성도들의 가정의 모범이 될 필요가 있다. 그래야 목사의 가르침이 효과적으로 이루어지기 때문이다. 적어도 목회에는 성공하였으나 자식농사는 망치는 비극은 맛보지 말아야 할 것이다. 그렇게 되려면 일을 사랑하는 만큼 아내(남편)와 자녀도 사랑해야 할 것이다.

새로 입교(入敎)한 자도 말지니 (딤전 3:6)

영적 지도자로서의 목사의 신앙의 연륜을 말하는 말씀이다. 성인이 된 뒤에 회개하고 은혜를 체험하여 뜨거운 열정으로 목회 사역에 임하는 경우는 흔히 보는 일이다. 그들의 체험과 열정은 교회를 급성장시키는 요인이 되기도 한다. 문제는 어려움에 부딪혔을 때 대처하는 능력이 부족하여 실패하는 경우를 자주 보게 된다. 그리고 그런 목사 후보생이라면 기존하는 전통 있는 교회의 목사가 되기보다는 교회를 개척하여 새로운 교회공동체를 이루는 것이 더 적합할 수도 있다. 그리고 개척 이전에 경험 많은 목사의 지도하에 상당 기간 목회 훈련을 경험하는 것이 위험에서 벗어나는 예방책이 될 것이다.

교회 밖에서의 평판도 좋아야 (딤전 3:7)

물론 목회의 대상은 교회 안에 있다. 교회 안에 들어온 양떼를 대상으로 하기 때문이다. 그러나 목사의 주위에는 더 많은 믿지 않는 사람들도 있음을 잊어서는 안 된다. 교회 밖에 있는 불신자들은 목사의 영적인 면을 보지는 못한다. 결국 그의 사회적 도덕적 윤리적인 삶의 모습으로 그를 평가하게 되어 있다. 그리고 이것은 그 교회의 선교와도 직결되어 있다. 따라서 목사는 그 불신 이웃들의 눈에 적어도 훌륭한 인품을 지닌 분으로 각인되어야 한다.

참으며 (딤후 2:24)

목사의 길은 언제라도 부당한 대우를 받을 수 있다. 교회 안에서도 터무니없이 목사니까 당연히 양보하고 희생해야 된다고 해서 부당한 처우를 받을 수 있고, 교회 밖에서도 목사의 신분이 알려졌을 경우 그것을 악용하여 부당한 대우를 받을 수 있다. 그러나 그런 모든 경우에도 이를 참아야 한다는 것이다. 그러나 만일 어떤 사람이 계속해서 목사를 괴롭히고 부당한 일을 하거나 요구한다면 먼저 그의 그런 행위의 원인이 어디에 있는지를 이해하도록 한다. 그리고 그 이유가 부당한 것이라면 개인적으로 만나 오해를 해소하고 관계가 정상화 되도록 노력할 수 있다. 그때에도 이해와 양보라는 겸양의 태도를 잃지는 말아야 할 것이다.

제 고집대로 하지 아니하고 급히 분내지 아니하며 (딛 1:7)

전자는 자기 중심적 사고에서 나온 고집을 말하며, 후자는 자기 성미(性味)를 참지 못해서 쉽게 화를 내거나 싸움판에 뛰어드는 경우를 말한다. 목사는 대화에서나 일에서나 아전인수격(我田引水格) 사고에서는 벗어나야 한다. 종으로서의 길은 자기중심적 주장보다는 양보와 희생의 길이기 때문이다. 그리고 성미가 조급하고 쉽게 화를 내는 형이라면 차분하고 느긋해지는 훈련이 필수적이다. 하나님께 모든 일을 위탁하는 훈련으로 어느 정도의 훈련이 가능할 것이다.

선을 좋아하고 의롭고 거룩하며 (딛 1:7)

첫째로 목사는 선을 행해야 하고 선을 사랑해야 한다는 말이다. 그리고 사람을 대할 때는 정의로워야 하고 하나님 앞에서는 거룩한(하나님 때문에 다른 것들과는 구별되는) 모습을 보여야 한다. 선을 사랑한다는 말은 선을 위해서 시간과 정력을 바치는 태도를 말한다. 적극적으로 선을 이루기 위한 노력을 표현한 것이다. 반대로 악한 일이나 세상적인 욕구 충족을 위해서는 당연히 시간과 정력을 바치지 말아야 할 것이다. 그리고 그런 사람은 자연스럽게 그 성품과 행동이 바르고 정의로울 것이다. 또 하나님을 향한 바른 태도 곧 경건한 모습을 지닐 것이므로 그것은 거룩함으로 표현될 수 있다. 물론 그 거룩함은 하나님의 거룩함과는 비교할 수 있는 것이 아니다. 오히려 그것은 하나님을 향한 헌신의 태도로 드러날 것이다.

II. 목사의 사생활: 목사의 자기 관리

누구에게나 일과 관련되는 공적인 생활이 있고 또 개인적인 사생활이 있게 마련이다. 대표적인 공인이라 할 수 있는 목사에게도 목회라는 공생활이 있고 또 공적인 일이 아닌 사생활도 있다. 여기서는 우선 그런 목사의 사생활 가운데서 공생활을 가능하게 하는 기초로서의 자기 관리 문제를 다루려고 한다. 자기 관리가 되지 않아서는 목사직을 성공적으로 수행할 수 없을 것이기 때문이다.

목사의 영적 관리

목사가 목회생활을 하는 중에 가장 우선순위에 두어야 할 일은 무엇일까? 목사의 생활과 사역을 목회라고 할 때 그 범위는 실로 거의 무한하다고 할 수 있다. 그 많은 일 중에 대체로 누구나 가장 우선적으로 하는 일이 전화를 받는 일이다. 다른 일을 하다가도 전화벨이 울리면 그것부터 받는 것이 보통인 것이다. 휴대 전화의 경우도 마찬가지이다. 그런데 걸려온 전화 내용이 정말 하찮은 것이거나 잘못 걸려온 전화일 때 우리는 보통 황당해하면서도 걸려온 전화를 받지 않을 수는 없는 것이 현실이다. 우선순위로 말할 때 그런 전화는 가장 하위에 속할 것이기 때문이다. 따라서 때로는 정해진 시간대에만 전화를 받는다든지 비상 전화를 갖고 있어서 그 번호는 제한된 사람들만 알고 있고 정말 긴급한 것일 때만 연결이 되게 하는 것도 하나의 방책이 될 것이다.

그러면 무엇을 최우선의 과제로 삼아야 할까? 그것은 개인적인 경건생활이다. 목사는 영적 지도자요 늘 다른 사람들에게 경건생활을 해야 한다고 가르치는 사람이다. 문제는 사도 바울의 고백처럼 "내가 남에게 전파한 후에 자기가 도리어 버림이 될까 두려워함이로다"라는 고민이다. 기도를 강조하고 기도회를 인도하기는 하지만 개인적으로 하나님과 독대(獨對)하는 시간이 부족하고, 말씀을 강조하면서도 설교 준비를 위해서 말씀을 대하는 이외에 다른 시간과 정력을 크게 말씀에 투자하지 못하는 것이 현실이기 때문이다.

그러나 사람들의 영적인 문제를 책임져야 하는 목사에게 있어서 자신의 경건생활이 가장 우선순위에 올라야 한다는 데는 이론이 없을 것이다. 그런데 막상 목회사역을 시작하고 보면 시간에 쫓겨서 자기의 영적 관리에 소홀하기 쉬운 것이 목사의 생활이다. 말씀을 전할 기회는 많아도 다른 사람을 통해 하나님의 말씀을 들을 기회도 줄어들고(작은 교회를 단독으로 목회하는 경우는 거의 들을 기회가 없고), 기도회를 인도하고 대표 기도를 해야 할 기회는 많지만 개인적으로 하나님과 대화하는 시간은 줄어드는 것이 보통이기 때문이다. 따라서 자기 나름의 특별한 계획을 세워 실행하지 않으면 스스로 영적 고갈 상태에 빠져 고민할 수도 있다. 또 성도들은 그런 상태를 쉽게 눈치 채는 것이 보통이므로 결국 목회생활에 위기가 닥쳐올 수도 있다.

한마디로 목사는 목회를 하면서 자신의 영적 재충전에 실패하지는 말아야 한다. 하나님께 대한 확신과 소명에 충성하려는 열정이 목회의 성패를 가름하는 중요한 척도라고 할 때 그런 상태를 유지하려면 스스로의 영적 관리를 최우선 과제로 삼지 않으면 안 되는 것이다. 목사가 영적으로 충만하여 스스로 행복하지 않으면 결코 성도들에게 행복감을 줄 수는 없다는 것을 명심해야 한다. 그리고 목사가 행복감을 주지 못하면 성도들도 신앙생활의 기쁨을 제대로 누리지 못하고 교회는 성장하지 않을 것이다.

목사의 건강관리

다음으로 목사는 자신의 건강관리를 해야 한다. 건강하지 않으면 맡겨주신 일들을 책임 있게 수행할 수 없기 때문이다. 일은 건강한 사람만이 제대로 할 수 있기 때문이다. 영적 관리가 영적 건강을 위한 것이라면 여기서 말하는 건강관리는 정신 건강과 몸의 건강을 아울러 이야기해야 할 것이다. 정신적으로 건강하지 못한 목사가 목회를 한다는 것은 거의 상상하기도 어려운 일이지만 현실적으로는 드물지 않게 그런 현상을 볼 수 있다. 물론 정신병원에 가야 할 정도는 아니다. 그러나 강한 열등감이나 피해의식을 극복하지 못하고 그것을 교회 사역 현장에 표출하는 경우는 흔히 볼 수 있기 때문이다. 그러므로 이런 약간 부정적인 의식들은 목사가 되기 전에 다른 사람들에게나 교회에 피해를 주지 않을 정도로라도 극복되지 않으면 안 된다.

아무리 영적으로 그리고 정신적으로 온전한 목사라도 몸이 건강하지 못하면 목회사역을 제대로 감당할 수는 없다. 그리고 교회는 목사의 건강관리까지 책임져주지는 않는다. 그래서 건강을 잃든지 뜻하지 않게 하늘나라로 먼저 가게 되면 그 피해는 목사의 남은 가족이 온전히 입게 된다. 대체로는 쓰러져서 일을 못하고 재기의 희망마저 없는 목사를 교회는 일 년 이상 뒷바라지 하려고는 하지 않는다. 그리고 교회는 목사의 생명보험에도 가입해두지 않고 산재보험 대상도 아님을 잊어서는 안 된다.

건강하기 위해서는 먹는 것(영양)과 움직이는 것(운동), 그리고 쉬는 것(잠)이 균형과 조화를 이루어야 한다. 과거에는 영양이 부족하여 건강을 잃는 목사님들도 많이 있었지만 현대에 와서는 대체로 영양이 부족한 것이 문제가 아니라 조화와 균형을 잃는 데서 문제가 발생한다. 지방질이나 당분을 과다하게 섭취하고 이를 운동을 통해 소비하지 못해서 생기는 질병(순환기 질환이나 당뇨 등)이 많기 때문이다. 이런 영양 관리는 평소에 관심을 가지고 행해야지 일단 발병하고 나면 그만큼 치료나 관리는 더 힘들어지고 덤으로 고생까지 해야 한다. 질병의 종류도 시대에 따라 달라진다. 한국교회의 경우 일제 치하에서 고생할 때는 폐결핵으로 고생한 목사님들이 많았고 광복 후 경제적으로 어려웠던 시대에는 소화기 특히 위장 계통의 질병이 많았으나 70년대 이후로는 특정한 질병보다는 그 질병도 다양해졌음을 알 수 있다. 신장, 당뇨, 피로로 인한 간과 관련된 질병, 스트레스로 인한 각종 암과 더불어 자동차 문화의 일반화로 사고로 인한 피해도 결코 무시할 수 없게 되었다. 하여간 병이든 사고든 치료보다는 예방이 최상책임을 잊어서는 안 될 것이다.

다음으로 건강하려면 많이 움직이지 않으면 안 된다. 현대 문명의 결과로 영양 섭취는 많이 하면서 운동량은 제한적이어서 건강에 이상이 오는 경우가 많기 때문이다. 그래서 목사들도 운동을 해야 한다는 이야기를 흔히 한다. 문제는 어떤 운동을 누구와 함께 할 것인가? 이다. 여기에 정답은 따로 없다. 자기에게 맞는 운동을 택해야 할 것이다. 상대가 필요한 운동이라면 가능한대로 부부가 함께 하든지 동료 목사들을 동반자로 하는 것이 좋다고 할 수 있다. 사생활에서 적나라하게 드러나는 목사의 인간적인 약점들이 목회에 어려움을 줄 수도 있기 때문이다. 그리고 상대가 필요없는 운동을 한다면 그런 우려에서는 자유로울 수 있다. 등산이나 걷기, 볼링 등이 거기에 속할 수 있다.

활동을 한 뒤에는 쉬어야 한다. 그래서 누구나 잠을 잔다. 목사도 매일 잠을 자기는 하지만 문제는 얼마나 잘 것인가 이다. 여기에도 일정한 정답은 없다. 사람마다 다르기 때문에 자기 건강을 유지하기에 적당할 정도로 자면 된다. 단지 요즈음 유행하는 아침형 인간이 될 것인가? 아니면 저녁형(밤형) 인생을 살 것인가?는 생각해보아야 한다. 한국교회가 새벽기도를 하는 교회라면 목사가 되기 전부터 아침형 인간(moming person)이 되는 훈련을 하는 것이 좋을 것이다. 또 수면 시간의 길이만 중요한 것이 아니라 수면의 질 또한 못지 않게 중요하다. 숙면을 취해야 피로가 풀리기 때문이다. 숙면을 하려면 스트레스 상황에서 벗어나는 훈련이 되어야 할 것이다. 어려움들은 하나님께 맡기고 스트레스를 벗어나 숙면하게 되는 것이다.

하여간 자기 나름의 자기 건강 관리법이 있어야 한다. 운동이든 수면이든 영양이든 또 다른 어떤 방법이든 자기 나름의 건강을 유지하는 방법이나 비결이 있어야 한다는 말이다. 최근에 등장하는 여러 가지 자연 치유요법이나 규칙적인 생활 습관 등도 그 중에 속할 것이다. 자기 건강에 너무 과민한 반응을 보이는 것도 문제지만 너무 무관심한 것도 문제이므로 평소에 자기 건강 유지에 주의를 기울이고 자기의 건강 관리법을 개발하여 건강 유지를 위한 꾸준한 노력도 반드시 필요한 것이다.

목사의 시간 관리

시간은 하나님께서 인간에게 주신 최대의 선물 중의 하나이다. 주어진 일생의 길이는 각기 다르지만 누구에게나 하루 24시간의 시간을 주신다는 점에서는 지극히 공평한 선물이다. 빈부귀천 남녀노소를 불문하고 똑같이 하루 24시간, 일년 365일을 주시는 것이다. 선물로 주신 그 시간들은 하나님께서 원하시는 열매를 맺게 하시려고 주신 것이다. 문제는 사람마다 각기 그것을 다르게 활용하여 각기 다른 열매를 맺게 된다는 점이다.

목사에게도 예외는 아니다. 다른 사람들과 똑같은 하루 24시간을 주시고 또한 어느 목사에게나 같은 시간을 주신다. 학력이나 배경은 각기 다르고 성격이나 재능, 건강까지도 모두 다르다. 시간 이외에는 똑같이 주어진 것은 아무 것도 없다. 문제는 주어진 그 시간을 어떻게 쓰고 관리하느냐?에 인생의 성패, 목사의 목회 성패가 달려있다는 것이다.

시간 관리에 있어서 가장 중요한 것은 계획적인 시간 관리라 할 수 있다. 아무런 계획도 없이 닥치는대로 일을 하다가는 아무 것도 이루지 못한다. 시간을 계획에 따라 체계적으로 이용해야 한다는 뜻이다. 예배와 설교 준비, 심방과 상담을 위해 할애해야 하는 시간, 건강을 위해 투자하는 시간, 자기 개발과 발전을 위한 시간 등을 계획성있게 편성하고 실천하는 것이다. 일하는 시간과 휴식을 위한 시간도 미리 계획되어 있어야 한다. 쉬는 것을 두려워하지도 말아야 한다. 흔히 목사들은 쉬는 것이 마치 하나님 앞에서 죄를 짓는 것처럼 느끼기도 한다. 그러나 일을 위해서는 반드시 쉼으로써 활력을 충전하지 않으면 안 된다. 또 일을 할 때도 일을 즐거운 마음으로 하면 그만큼 힘이 덜 든다는 것도 알아야 한다. 다른 사람 보기에는 노는 것처럼 보일 정도로 일을 즐기면서 하는 훈련인 것이다.

시간을 효과적으로 관리하기 위해서는 여가 시간(조금씩 남는 자투리 시간)을 효과적으로 활용하는 것도 중요하다. 하루 중에 우리가 조금씩 허비하는 시간을 모두 합해보면 꽤 많은 시간이라는 것을 알 수 있다. 이 시간들을 모아 활용하는 것은 엄청난 변화를 경험하게 된다. 다음으로 시간을 효과적으로 이용하는 하나의 방법으로 전환과 집중(time switch)이라는 원리를 이용해볼 수 있다. 쉽게 말해서 하던 일에 집중하다가 쉽게 다음 일로 바꾸어 집중하는 것이다. 예를 들어 공부를 할 때는 하던 공부에 집중하다가 설교 준비를 하는 일로 바꾸었을 때 지금까지 하던 공부 내용은 잊어버리고 설교 준비에 집중하는 식을 말한다. 쉬운 것 같으면서도 많은 경우 사람들은 이 일을 하면서 저 일을 한편에서 염려하고 저 일로 바꾸어 할 때에는 반대로 이 일에 대한 관심을 계속 유지한다. 결과적으로 집중을 하지 못하므로 효율적이지 못하고 옆에서 볼 때 무슨 일을 하고있는지가 명확히 구분이 가지 않는다. 결국 많은 일을 하지도 못하면서 더 많은 피로감을 느끼게 된다.

그리고 시간 계획 속에는 반드시 자기 발전을 위한 시간도 들어 있어야 하고 가족 특히 배우자와 함께 보내는 시간도 포함되어 있어야 한다. 예를 들어 일 주일에 하루는 온전히 자신을 위해서 보내고 다른 하루 저녁은 가족(배우자)과 함께 보내는 등의 계획을 하는 것이다. 여가 시간 활용과 가족과의 시간을 조화시킬 수도 있을 것이고, 여가 시간이 자기 개발 시간으로 활용될 수도 있다. 주로 하던 일을 잠시 멈추고 다른 일을 하는 것 자체가 일종의 휴식이 될 수 있고 재창조의 시간(recreation)으로 활용될 수 있다.

기타 자기 관리

그밖에도 목사는 여러 가지 자기 관리가 필요하다. 목사는 영적 지도자요 늘 사람들 앞에 서야 하는 사람이므로 옷차림부터 용모 관리에 이르기까지 세심한 주의를 기울이지 않으면 안 된다. 의복도 너무 화려하지도 않아야 하지만 너무 유행에 뒤떨어져도 안 된다. 물론 장소와 때에 어울리는 복장의 선택도 중요하다. 자기 서재에서 책을 볼 때 정장을 하고 있을 필요는 없기 때문이다.

특히 예배 인도자로나 설교자로 단 위에 설 때에는 좀더 용모에 신경을 쓸 필요가 있다. 영상 문화의 발달로 사람들은 늘 용모가 뛰어난 사람들을 TV나 다른 영상 매체를 통하여 접하는 것이 오늘의 현실이다. 그런데 주일 예배 시간에 뵙는 목사님의 모습에서부터 눈에 보이지 않는 실망감을 느낄 수도 있다는 것이다. 따라서 주일날은 특히 자신의 얼굴, 머리, 복장 등에 관심을 가지고 준비할 필요가 있는 것이다.

물론 목사의 자기 관리가 외모나 외형적인데 치우쳐서는 안 될 것이다. 내면적인 자기 관리를 위해서는 영적인 면에 덧붙여 끊임없이 배우는 자세가 반드시 필요하다. 목사는 가르치는 사람이다. 가르치기 위해서는 먼저 배우지 않으면 안 된다. 말씀이나 신학적 내용에 관한 연구는 물론 목사는 실로 다방면의 독서와 배움을 통해 풍부한 자기 발전을 꾀하지 않으면 안 된다. 상대해야 하는 사람들이 워낙 다양한 부류의 사람들이기 때문이다. 독서도 닥치는대로 읽는 임기응변식 독서 습관보다는 규칙적이고 계획적인 독서 습관을 가지는 것이 좋은 것은 말할 필요도 없다.

III. 기대치와 스트레스

목사의 생활을 이야기할 때 목사가 받는 스트레스를 이야기할 수밖에 없다. 목사는 사람들로부터 너무 큰 기대를 받고 있기 때문이라고도 할 수 있다. 설교 시간이 되면 모인 회중의 수가 얼마인가에 관계없이 기대에 찬 모든 눈길이 목사에게 집중된다. 하나님께서 그의 입을 통해 어떤 말씀을 들려주실까? 하는 기대에 찬 눈길이다. 그 사람들은 실로 다양한 부류의 사람들이고 안고있는 문제와 고민도 각기 다르지만 나름대로 목사님으로부터 바른 처방을 받고싶어하는 것이다. 설교만이 아니다. 사람마다 목사에게 거는 기대치는 다르다. 노인들은 친구같이 언제라도 말벗이 되어주는 사람을 기대할 것이고, 중년의 사람들은 세상살이의 지혜를 제공해주고 고민거리에 대한 해답을 기대할 것이며, 젊은이들은 자기들의 인생의 길잡이로서의 목사를 기대할 수도 있다. 어린 아이들에게도 친절하게 친구가 되어주는 목사를 아이를 키우는 어머니들과 아이들은 기대할 수 있다. 그러면서도 말씀만 바로 가르치는 것이 아니라 그의 삶도 모든 면에서 가장 모범적이 되어야 한다고 사람들은 기대한다. 이런 기대치의 홍수 속에서 목사는 스트레스 상황을 벗어나기 어렵다.

스트레스: 현대인의 삶의 일부

그런데 목사들만 스트레스를 경험하고 사는 것이 아니라 어떤 의미에서 스트레스는 현대인의 삶의 일부가 되고 있다(Stress is part of life). 어린 아이로부터 노인에 이르기까지 스트레스를 안 느끼고 사는 사람은 없다고 할 수 있기 때문이다. 그러면 스트레스(stress)란 무엇인가? 스트레스란 한마디로 '외적인 힘에 반응하여 그 힘을 밀어내려는 내적인 힘'이라고 할 수 있다. 스트레스를 유발하는 그 외적인 힘은 스트레스 원(源: stressor)이라고 하며 흔히 말하는 압박감(pressure)이 그것이다. 예를 들어 시험을 앞둔 학생은 시험을 잘 치러서 좋은 성적을 받아야 한다는 요구가 압박감을 주고 그 시험에 실패하지 않으려는 내적인 힘을 쏟는 것이 바로 스트레스인 것이다. 스트레스를 받지 않으려면 압박감이 주어질 때 그 요구에 따르려고 하지 말고 포기해버리면 된다. 낙제할 생각으로 시험에 임한다면 스트레스는 없는 것이다.

목사가 받는 스트레스

목사는 앞에서 말한대로 수많은 기대치의 홍수 속에 있으므로 스트레스를 많이 느낄 수밖에 없다. 우선 자아로부터 오는 스트레스가 있다. 그 많은 요구들에 비해 불완전하고 무능한 자아를 생각할 때 생기는 스트레스를 말한다. 목사님이기 때문에 때로는 위선을 행하고 있다는 자책감에 빠지기도 한다. 인격적으로 결함이 있고 도덕적으로도 불완전하면서도 그것을 그대로 드러내지 못하고 사는 것이다. 하나님의 은혜와 죄 용서에 대해 한편으로 감격하면서도 자신을 돌아보며 고민에 빠지는 것이다 (롬 7:24). 거기에 덧붙여 내면에서는 인정받고싶다는 강한 욕구가 있기 때문에 스트레스는 가중된다.

사람들과의 관계에서도 목사는 자아로부터 오는 스트레스를 경험한다. 목사가 목회생활을 하는 동안 사람들에게 특별한 공헌이나 도움을 주지 못한다고 느낄 때, 자신이 필요불가결한 존재이기보다는 그냥 너그럽게 보아 넘겨지는 존재라는 생각이 짙어질 때, 한마디로 자신은 사람들에게 별 도움이 되지 않는 무용지물(無用之物)이라는 생각이 들 때 찾아오는 스트레스를 말한다. 이런 감정이 엄습해오면 어떤 목사도 창조적이고 의미있는 삶을 살 수는 없다. 그리고 이런 스트레스가 좀더 심해지면 목회사역을 그만두어야겠다는 심각한 고민에까지 빠질 수 있다 (Nouwen 1978: 52).

물론 가장 큰 스트레스는 교회로부터 또는 목회라는 일로부터 온다고 할 수 있다. 그 다양한 기대와 요구에 부응하려면 해야 할 일이 너무 많고, 그 많은 일을 자신이 하지 않으면 안 된다는 느낌이 들기 때문에 모든 일을 모두 훌륭하게 해내려니까 결국 일 중독증(workaholism)에 빠지게 되고 그것이 정도를 넘어서면 소진(消盡)되어 쓰러지는(bum-out) 경우까지 일어나게 된다. 아무리 훌륭한 목사라도 "모든 사람에게 모든 일(all things to all men)"을 해줄 수는 없다. 여기에서 마치 자기가 작은 구세주라도 되어야 하는 것(messiah complex)으로 착각하지는 말아야 한다.

인간 관계에서 해결되지 않은 갈등이 남아있으면 그것도 커다란 스트레스 원이다. 다음 장에서 인간 관계 문제를 다루겠지만 한마디로 인간 관계의 실패는 곧 목회의 실패임을 잊어서는 안 된다. 더군다나 그 관계에서 껄끄러운 무엇인가가 남아있으면 그것이 바로 스트레스로 이어지는 것이다. 사람들은 어떤 기대치를 가지고 교회로 오고 목사를 대한다. 그리고 그 기대치가 만족되면 칭찬의 말과 칭송이 따르게 된다. 그러나 만일 기대치에 미치지 못하면 불만을 가지게 되고 불만이 밖으로 표출되면 불평이 되고 결국 비난과 비판에로 이어진다. 이것은 곧 갈등 관계로 발전하고 결국 목사에게는 커다란 스트레스 원이 되고 만다.

목사가 일주일 내내 매우 힘든 어떤 일을 잘 처리하며 보냈다고 하더라도 누군가는 비판할 거리를 언제라도 찾아내게 되어 있다. 사람들은 목사의 시간 계획이 어떠했으며 무슨 일을 해냈는지 알지 못하기 때문에 그들은 보통 목사가 아직 하지 못하고 남겨둔 그 일을 하라고 요구하게 된다. 그들은 목사가 한 일은 생각하지 않고 하지 않은 일만 기억하고있는 것이다(Rassieur 1982: 25-26).

교인들은 흔히 "목사는 한 주간의 시간을 헛되이 보내고 주일 예배만을 위해서 산다"고 의심하기 쉬운 것이다(Rassieur 1982: 26). 그리고 목사가 목회에 성공적이면 성공적일수록 교인들의 기대치도 그만큼 커진다. 또 이런 상승하는 기대치에 부응하기 위해 목사는 더욱더 많은 일을 열심히 할 수밖에 없고, 이것은 일로부터 오는 스트레스를 가중시킨다.

성공해야 한다는 현대인들의 사고(思考)도 중요한 스트레스 원이 된다. 현대인들은 누구나 성공적인 인생을 소망한다. 목사도 거기에서 예외가 되지 않는다. 목회에 성공해야 한다는 성공 지향병(success syndrome)에서 벗어나지 못하는 것이다. 역시 주위의 기대가 그러하고 또 다른 사람들과의 비교의식에서도 그러하다. 그러나 진정한 성공은 그리스도 안에서 주어진 삶을 충실히 사는 것이다. 다른 사람들을 보고 자신을 비교하려고 하지 말고 하나님 앞에서 주어진 인생 곧 하나님께서 자기에게 주신만큼의 인생을 얼마나 충실하고 성실하게 사느냐가 성공을 가름하는 척도가 될 것이다. 그리고 그런 의식을 가지고 산다면 스트레스는 훨씬 줄어들 것이다.

가정으로부터 오는 스트레스도 결코 무시할 수 없다. 목사의 아내(남편)는 교회와 결혼한 것이 아니라 목사와 결혼한 사람이다. 그런데 목사가 목회에 전념하다가 가정을 희생시키면 배우자나 자녀들은 불만을 갖게 되고 그 불만이 쌓이다가 어느 시점에 이르러 폭발하기도 한다. 하여간 목사의 가정도 경제적 필요나 육체적 필요는 다른 사람들과 동일하게 가지고 있다는 것을 잊어서는 안 된다. 어쨌든 이런 가정으로부터의 요구나 불만은 그대로 목사에게는 스트레스를 안겨주게 된다. 결국 목사가 건전한 가정을 꾸려가는 것은 자신에게서 커다란 하나의 짐을 내려놓는 것이라고 할 수 있다.

목사의 스트레스 유형과 그 결과

목사가 받는 스트레스는 몇 가지 유형으로 나타난다. (1) 고독감: 목사는 좋은 동료들(peers)을 가지기 힘들기 때문에 일생동안 외로움을 겪으며, 부당한 대우를 받고 부당한 비판을 당할 때 믿고 대화를 나눌 상대가 마땅치 못해서 고립감(isolation)을 느낀다. 물론 하나님 앞에서 기도로 이런 문제들을 해소하지만 그래도 인간적인 고독을 완전히 벗어나지는 못하는 것이 보통이다. (2) 압박감(pressure)과 불안: 이것은 과중한 업무로부터 오는 다양한 스트레스를 나타낸다. (3) 갈등(conflict): 이것은 상반되는 요구, 기회, 욕구 등으로 결단을 내려야할 때 경험하는 것이다. 결혼생활, 자녀문제, 교회 지도자들과의 관계에서 생기는 문제 등에서 오는 스트레스이다. (4) 좌절과 실패: 이것은 목표나 목적 달성이 방해를 받거나 지연될 때 경험하는 것이다. 주로 일에 대한 의미를 상실하거나 지적, 영적 무력감을 느낄 때, 또 흔히 오랜 목회생활 후에 느끼게되는 스트레스이기도 하다(Rassieur 1982: 21-22).

이런 스트레스가 쌓인 결과는 흔히 소진(消盡: burnout)상태로 나타난다. 이 개념은 원래 로케트를 발사했을 때 연료가 다타버리는 것을 의미하는 말이었으나 여기서는 남을 돕는 전문직에 종사하는 사람들이 일로부터 오는 스트레스의 결과로 이상(理想)과 정력과 목표를 점차 상실해 가는 상태를 나타낸다. 능력과 자원이 너무 많이 요구됨으로 인하여 그 것이 고갈되어버리는 현상을 말하는 것이다. 고도의 성취를 위하여 치른 비싼 대가(the cost of high achievement)인 셈이다(Rassieur 1982: 25). 소진의 징후는 일에 있어서 효율성과 창의성의 저하, 일에 대한 흥미의 감소, 일의 성취도의 저하, 신체적으로 겪게 되는 피로감, 잦은 두통, 위장 장애, 체중감소, 불면증, 행동에 있어서 감정의 불안정, 참을성의 부족, 비현실적인 두려움과 걱정, 무력감 등으로 나타난다. 목사가 이런 상태에 이르게 되면 그의 목회사역은 비록 계속된다 하더라도 그 효율성은 기대할 수 없을 것이다.

스트레스의 해소

스트레스는 해소되어야 한다. 그렇지 않으면 질병으로 이어지든지 쓰러지든지 할 것이기 때문이다. 일반적으로는 스트레스 해소법으로 다른 사람들에게 공격적 언어나 행위를 보임으로 자기를 지키고 남을 공격한다. 때로는 그 상황을 피하려고 도피하는 수도 있다. 너무 스트레스가 내면적으로 깊어짐으로 소화불량이나 위장 장애 등의 질병에 걸리기도 한다. 세속적 방법으로는 술을 마시거나 사우나탕에 가서 땀을 흘리는 것으로 스트레스를 해소하고 운동이나 등산을 하면서 해소하기도 한다. 신앙인들도 기도원으로 가거나 금식기도에 들어감으로써 이와 유사한 스트레스 해소법을 추구하기도 한다.

흔히 목사들이 빠지기 쉬운 건전하지 못한 스트레스 해소법을 보면 (1) 공격적인 행위와 표현: 목사는 명분만 분명하다면 자기의 위치와 신분을 통하여 공격적 성향을 띠게되는 경우가 많아진다. 특히 공격적 인격을 지닌 사람들에게서 흔히 볼 수 있는 현상이다. (2) 수동적 폭력행위와 그

표현: 공격적 성품의 본질을 수동적으로 가장하여 표현하는 경우를 말하며, 많은 경우 목사의 언행(言行)은 이렇게 설명될 수 있다. 스트레스를 주는 대상이 자신보다 강하고 자신의 태도를 효과적으로 수정하기 어렵고 공격적 행동을 취할 수도 없을 때 그는 본심을 가리고 정면충돌을 피한다. 그러나 공격적인 마음이 사라진 것은 아니다. 오히려 그런 마음을 소화시키기 위하여 기도원을 찾고 금식기도에 들어가는 것이다.

그러나 목사는 좀더 긍정적인 방법의 해소법을 생각해야 한다. 하나님을 향한 건전한 신앙으로 해소하는 것이다. 스트레스 해소도 하나님과의 관계에서 이해되어야 하는 것이다. 건전한 신학에 바탕을 두고 하나님 앞에서의 자기고백을 바르게 한 사람, 즉 죄인이요 하나님의 피조물로서의 자기, 하나님의 일군이나 종으로서 자기 이해 등에서 자신은 하나님을 믿고 의지하는 관계에 있음을 분명하게 고백하는 사람은 그런 스트레스에 훨씬 적게 노출된다. 그리고 모든 어려움이나 문제들을 하나님께 기도로 아룀으로써 마치 스펀지(sponge)로 더러운 물들을 깨끗이 빨아들였다가 짜버리는 것에 비할 수 있을 것이다. 운동이나 등산을 하더라도 기도를 겸할 수 있다. 또 목사는 스트레스를 많이 받으면서도 하나님 앞에서 즐겁게 살아감으로써 스트레스를 해소하고 있는 셈이다. 실지로 목사는 이렇게 스트레스를 해소하기 때문에 평균 수명이 일반인들보다 더 높은 것으로 드러나고 있다.

목사는 목회를 하는 사람이다. 그리고 목사의 삶이 곧 목회의 일부이다. 그러므로 목사의 삶은 그만큼 중요하다. 그의 성품과 생활 습관이나 태도는 모두 하나님 앞에서나 사람들 앞에서나 바르고 건전해야 한다. 그리고 그의 자기관리는 엄격하게 이루어져야 한다. 다른 사람에게는 최대한 너그럽고 관대해야 하지만 자신에게는 엄격해야 되는 것이다. 그래서 언제나 그는 하나님의 사람으로서의 모습을 잃지 않고 유지하고 발전시켜 나가야 하는 것이다. 그도 사람이기 때문에 다른 사람들처럼, 오히려 그들보다 더 심한 스트레스 상황 속에서 살아간다. 자신으로부터 받는 스트레스는 물론 일로부터 오는 스트레스나 다른 사람들로부터 받는 스트레스 등 실로 다양한 스트레스를 느끼면서 사는 것이 바로 목사라고 할 수 있다. 그러나 그는 하나님 앞에 서는 훈련을 통해서 그의 스트레스를 해소하면서 행복한 모습을 보여주면서 살아갈 수 있을 것이다.

제4장

관계로서의 목회를 바로하라

사회적인 존재로서의 사람은 누구나 늘 어떤 관계 안에서 살아간다. 사람이 맺고 사는 관계는 먼저 하나님과의 관계(對神 關係)가 있고 다음 으로 사람들과의 관계(對人 關係), 그리고 물질과의 관계(對物 關係)를 말 할 수 있다. 목사도 사람이므로 이런 관계를 벗어나서 살 수는 없다. 오히 려 그런 관계를 바로 맺는 것이 목회라고까지 말할 수 있다. 이 세 가지 관 계 가운데 하나라도 실패하면 그것은 바로 목회의 실패로 이어지기 때문 이다. 그러나 여기서는 목사라면 하나님과의 관계는 일단 바르게 맺고 있다고 전제하고 사람들과의 관계를 중심으로 몇 가지를 살펴볼 것이다.

한 마디로 말해서 목회를 하면서 인간관계를 실패해서는 성공적인 목 회란 있을 수 없다. 목회란 사람들을 상대로 하는 하나님의 일이기 때문 이다. 그래서 "인간관계에 실패하지 말아라"는 말을 목회 철학의 하나로 삼아야 한다. 목사와 관련되는 인간관계는 크게 세 가지로 나누어 생각 할 수 있다. 첫째는 목사의 자기 가족과의 관계이고, 둘째는 목사의 성도 들과의 관계이며, 셋째는 목사의 가족과 성도들과의 관계이다.[17] 물론 이 밖에도 교회 밖에 속한 불신자들과의 관계나 다른 교회에 속한 성도들과

---

17) 다음의 책은 바로 그런 관계를 다루고 있다. Lyndon E. Whybrew, *Minister, Wife and Church: Unlocking the Triangle*(Washington D.C.: The Alban Institute, Inc.,1984).

의 관계, 다른 목사들과의 관계 등 그것은 끝없이 이어지겠지만 여기서는 가족과의 관계와 성도들과의 관계에 중심을 두려한다.

I. 가족과의 관계

목사의 가족은 먼저 배우자가 있고 다음으로 자녀들이 있다. 물론 부모를 모실 수도 있고 다른 가족들도 있을 수 있다. 그러나 그 중심은 부부 관계라 할 수 있다. 교회는 목사를 청빙할 때 목사 개인을 청빙한다기보다 목사와 그 가족들을 청빙한다고 해야 한다. 반드시 가족 사항을 알아보고 청빙을 결정하고 또 일단 부임하고나면 온 가족이 모두 교회에 충성스럽게 봉사하지 않으면 안 되기 때문이다.

여기에서 목사의 자기 신분에 대한 이해가 분명히 선행되어야 한다. 물론 교회에서는 '목사님'으로 부임했고 그 이름에 걸 맞는 역할을 해내야 한다. 그러나 일단 집에 들어오면 그 때는 목사라는 신분이 아니라 한 아내(남편)의 남편(아내)이고 자녀들에 대해서는 아버지(어머니)임을 잊어서는 안 된다는 말이다. 그 가운데서도 한 아내(남편)의 남편(아내)이라는 위치가 최우선적으로 지켜져야 한다. 자녀들은 20년이 조금 지나면 모두 따로 나가서 살게 되겠지만 부부는 하나님께서 불러가실 때까지는 함께 지내야 하므로 훨씬 오랜 시간들을 함께 보내면서 인간으로서의 희로애락(喜怒哀樂)을 함께 해야 하기 때문이다.

그런데 시대가 변하면서 사람을 평가하는 가치척도도 달라졌다. 얼마나 좋은 남편(아내)이고 아버지(어머니)인가?는 중요한 것으로 여겨지지 않고 얼마나 일을 유능하게 처리해내는가?가 가장 중요한 가치척도가 된 것이다. 결국 사람들은 성공하기 위해서 더 많은 시간과 정력을 일하는데 바치게 되었다. 목사도 거기에서 예외가 아니다. 성공적인 목회를 위해서 일과 시간의 노예(?)가 되고있다고 할 정도가 된 것이다. 그러나 다른 일반 직종에서와는 달리 목사는 좋은 남편(아내)과 아버지(어머니)가 되지 않고는 좋은 목사가 될 수 없다는 것을 잊어서는 안 된다. 생활이 곧 목회인데 그 생활 중에서 가정생활이 그 중심을 이루기 때문이다. 다시 말해서 건전한 가정생활 자체가 목회에서 매우 중요한 위치를 차지한다는 말이다.

목사와 그 배우자(남편이나 아내)

문제는 목사에게 있어서 교회에서의 기대치를 충족시켜야 하는 역할과 가정에서 건전한 가정을 만들기 위해서 해야 할 일들 사이에서 균형과 조화를 유지하는 것이 쉽지 않다는 데 있다. 교회에서는 사람마다 또는 계층이나 부류마다 목사에게 거는 기대가 다른데 목사는 그 어느 하나도 무시해버릴 수는 없다. 각기 다른 요구에 대해 모든 사람들을 즐겁게 해줘야 할(people-pleaser) 의무 같은 것이 있고 집에서는 또한 좋은 남편(아내)과 부모로서 가족을 편안하고 행복하게 해줄 의무가 있기 때문이다. 그런데 교인들의 요구를 모두 충족시켜야 한다는 유혹에서 벗어나지 못하면 가정을 돌아볼 여유가 없을 뿐 아니라 지쳐 쓰러지는 지름길이 될 것이다. 하여간 교회와 교인들의 요구에 지배되지는 말아야 건전한 가정을 위해서 애쓸 수 있는 틈이 생긴다. 그리고 교인들은 일반적으로 목사의 가정을 그리스도인들의 부부생활이나 가정생활의 모델로 생각하고 자기들의 본이 되어주기를 기대한다. 그렇다고 완벽함(perfection)을 목표로 삼을 필요는 없다. 오히려 건전함(integrity)을 목표로 삼을 필요가 있다. 아무도 완벽한 가정 이룰 수는 없기 때문이다. 말과 행동 뿐 아니라 마음 씀이나 생각하는 것으로도 하나님의 영광이 드러나도록 힘쓰되 자신의 약점이나 약함을 겸손히 인정함으로써 사람들로부터 비난의 대상이 아닌 신뢰의 대상이 되도록 하는 모습을 말한다. 하여간 목사는 자기 가정의 행복을 책임져야 하는 유일한 사람이다. 흔히 목사는 교회와 성도들을 잘 돌보아 목회를 성공적으로 하면 교회와 성도들이 목사 가정의 행복을 위해 돌보아주리라고 기대한다. 그러나 이런 기대나 소망은 헛된 꿈이다. 어느 교회나 성도들도 그렇게 해주지 않기 때문이다. 목사 가정의 행복은 목사부부에게 주어진 사명이요 몫인 것이다.

목사의 가정은 가끔 어항 속의 물고기 같은 삶으로 표현된다. 그만큼 주위의 모든 사람들이 관심을 가지고 지켜보고 있다는 말이다. 유리 집(glass house)에 사는 생활이라고도 한다. 사생활이 그만큼 많이 노출되고 있다는 말이기도 하다. 목사 가족의 일거일동은 모두 주목의 대상이 되는 것이기 때문이다. 이 때 목사보다 목사의 배우자가 받는 스트레스는 훨씬 심하다. 목사는 하나님의 부르심을 깨닫고 그 몸과 일생을 하나님께 바치기로 결단하고 나섰지만 그 배우자는 비록 그 길에 동의하고 따르기는 했지만 그 소명감은 차이가 있을 수 있기 때문이다. 특히 목사의 아내일 경우가 목사의 남편인 경우보다 그 스트레스는 좀더 심하다고 해야 한다. 남자보다 여자가 좀더 섬세하고 예민한 것이 일반적이고, 또 목사의 남편일 경우에는 대체로 가정을 꾸리는 역할보다는 사회생활을 폭넓게 하고 있기 때문이다.

하여간 목사의 배우자에 대한 기대도 사람마다 다를 수 있고 목사나 그 배우자 스스로도 그 이상적인 역할에 대한 이해가 다를 수 있다. 그러나 대체로 교인들은 목사의 배우자에 대해서도 나름대로의 이상형을 그리면서 바라보는 것이 보통이다. 아직까지 한국교회의 경우 남편이 목사이고 그 아내는 사모가 되는 경우가 지배적이다. 목사의 아내인 경우 성도들은 모든 것을 목사 사모는 어떻게 하는지를 보고 있다는 것을 안다.

그리고 좀더 이상적인 역할을 기대하며 보고 있다는 부담감도 가지게 된다. 자녀 양육, 가정생활 꾸리기, 교회 봉사나 경건 생활에 이르기까지 모든 면에서 교인들이 보고 따를 수 있는 본이 되어주기를 바라는 것이다. 그리고 이런 것을 무시하거나 소홀히 하다가는 바로 구설수에 오르게 되고 결국은 목사까지도 비판의 대상이 되기도 한다.

목사의 아내는 이런 부담감 때문에 잘못하면 위축된 삶을 살기 쉽다. 잘못해서 구설수에 오르는 것이 두려운 것이다. 그러므로 목사의 아내도 친밀한 관계를 맺고 사는 사람들이 있어야 한다. 고민을 털어놓고 서로 격려할 수 있는 관계에 있는 사람들을 말한다. 그들은 자기 교회 성도들보다는 다른 목사의 사모(들)나 형편을 잘 아는 다른 친구들인 경우가 좋다. 본 교회 성도들은 아무리 친밀하다고 하더라도 어느 정도 한계가 있음을 인정해야 하기 때문이다. 물론 일차적인 책임은 목사 자신에게 있다. 아내가 그런 스트레스로 너무 큰 고민을 하지 않도록 평소에 목사의 사모가 아닌 한 남자의 아내로서 남편의 이해와 사랑을 충분히 느끼기만 한다면 모든 짐들이 훨씬 가벼워질 것이기 때문이다.

특히 목사는 자기 아내(남편)의 자존감(自尊感: self-esteem)에 상처를 입지 않도록 도와주어야 한다. 겸손하게 사는 것과 자존감을 누리는 것은 별개의 문제이다. 사람은 누구나 독립된 인격체로서의 대접을 받아야 하는 것이다. 목사의 배우자도 목사의 부속품(?)이 아니라 독립된 인격을 가진 사람이라는 말이다. 어느 자리에서든 대체로 목사는 소개되고 알려지며 나름대로의 대접도 받는다. 그러나 그 배우자는 대체로 그냥 묻히고 만다. 그 때마다 느끼는 감정은 '나는 쓸모 없는 존재에 불과하다' 는 느낌이거나 이름도 없이 남편(아내)의 그늘에 묻히어 사는 존재라는 느낌이다. 바로 자존감에 상처를 입는 경우이다. 따라서 목사는 자기의 아내(남편)가 이런 소외감을 느끼지 않도록 챙겨주는 일에 신경을 써야 한다. 목사는 물론 목사의 아내나 남편도 하나의 사람이요, 한 남자며 한 여자라는 것을 잊어서는 안 되는 것이다. 한 자연인으로서의 필요와 욕구, 감정과 갈등을 모두 그대로 가지고있는 것이다. 목사나 목사의 배우자가 되었다고 해서 하루아침에 모두 성자가 되지는 않는다. 결국 서로 이 점을 이해하고 건전한 목사의 가정을 이루도록 최선을 다하는 길밖에 다른 특별한 왕도는 없음을 명심해야 할 것이다.

목사의 자녀

목사의 자녀들도 다른 집의 자녀들과 다를 바가 없다. 같은 시대에 같은 문화를 누리면서 같은 교육을 받고 있는 아이들인 것이다. 그런데도 목사의 자녀라는 한 가지 사실 때문에 그들에게는 다른 아이들의 본(model)이 되어야 한다는 기대치가 있고 그것이 그들에게는 커다란 스트레스 원이 된다. 자기 이름보다 '목사의 아들(딸)' 이라는 다른 이름이 그들에게는 붙여져 있는 것이다. 다른 아이들은 실수를 해도 쉽게 넘어가면서 그들이 실수하면 그것이 화제 거리가 된다. 그런 현상은 어릴 때뿐만 아니라 나이가 들고 늙어서까지도 계속된다. 목사의 자녀라는 이름표는 평생을 따르는 것이다. 그들에게도 다른 사람들과 똑같은 유혹과 실패가 있을 수 있는데 그들이 유혹에 넘어지거나 실패하는 것을 용납하지 못하는 것이다.

목사의 자녀들도 유리 집에 사는 스트레스를 겪으며 산다. 사람들은 그들의 일거일동에 관심의 눈길을 멈추지 않는다. 이런 감시하는 듯한 눈길은 그들의 바른 성장에 커다란 영향을 미치기도 한다. 교회 안에 일어날 수 있는 여러 가지 문제들도 그들에게 영향을 준다. 그들은 직접 그 문제에 말려들지는 않지만 이야기를 듣게 되고, 때로는 아버지(어머니)를 욕하는 사람들의 이야기를 듣기도 한다. 아이들은 상상의 세계 속에서 자라는데 이런 부정적인 분위기나 이야기는 그들에게 불신감으로 가득 차게 할 수 있다.

결과적으로 일부 조숙한 아이들은 자제력을 배우고 자기를 과장하거나 위장해서 살기도 한다. 그런 경우 그들은 주위로부터 칭찬을 듣기도 하지만 참된 어린 시절을 제대로 경험하지 못할 수도 있다. 또 일부 아이들은 반항아의 길을 걷기도 한다. 대체로 사춘기를 겪으면서 주위에서 보는 위선성(僞善性) 때문에 교회에 등을 돌리고 아버지(어머니)의 일터인 교회를 벗어나려고 하는 행태를 보이는 것이다. 결국 주위로부터 좋지 않은 평판을 듣게 되지만 많은 경우 30세를 전후해서 다시 바른 신앙의 길로 돌아오고 일부는 부모의 뒤를 이어 목회의 길에 들어서기도 한다. 그러나 그 과정이 결코 바람직하다고 할 수는 없을 것이다.

이런 상황을 알고있는 목사라면 자녀들이 어릴 때에는 아무리 교회 일이 벅차고 시간을 내기 힘들어도 자녀들도 하나님의 소중한 자녀임을 인식하고 그들에게 진심에서 우러나는 관심과 사랑을 기울여야 한다. 목사가 교회에서는 좋은 목사님으로 존경과 사랑을 받으면서도, 집에서 그 배우자와 자녀들은 목사님이 옆에 계신다는 느낌조차 가질 수 없게 하지 말아야 한다는 말이다. 예를 들어 성도들의 아이가 병이 들었다 하면 가서 정성껏 기도해주면서 자기 자녀가 아플 때는 따로 기도해주지 않는 것은 흔히 볼 수 있는 목사 가정의 모습인 것이다.

좀더 자라 청소년기를 거치는 자녀에게는 부모의 목사로서의 고충과 고민을 이해할 수 있도록 솔직한 설명을 하고 이해를 구하는 것이 도움이 될 것이다. 그 대신 자신이 받는 압박감이나 스트레스가 자녀들에게 나쁜 영향으로 작용하지 않도록 주의하지 않으면 안 된다. 그리고 언제라도 자녀들에게 지키라고 내놓는 규칙들을 자신을 위한 규칙들로 받아들여 스스로 솔선하여 지키도록 해야 할 것이다.

하여간 목사의 가정은 유별나야 한다는 강박관념(royal family complex)에서 해방되어야 한다. 그들도 다른 사람들과 똑같은 필요와 감정을 가진 사람들이기 때문이다. 똑같은 사회에서 같은 문화를 숨쉬며 살아야한다는 것을 인정하고, 단지 거기에서 어떻게 좀더 하나님께서 기뻐하실만한 삶을 살 것인지를 생각함으로써 완벽한 가정이 아니라 건전한 가정을 이루도록 노력하는 과제만 남는 것이다. 또한 그렇게 하기 위해서 일이나 교회를 지키는 일보다 가정을 건강하게 지키는 것이 더 소중한 하나님의 일임을 인정하고 무엇보다 먼저 가정을 지켜야 하는 것이다.

II. 목사와 성도들과의 관계

선교는 불신자들을 대상으로 하는 하나님의 일이라면 목회는 성도들을 상대로 하는 하나님의 일이다. 성도들이 없으면 목회도 없다. 여기에서 성도들과의 관계는 결코 피할 수 없는 일이 된다. 그리고 그런 인간 관계의 실패는 그대로 목회의 실패로 이어진다. 목회의 실패는 신학적 오류나 능력의 부족 때문에 일어나는 경우보다 인간관계의 실패에서 오는 경우가 훨씬 많기 때문이다.

기본 원리

그러므로 목사는 목회지에 갈 때 지켜야 할 기본 원리들을 나름대로 설정하고 그것을 가지고 가야 한다. 닥치는대로 대충 사는 것이 아니라 분명한 원칙에 따라 살아야 하는 것이다. 맨 먼저 가질 신념은 '인간관계에 실패하지 않는다'는 것이다. 양보할 것은 양보하고 포기할 것은 포기하면서도 관계를 허물지는 않는다는 다짐이다. 무엇인가를 잘라버리는 일은 언제라도 할 수 있지만 한번 잘라진 것을 다시 잇는 일은 매우 어렵다는 사실을 잊지 말고 그 원리를 인간관계에서도 적용하라는 것이다. 이것은 최대한 적을 만들지 않는 목회를 말하기도 한다. 사람은 생각하는 존재이므로 누구나 어떤 일을 할 때 생각을 하게 되고 그 생각은 천차만별 서로 다를 수밖에 없다. 어떻게 이런 각기 다른 생각들을 아울러서 하나님의 영광과 교회의 유익을 위해서 봉사할 수 있도록 하는가?가 좋은 목회 여부의 척도라고 할 수 있다. 그리고 이렇게 하는 과정에서 흔히 인간관계에 틈이 벌어지게 된다. 그리고 이런 갈등을 최소화시킴으로써 인간관계를 원만히 유지하면서 교회를 성공적으로 성장시키고 목회를 하는 것이 바람직한 목회상이라고 할 수 있을 것이다.

그렇게 하기 위해서 가져야 할 또 다른 하나의 신념은 '사랑하기 위해서' 그리고 '섬기기 위해서'라는 것이다. 다시 말해서 어느 교회에 목회자로 부임할 때 그 교회 성도들을 가르치고 양육하며 바른 길로 인도하고 돌보려고 간다는 생각보다는 '그들을 사랑하고 섬기려고 그 교회로 간다'는 다짐을 가지고 가라는 말이다. 물론 성도들 중에는 참으로 사랑스러운 양들도 있다. 그러나 대체로 어느 교회나 공동체에도 참으로 사랑하기 어려운 '염소같은' 양들도 있음을 명심해야 한다. 그리고 마지막 날 목사가 하나님 앞에 섰을 때 얼마나 많은 칭찬과 상급을 받을 것인가의 기준은 사랑스럽고 말 잘 듣고 잘 따르던 그 양들 때문이기보다는 이런 염소같은 양들을 어떻게 다루어서 사랑스러운 양들로 만들었느냐에 따라 이루어진다고 해도 틀린 말은 아닐 것이다. 목사의 일생에서 그런 체험을 수없이 많이 하고 그것을 간증할 수 있다면 그보다 더 자랑스러운 일은 없을 것이다. 하여간 빈부귀천 남녀노소 어떤 성도이든 사랑하라고 맡겨주신 양임을 인정하고 어떤 상황에서라도 그들을 사랑하는 목사와 그의 목회 사역을 말하는 것이다.

'섬기기 위해서'라는 신념도 같은 맥락에서 이해할 수 있다. 앞에서도 밝힌대로 목사는 섬기는 종으로 부름받은 사람이다. 물론 그는 하나님을 충성스럽게 섬기는 하나님의 종이다. 그러나 앞에서도 말했듯이 종은 어디가도 종이라는 신분에서 벗어나지는 못한다. 따라서 맡겨주신 양들을 대할 때 설교단에서 하나님의 말씀을 선포할 때는 하나님의 사자로서의 권위를 가지고 누구의 간섭도 받지 않고 권위있게 말씀을 전해야 한다. 그러나 일단 설교단에서 내려오면 그 때는 하나님의 종이라는 신분에로 돌아간다. 그러므로 목사는 하나님의 말씀을 들고 서는 시간을 제외하고는 언제나 섬기는 종임을 잊어서는 안 된다. 따라서 어느 교회에 목사로 부임한다는 것은 섬김을 받으려고 가는 것이 아니고 그곳의 양들을 섬기려고 간다는 신념을 가져야 한다는 말이다. 문제는 이 때도 모든 성도들이 훌륭하고 생각이 건전하여 쉽게 섬길 수 있는 것이 아니라는 것이다. 회의 때면 앞뒤도 맞지 않는 주장을 펼치며 끝까지 고집을 꺾지 않고 심지어는 욕까지 해대는 사람들까지 존중하고 섬기는 것은 정말 어려운 일이다. 그러나 그렇게 해야 하는 것이 목회라고 할 수 있다. 그래서 중보기도를 할 때에도 그런 사람들을 위한 기도가 사랑스러운 양들을 위한 기도보다 앞서야 한다. 예를 들어 새벽기도 시간에 성도들을 위한 기도를 할 때 가장 사랑하기 어렵고 섬기기 어려운 사람들을 위해서 먼저 기도하는 것이 하나의 습관과 규칙이 되게 하자는 것이다.

그런 어려운 사람들도 대체로는 좋은 사람들이다. 가끔은 원래의 심성이 악한 사람들이 없는 것은 아니지만 대체로 보면 목회에 가장 걸림돌이 되는 사람들도 착한 사람들이다. 그리고 교회에서도 나름대로의 충성을 다하려는 사람들이다. 단지 다른 사람들과의 관계에서 문제를 일으키고 목사와의 관계에서 문제아로 등장할 뿐인 것이다. 따라서 그런 사람들일수록 관심을 가지고 그들의 입장을 이해하려고 노력하며 그들의 존재를 알아주고(인정해주고) 그들의 주장이 비록 흡족하지 않아도 존중해주라는 것이다. 물론 그들을 100% 따라가라는 말이 아니다. 단지 그들이 인격적으로 존중받고 있다는 인상을 받게 하라는 것이다. 진심에서 나오는 사랑을 베푼다면 비록 완악한 심령의 소유자라고 하더라도 언젠가는 그 사랑을 깨닫고 따르는 날이 있을 것이다.

사랑만으로 사람들이 변화되고 따르기를 기다리려면 훨씬 긴 시간을 기다려야 한다. 그래서 사랑에다 적절한 지도력(leadership)이 동반된다면 그런 결과를 좀더 빨리 기대할 수 있다. 그러나 목사가 저주와 지옥의 위협으로 누리던 지도력의 시대는 이미 멀리 지나갔음을 알아야 한다. 이제는 신뢰(trust)에 기초를 둔 지도력, 즉 사람들이 자발적으로 따르도록 하는 지도력이 필요한 것이다. 그리고 신뢰도를 높이는 비결은 성도들을 사랑으로 돌보는 길밖에 없다는 점도 중요하다. 사랑과 지도력은 따로 존재한다기보다 목사의 삶과 사역에서 함께 동반되어 나타나는 것이라고 할 수 있다.

다음으로 인간관계에서 실패하지 않기 위해서 필요한 하나의 원리는 '판정승 인생'을 목표로 삼으라는 것이다. 사람들이 모이면 때로는 갈등과 다툼이 일어나는 것을 피할 수는 없다. 그럴 때 목사는 K.O. 승을 하려고 하지 말라는 말이다. 당장에는 상대를 꼼짝없이 손들게 할 수도 있다. 그러나 그렇게 압도당한 사람은 감정에 상처를 입었고 결국은 그 상처를 되돌려 주고싶은 마음에 사로잡힌다. 그리고 언젠가 기회가 오면 목사에게 치명상이 될 수 있는 공격을 가해 올 수 있다. 장로나 집사는 그런 공격에 한번 쓰러져도 상처만 입을 뿐 교회를 떠나지는 않는다. 그러나 목사는 누구에게서든 그런 공격에 한번 쓰러지면 그 교회를 떠나지 않으면 안 되는 것이 일반적이다. 그러므로 목사는 다툼과 갈등 상황 속에서도 심판장되시는 하나님 앞에서 착실하게 점수를 따 모으는 삶을 목표로 삼아야 한다. 하나님께서 일마다 때마다 "그래. 네가 잘 했어!"라고 칭찬하실 수 있는 상황을 말한다. 하나님 앞에서 판정승의 인생을 살자는 것이다. 표면적으로 보면 얻어맞기도 하고 넘어지기도 하며 상처를 입는 것으로 나타나기도 하지만 이면적으로는 하나님께서 점수를 높여주시는 목회를 하는 것을 말한다.

또한 목사는 가르치는 사람이다. 그러나 가르치기 전에 배우는 사람이 되지 않으면 바로 가르칠 수 없다는 것은 말할 필요도 없다. 그래서 목사들은 끊임없이 독서를 하고 세미나에 참석하기도 하며 인터넷을 뒤져 정보를 캐내기도 한다. 그러나 이런 배움으로는 인간관계를 원만하게 유지하는 데는 큰 도움이 되지는 않는다. 인간관계를 위해서는 현장에서 그 사람들로부터 배워야 하기 때문이다. 그래서 예를 들어 어느 교회에 부임한 경우 일정 기간 동안은 새로운 시도를 하지 말고 일상적인 목회 활동(예배인도, 설교, 심방, 상담, 교육 등)만 하면서 그 교회를 배워야 한다. 작은 교회라면 2~3개월이면 되겠지만 어느 정도 규모의 교회라면 적어도 육 개월 이상이 필요할 것이고, 좀더 큰 대형 교회라면 일년 이상이 필요할 수도 있다. 화초나 나무를 옮겨 심어도 일정 시간이 자나야 새로운 토양에 뿌리를 내리고 정상적으로 자랄 수 있는 법이다. 목사도 그 교회에 뿌리를 내릴 시간이 필요하다. 바로 그 교회를 배우는 기간이 되는 것이다. 그 동안에 그 교회와 성도들의 현황에 대한 충분한 분석과 이해를 하면서 그 상황에 적응하여 효과적인 목회를 할 준비를 갖출 수 있다. 이런 준비가 충분히 되면(뿌리를 잘 내리면) 그곳의 성도들과의 관계를 좀더 원만하게 유지하면서 효과적인 목회를 할 수 있을 것이다.

교회의 다른 지도자들과의 관계

목사는 그 교회의 최고 지도자이다. 그러나 목사만 교회 지도자는 아니다. 장로나 권사, 집사 등 직분자들도 모두 교회의 지도자들이다. 단지 맡은 사명과 역할, 기능이 다를 뿐이다. 그리고 교회에서 목사들이 인간 관계에서 실패했다고 할 때는 대체로 바로 이런 직분자들, 곧 교회의 다른 지도자들과의 관계에서 일어나는 갈등 상황을 말한다. 한마디로 그 교회의 다른 직분자들과 원만한 관계를 유지한다면 그 교회에서의 목회는 그런대로 순조로우리라고 기대해도 된다.

이런 관계에서 가장 중요한 일 중의 하나가 '말'이다. 사람은 말을 통해서 의사소통을 하면서 사는 존재이다. 특히 목사는 매일 많은 말을 하면서 산다. 목회 사역도 거의 말에 의존해서 행한다. 그만큼 말에 실수가 없도록 주의해야 하는 것이다. "우리가 다 실수가 많으니 만일 말에 실수가 없는 자라면 온전한 사람이라 능히 온 몸도 굴레 씌우리라"(약 3: 2)는 말씀은 바로 목사에게 주신 말씀이라고 해도 틀린 말은 아닐 것이다. 우리 속담에도 "아 다르고 어 다르다." "말 한마디로 천 냥 빚도 갚는다." 등 말의 중요함을 일깨워주는 말들이 있다. 그리고 교회에서 목사로부터 상처를 입는 사람들도 모두 주먹으로 맞아서 상처를 입는 것이 아니라 목사의 입에서 나오는 말 때문에 상처를 입는다. 목회에서 목사의 반대편에 서서 괴롭히는 사람들도 많은 경우 목사의 말 때문에 상처를 입은 사람이라는 것도 명심해야 한다. 물론 경우에 따라서는 설교 시간에 나온 목사의 말 때문에 상처를 입는 경우도 있다. 대체로 어떤 개인의 인격에 침해가 될 수 있는 말 때문이고 그것이 공개된 자리에서이기 때문에 그 상처의 골도 깊다. 그러나 인간관계에 문제를 일으키는 말은 대체로 사적인 자리 또는 어떤 일 때문에 개인적으로 부딪히는 말들이다. 공적이든 사적이든 목사의 입에서 나오는 공격적인 말이나 어투는 상대방에게 상처를 입힌다는 점을 명심해야 한다. 공격적은 아니더라도 말이 명령조로 들릴 때나 비난조로 들릴 때에도 인간관계에 금이 갈 수 있다.

그리고 어떤 일을 새롭게 구상하거나 새로운 아이디어가 필요해서 교회의 다른 지도자(들)를 만나서 그(들)의 조언을 사전에 구할 수 있다. 그럴 경우에도 전화를 이용해서나 e-메일을 통해서가 아니라 직접 만나는 것이 좋다. 인격과 인격이 만나야 하고 직접 만났을 경우에는 감정과 신체언어가 동시에 전달될 수 있지만 전화나 컴퓨터는 사실만을 전하거나 오히려 왜곡된 감정이 전달될 수도 있기 때문이다. 그리고 직접 만났을 경우에도 가능하면 부탁하는 형식이나 의논조로 조언을 구해야 하는 것은 당연하다. 상대방의 의견이나 견해를 들으려는 것이지 자기 뜻을 강요하는 자리가 되어서는 안 된다는 말이다.

하여간 교회의 다른 지도자들의 역량을 바로 이해하고 그것을 최대한 활용하는 것은 중요하다. 각기 가진 재능과 은사는 다르고 그들이 가진 지혜와 경험도 각기 다른 법이다. 그 서로 다른 경험과 역량들을 최대한 그리고 골고루 활용하라는 것이다. 아무리 유능한 사람이 있어도 한(두) 사람만을 활용하는 것은 교회를 어지럽게 할 소지가 크다. 좀 부족한 사람들도 골고루 활용할 때 사람들은 자기의 가치를 인정해주는 목사를 따르게 되고, 그 반대일 경우 그들이 목사에게 반기를 들 수도 있기 때문이다. 좀 부족해도 하나님께서 세우신 일군이라는 점을 잊지 말아야 하는 것이다.

물론 때로는 목사의 뜻을 꼭 관철시키고 싶을 때도 있다. 그런 경우에는 설득의 요령을 스스로 익히지 않으면 안 된다. 강요에 의해서가 아니라 목사의 뜻을 이해하고 자발적으로 따르게 하는 요령이다. 물론 이것은 이론으로 배우는 것이기보다는 하나님께서 주시는 지혜를 힘입어 스스로 체득해야 하는 것이다. 항상 상대방의 입장에서 그 일을 바라볼 수 있는 훈련은 무엇보다 중요할 것이다. 사람마다 자기에게 맞는 안경이 있고 그 안경으로만 사물을 바로 볼 수 있다는 것을 인정하고 비록 남의 안경을 그대로 쓸 수는 없지만 그 안경으로 본다는 생각으로 사물을 보고 이해하는 훈련이다.

교회의 지도자라면 그 직분이 무엇인가에 관계없이 누구나 그 교회가 잘 되고 평안하고 성장하기를 바란다. 갈등과 문제는 어떻게 그것을 이룰 수 있는가에 대한 방법상의 차이 때문에 발생한다. 사람마다 겪은 체험이 다르고 성공과 실패의 경험들도 다르기 때문에 오는 차이이다. 각기 다른 삶을 살아왔기 때문에 어떤 일에 대처하는 방법이 다를 뿐인 것이다. 그러므로 다른 사람들의 방법이 틀렸다거나 무가치하다고 할 수는 없다. 단지 다를 뿐이고 약간의 효율성의 차이만 있을 것이다. 그리고 대체로는 방법론마다 장단점이 있으므로 그 장점들을 잘 조화시킨다면 최대한의 효과도 기대할 수 있을 것이다.

교회의 직분자들을 세우는 것도 목사의 목회 중의 중요한 하나의 일이다. 그리고 그들이 처음 임직 받을 때부터 문제 덩어리의 장로나 권사, 집사는 아니었다. 오히려 그 교회에서 가장 충성스럽고 유능하였기 때문에 택함을 입고 임직을 받았기 때문이다. 또 그 임직식에서 목사는 그들에게 위임의 기도를 통해 축복의 기도를 드리기도 했다. 그들은 좋은 하나님의 일군이 되라는 기대를 받으면서 출발한 것이다. 문제는 그 이후에 그들이 교회 봉사를 하면서 목사와의 사이에서 갈등을 경험하게되고, 또 교회의 비합리적인 면들을 보고 알게 된다는 데서 문제가 발단된다. 교회의 중심에서 멀리 떨어진 주변에서 봉사할 때는 교회의 그런 부정적인 면은 보지 못하고 충성만 했던 것이다. 그리고 그런 상황이 반복되면서 갈수록 다루기 어려운 사람들로 성장하는 것이다. 결국 그들을 믿고 직분자로 세운 목사(들)가 그들이 그렇게 변하는데 커다란 역할을 한 셈이된다.

하여간 이미 세워져있는 일군들과 뜻을 맞춤으로써 그들이 목사 편에서 일할 수 있도록 할 수만 있다면 교회에서의 인간관계는 원만하다고 할 수 있다. 따라서 그들을 배제하고 젊은 층이나 신입 교우들과 손잡고 교회의 여러 가지 일을 하려는 생각은 버리는 것이 좋다. 물론 젊은 층이나 신입 교우들은 대체로 목사 편에서 일하려고 한다. 그러나 이미 세워진 교회의 지도자들이 교회의 중심이 되도록 하지 않으면 교회는 거의 틀림없이 어려움에 사로잡히게 된다. 그러므로 어느 교회에 부임했을 때 요즈음 유행하는 개혁이나 혁신을 기치로 내세우고 기성 지도자들을 배제하려는 생각은 교회를 분규 상태로 내모는 것과 같다. 특히 그런 개혁을 위해서 소위 말하는 그 교회에서 야당적 역할을 하는 그룹의 사람들과 손잡고 그들의 힘을 배경으로 삼아 일할 생각은 버려야 한다. 그들은 일반적으로 교회에 불만을 가진 사람들이므로 반드시 감싸 안을 필요는 있지만 그들의 기질상 교회의 중심에서 일하기에는 다른 사람들과의 조화를 얻어내기 어렵기 때문이다.

III. 목사가 맺는 다른 인간관계들

물론 목사는 교회의 임직자들 이외에도 다른 여러 부류의 사람들과도 원만한 관계를 이루어야 한다. 일반적으로 성도들을 상대할 때는 앞에서 논한 기본 원리에 따르면 된다. 다시 말해서 사랑으로 돌봄으로써 신뢰를 쌓아가는 목회를 말한다. 사랑은 감정에 속한다. 그리고 감정은 집단감정도 있기는 하지만 일반적으로는 극히 개인적이다. 그러므로 성도들이 목사님과 일대일의 관계에서 사랑을 느낄 수 있어야 한다. 다시 말해서 공적인 설교 시간에 "사랑하는 성도 여러분"이라는 말을 백 번 듣는 것보다 개인적으로 한 번 이름을 불러주고 관심을 표해주는 것이 훨씬 쉽게 목사의 사랑을 느끼는 것이다. 그러므로 개인적으로 관심을 가져주고, 인격적으로 존중해주는 것이 좋은 인간관계 형성을 위해서는 무엇보다 중요하다고 할 수 있다. 특히 조심할 일은 성도들이 목사가 '인간 차별' 한다는 인상을 주지 말아야 한다. 누구에게는 너무 친밀한 듯한데 자기에게는 약간 소홀하다는 느낌을 주는 경우를 말한다.

신입(전입) 교인들과의 관계

누구나 새로운 사람이 교회에 출석하고 등록까지 한다면 좋아할 것이다. 더욱이 소형교회나 교회를 개척하여 아직 자립하지도 못한 작은 교회라면 더 할 것이다. 그러나 이런 신입 교인의 경우에도 조심할 일은 있다. 물론 불신자를 전도했거나 혹 전도하지 못했어도 자발적으로 교회에 나온 경우라면 기꺼이 환영해야 한다. 문제는 다른 교회의 성도가 전입해오는 경우이다. 법대로 하려면 이명(移名) 증서를 가지고 와야 하지만 요즈음 그 법은 이미 유명무실한 조항이 된지 오래이다. 하여간 전입 성도의 경우 무조건 환영하지 말고 왜 교회를 옮기는지 그 이유를 살펴보아야 한다. 타지방에서 이사온 경우라면 크게 염려할 필요는 없다. 그러나 같은 도시나 같은 지역에 있는 이웃 교회로부터 오는 경우에는 좀더 알아보아야 한다. 그런 경우 대체로는 그 교회에 불만을 품고 나오거나 목사님이나 다른 어떤 사람과의 인간관계에서 문제가 발생하여 나오는 경우이다. 그런 사람은 다른 교회에서도 그런 상황을 야기하기 쉬운 사람임을 잊어서는 안 된다. 특히 그 사람이 그 교회에서 임직을 받은 직분자라면 더욱더 조심스럽게 받아들여야 한다. 그리고 전입 교인을 받아들일 때는 한두 가정 단위로 받아들여야 한다. 어느 교회에서 분규가 일어나 집단으로 교회를 옮기는 경우가 있다. 이런 집단은 대체로 단단한 결속력으로 뭉쳐있고 새로운 교회에서도 하나의 세력 집단으로 남게 된다.

그렇다고 해도 받아들이는 교회가 대형교회라면 큰 문제가 되지 않지만 중소형 교회에서는 기존 성도들과의 부조화를 일으키기 쉽고 다시 교회 분쟁의 불씨가 될 수 있는 것이다.

하여간 다른 교회의 성도들을 고의적으로 훔쳐오지는 말아야 한다. 고의적이 아니라고 하더라도 다른 교회의 성도가 교회를 옮기라는 강압감 때문에 옮겼다는 말이 나오지는 않게 해야 한다. 특히 그 사람이 그 교회에서 빠져나옴으로 그 교회에 큰 상처가 되지는 않도록 해야 한다. 그러나 길 잃은 양(교회에 실망하고 신앙생활을 포기하고있는 사람이나 이단에 끌려가는 사람)을 발견했을 때는 지체하지 않고 다가가서 바른 길로 인도해주어야 함은 말할 필요도 없다. 문제가 좀 있는 양이라고 하더라도 그 양을 건전한 양으로 키울 사명과 의무가 목사에게는 있음을 명심해야 한다.

교회 지도자가 없는 교회

앞에서 우리는 교회 안에서의 인간관계의 불화는 대체로 그 교회의 다른 지도자들과의 관계에서 일어난다고 했다. 그러면 그런 지도자(장로, 권사, 안수 집사)가 없는 교회에서는 인간관계 문제는 전혀 없는가? 물론 답은 '아니다' 이다. 사람들이 모이는 곳에서는 어디에서나 인간관계 문제는 있을 수밖에 없기 때문이다. 그러나 이런 교회에서는 일군이 너무 없다는 것이 더 큰 문제이다. 그런 작은 교회에는 인적 물적 자원 모두가 부족하다는 것이 가장 고민스러운 일이기 때문이다. 그럴 경우 '최대한 있는 자원을 활용하라' 는 원리를 따라야 한다. 비록 부족하고 어설픈 사람이지만 봉사할 기회를 만들어주고 인정해주며 칭찬해줌으로써 받은 은사를 발견하게 하여 교회의 일군으로 성장할 수 있게 하는 것이다. 그때 목사의 지도력(leadership)은 일을 맡기고 관리하는 형(enabler)으로 나타나게 된다.

　그렇게 양성된 작은 일군들과의 관계에서도 문제가 발생하는 경우가 자주 있다. 개척교회에서 함께 봉사하면서 교회의 일군으로 성장한 사람으로 큰 교회에서라면 지도자의 대열에 낄만한 인물이 못되지만 그 교회에서는 없어서는 안될 만큼 중요한 자리를 차지한 사람들을 말한다. 이런 사람(들)이 목사와의 사이에서 사소한 문제로 틈이 벌어져 그 교회를 떠나게 되면 교회로서는 큰 상처를 피할 수 없게 된다. 하여간 그런 불행한 사태가 벌어지지 않도록 평소에 그들과의 관계에서 작은 틈이라도 생기지 않도록 최선을 다할 수밖에 없다. 그 틈은 흔히 앞에서 말한 목사로부터 입은 작은 상처들 때문에 생긴다는 것도 명심해야 한다.

목사의 가족들이 맺는 관계

　목사의 가족들도 사람으로서의 많은 인간관계를 맺으며 산다. 그런데 목사가 맺는 인간관계만이 아니라 목사의 가족들이 맺는 인간관계에서의 실패도 그대로 목회의 실패로 이어진다. 흔히 사모의 문제로 교회를 사임해야 하는 목사 이야기를 듣기도 한다. 바로 그 사모가 맺고있는 인간관계가 문제의 핵심인 경우가 대부분이다. 교회 안에서의 처신이 문제가 되기도 하고 어떤 특정한 사람(들)과의 관계가 문제가 되기도 한다. 어쨌든 목사의 가족은 유리 집에 사는 것처럼 항상 주목과 감시(?)의 대상이 되고있다는 것을 잊어서는 안 된다. 교회에서 봉사를 할 때에도 어느 정도로 어떻게 해야 할지를 생각해보아야 한다. 그 교회의 형편과 전통에 비추어 무리가 없어야 할 것이다.

　개척교회나 작은 교회의 경우라면 대체로 적극적으로 봉사하지 않을 수 없다. 궂은 일도 마다하지 않고 찾아 해야 하고 모든 교회의 행사나 일에 앞장서지 않으면 안 된다. 그러나 교회의 규모가 좀더 커져서 자립 단계를 지나고 중형 교회 규모가 될 때까지는 적극적인 봉사보다는 소극적인 봉사를 하되 모든 일에 동참하는 것만은 계속해야 한다. 그러나 교회가 대형교회의 규모라면 목사의 가족들은 가능하면 표면에 나타나지 않는 것이 좋을 수 있다. 그러나 이런 것도 그 교회의 형편과 전통에 따라 얼마든지 달라질 수 있다. 이런 것은 불변의 진리라기보다는 그 교회의 문화에 적응해야 하는 문화적인 면에 속하기 때문이다.

목사의 가족이 교회 밖에서 맺는 인간관계도 중요하다. 목사의 인간관계는 아무래도 교회 안에 상당히 제한될 수 있지만, 목사 가족의 경우는 교회 밖에서 좀더 폭넓은 인간관계를 맺으면서 산다. 목사도 교회 밖과 관계를 맺기는 하나 대체로 공적인 입장에서의 관계이고 개인적인 관계는 제한적이라는 말이다. 그러나 목사의 가족은 좀더 사회에 개방적이다. 특히 자녀들의 경우에는 교우(交友) 관계가 훨씬 그 폭이 넓어진다. 그러므로 목사의 가족이 교회 밖의 사람들과 관계에서 문제를 일으키든지 아니면 믿지 않는 친구를 사귐으로써 불미스러운 자리에 끼어 사람들의 지탄의 대상이 될 수 있다. 앞에서 말한 목사의 자녀들이 비록 한시적이라고 하더라도 그런 부류의 친구들과 잘못 어울려 탈선하는 경우는 가끔 들을 수 있는 이야기이고 그것은 목사에게는 목회에 커다란 짐으로 작용하게도 된다.

다른 목사들과의 관계

목사가 만나는 사람은 가족과 본 교회 성도들이 중심이 된다. 그밖에 목사는 다른 목사들과의 관계를 피할 수 없다. 물론 같은 교회 안에 여러 목사가 시무할 수도 있다. 담임은 한 사람이지만 원로(은퇴) 목사님을 모시는 경우도 있고 부목사들이 있는 경우도 있다. 부목사들이 여럿 있는 경우 그들간의 갈등 이야기도 가끔 들린다. 흔히 동료의식보다 경쟁의식이 앞서기 때문에 일어나는 현상이다. 심지어 좀더 큰 교회에서는 파벌 의식까지 작용하는 경우가 있다. 당연히 피해야 할 의식들이다. 같은 교회에서 같은 목사님 아래에서 같은 성도들을 상대로 일하는 목사들로서 철저한 동역자 의식과 교회의 중요한 지체로서의 의식을 가짐으로 극복해야 할 갈등이다.

다음으로 담임 목사와 부목사(부교역자)와의 관계에서 빚어지는 갈등이다. 담임의 입장에서는 철저한 동역자 의식을 가지고 부목사(들)를 인격적으로 대해야 할 것이다. 일을 분담시키되 맡은 일에 분명한 구분을 지어주는 일도 중요하다. 그리고 부목사의 입장에서는 목회를 하고있다는 의식보다는 담임 목사의 목회를 돕고있다는 의식이 필요하다. 그러므로 자기 소견에 옳은대로 소신껏 하는 것이 아니라 담임 목사의 목회 방침과 목회 철학에 철저히 순응할 수 있어야 한다. 목회는 담임 목사가 하고 부목사(부교역자)들은 그의 목회를 돕고 있는 것에 불과하기 때문이다. 따라서 부목사는 철저히 배우려는 자세가 필요하다. 담임 목사를 모시고 잘하는 일은 물론 잘 못하는 일을 통해서도 배우려는 자세가 필요한 것이다. 담임 목사의 목회를 시정하려는 자세가 아니라 보고 듣고 배움으로써 언젠가부터는 자신의 목회를 시작할 수 있도록 준비하는 기간인 것이다.

최근에 와서 일반적으로 평균 수명이 높아지면서 원로(은퇴) 목사와 담임 목사간의 갈등 이야기도 자주 들리는 편이다. 물론 은퇴하신 목사님은 철저히 목회나 교회에서 일어나는 제반사에서 손을 떼야 한다. 오랜 세월 동안 목회하던 일을 하루아침에 손을 뗀다는 것이 결코 말처럼 쉬운 일은 아니다. 그러나 사회에서는 일단 은퇴(퇴직)하면 그 회사에 발을 들여놓지도 못하는 것이 보통이라는 점을 생각하고 단호하게 일에서 손을 떼고 사람들과의 정도 떼야 한다. 반대로 후임으로 목회를 책임진 목사는 원로(은퇴)목사를 그 교회의 최고 어른으로 대접하며 모셔야 한다. 마치 자식이 부모를 모시듯 해야 할 것이다. 그리고 그 때까지 해오신 일들을 존중하고 그 어른을 통해서 형성된 교회의 전통을 계승하려고 노력해야 한다. 물론 바꾸어야 할 것도 있기 마련이다. 그러나 그것을 법석을 떨면서 바꾸려고 하지 말고 차분히 그리고 조용히 교회에 전혀 무리가 가지 않게 바꾸어야 한다. 그리고 외형적으로 드러나는 변화를 시도하고 싶을 때는 앞에서 이야기한대로 충분히 그 교회에 뿌리를 내린 뒤에 해야 함은 말할 필요도 없다.

목사는 자기 교회 밖에 있는 목사들과도 관계를 맺고 있다. 하여간 목사는 최대한 다른 목사들과의 관계에서 다른 목사의 험담을 삼가야 한다. 혹 잘못을 발견했을 때도 사랑으로 감싸주는 것이 정상인 것이다. 다른 목사의 험담을 하는 것은 '누워서 침 뱉기' 임을 잊어서는 안 된다. 언젠가는 자신도 그와 같은 실수를 하고 그런 처지에 놓일 수 있고, 목사직은 하나님께서 주신 신성한 직분이므로 다른 목사에 대한 험담은 바로 그런 신성한 직분을 더럽히는 결과를 가져올 수 있기 때문이다. 특히 그 교회에 시무하던 전임자나 자기 뒤를 이은 후임자에 대한 경우는 더욱 조심스러워야 한다.

다시 말하지만 목사의 목회가 성공적으로 이루어지느냐? 실패하고 말 것인가?는 교리나 신학적인 문제 때문이 아니라 목사가 맺고 있는 관계에 달려있다. 먼저 하나님과의 관계에서 실패하는 목사는 이미 목사라고 부를 수도 없을 것이다. 물론 그런 목사의 성공적인 목회는 상상할 수도 없다. 그러나 하나님과의 바른 관계를 회복하여 유지하고있는 목사라고 모두 목회에 성공하는 것은 아니다. 다른 관계에서도 성공적이 아니면 목회는 실패로 끝나기 때문이다. 결국 그 관계 중의 중심을 이루는 인간

관계의 성패가 목회의 성패와 거의 직결된다고 할 수 있다. 그러므로 인간관계를 형성해가는데 어려움을 가진 사람이라면 목사가 되는 길에 들어서서는 안 될 것이다. 그리고 목사가 되려는 사람들이나 이미 목사가 되어 목회의 길에 들어선 사람들은 생활 속에서 원만한 인간관계를 맺고 유지해가는 훈련을 쌓을 필요가 있다. 물론 평소에 자연스럽게 원만한 인간관계를 맺고 유지하는 사람이라면 염려할 문제는 없다. 반면에 평소에 약간이라도 그런데 어려움을 느끼는 사람들이라면 필요하다면 전문가의 조언도 주저하지 말아야 한다. 그렇게 함으로써 자연스럽게 원만한 인간관계를 맺을 수 있을 때 그의 목회는 전망이 밝다고 할 수 있을 것이다.

제5장

교회 지도자로서의 목사

인간의 역사는 그 시대와 사회의 지도자와 그들의 지도력에 따라 그 명암을 달리해왔다. 교회의 역사도 같은 맥락에서 볼 수 있다. 그리고 21세기의 교회에서도 그것은 마찬가지이다. 오늘 우리는 과거 어느 시대보다 더 많은 교회가 있고, 그만큼 많은 목사를 모시고 있다. 그리고 목사가 바로 교회 지도자들 가운데 중심적인 위치를 차지한다는 것도 부인할 수 없는 사실이다. 그리고 과거 어느 때보다도 훌륭한 지도력을 갖춘 지도자로서의 목사를 더욱더 많이 요구하고 있는 것도 사실이다. 목사는 안수받는 그 순간부터 목사님(the Reverend)으로 불리게 된다. 그리고 어디에 가든지 상당한 예우가 따름과 더불어 다양한 기대의 대상이 되기도 한다. 지도자로서의 목사임을 인정하는 것이다.

사람들은 목사에게 훌륭한 설교를 하는 설교가, 성도들이 기꺼이 참여하고싶은 예배를 인도하는 예배인도자, 문제를 안고 찾아오는 사람들에게 문제 해결의 길을 안내하고 위로와 용기를 북돋우어주는 상담자, 누구에게나 따뜻한 관심을 가지고 돌아보며 병원에 입원하고 있는 성도들을 찾아보는 심방자 등 어떤 의미에서 모든 사람들의 갖가지 필요를 채워주는 사람이 되어주기를 기대하는 것이다. 반면에 그만한 예우도 따른다. 어느 자리에 가든지 귀빈 대접을 받게 되고 때로는 대표로 기도를 인도해달라는 부탁도 받게 된다. 물론 목사이기 때문에 불이익을 당하는 경우도 비일비재한 것도 사실이지만 대체로는 목사라는 신분이 알려지면 목사님으로 예우를 받게 되는 것이 보통이다.

이 모든 것이 목사는 기독교 지도자(a Christian leader)로 인식되고 있기 때문이다. 그리고 지도자로서의 인격이나 생활, 활동이나 사역에 문제가 있다고 생각되면 거의 대부분은 우선 교회 내부로부터 임지를 옮겨달라는 요청을 받게 된다. 구실이야 이렇게 저렇게 붙이고있지만 결국 종합적으로 볼 때 지도자로서의 자질과 능력, 곧 지도력(leadership)이 문제가 되는 것이다. 그래서 목사들은 훌륭한 지도자로서의 면모를 갖추기 위해서 각종 세미나에 참여하여 다양한 정보를 받아들이고 더 나은 학위를 받기 위하여 상당한 시간과 돈을 투자하며 더 많은 책을 구하여 연구생활에 박차를 가하기도 한다. 시대에 뒤떨어지지 않는 지도자가 되기 위해서이다.

그러나 시대와 상황이 바뀌었다고 기본적인 지도자 상이 달라지지는 않는다. 사회가 정보사회로 바뀌고 디지털 시대가 도래했다고 해서 지도력의 원리가 변하는 것은 아니다. 단지 시대와 상황에 적응할 수 있는 기능을 배우고 따라야 할 뿐이다. 따라서 하나님께서 요구하는 성서적인 지도력과 거기에 부합되는 우리 시대의 교회 지도자 상과 그 지도력을 고찰하는 일은 시급하고도 중요한 과제라 할 수 있다. 20세기의 관점에서는 훌륭한 목사님이었지만 21세기적 관점에서는 그렇지 않다는 말이 얼마든지 나올 수 있기 때문이다. 그리고 목사라면 누구라도 교회성장에 관심을 가질 수밖에 없는데 "교회는 목사만큼 성장한다"는 말은 목사의 지도력의 중요성을 다시 일깨워주는 말이다. 즉 목사의 총체적 지도력에 따라 그의 영향권(circle of influence)만큼 그 교회가 성장한다는 것이다.

I. 기독교 지도자로서의 목사와 그의 지도력

교회의 지도자 곧 기독교적 의미에서의 지도자란 어떤 사람인가? 로버트 클린톤(J. Robert Clinton)은 기독교 지도자란 "하나님께서 주신 능력과 책임성(God-given capacity and responsibility)을 가지고 주어진 특정한 그룹의 하나님의 백성들에게 영향을 미치어 그들을 향하신 하나님의 뜻을 이루시도록 하려는 사람"이라고 정의하고, 지도력(leadership)이란 하나님의 목적을 이루기 위하여 자기에게 맡겨진 특정한 그룹의 사람들에게 영향력을 행사하는 역동적 과정(dynamic process)이라고 했다(Clinton 1988: 2). 또 바르나(George Barna)는 "기독교 지도자란 지도자가 되도록 하나님께서 부르신 사람으로 그리스도를 본받은 성품으로, 그리고 그런 성품을 통해서 사람들을 지도하며, 효과적인 지도력이 발휘되도록 하는 직무상의 능력을 실증적으로 보여주는 사람"(Barna 1997: 25)이라고 정의했다. 그런 의미에서 목사는 물론 그런 지도자들의 중심에 서게 되지만 장로나 권사, 집사 등 평신도 지도자들도 당연히 교회 지도자들로 지칭되어야 한다. 하여간 한 마디로 말해서 기독교 지도자는 본질적으로 일반 사회에서 말하는 지도자와는 전혀 다르다. 하나님께서는 이미 말씀 안에서 교회 지도자와 그 지도력에 관한 원리들을 분명히 보여주셨기 때문이다. 문제는 그럼에도 불구하고 교회 안에 순전히 세속적인 지도력의 원리가 하나님의 말씀보다 윗자리를 차지할 때 그 교회는 "살아있어서 성장하는 영적 유기체(a growing and lively spiritual organism)"이기보다는 "크기는 하지만 생명이 없는 하나의 조직체(a large but lifeless organization)"가 되고 만다는 것이다. 교회를 마치 하나의 사업체(기업)처럼 생각하는 교회 지도자가 있다면 그들은 교회를 인도하고 운영해나갈 때 민주적으로 또는 독재자처럼 할 것이고, 스스로를 기름부음 받은 하나님의 종이기보다는 사장이나 회장처럼 생각하고 성도들을 그리스도의 몸으로서의 교회의 지체들이기보다는 주주나 고객으로 보기 쉬울 것이다(Damazio 1988: 2).

기독교적 지도력의 본질 가운데 중요한 한 가지는 지식보다 행함이나 생활을 우위에 둔다는 점이다. 바리새인들이나 서기관들이 말씀에 대한 연구나 지식이 부족해서 문제가 아니라 그것을 실천하지 않았고 하려고도 하지 않았던 것이 문제였다면, 오늘의 교회 지도자들은 품성과 지혜와 경건(character, wisdom, and piety)을 강조하기보다는 학문적인 성취나 외형적인 학위를 너무 강조하고있는 것이 문제라고 할 수 있다. 하나님께서는 무지를 좋게 보지 않으셨지만 그렇다고 학문적인 지식의 축적을 선호하지도 않으셨다(Damazio 1988: 2-3). 그러나 지도력의 본질에 대한 위와 같은 왜곡은 결국 오늘과 내일의 교회 지도자들을 교육하고 훈련시키는 신학(대학)교들의 교과과정들도 학문 중심의 교육을 하도록 바꿔어버리게 했다.[18] 또 이렇게 교육받은 사람들이 좀더 높은 수준의 교육을 이수하는 것이 교회 지도자의 준비 사항이 되고있기 때문에 마치 더 많은 공부를 하고 학위를 취득하는 것이 하나님의 일도 더 잘 할 수 있으리라는 착각까지 일으키게 된다.

교회 안에서 일어나는 지도자의 실패담도 지적인 부족이나 신학적 이해의 부족 때문에 일어나는 경우는 극히 드문 경우이고 대체로는 부적절한 인간관계, 바른 의사전달의 능력 부족, 옳지 못한 의사결정 방법, 권위나 특권의 오용 등에 기인하고있음을 보게 된다(Means 1993: 13). 지도력(leadership)의 부족이나 부적절함이 문제인 것이다. 그런데도 불구하고

---

18) 이런 왜곡 현상은 한국교회만의 문제가 아니라 유럽이나 미국의 신학교육이 먼저 그런 방향으로 발전되어왔고 그런 교육을 받은 교수들이 오늘의 한국교회의 신학교육을 책임지고 있는 것이 우리의 현실이다.

신학교육에서는 지도력에 관한 분야는 경시되고있는 것이 현실이다. 그리고 교회 안에서 일어나는 대부분의 문제들도 지도자들 사이의 관계에서 발생한다. 목사의 지도력 문제와 다른 지도자들(장로 등)의 지도력이 문제인 것이다. 목사가 아닌 다른 지도자들(장로)은 대체로 사회에서도 지도적 위치에 있는 사람들이고, 따라서 사회에서 통용되는 지도력을 교회 안에서도 그대로 행사하거나 그렇게 요구하는 데서 문제가 비롯되는 경우도 흔히 볼 수 있는 현상이다.[19] 물론 그런 지도력을 아주 무시하는 것은 역시 문제가 있다고 할 수 있지만, 회사를 경영하듯이 교회 안에서 그런 지도력(성서적이라고는 할 수 없는)만을 행사하거나 요구할 때를 말하는 것이다.

교회 안에서의 지도력은 크게 두 가지 면에서 나타나는데, 하나는 일과 관계되고 다른 하나는 관계 형성(relationship)에 초점이 맞추어진다. 전자는 목표를 설정하고 그것을 이루기 위해서 일을 추진하여 결국 그 목표를 달성하는 것을 말하고, 후자는 교회 공동체 안에서 친밀한 관계와 조화를 유지하고 교회 공동체의 결속을 이루는 것을 말한다. 다시 말해서 좋은 지도자는 교회가 주어진 선교적 사명을 잘 감당할 수 있도록 하면서, 성도들이 하나님의 훌륭한 자녀와 일군들이 되도록 하여 바른 예배생활을 하고 또 그리스도의 몸으로서의 교회 안에서 아름다운 성도의 교제를 누리게 하는 지도자인 것이다(Means 1993: 13). 그런 교회에서는 하나됨이 무엇인지를 보여주게 되고 복음전도가 활발하게 이루어지며 다양한 필요들이 다양한 경로로 충족될 것이다. 그러나 이런 양면이 조

---

19) 사회에서 통용되는 지도력 가운데 교회에서도 그대로 적용될 수 있는 지도력을 원칙 중심의 지도력, 곧 존경과 신뢰를 바탕으로 하는 지도력일 것이다. Blaine Lee는 그의 책 *Power Principle*에서 지도력을 벌을 받거나 손해보는 것이 두려워서 따르게 하는 강압적 지도력, 상호 이익을 바탕으로 이루어지는 협상형 지도력, 원칙 중심의 지도력 즉 신뢰와 존경을 바탕으로 하는 지도력으로 구분하고 있다. Blaine Lee, 정성민 옮김, 지도력의 원칙(서울: 김영사, 1999) pp. 29-32를 보라.

화와 균형을 이루지 못하고 한쪽으로 치우치게 되면 역시 지도력에 허점이 보이게 되고 교회는 어려움에 봉착하게 된다.

II. 기독교 지도자의 출발점

기독교 지도자는 어떻게 만들어지는가? 지도자는 태어나는가? 아니면 만들어지는가? 하는 문제는 논쟁의 주제가 되어온지 오래이다. 클린턴에 따르면 잠재적인 지도자(potential leaders)는 타고난다고 하더라도 유능한 지도자(effective leaders)는 환경과 기회 등을 통해서 만들어진다고 한다(Clinton 1989: 9). 하여간 어떻게 지도자가 되는가?보다는 기독교 지도자는 어디에서 출발되어야 하는가?가 더 중요하다.

기독교 지도자의 출발점은 하나님의 부르심 곧 소명(calling)이다. 부르심 없이는 하나님의 자녀도 일군도 될 수 없고 더군다나 지도자의 자리에 오르지는 못한다. 스스로를 높여 지도자로 자처하는 사람(고라의 경우처럼: 민 16-17장)이나 하나님께서 보내시지 않았는데도 하나님께서 이렇게 말씀하신다고 거짓 증거하는 사람들(렘 23:21, 32; 27:15; 28:15; 29:9, 31; 겔 13:6)은 하나님의 부르심이 없으므로 버림받을 수밖에 없고, 사람들의 뜻에 따라 뽑아 세운 사람도 하나님의 제가를 받아야 하는 바 결국 하나님의 뜻에 맞는 사람을 하나님의 뜻에 따라 뽑아야만 했다(사울 왕의 경우처럼: 삼상 8장). 구약의 대표적인 지도자라 할 수 있는 모세와 다윗 왕, 신약의 대표적인 지도자인 베드로와 바울도 모두 하나님의 부르심에서 출발하여 지도자의 길에 들어섰던 것이다. 이런 원리는 교회 역사를 통해서도 예외없이 적용되어 왔다고 할 수 있다. 그리고 지금도 성공적인 교회 지도자들은 같은 고백을 하고 있다. 하나님께서 부르셔서 그 일을 하게 되었고, 하나님의 일을 위해서 그리고 그의 백성들을 위해서 부르심을 입어 세움을 입었다고 고백하는 것이다(Fisher 1996: 29). 부르심에 대한 분명한 확신이 모든 지도자들의 사역의 확실한 기반이 되는 것이다. 문제는 흔히 소명의식이 투철하다는 사람들에게서 볼 수 있는 바와 같이 그것이 너무 주관적인 확신에만 기초하고 있는 경우가 흔히 있다는 점이다. 앞장에서 이미 언급한대로 소명에 대한 확신과 더불어 그 일을 하는 억제할 수 없는 즐거움이 내적인 소명의 증거라면 다른 사람들의 증거와 일을 효과적으로 수행하는 능력이 소명의 외적 증거인 바 이 양자가 균형과 조화를 이룰 때 그것이 진정한 소명의식이라 할 수 있을 것이다.

이러한 부르심은 강압적이기보다는 그 안에 강력한 힘(clout)을 지닌 하나님의 초청이기(called, not driven) 때문에(Hayford 1994: 10-11) 바른 응답을 해야하는 것은 당연한 일이다. 성경에서 하나님의 일군인 지도자로 부름받은 사람들은 모두 바른 응답을 한 사람들이다. 단지 모세나 예레미야처럼 선뜻 순종하지 못하고 한발 물러선 경우들도 있지만, 그들도 결국 하나님의 말씀에 따라 순종하게 되었다. 하여간 일군(지도자)으로 불러주시는 하나님의 부르심에 대하여 무조건 순종하는 자세를 가지는 것이 바른 응답의 태도일 것이다.

하나님께서는 자기 사람들을 불러 중요한 자리에 앉히고 일을 맡기실 때 그냥 불러서 맡기시지는 않는다. 맡긴다는 말은 책임(responsibility)을 지워주신다는 말이다. 그리고 책임을 진다는 것은 짐을 지는 것(burden-bearing)을 의미하고 사람은 누구나 짐을 지는 것을 기뻐하지 않는다. 그런데 그 짐을 기꺼이 질 수 있다는 것이 바로 지도자로서의 길에 들어섰음을 의미한다.

하나님께서는 일을 맡기실 때 짐만 지우시지 않고 동시에 그것을 감당할 수 있는 능력(capacity)도 아울러 주시는 법이다. 맡기시는 사명에 따라 적절한 은사도 주시는 것이다. 주어지는 일이 각기 다른 것처럼 은사도 다양할 수밖에 없다.[20] 그러므로 지도자가 되는 것은 자기에게 주어진 은사를 찾아내고 발전시켜 사용하는(discovering, developing and using the gifts) 것과 관련된다. 다시 말해서 자신을 향하신 하나님의 뜻을 깨닫고 거기에 순종하여 살아가는 것이 바로 지도자의 길인 것이다(Powers 1979: 105).

III. 기독교 지도자가 되는 과정

지도자가 되는 길은 쉬운 길이 아니다. 그리고 지도자란 반드시 어떤 형식적인 지위나 직함을 가져야 하는 것도 아니고, 또 반드시 어떤 공식적인 훈련과정을 거쳐야만 하는 것도 아니다. 물론 목사는 이미 일정한 정규 교육과정과 훈련을 거쳤고 또 목사라는 칭호도 얻었으며 일터까지 주어져있는 것은 사실이다. 그러나 그렇게 했다고 모두 훌륭한 지도자는 아닌 것이다. 오히려 좋은 지도자가 되기 위해서 필요한 다른 과정이 있다고 할 수 있다. 여기에서 과정이라는 말은 하나님께서 한 사람의 지도적인 목사를 만들기 위해 이용하시는 방법들과 수단들을 말한다. 많은 경우 훌륭한 목사로 알려져있는 분들의 고백을 따르면 그들이 지도자로 성장해온 과정에서 가장 중요한 인자는 그들 자신의 체험(experiences)이었다고 하는 고백을 들을 수 있는 것이다. 신학(대학)교에서의 교육은 도움이 되기는 하였으나 훌륭한 지도자로서의 수업을 가장 잘 받게 해준

---

20) Damazio는 성경에 나오는 은사를 능력과 직분에 따라 32가지로 분류하여 보여준다(1988: 47-52).

것은 힘들게 거쳐온 "고난의 학교(the school of hard knocks)"였다는 것이다(Rainer 1999: 78).

하여간 지도자는 하루아침에 되지는 않는다. 하나님께서는 어떤 사람을 일생을 통해 지도자로 키워주시는 것이다. 앞에서 우리는 지도자로서의 길의 출발점은 하나님의 부르심이라고 했다. 말을 바꾸면 기독교 지도자의 길은 처음부터 끝까지 하나님의 섭리하심 속에서 이루어지는 것이다. 일단 지도자로 쓰시려고 부르신 자기 사람을 지도자로 양육하기 위해서 하나님께서는 어떤 일들(events)이나 사람들, 기회 등을 이용하시고, 그 지도자는 거기에 계속 바른 응답을 해야 하는 것이다. 실지로 모든 기독교 지도자는 자기 일생에서 하나님께서 아주 중요한 어떤 것을 가르쳐주셨던 결정적인 사건들(crucial incidents)을 지적해낼 수 있을 것이다(Clinton 1988: 25).

하나님의 섭리 하에서 부르시는 부르심에 대하여 바른 응답을 보이고 지도자의 길에 들어서는 사람들은 어려운 결단을 내리지 않으면 안될 때가 있다. 모세의 경우 왕자로서의 영화를 버리고 광야에서 양을 치는 양치기의 길을 택하는 것은 결코 쉬운 결단이 아니었다. 부와 권력과 애굽에서의 영광 대신에 동족 이스라엘 백성들과 함께 노예의 길을 가는 편을 택했던 것이다. 히브리서 기자는 그것을 "믿음으로 모세는 장성하여 바로의 공주의 아들이라 칭함 받기를 거절하고 도리어 하나님의 백성과 함께 고난받기를 잠시 죄악의 낙을 누리는 것보다 더 좋아하고"(히 11:24-25)라고 표현했다. 그리고 그런 결단을 내린 후에는 세상적인 부귀영광의 꿈을 벗겨내는 기간이 필요하다. 모세는 평생에 처음으로 광야생활을 해야 했고 거기에서 양치기 처녀와 결혼을 하여 가정을 이루고 양을 치는 오랜 인고(忍苦)의 세월을 보내야만 했다. 이것이 바로 하나님께서 만드신 '광야학교' 곧 고난의 학교였고 부귀영화의 꿈을 벗어버리고 위대한 민족 지도자와 영적 지도자가 되는 수업을 받은 기간이었던 것이다.

이런 광야학교 또는 고난의 학교 체험은 위기 상황의 체험이라고 할 수 있고, 보통 주변의 모든 친숙하던 것들로부터 벗어나 고립되는 (isolation) 상황을 동반한다. 이런 상황은 극심한 빈곤, 질병, 수감생활, 징계, 다른 어떤 특별한 환경 때문에 이루어진다. 하나님께서는 정상적인 상황에서는 도저히 얻을 수 없는 지도자로서의 중요한 내면적 자질을 갖추게 하기 위해서 자기 힘으로는 결코 헤쳐나갈 수 없는 고독의 심연을 체험하게 하시는 것이다. 따라서 지도자의 길을 걸으려는 사람은 이런 체험을 통해서 하나님께서 자기에게 주시는 교훈을 찾을 수 있어야 할 것이다. 그 교훈은 하나님께로부터 자기에게 주어진 사명이 무엇인지를 깨닫게 하거나 재확인해주는 것일 수도 있고, 새로운 사고(ideas)나 변화에 대해 개방적으로 대처하는 능력일 수도 있으며, 때로는 말씀으로부터 새로운 확신이나 인도함을 얻게 되는 것일 수도 있다(Clinton 1988: 34). 하여간 자기에게 주어진 사명이 항상 분명하게 보이는 것은 아니다. 그러나 지금 주어지는 그 일들이 적어도 앞으로 이루어야 할 일을 위한 징검다리는 된다는 확신을 가져야만 한다. 지금 주어진 그 일이 바로 주님께 드려야 할 봉사인 것이다.

다음으로 하나님께서는 그의 일군들을 좀더 성숙한 지도자로 만들기 위해서 심각한 갈등(conflict)을 경험하게도 하신다. 그래서 대부분의 지도자들이 시간과 정력의 상당 부분을 갈등 상황 때문에 쓰고 있다. 그러나 하나님께서는 이런 갈등의 체험을 이용하여 그 지도자의 신앙을 좀더 깊게 하고 하나님만을 의지하게 하며, 삶과 사역을 하나로 연관시키는 지혜를 얻게 하는 수단으로 이용하도록 하신다. 갈등을 경험하면서 자신의 성품 중 고쳐야 할 것이 무엇인지, 자신의 장점과 단점은 어떤 것들인지를 알게 되고, 지도자로서 갈등 문제에 대처하는 방법까지도 배우게 된다.

하나님의 종이 지도자로 훈련받을 때 경험하는 다른 하나는 위기 상황의 체험이다. 생명을 잃을지도 모르는 위험한 상황이나 극심한 빈곤, 질병이나 박해 등의 체험을 말한다. 이런 체험은 역시 그의 유일한 소망이 하나님께 있음을 확인하는 기회이기도 하다. 이런 체험을 겪고난 결과는 결국 좀더 확신에 찬 지도자가 되게 하고, 기도하지 않을 수 없도록 함으로써 영적 권위까지도 얻게해준다.

그리고 이런 교훈이 주어지는 것은 대체로 말씀(the Word)을 통해서라는 점은 결코 간과할 수 없다. 하나님께서 직접 부르셔서 들려주시는 말씀일 수도 있고(사무엘이나 구약의 많은 선지자들, 신약의 바울의 경우처럼), 기록된 말씀인 성경말씀이나 그 말씀에 대한 오늘을 위한 해석의 선포인 설교 말씀을 통해서 주어지기도 한다. 그런 말씀이라는 요소를 통하여 하나님께서는 지도자로 삼으려는 사람들에게 확신을 주기도 하고 감당해야 할 사명을 보여주시기도 하며, 당면한 문제를 해결해주거나 비전을 보여주기도 하고 갈 길을 인도하시기도 하는 것이다(Clinton 1988: 71-73). 하여간 하나님의 일군으로서의 지도자로 성장해가는 데 말씀이라는 요소는 필수요건이 된다.

하나님의 부르심으로부터 사명이 주어지는 데까지 이 모든 과정에서 반드시 요구되는 응답은 무조건 순종(submission)이다. 자기의 꿈이나 계획을 하나님 앞에서 깨끗이 포기하고 그의 뜻이 정말 자신의 일생에서 이루어지기를 간절히 소망하면서, 비록 자신의 판단으로는 문제가 있다고 생각될 때까지도 기꺼이 그의 뜻을 따르는 태도를 말한다. 이런 태도가 갖추어졌을 때 그의 때를 기다리는 인내도 가능해진다.[21] 그의 때가 되면 바른 길로 인도해주신다는 확신을 가지고 현실에서 최선을 다하면서 기다리는 것이다.

이렇게 부름받아 지도자의 삶을 사는 사람은 반드시 어떤 일(사명: ministry)과 관계된다. 목사에게는 주어진 목회사역이나 선교사역이 바로 그 일이다. 일과 관련해서 지도자에게 처음에는 사명이 주어지고, 다음 단계에서는 그 일을 감당할 수 있는 기술과 능력을 얻게 되는데 이 때 주어진 은사를 발견 또는 개발할 수 있게 되고 종합적인 훈련이라는 과정을 통해서 지도자로서의 지식, 기술과 능력을 갖추게 된다. 하나님께서는 모든 지도자들을 끊임없이 훈련하고 계시지만 그들 모두가 그 훈련을 통해서 하나님께서 주시려는 가르침을 모두 배우는 것은 아니다. 특히 그 훈련이 비공식적인(informal) 훈련일 때 더욱 그러하다. 그 훈련은 공식적인 교육과정을 통해서도 이루어지지만 비공식적인 과정과 심지어 일상생활을 통해서도 이루어지기 때문이다(Clinton 1988: 79-94).

그러나 어느 정도의 훈련과정을 거쳤다고 해서 훌륭한 지도자로서의 사역을 감당하는 것은 아니다. 지도자의 길은 일생을 통해 가는 것이고, 대체로는 의욕에 넘쳐서 일을 시작하지만 얼마 못되어서 일과 관련된 갈등상황에 직면하게 되기 때문이다. 그러나 여기에서 포기한다면 그것은 지도자의 길과는 멀어진다. 오히려 그런 과정을 통해서도 하나님께서 어떻게 그를 성숙한 지도자로 만들어 가는지를 배워야 한다. 그런 문제들이 바로 하나님께서 그를 성숙에로 인도하시는 징검다리 돌이라는 점을 잊지 말아야 하는 것이다. 지도자가 되는 과정에서 겪는 고립이나 갈등, 위기 등과 마찬가지로 사역의 황금기에 이르러서 겪는 이런 체험도 그 대처하는 방법에 따라 더 훌륭한 지도자로 성숙하게도 하고 실패자로 남게도 할 수 있는 것이다.

---

21) 주님 가르쳐주신 기도에서 "(아버지의) 뜻이 하늘에서 이루어진 것같이 땅에서도 이루어지이다"라는 기도와 "내 때가 아직 이르지 아니하였다"고 하시던 주님의 말씀을 생활화하는 것이다.

IV. 기독교 지도자로서의 목사의 성품과 생활

목사의 일반적인 성품과 생활은 이미 앞에서 다루었다. 여기에서는 기독교 지도자로서의 목사가 얼마나 훌륭한 목사인가를 판가름할 수 있는 그의 지도자로서의 특성적인 성품과 생활을 살펴보려는 것이다. 먼저 그가 어떤 사람인가(by what they are)를 생각하고 다음으로 그가 무슨 일을 하고(by what they do) 또 했는가(by what they did)를 기준으로 그 생활과 성품을 고찰하려는 것이다(Hayford 1994: 32). 앞에서 말한 목사의 일반적인 성품과 생활에 대해서는 디모데 전서 3장 1-7절과 디모데 후서 2장 24절, 디도서 1장 5-7절에 밝혀지고 있다. 그러나 말씀을 종합적으로 고찰할 때 기독교 지도자라면 거기에 덧붙여서 무엇보다도 정직을 기본으로 삼아야 하고(Kouzes and Posner 1987: 16-17),[22] 하나님께서 주시는 지혜와 성령이 충만해야 하며(행 6:3), 겸손해야함은(빌 2:7-8; 요 13:5) 물론 전적으로 헌신적(total commitment)이어야 함은 더 말할 필요가 없다.

그러나 지도자로서의 목사에게 성품이나 생활보다 더 중요한 것은 마음(heart)이다. 어떤 의미에서 지도자는 "자기 마음의 창고지기(the guard in charge of the storehouse of his own heart)"(Damazio 1988: 72)라고 할 수 있다. 그 창고에는 좋은 것들이 가득할 수도 있고 악하고 나쁜 것들이 가득할 수도 있다. 지도자로서의 목사가 주님의 백성들을 위해 그 창고를 열고 거기 가득한 것들을 나누어줄 때 그 창고 안에 있는 것들의 선악에 따라 그의 지도 하에 있는 하나님의 백성들이 은덕을 입을 수도 있고 해악을 입을 수도 있는 것이다. 영적 지도자라면 당연히 그 마음의 창고에 하나님의 말씀과 주님이 주시는 기쁨과 평화, 그리고 하나님의 전신갑주(全身

---

22) 저자들은 그들이 행한 설문조사의 결과를 토대로 정직을 일반적인 지도자의 최고 덕목으로 밝히고 있다. 그렇다면 기독교 지도자인 목사에게는 더욱 그러할 것이다.

甲冑)로 무장시킬 수 있는 무기들(엡 6:13-17)로 가득차 있어서 맡겨진 하나님의 백성들에게 나누어줄 수 있어야 할 것이다. 하여간 그런 마음가짐 가운데 지도자로서의 목사가 가져야 할 가장 중요한 기본적인 마음가짐은 다음 세 가지로 표현될 수 있다. 즉 아버지의 마음, 목자의 마음, 종의 마음이 그것이다.

아버지의 마음을 가진 목사

사도 바울은 데살로니가 교회의 성도들을 향하여 스스로를 돌아보면서 자신은 교회의 지도자이지만 "너희 가운데서 유순한 자가 되어 유모(어머니)가 자기 자녀를 기름과 같이 하였다"(살전 2:7)고 한다. 그리고 좀 더 내려가서는 아버지로서의 지도자 개념을 쓰고 있다. "우리가 너희 각 사람에게 아버지가 자기 자녀에게 하듯 권면하고 위로하고 경계하노니"(2:11)라고 하고 있는 것이다. 바울은 성도들을 대할 때 자신을 부모와 같은 목사로 생각한 것이다. 어머니처럼 부드러우면서도 아버지처럼 엄격하게 훈육하는 지도자 상인 것이다(Fisher 1996: 32). 그러나 지도자로서의 목사 상은 좀더 아버지 같은 마음을 지닌 목사일 것이다.

그런데 고린도 전서에서는 "그리스도 안에서 일만 스승이 있으되 아버지는 많지 않다"(고전 4:15)고 함으로써 참으로 아버지다운 마음을 지닌 지도자가 많지 않다고 이야기하고 있다. 이것은 지금도 마찬가지라고 해야 한다. 우리 시대에는 실로 수많은 신학자들과 목사들이 있지만 그 가운데서 아버지의 마음을 지닌 사람은 그만큼 많지는 않다고 해야 한다. 신학(대학)교들도 수많은 학자적 목사들을 양육하고있지만 과연 누가 얼마나 많은 영적 아버지들을 양육하고 있는가?하는 질문에는 마땅한 답이 없는 것이 현실이다.

그러나 모든 기독교 지도자들의 최고 본보기이신 예수님은 친히 그런 마음을 보여주셨다. 어려움을 당하고 있는 사람들을 향한 사랑(마 9: 35-36), 세리와 죄인들에게까지 보이시는 지극한 관심(마 9:11-13), 기꺼이 다른 사람을 도우시는 마음(마 8:1-3), 따뜻하면서도 분명한 충고(눅 10:38-42), 끝없이 용서하시는 마음(눅 15:32; 23:34) 등을 통해서 그의 제자들과 다른 사람들에게 아버지 같은 지도자의 모습을 보여주신 것이다.

아버지의 마음을 가진 목사라고 해서 무섭고 엄격하기만 해서는 안 된다. 자녀를 향한 아버지의 마음은 엄격함이나 무서움보다는 사랑이 먼저이기 때문이다. 목사는 하나님의 백성들에게 정신적 영적 상처를 주는 영적 폭군(?)이 아니라 주님의 집을 부드럽고 멋있게 다스리는 영적 아버지가 되어야 하는 것이다. 아버지의 마음은 자녀를 위해서라면 어떤 희생(목숨까지 주는)이라도 치르려고(살전 2:8) 한다. 목사가 하나님의 교회를 위해서 바쳐야하는 희생을 말한다. 그것도 의무적으로나 마지못해서가 아니라 사랑 때문에 기꺼이 하는 희생을 말한다(Damazio 1988: 74-81).

목자의 마음을 가진 목사

목자의 마음(Damazio 1988: 89-103)이야말로 자기 교회를 향하신 주님의 마음일 것이다. 주님 친히 "나는 선한 목자이다"(요 10:11)라고 말씀하시고 그런 모습으로 본을 보이셨기 때문이다. 성경에는 하나님께서 세우신 지도자들을 부르는 여러 가지 호칭이 있다. 제사장, 감독, 장로 등이 대표적인 예라 할 수 있다. 오히려 하나님께서 세우신 일군들을 부를 때 목자라는 호칭은 성경에서도 많이 쓰이지 않았고 교회 역사에서는 거의 쓰이지 않았다. 그러나 하나님께는 이 개념이 특별히 중요한 것으로 받아들여진다. 하나님 자신이 자기 백성을 돌보고 보호하며 인도하시는 목자로서의 일을 하셨기 때문이다. 따라서 그의 위임을 받고 그의 양들을 지도해야 하는 목사는 당연히 목자로서의 지도자라는 마음을 가져야 할 것이다.

하나님의 백성들을 맡은 영적 목자인 목사도 보통 목자들이 하는 일을 그대로 해야 한다. 맨 먼저 목자는 양떼를 지키는 사람(watchman)이다. 높은 곳에 망대를 세우고 거기에 올라가 멀리까지 살피면서 양떼들에게 닥치는 위험을 미리 알리고 대처하는 것이다. 양떼를 습격하여 잡아먹는 악한 짐승들의 출현이나 어린양을 낚아채려는 독수리의 접근 등으로부터 양들을 지키는 일을 말한다. 이 때 게을러서 그런 위험을 보지 못한다는 것은 있을 수 없는 일이다. 이 마지막날이 가까운 때에 교회는 주님의 집을 공격해오는 수많은 적을 맞고 있다. 그러므로 게으른 지도자는 교회를 그런 공격에 말려들도록 내버려두는 셈이다. 잘못된 목사는 교회에 큰 상처를 남기는 것이다.

다음으로 목자는 양떼의 보호자(protector)이다. 이것은 지키는 역할과 밀접하게 관계되는 임무로 양은 자기 보호 능력이 전혀 없는 동물이기 때문에 목자의 보호 하에서만 안전하게 살 수 있는 것이다. 들이나 광야에서 양을 칠 때 목자는 우리간을 짓기도 한다. 양떼를 안전하게 보호하기 위해서이다. 때로는 양들을 보호하기 위해서 자기 자신의 생명까지 위험에 처하는 위기를 맞기도 한다. 오늘의 교회에서도 목자로서의 지도자인 목사는 자기에게 맡겨진 양들을 그 대적으로부터 지키기 위하여 목숨까지 내어놓을 각오로 할 수 있는 모든 일을 해야 하는 것은 당연한 일이다.

셋째로 목자는 양들의 인도자(guide)이다. 양은 방향 감각이 없어서 혼자서는 자기 집도 찾아갈 수 없어서 길을 잃기 쉬운 동물이므로 인도자로서의 목자가 반드시 있어야만 한다. 주의할 일은 양은 약하기 때문에 너무 몰아붙이면 견디지 못한다는 점이다. 양떼 중의 어린양과 약한 양들이 지쳐서 쓰러지지 않을 만큼의 보조를 유지해야 하는 것이다(창 33: 9-15). 또 인도자라 하여 늘 앞서 가면서 길을 이끌거나 뒤에 서더라도 늘 자기 생각대로 일러주기만 하기보다는 양떼와 함께 나아가면서 인도해야 할 때가 있고 양의 소리에 귀를 기울여야할 때가 있다는 것도 잊어서는 안 된다(Cedar et al. 1991: 51). 참 목자는 힘으로 강력히 내몰아서 양들을 괴롭히지 않고 양들을 충분히 보살핌으로써 양들의 형편을 고려하면서 부드럽게 양떼의 길을 지도하고 인도하는 것이다.

넷째로 목사는 양들을 치료해주는 치료사(physician)이기도 하다. 병들거나 상처입은 양을 발견하면 목자는 약(기름)을 발라주고 돌봄으로써 고쳐주고 통증을 완화시켜주는 것이다. 영적인 목자로서의 목사도 마음에 상처입은 양들을 고쳐주고 찢긴 심령을 위로해주어야 하며, 영적으로 병든 양을 바른 길로 인도할 수 있어야 하는 것이다. 오늘의 양들도 정서적, 영적, 정신적, 육체적으로 숱한 어려움들을 겪고있기 때문이다. 외로움에 떨고 있는 양, 남의 눈을 피해 숨어버리려는 양, 갈 길을 몰라 방황하는 양 등이 치료사로서의 목사를 기다리고있는 사람들이다. 이런 양들을 바르게 상대하려면 목사는 그 양들이 당면하고 있는 문제들을 바르게 파악해내는 통찰력과 영적 분별력을 가지지 않으면 안 된다. 하여간 이런 목자로서의 마음이 그의 교회를 돌보시는 하나님의 마음에 가장 가까운 목사가 가져야 할 마음이라고 할 수 있다.

종의 마음을 가진 목사

흔히 우리는 지도자라는 말을 들으면 특권을 누리고 인정을 받으며, 다른 사람들에게 권위를 행사하는 등을 연상하게 된다. 그러나 영적 지도자인 목사는 안정된 생활과 다른 사람들로부터 존경과 인정을 받는 일과는 무관하다. 야심에 차서 자기 성취욕이 강한 사람은 하나님께서 원하시는 종은 아니기 때문이다. 위대해지려는 욕망 자체가 죄는 아니다. 그러나 그 야심의 동기가 이기적이고 자아실현을 위한 것일 때 그것은 바른 야망은 아닌 것이다. 오늘의 시대는 권위가 있으면서 영적이고 희생적인(authoritative, spiritual and sacrificial) 참된 지도자를 간절히 원하고 있다. 사람들이 나아갈 방향을 제시해주어야 하고 하나님과의 관계가 확고하며, 예수님처럼 자기를 희생해서 사람들을 구원의 길로 인도해줄 지도자를 바라고 있는 것이다(Sanders 1994: vol. I, 14-15, 18).

목사는 교회의 지도자이다. 그러나 그는 군림하거나 지배하는 지도자이기보다는 종이 되어 섬기는 지도자(servant-leader)이다. 예수께서 친히 그런 지도자의 본이 되셨기 때문이다. "너희가 나를 선생이라 또는 주라 하니 너희 말이 옳도다. 내가 그러하다. 내가 주와 선생이 되어 너희 발을 씻었으니 너희도 서로 발을 씻어주는 것이 옳으니라."(요 13:14-15) 종처럼 제자들의 발을 씻기신 후에 하신 말씀이다. 그는 실로 섬김을 받으러 오신 것이 아니라 도리어 섬기려 하고 자기 목숨까지 사람들의 죄를 위한 대속물로 주시려고 오셨던 것이다(막 10:45). 따라서 목사가 그의 뒤를 따라야 하는 것은 당연한 일이다. 교회 역사를 통해서도 훌륭한 교회 지도자들은 모두 그런 섬기는 지도자였음은 말할 필요도 없다. 그리고 오늘의 시대도 바로 이런 지도자들을 요구하고 있다.

섬기는 지도자가 사람들을 섬기지 않을 수 없게 하는 동기는 사랑이다. 신명기에서는 종으로 팔렸다가 의무적인 섬김의 기간을 끝내고 자유인이 될 수 있을 때에도 그 주인과 주인의 집을 사랑하므로 일생을 종으로 살기를 원하는 종(love-slave) 이야기가 나온다(15:1-23). 사도 바울은 이런 의미에서 예수 그리스도의 종이 된 사람이었다. 주님의 피로 값을 주고 대속해주신 그 사랑에 감격하고, 그 빚을 갚을 길이 없음을 깨달아 일생을 그의 종이 되어 산 것이다. 그 동기는 순수하게 자발적이고 사랑에 기인하고 있었다. 그런 지도자는 돈이나 명예, 지위나 권력, 또는 다른 어떤 자기 이익을 위해서 일하지 않고 주님과의 그 관계 때문에 종처럼 섬김의 삶을 산다. 종은 언제 어디에서나 종의 신분을 벗어날 수 없기 때문에 주님만을 섬기는 것이 아니라 형제자매들까지도, 그리고 넓게는 모든 사람을 섬기며 살아야 하는 것이다.

이것은 종으로서의 지도자 곧 섬기는 지도자는 가능한 모든 방법으로 종의 태도를 가지고 살려고 노력해야 함을 의미한다. 예를 들어 테이블과 의자를 정리해둘 필요가 있는 교회의 어떤 행사가 있을 때, 목사와 그의 배우자는 누구보다 먼저 그 일에 손을 대야 할 사람이다. 그는 솔선해서 본을 보여야 하는 종으로서의 지도자이기 때문이다. 자기 힘으로는 도저히 할 수 없는 일까지 해야 한다는 말은 아니다. 맡길 일은 서슴지 말고 맡기되 자기가 할 수 있고 또 하기에 가장 적합한 자리에 있으면서도 다른 사람이 그 일을 해주기를 기다리는 것은 바른 섬기는 지도자 상이 아니라는 말이다.

V. 지도자로서의 목사의 자질(資質)과 효과적인 직무 수행

마음 속에 간직된 씨앗이 싹이 나고 자라서 열매까지 맺으려면 잘 배양되고 가꾸어져야 한다. 지도자로서의 씨앗이 마음에 심어졌다면 그것이 온전한 지도력으로 발현되기 위해서는 지도자로서의 자질이 구비되어야 하고 직무를 효과적으로 수행할 수 있는 능력이 개발되어야 하는 것이다. 성령의 은사는 값없이 주어지지만 자질을 갖추고 능력을 개발하는 것은 많은 시간과 노력을 투자해야하고 또 그 일은 일생동안 계속되어야 하는 일이다.

지도자는 사람들이 따라야 한다. 사람들이 따르지 않는다면 이미 그는 지도자가 아니다. 그러므로 사람들이 따르지 않을 수 없도록 하는 그 것이 바로 지도자의 자질이라고 할 수 있다. 그런 지도자가 되기 위해서는 먼저 내면적으로 지도자로서의 품성과 자질을 갖추어야 한다. 지도자로서의 목사의 품성에 관해서는 이미 앞에서 논하였으므로 여기서는 지도자의 기본적인 자질(qualities)을 간단히 살펴볼 것이다.[23]

1. **확신(confidence)**: 먼저 지도자는 교회에서의 사역이 세상에서 가장 중요한 사업(business)이라는 확신이 있어야 한다. 다음으로 하나님을 믿고 신뢰하는 확신과 교회에 속한 하나님의 백성들에 대한 확신이 있어야 한다. 그리고 하나님의 도우심이 없이는 불가능하지만 그의 도우심과 그의 경륜에 순종함으로써 위대한 일도 이룰 수 있는 확신도 있어야 한다(Fulenwider 1997: 51)[24]

2. **용기(courage)**: 지도자는 어려움에 봉착했을 때에도 두려워해서는 안 된다. 어떤 결정을 해야 할 때 결단을 내릴 수 있는 용기가 필요하고 내린 결단에 따르는 모든 문제에 대해 책임을 질 용기가 필요하다. 그러나 용기는 단순히 두려움이 없는 것이 아니다. 오히려 하기가 두려운 것을 하는 것(doing what you are afraid to do)이 용기이다. 그리고 사람들이 화해하고 협력하도록 하지만, 잘못을 덮어주고 적당히 넘어가기보다는 일이 바르게 되도록 하는 것이 용기이다(Maxwell 1999: 40).

3. **긍정적 사고(positive thinking)**: 지도자는 부정적인 사고(negative thinking)를 해서는 안 된다. 사람들 중에는 늘 불가능하다는 생각

---

23) John C. Maxwell은 그의 책 *The 21 Indispensible Qualities of a Leader*에서 지도자의 필수적인 자질 21가지를 설명하고 있다. 그것은 character, charisma, commitment, communication, competence, courage, discernment, focus, generosity, initiative, listening, passion, positive attitude, problem solving, relationships, responsibility, security, self-discipline, servanthood, teachability, vision이다.

24) 그러나 여기에서 말하는 확신은 자신감(self-confidence)과는 구별되어야 한다. 하나님께 대한 확고한 믿음에서 출발하는 확신인 것이다(Sanders 1994: 29).

만 하는 사람(impossibility thinker)들이 있는데 이들은 지도자의 재목이 아닌 것이다. 기독교 지도자로서의 목사는 "하나님께서 함께 하시면 모든 것이 가능하다"고 말씀해주시는 그분의 종이기 때문이다. 부정적 사고는 일을 할 때도 부정적으로 수행하게 만든다. 목사가 교회를 이끌어갈 때 부정적 영향을 남기는 일들에 치중하고 있는 경우가 여기에 속한다.[25]

4. **분별력(discerning)**: 지도자는 우선 사람들과 상황을 보고 식별하는 능력이 있어야 한다. 혼자서 팔방미인이 되어 모든 일을 잘 할 수는 없기 때문에 은사와 재능에 따라 사람들을 적재적소에 앉혀야 하는데 누가 어떤 일을 잘 할 수 있을지를 판단하여 일을 분담시키는 것도 이런 능력이 없으면 불가능하다. 때와 장소를 분별하는 능력도 마찬가지이다. 언제 어떤 일을 하고 어떤 언행을 할 것인지를 결정하려면 지혜로운 분별력은 필수요건이 되는 것이다(Fulenwider 1997: 53).

5. **훈련(discipline)**: 자기를 쳐서 복종시키는 능력 없이는 다른 모든 덕목들은 결코 더 원숙하게 자라지 못한다. 지도자는 밖으로부터의 훈련도 받아야 하지만 자기 안으로부터 오는 훨씬더 격심한 훈련도 견뎌내야 하는 것이다. 충분히 은사를 받았으면서도 게으르고 무질서한 생활에 익숙해져 있는 사람은 지도자가 될 수 없고, 된다고 하더라도 얼마 지나지 않아 실패자로 주저앉을 수밖에 없다(Sanders 1994: 53-55).

6. **비전(vision)**: 자기 시대에 가장 강력하고 불변하는 영향력을 미친 사람들은 앞을 내다보는 선각자들(seers)이었고 또한 신앙의 사람들(persons of faith)이었다. 이런 사람들을 비전의 사람들이라고 할 수 있다. 비전은 하나님께서 보여주시는 꿈이요 영적인 눈으로만 생생하게 볼 수

---

25) 김상복 목사는 부정적인 사고에서 출발하여 부정적인 결과를 가져오는 목사의 부정적 리더십으로 13가지를 들고 있다. 성장에 대한 무계획, 거리감있는 설교, 지루한 예배, 어두운 감정의 강조, 타교인의 이명, 소극적인 정책, 불확실한 신학, 근시안적 안목, 논쟁적인 강단, 과장된 사고방식, 식어진 첫 사랑, 설비부족, 친교중심의 교회가 그것이다(김상복 1987: 46-72)

있는 것이다. 그래서 모세는 믿음의 눈으로 "보이지 아니하는 자를 보는 것같이 하여"(히 11: 27) 하나님께서 보여주시는 꿈을 믿고 그 험난한 광야생활도 감내할 수 있었다. 비전은 하나님께 그 근거가 있으므로 고유한 능력(inherent power)이 있고, 지도자는 그 꿈을 계속 바라보며 따라가고 또 사람들이 따르도록 해야 한다. 비전을 가진 지도자는 그 비전을 사람들에게 보여주기 위해서 의사전달의 능력도 갖추어야 한다. 육의 눈으로는 볼 수 없는 것이 비전이기 때문이다. 그래서 역사상 위대한 지도자들은 자기가 보는 비전을 따르는 사람들에게 훌륭하게 전달하여 사람들을 하나로 묶을 수 있었던 사람들이었다(Miller 1995: 63-65). 이 때의 비전은 개인의 야망이나 인간적인 어떤 것으로부터 연유한 꿈과는 분명하게 구별되어야 할 것이다.

일과 관련되는 다른 자질들

지도자는 결코 일과 무관하지 않다. 그래서 교회는 지도자로서의 목사를 청빙할 때 일반적으로 그가 때마다 설교를 잘해주고 성례전을 잘 집례하며, 교회의 행정적인 업무와 심방, 상담 등의 목회적 업무를 잘 수행해주기를 바란다. 때때로 교회는 모시려는 목사의 특별한 어떤 면, 즉 인격적인 성품이나 확실한 목회적 소명감, 어떤 일을 잘 할 수 있는 능력을 보여주는 증거 등에 끌려 모시기로 결정하기도 한다. 그러면서 사실은 모든 일을 효과적 성공적으로 수행해주기를 바란다. 그러나 목사는 결코 팔방미인이 아니다. 만능이 아니라는 말이다. 결국 많은 경우 지도자로서의 목사는 다른 어떤 직종의 전문직에 종사하는 사람들보다도 최선을 다하면서도 좌절감을 느끼고 자신의 무능함을 절실히 느끼며 심지어 죄책감에 빠지기까지 한다(Barna 1999: 33-36).

비전과 관련해서 지도자는 무엇보다도 먼저 어디로 가야 하는지를 알고 따르는 사람들에게 그 방향을 제시하고 나아가서 어떻게 거기에 갈 수 있는지를 보여주어야 한다. 목적지를 아는 것과 더불어 거기에 가는 지도와 이용할 수 있는 교통수단까지 제시해야 하는 것이다. 지도자로서의 목사는 그 교회가 나아갈 방향과 목표를 설정하고 바른 길로 나아갈 수 있도록 그 교회를 조직해야 한다는 말이다. 그렇게 하려면 그 교회의 현실을 바로 파악하고 거기에 맞추어 계획을 세울 수 있어야 한다. 그리고 세워진 계획을 추진하기 위해서는 조직이 이루어져야 하고, 다음으로 지도, 협력, 감독(organize, direct, coordinate and control)이 이루어져야한다 (Miller 1995: 160). 그러나 목표에 성공적으로 그리고 효과적으로 도달하기 위해서는 언제나 따르는 사람들을 동력화하여(mobilization) 일을 분담하게 하고 위임하는 일(delegation)은 거의 필수적인 과정이다. 일만 분담, 위임하는 것이 아니라 그 결과에 따르는 책임과 영광까지도 넘겨줄 수 있어야 참된 지도자라 할 수 있을 것이다. 그렇게 할 때 사람들은 그 일에 대한 관심도가 높아지고 최선을 다하게 되며 책임감을 가지게도 된다. 어떤 의미에서 참된 지도자는 독불장군이 아니라 따르는 사람들과 최고의 팀워크(teamwork)를 이루어내는 사람인 것이다(Miller 1995: 160-162).

지도자에게는 따르는 사람이 있어야 한다. 따르는 사람이 없으면 이미 그는 지도자가 아니다. 그리고 지도자의 크기는 영향력의 크기와 비례하고 그것은 따르는 사람의 수의 크기와 비례한다고 할 수 있다. 그의 영향력에 따라 지도자는 따르는 사람들을 현재의 자리로부터 그들이 당연히 있어야 할 자리로 인도한다. 사람들이 있는 자리나 방향, 사고방식이나 태도 등을 모두 변하게 하는 것이 지도력인 셈이다. 개인이나 교회가 성장한다거나 성숙한다는 것은 바로 변하고 있음을 의미하고, 바른 변화는 누구나 바라는 것이다. 그러나 모든 변화가 항상 바람직한 것은 아니다. 개선이 아니라 개악(改惡)으로의 변화도 있기 때문이다. 그러므로 지도자가 추구하는 변화는 언제나 보다 낫게 새로워지는 변화(innovation)이다. 그런 변화를 위해서는 따르는 사람들이 변하기를 바라는 만큼 먼저 지도자 자신이 변해야 하고, 변화가 일어날 때 발생하는 문제들을 기꺼이 받아들일 수 있어야 한다(Barna 1997: 183-186).

변화를 추구할 때 무엇이 변해야 하고 무엇이 변하지 말아야 하는지를 아는 것은 중요하다. 아무리 급변하는 시대에 살고있고 변화가 우리 시대의 특징이라고 하더라도 변하지 말아야 하는 원리 곧 하나님의 말씀으로부터 오는 영원한 진리는 그대로 보전되어야 하기 때문이다. 방법은 다양하고 변할 수 있지만 진리는 불변하는 것이다. 한마디로 요구하는 변화가 사람들로 하여금 하나님께로부터 멀어지게 하는 것이어서는 안된다.

바람직한 변화라는 확신을 가지고 변화를 요구하는 데도 사람들이 변화를 바라지 않는다면 지도자는 어려움에 봉착하게 된다. 그들이 변화를 거부하는 이유는 무엇일까? 한마디로 그들이 변화를 받아들이도록 준비시키지 못했기 때문이다. 구체적으로 그것은 오해에 기인하기도 하고 때로는 추진되고 있는 변화가 자기와는 무관한 것으로 느껴졌기 때문일 수도 있다. 사람들 특히 보수적인 기성세대는 변화를 자신들의 삶에 위협적인 것으로 받아들이기 때문에 변화를 거부하기도 한다. 또 변화를 위해서 치러야 하는 대가에 비해 그만큼의 보상을 얻을 수 없다는 판단이나 무엇인가 소중한 것을 잃어버린다는 생각 때문에, 또는 현실에 만족하고 있거나 지도자를 존경할 수 없기 때문에 변화를 거부할 수 있다. 아마 오랜 관습이나 전통, 이전의 관례 등이 변화의 장애물이 되기도 한다(Barna 1997: 189-191). 따르는 사람들의 이런 특성을 충분히 이해하고 그런 장애요인을 최대한 제거함으로써 변화를 위한 준비를 할 수 있다면 그는 사람들에게 변화의 바람을 일으키는 지도자가 될 수 있을 것이다.

지도자가 주어진 직무를 수행해나갈 때 항상 부딪힐 수밖에 없는 문제가 갈등(conflict)이다. 사람들 사이에서 언제나 일어나는 문제가 갈등이기 때문이다. 그런 갈등상황에서 발생하는 문제를 해결하는 것이 지도력을 시험해보는 중요한 시험대가 되는 것은 당연한 귀결이다. 갈등이란 전혀 다른 관점이나 의견 때문에 적대관계가 형성되는 것으로 승-승(win-win)의 태도로 상방이 만족할 수 있는 상황을 연출함으로써 해결점을 찾는 지혜가 필요하다(이성희 2000: 223-232). 우리 문화의 한 단면인 "너 죽고 나 죽자"는 식의 태도나 "너 죽고 나만 살자"는 태도가 아니라 "당신도 살고 나도 살자"는 태도로 갈등상황을 해결해나가는 방법을 말한다.

다른 사람들과의 사이에서 발생하는 갈등이나 외부로부터 오는 어려움(pressure)보다 더 위험한 갈등상황은 지도자 자신의 내부에서 발생하는 갈등과 문제이다. 이런 것은 지도력뿐만 아니라 지도자 자신을 망칠 수 있기 때문이다. 성경에 나오는 지도자들이 겪은 것처럼 좌절과 실의에 빠지는 때(엘리야), 성적 유혹 때문에 고민하는 때(삼손, 다윗, 솔로몬), 가정으로부터 오는 어려움(호세아), 기질적으로 자주 범하게 되는 실수(베드로), 권력이나 특권을 누리고싶은 유혹(요한과 야고보 형제), 자신에 대한 비판을 참기 어려운 때(바울) 등이 그런 경우이다. 그러나 여기에 대해서도 고민할 필요는 없다. 하나님께서는 평범한 사람들을 택하여 그들의 약점과 실수에도 불구하고 일군으로 써주셨고 지도자로 삼으셨기 때문이다.

지금까지 우리는 비록 간략하게지만 기독교 지도자로서의 목사를 살펴보았다. 바른 지도자, 좋은 지도자를 갈망하고있는 오늘의 교회를 생각하면 소위 지도자의 대열에 들어서 있는 사람이라면 누구나 심각하게 자신부터 돌아보아야 할 필요가 있다. 어떻게 나 스스로가 하나님과 사람들 앞에서 좀더 좋은 일군, 곧 지도자가 될 수 있을까?를 생각해보는 것이다. 그리고 어떻게 존경과 신뢰를 바탕으로 하는 바람직한 지도력을 갖출 수 있을지를 생각하며 그것을 위해 최선의 노력을 기울이는 것이다.

사역 현장에 서있는 하나님의 일군들이 도처에서 그런 노력들을 기울일 때, 오늘의 혼탁하고 암담하게조차 느껴지는 한국교회의 앞날은 분명히 밝게 전개될 것이다. 비록 모두가 훌륭하고 대단한 지도자는 되지 못하더라도 하나님께서 주신 은사와 맡겨주신 일을 충성스럽게 수행하였다는 평가, 곧 '잘 하였구나! 네가 작은 일에 충성하였으니 내가 더 큰 것을 맡기리라' 는 하나님의 칭찬을 받는 지도자들이 많이 배출될 때 한국교회의 미래는 밝은 것이다.

제6장

21세기를 위한 목회 원리를 찾아라

목회를 위한 방법론들은 수없이 다양하게 거론된다. 사회가 복잡해지고 변화가 급속해지며 문화의 다양화가 하나의 특질이 되고있는 현대에는 더욱 많은 방법론들이 제시되고 행해지고 있다. 그러나 목회 원리는 그만큼 복잡하지도 다양하지도 않다고 할 수 있다. 방법론은 항상 가변적이지만 원리는 그렇지 않기 때문이다. 방법론은 마치 강물이 지형에 따라 유연하게 흐르는 것처럼 시대와 상황에 따라 늘 변할 수 있는 것이지만 원리는 마치 산 위에 있는 바위처럼 굳게 세워져 있어야 하는 것이다. 따라서 교회를 세우고 목회를 성공적으로 하려면 불변하는 바위 같은 원리들을 굳게 잡아 안정성을 가지고, 동시에 강물 같은 유연성과 적응력을 가져야 할 것이다.

이제 그런 불변하고 확고한 원리들을 찾아야 할 때이다. 이 원리들은 목회 철학이라고 해도 좋은 것으로 하나라도 버려도 될만한 것은 없다. 그러나 그 중 몇 가지를 자기 목회의 기초로 삼을 것으로 택하여 소중하게 간직해야 한다. 목회하는 일생 동안 그 기초에서 벗어나서 다른 길로 가거나 곁눈질하지 말아야 하는 것이다. 그러므로 목회를 시작하기 전에 하나님 앞에서의 자기 목회 철학을 정립하는 것은 매우 중요하다. 즉 자기가 평생 간직할 목회 원리(들)를 확립하는 것을 말한다. 물론 선배 목사님들의 목회 철학을 보고 따르거나 모방할 수도 있다. 어떤 것이라도 분명한 자기의 것으로 삼으면 되는 것이다.

원리는 무엇보다도 먼저 성경말씀을 통해서 배우는 것이 최우선이 되어야 한다. 성경은 하나님께서 직접 보여주시는 목회학 교과서라 해도 틀린 말이라고 할 수는 없기 때문이다. 또 실지로 모든 목회나 선교를 위한 원리들은 성서에 그 기초를 두고있지 않으면 안 될 것이다. 그러나 여기서는 성경말씀이 직접 알려주는 것을 다루려고 한다.

I. 하나님의 목회

목사라면 누구나 목회를 성공적으로 해야겠다는 꿈이 있고 교회가 정상적으로 성장하기를 바란다. 여기에서 그 목회가 누구의 목회냐?하는 질문을 먼저 해보아야 한다. 우리는 보통 '목사의 생활과 사역이 목회' 라고 했으므로 당연히 "그 목사의 목회"라고 답한다. 그러나 좀더 깊이 생각해보면 분명히 그 일은 하나님의 일이다. 따라서 목회는 "하나님의 목회"이고 목사는 그의 일군(종)이 되어 한시적으로 그 일을 하고있을 뿐이다. 하나님의 목회를 비록 작은 부분이지만 맡아서 봉사할 수 있다는 것은 지극히 영광스러운 일이다. 그러나 그 영광은 처음부터 끝까지 주인되시는 하나님께 돌리고 목사는 스스로 "이 무익한 종을 써주시니 감사합니다"라고 고백해야 한다. 이것을 벗어나면 벌써 교만의 죄를 범하고 있는 셈이다. 이것은 철저히 하나님 중심의 목회를 말한다.

오늘의 교회에서 교회 성장을 위한 수많은 방법론과 전략들이 소개되고 그 모델들이 제시되고 있음에도 불구하고 많은 교회들이 생명력을 잃어가는 병을 앓고 있다는 징후들이 나타난다.[26] 이런 징후들을 보고 처방을 내리고 치료 방법들을 연구하고 구사해보지만 쉽게 치유가 되지 않는다. 대부분의 처방이 새로운 프로그램이나 방법론, 그리고 모델들을 통해 치료하려는 것이기 때문이다. 다시 말해서 근본적인 치료책이 아니라는 말이다. 프로그램이나 방법론이 시대에 뒤떨어졌기 때문이 아니라 근본적인 병인(病因)을 알지 못해 깊이 뿌리박고 있는 근본적인 문제를 해결하지 못했기 때문이다. 오늘의 교회가 안고있는 근본적인 문제(primary problem)는 방법론의 문제가 아니라 영적인 문제이기 때문이라는 것이다 (Hemphill 1994: 10). 하나님 중심의 교회와 목회에로 돌아서는 것이 근본적이라는 말이다. 건전한 목회를 위해서 또 건전한 교회 성장을 위해서는 프로그램이나 기획, 마케팅 전략도 필요하다. 그러나 그것만으로는 결코 안 된다. 하나님 중심이 무엇을 의미하는지를 분명히 이해하고 하나님 중심의 하나님의 목회를 하는 것이 먼저이기 때문이다.

다른 말로 바꾸면 건전한 목회나 교회 성장은 프로그램이나 기획의 산물이 아니라 그 교회의 주인(주님)이신 하나님(그리스도)과의 바른 관계에서 나온 부산물(by-product)이라는 것이다(Hemphill 1994: 10). 사도 바울이 고린도 교회에서의 목회를 회상하면서 했던 고백 "나는 심었고 아볼로는 물을 주었으되 오직 하나님께서 자라게 하셨나니, 그런즉 심는 이나 물주는 이는 아무 것도 아니로되 오직 자라게 하시는 이는 하나님뿐이니라. 심는 이와 물주는 이는 한가지이나 각각 자기가 일한 대로 자기의 상을 받으리라"(고전 3:6-8)는 말씀 그대로를 말한다. 일은 분명히 우리가 한다. 하나님께서는 아주 특별한 경우가 아니라면 대체로 우리를 통해서 일하시고 인간의 조직이나 전략도 이용하시기 때문이다. 성경에

---

26) 교회가 성장하지 않고 많은 교회들이 갖가지 갈등과 분쟁을 겪고 있는 상황은 분명히 우리가 꿈꾸는 이상적인 교회상이나 목회상은 아니다. 따라서 그것은 하나님께서 부어주신 생명력이 충만한 교회라고 할 수는 없다

는 하나님께서 분명한 전략을 가진 사람들을 통해 초자연적으로 그의 일을 이루신 이야기들로 가득 차 있다고 해도 틀린 말은 아니다. 결국 목회하는 일은 목사가 하지만 그 목회가 성공적으로 이루어지도록 하시는 분은 하나님이시고 목사는 그의 일군으로 부름받아 맡기시는 일을 했을 뿐이므로 영광은 그 교회의 주인이시며 그 일을 이루신 그가 받으실 것이다. 그리고 목사는 단지 그분 앞에 섰을 때 수고한데 따라 상급을 받을 뿐인 것이다.

예수께서 "내가 내 교회를 세우리라"(마 16:18)고 하셨을 때 그것이 단순히 교회를 개척한다는 것보다는 훨씬 많은 것을 의미하고 있다고 보아야 한다. 주님의 교회이므로 그가 친히 일으켜 세우시리라는 약속인 것이다. 하나님의 초자연적인 능력으로 그의 교회를 세우신다는 약속인 것이다(Hemphill 1994: 17). 다른 어떤 것으로도 하나님의 그 초자연적 능력을 대신할만한 것은 없다. 집을 지을 때 기둥을 세우는 것은 당연한 것처럼, 그리고 다른 어떤 것으로도 기둥의 기능을 대신할 수는 없는 것처럼 바른 목회와 건전한 교회 성장에는 하나님의 초자연적 능력을 대신할 수 있는 것이 없다고 할 수 있다.

그런 하나님의 초자연적 능력은 성령의 역사하심으로 나타난다. 성령 충만을 체험하는 사람들은 바로 하나님의 그런 능력을 체험하는 것이 된다. 성령 충만이란 성령께 온전히 사로잡힘, 곧 성령께서 온전히 다스리심을 의미한다. 성령 충만하게 될 때 우리는 그의 통제(control)하에 들어가게 되므로 성령께서 뜻하시는 바를 생각하고 바라며 행하게 되는 것이다. 술에 취한 사람은 자기를 통제할 수 있는 능력을 잃어버리고 얼빠진 사람같이 되어버리지만 성령 충만한 사람은 성령께서 우리를 통제해주심으로 훨씬 온전하고 현명한 삶을 살 수 있게 된다(엡 5:17-18). 또 비록 평범한 보통 사람이라고 하더라도 성령 충만함을 입은 사람은 성령의 초자연적 능력을 힘입어 하나님의 일을 할 수 있게 되고 사람들의 눈에 기적으로 보이는 큰 일들도 할 수 있게 된다. 예수님의 제자로 부름받았던 베드로, 요한, 야고보는 평범한 어부들이었지만 성령 충만을 체험하고 초대 교회의 기둥같은 역할을 할 수 있었다. 그들은 부자가 아니었고 대학이나 신학교에서 공부한 적도 없었으며 정치적 권력을 가지지도 못했지만 그들이 위대한 사도로서의 일을 잘 감당할 수 있었던 것은 바로 성령의 역사하심, 곧 성령 충만을 힘입음으로써 였던 것이다(Wiersbe 1997: 106-109).

또한 하나님 중심의 목회는 그 교회를 향하신 하나님의 뜻을 깨닫고 그 뜻에 순종하는 것으로 이루어진다. 그러므로 성공적인 목회가 이루어지는 교회에서는 그 교회를 향하신 하나님의 계획에 대한 분명한 이해가 전제된다. 그것은 목사의 비전(vision)이 아니고 교회 발전을 위한 기획 위원회의 기획안도 아니며 교단 총회가 연구하여 내놓은 비전도 아니다. 하나님의 우리를 향하신 비전과 우리 자신이 꿈꾸어오던 비전 사이에는 엄청난 차이가 있다고 해야 한다. 문제는 하나님께서 그 교회를 향해 가지신 그 비전을 어떻게 알 수 있는가에 있다. 그것은 상당한 연구와 기도, 그리고 논의를 통해서 발견할 수 있을까? 물론 이런 노력들의 중요성은 결코 과소 평가될 수 없다. 하나님의 비전을 보여주시는 방법은 다양할 수 있기 때문이다. 모세에게는 직접 대면하여 그 비전을 들려주셨고 어떤 사람에게는 말씀을 통해서 보여주시고, 다른 어떤 사람에게는 기도를 통해서 보여주시며 또 다른 사람에게는 합리적인 연구와 논의를 통해 보여주시기 때문이다. 하여간 일단 그 비전이 찾아지고 거기에 대한 확신이 서면 온 교회가 그것을 위해 부르시는 하나님의 음성을 듣게 된다. 이제 그 교회의 모든 활동은 그 비전에 비추어 평가되고 그 비전과 조화가 되는 활동들은 계속 추진되지만 그렇지 못한 활동들은 추진되어서는 안 될 것이다(Barna 1991: 87-88).

하여간 교회가 하나님의 교회이고 그 교회에서의 목회가 하나님의 목회라면 그 교회를 향하신 하나님의 뜻을 깨닫고 그대로 수행하는 것은 필수적인 일이다. 그리고 하나님께서 주신 비전을 발견했다면 목사 개인이 아니라 온 교회가 그것을 분명히 깨닫고 한 마음으로 따르도록 해야 한다. 그렇게 하기 위해서는 그 비전은 분명하고 간결하게 표현되어야 하고 그것을 그 교회에 속한 모든 성도들에게 전달하여 주지시킬 뿐 아니라 그것을 확신할 수 있게 해야 한다. 그래서 온 교회가 하나님의 일군이 되어 맡은 자리에서 맡은 일을 충실히 감당함으로써 하나님의 뜻을 성취하시도록 해야 한다. 이것이 하나님의 목회를 이루는 목사의 목회사역이 될 것이다.

어떤 교회에서는 "오직 주님" 또는 "오직 예수"라는 표어 아래 지속적인 성장을 이루고 있다. "오직 하나님의 은혜"라는 슬로건도 마찬가지일 것이다. 모두 하나님의 목회를 고백하는 말들이다. 하나님의 목회이지만 하나님께서는 한시적(限時的)으로 그 교회의 목회라는 일을 어느 목사에게 맡기셨으므로 그 맡은 일에 최선을 다하는 것이 목회라는 것이다. 오직 하나님의 은혜로 성공적인 목회를 했다고 해서 목회자는 그냥 바라만 보고 있지는 않았다. 오히려 "100% 하나님의 은혜 + 100%의 충성스러운 봉사 = 100% 훌륭한 목회"라는 공식이 진리라고 할 수 있다. 오직 하나님의 은혜로 행하는 목회이지만 동시에 그의 일군으로서의 목사가 할 수 있는 최선의 충성으로 거기에 응답함으로써 성공적인 목회를 이룰 수 있다는 말이다.

II. 예루살렘 교회에서 배운 원리(행 2: 42-47)

흔히 들을 수 있는 말 가운데 하나가 '초대 교회로 돌아가자'는 말이다. 이것은 다른 말로 오순절에 성령께서 강림하심으로 태어난 예루살렘 교회가 하나의 가장 이상적인 교회의 모델이라고 생각하기 때문이다. 실지로 시대와 환경이 변해도 초기 예루살렘 교회가 교회의 한 모델이 된다는 것은 부인할 수 없다. 그 교회는 성령 충만한 교회였기 때문에 예수 그리스도를 머리로 하는 하나님 중심의 교회였고 그 사역은 시대를 초월해서 이상적인 교회의 모델이 되기에 충분했던 것이다. 이상적인 교회는 눈에 보이지 않는 교회(the invisible church), 즉 산 자와 죽은 자를 막론하고 참 신자들로만 이루어지는 교회가 아니라 그 교회가 땅 위에 성육(成肉: incarnated)하여 구체적인 어떤 장소에 세워진 교회로서 모든 교회의 본이 되는 교회라고 할 때 예루살렘 교회가 바로 그런 교회였다는 말이다. 비록 교회 건물을 따로 가지지 않은 교회였지만 엉터리 신자가 거의 없었던 교회였고 그 일군들이 모두 충성스러운 하나님의 일군들로서 맡은 일들을 훌륭하게 해냈던 것이다.[27] 21세기가 되었다고 하더라도 방법상의 차이는 있어야 하지만 그 사역 원리는 그 때의 그것을 그대로 따르는 것이 주님의 뜻이라고 할 수 있을 것이다.

예루살렘 교회의 설립

교회의 기원으로 구약의 이스라엘 회중이나 포로시대 이후의 회당을 이야기할 수는 있으나 현대적인 의미에서의 교회는 예수께서 승천하신

---

27) 교회가 독립된 건물을 갖기 시작한 것은 3세기 경인 것으로 알려져 있다. 처음에는 성도의 집에서 모이는 가정교회 형태였으나 신자의 수가 계속 늘어나고 별도의 예배를 위한 회집 장소를 필요로 했기 때문이었다. 그리고 예루살렘 교회에도 아나니아와 삽비라(행 5:1-11)같은 인물이 없지는 않았지만 후대의 교회에 비하면 훨씬 그린 신자의 수는 적었다고 할 수 있는 것이다.

후 처음으로 맞았던 오순절에 예루살렘에 설립되었던 교회가 그 모체였다. 처음으로 모인 사람들은 대체로 미천한 사람들이었다. 어부나 농부 같은 사람들이 주류를 이루었던 것이다. 물론 꽤 부유한 계층의 사람들도 상당수 있었다고 보아야 한다. 그 교회에 속한 엄청난 수의 궁핍한 사람들이 필요에 따라 도움을 얻을 수 있었기 때문이다.

중요한 것은 그 교회는 다락방에 함께 모여 기도하는 중에 그들이 기다리던 성령께서 임재하셨고 따라서 모인 사람 모두가 극적인 성령 충만함을 체험함으로써 설립되었다는 점이다. 그 교회의 설립자는 분명히 그리스도 자신이었다. 그가 보혜사 성령을 보내셔서 그 교회가 태어나게 하신 것이었다. 결국 그들은 모두 예수 그리스도의 복음을 전하는 사람들이었다. 기회가 주어지는 대로 집에서든 길에서든 성전에서든 어디에서나 복음을 전하였다. 그 결과로 주님께서는 매일 구원받는 사람들을 더해주셨다(행 2:47).

이것은 오늘의 교회들이 설립되는 과정과는 차이가 있다고 할 수 있다. 오늘의 한국교회의 경우에는 대체로 어느 지역이나 장소에 교회를 설립해야겠다는 사람(들)이 장소를 확보하고 창립(설립) 예배를 드리면서 교회 간판을 내거는 것으로 교회가 태어나기 때문이다. 그러나 처음 교회가 예루살렘에서 태어날 때는 사람(들)의 의지와는 상관없이 교회가 설립되었고 사람들이 한 일은 모여서 기도한 것 밖에 없었다. 이런 교회 설립의 과정은 사도행전을 통해서 계속 이어졌다. 흩어진 성도들이 어느 곳에서든지 먼저 복음을 전했고, 그 결과로 믿는 사람(들)이 생기면 어느 집에서든 모여서 예배를 드리고 복음의 내용을 가르친 것이 자연스럽게 교회로 발전했을 뿐인 것이다. 오늘의 교회가 먼저 교회를 설립하고 그것을 거점으로 하여 복음을 전하는 것과는 반대로 복음 전파가 먼저이고 그 결과로 교회가 설립되었다는 말이다. 또 교회들은 영적 지도자들로 세워진 사람이나 성숙한 그리스도인이라고 할 수 있는 사람들을 복음 전도자(evangelist)로 선택하여 다른 지역으로 보내기도 했다. 그들은 또한 찾아간 그곳에서 복음을 전했고 결국 새로운 교회(들)를 설립하게 되었던 것이다. 그리고 거기에는 예외없이 성령의 강권적인 역사하심이 늘 전제되어 있었다는 점도 결코 간과할 수 없는 것이다. 교회마다 성령의 인도하심에 따라 세워졌음으로 교회의 연대(連帶)를 위한 교파 형성도 전혀 필요하지 않았고 그런 파벌이란 있을 수 없었다(고전 1:10-17).

물론 세월이 흐르면서 교회도 엄청난 변화들을 겪어왔다. 훨씬 복잡해지고 일종의 사람들을 상대로 하는 사업처럼 발전하게 된 것이다. 조직이 필요해졌고 수많은 위원회와 회의들도 발전하게 되었다. 오늘에 와서 교회는 하나의 가족(a family)이기보다는 사업체 같이 되었고 하나의 공동체(a community)이기보다는 하나의 협동조합이나 주식회사(a corporation) 같은 기능을 하고 있는 것이다. 교회는 즐기는 장소(entertainment center)가 되어 교회에 오는 사람들에게 만족감을 주려는 갖가지 행사를 벌이기도 하는 것이다. 그러나 그런 모든 노력은 사람들이 교회에 발을 들여놓게 하려는 것 이상의 다른 아무 것도 해주지는 못한다(MacArthur Jr. 1991: 82-83).

하여간 아무리 시대가 변하고 사회가 복잡해졌다고 하더라도 교회 설립에 있어서 기본적인 원리는 변할 수 없다. 기도하는 중에 성령의 강권하심에 따라야 하고 먼저 복음을 전함으로 한두 사람이라도 믿는 사람들이 형성되었을 때 그들이 주님을 위해 모이기 위해서 장소를 확보하고 그 다음에 교회 설립을 공포해야 한다는 것이다. 그리고 양이 양을 낳는 것처럼 신자가 다른 사람을 전도하여 새로운 성도가 되게 하듯이 교회가 새로운 교회를 개척할 수 있어야 한다. 임지가 필요한 사역자가 마땅한 임지를 찾지 못해서 교회를 개척하는 것이 아니라 기존하는 교회가 중심이 되어 새로운 교회를 개척하고 거기에 적절한 하나님의 일군을 보내는 형식의 교회 개척(설립)을 말하는 것이다.

교회에서 해야할 일들

교회가 일단 설립되었으면 교회로서의 기능을 잘 감당해야 한다. 예루살렘 교회는 맨 먼저 "사도의 가르침을 받았다"(행 2:42)고 한다. 건전한 (바른) 교훈(sound doctrine: 딛 2:1)이 행해졌다는 말이다. 바른 교훈을 베푼다는 말은 목사 개인의 견해를 피력하거나 사람들의 눈물샘을 자극하여 감정에 호소하는 이야기를 하거나 신나는 프로그램을 제시하는 것이 아니다. 주님의 교회는 잘못된 가르침으로부터 보호되어야 하기 때문에 목사와 다른 교회의 지도자들은 교회가 잘못된 가르침에 휘말리지 않게 바른 교훈을 베풀어야 한다는 말이다. 이것이 교회가 해야 할 가장 우선적인 일이기 때문이다.

바른 교훈이란 예수 그리스도에 관한 바른 가르침으로 교회가 가진 바른 교리적 가르침을 의미한다. 물론 초대 교회에서는 나사렛 예수가 바로 유대인들이 오래 동안 기다리던 그 그리스도이시고 그가 육체를 입으시고 오셨으며 그는 또한 세상의 죄를 속하기 위하여 십자가에 달려 돌아가셨고 다시 부활하셨음을 믿는 단순한 진리였을 것이다. 그러나 교회가 성장하고 복음이 세계화되면서 그 진리는 좀더 깊은 성찰과 연구를 거듭함으로써 방대한 교리 체계로 발전하였다. 그렇다고 교회에서 성도들을 상대로 그 방대한 진리 체계를 모두 가르치라는 말은 아닐 것이다. 역시 초대 교회에서처럼 단순한 복음의 진리를 말하는 것이다. 쉽게 말해서 교회를 혼란시키는 이단 사설(異端邪說)에 빠지지 말고 정통교회가 지켜온 그 단순한 복음, 예수가 그리스도 곧 유일한 구원의 길이라는 단순한 진리, 성경 말씀을 통해 누구나 쉽게 배우고 믿고 따를 수 있는 그 진리를 가르치라는 것이다. 어렵고 현학적인 지식이 아니라 예수 그리스도 만이 구원에 이르는 유일한 길이라는 확신을 가진 지도자(목사)가 있어야 하고 그 진리를 성도들에게 가르쳐서 그런 확신을 갖게 하라는 말이다.[28] 거기에서 복음에 대한 그리고 잃어버린 영혼을 향한 열정이 나오기 때문이다. 그러므로 좋은 목회자가 되기 위해서는 그런 확신은 반드시 필요하지만 좋은 학벌을 가지고 석사 박사 학위를 반드시 취득해야 할 필요는 없다고 할 수 있다.

또 바른 교훈을 베푼다는 말은 "내 아들아 그러므로 너는 그리스도 예수 안에 있는 은혜 가운데서 강하고 또 네가 많은 증인 앞에서 내게 들은 바를 충성된 사람들에게 부탁하라. 그들이 또 다른 사람들을 가르칠 수 있으리라"(딤후 2:1-2)는 바울의 가르침에서 목사는 자기 교회에서 성도들에게 바른 교훈을 가르쳐서 그들이 또한 다른 사람들을 가르칠 수 있게 하는 것임을 알 수 있다. 또 바울은 "너는 진리의 말씀을 옳게 분별하며 부끄러울 것이 없는 일군으로 인정된 자로 자신을 하나님 앞에 드리기를 힘쓰라"(딤후 2:15)고 함으로써 효과적인 목회 사역은 진리의 말씀을 부지런히 연구하여 바로 가르치는 데서 이루어진다는 것을 가르쳐주고 있다.

예루살렘 교회에서 배울 수 있는 다른 하나의 원리는 기도하는 교회라는 것이다. 설립 이전부터 기도로 시작된 교회였고 그 교회는 "오로지 기도하기를 힘쓴" 교회였다. 그 지도자들은 기도하는 사람들이었고(행 3:1), 어려움이 있을 때 한 마음으로 하나님께 기도하였다(행 4:23-31,

---

28) 미국의 경우 특히 장로교회(the Presbyterian Church USA)가 가장 교회 성장에서 뒤떨어지는데 그 원인이 평신도들이 자유로운 신학(lay liberalism)에 빠짐으로 예수만이 유일한 구원의 길이라는 확신이 결여되어 있는 것이라는 보고가 나와있다. Benton Johnson, Dean R. Hoge and Donald A. Luidens, "Mainline Churches: The Real Reason for Decline," *First Things: A Monthly Journal of Religion & Public Life*(March 1993), 13-18.

12:12) 또 하나님의 일군을 택하여 세울 때도 기도하였고(행 6:6), 사도들은 "오로지 기도하는 일과 말씀사역에 힘쓰겠다"(6:4)고 약속했다. 기도로써 자기 생각과 계획을 하나님께 아뢰고 떼를 쓴 것이 아니라 하나님의 뜻을 깨닫고 그의 인도하심을 기다렸던 것이다. 이런 기도라는 목회 원리는 아무리 21세기의 첨단 교회라도 결코 잊어서는 안 되는 최상의 원리 중의 하나로 삼지 않으면 안 된다. 기도할 때에도 우리의 소원을 이루어달라고 떼를 쓰는 기도가 아니라 하나님의 뜻과 계획을 깨달으려는, 그래서 그의 지시하심을 받으려고 기다리는 기도가 중심이 되어야 함은 말할 필요도 없다.

다음으로 예루살렘 교회는 서로 돕는 교회였다. 궁핍한 사람들이 필요로 하는 것을 경제적으로 여유있는 사람들이 아무런 조건 없이 나누어주었던 것이다(행 2:44-47, 4:32-37). 유무상통(有無相通)의 삶을 실천한 것으로 공산주의에서 강제적으로 이루어보려 했던 삶을 예루살렘 교회는 훌륭하게 이루었다. 이론적 배경이 전혀 없었지만 그런 삶이 가능했던 것은 순전히 그리스도의 사랑 때문이었다. 자연스럽게 성도의 교제는 아름답게 이루어졌고(2:42, 46), 교회 밖에 있는 사람들로부터도 널리 칭송을 받을 수 있었으므로 믿는 사람의 수가 날마다 늘어나는 선교에로 이어졌다(2:47). 오늘의 교회에서도 '베푸는(주는) 교회'라는 목회 원리는 반드시 필요한 하나의 원리가 될 수 있다. 영적으로 풍성하여 교회 문턱을 넘는 사람마다 영적 유익을 얻게 하고, 우선 성도간에 서로 사랑을 베풀고 경제적으로까지도 서로 돕고 도움을 받는 관계가 형성되며, 나아가서는 교회 밖에까지 서로 돕는 사역이 넓혀질 수 있는 교회, 어떤 형태로든 도움을 필요로 하는 사람들에게 도움을 주는 교회, 그래서 자연스럽게 그 교회와 목사의 소문이 아름답게 퍼짐으로 지역 선교가 활발하게 이루어지는 목회를 말한다.

III. 안디옥 교회로부터 배운 원리(행 11:19-30; 13:1-3)

우리는 보통 안디옥 교회라고 할 때 최초의 세계 선교를 행한 교회 정도로만 생각한다. 그러나 안디옥 교회는 좀더 많은 것을 우리에게 가르쳐주는 교회이다. 목회 원리를 위해서도 마찬가지이다. 우선 그 교회는 "주의 손이 그들과 함께 하신"(행 11:21) 교회였다. 교회가 설립되기도 전에 핍박과 환란을 피해 흩어진 성도들이 안디옥까지 가서 거기에 있는 유대인들에게만 아니라 헬라인들에게까지도 주 예수를 전했다. 복음을 전한 사람들은 사도들이나 집사들이 아니었다. 그들은 이름도 알려지지 않은 단순한 신자들이었지만 복음 전도자의 사명을 다했던 것이다. 그리고 주의 손이 바로 그들과 함께 했고 그 결과로 수많은 사람들이 믿고 주께로 돌아왔다(21절). 성경에서 주의 손이 함께 했다는 것은 하나님의 초자연적인 권능이 임했음을 의미한다. 그럴 때 그 사람들이 하는 일은 초자연적 능력을 힘입어 성공적으로 이루어지는 것이었다. 반대로 하나님께서 그의 손을 거두시면 그 결과는 사울 왕의 경우처럼 참담해질 수밖에 없다(Hemphill 1994: 21-22). 안디옥 교회의 사역이 성공적이었던 가장 근본적인 요인은 바로 하나님의 초자연적 권능이 그들과 함께 하였다는 점인 것이다. 오늘의 목회에 이를 접목시킨다면 역시 '목사의 목회가 아니라 하나님의 목회'를 하라는 원리로 이해할 수밖에 없다.

안디옥 교회의 설립

안디옥 교회는 스데반의 순교에 이어 일어난 환란으로 인하여 흩어진 성도들이 안디옥까지 가서 복음을 전하는데 그 중 구브로와 구레네 출신의 몇 사람이 헬라인에게도 복음을 전한 데서 시작되었다.[29] 뚜렷한 지도자가 없었지만 하나님의 손이 함께 하심으로 교회가 시작된 것이었다.

평범한 평신도들에 의해 교회가 설립되었다고 할 수 있다.

그 소문을 들은 예루살렘 교회는 그들을 돌보고 양육하기 위해서 바나바를 파송하였고, 그는 거기에서 "하나님의 은혜를 보고 기뻐했다." (11:23) 우리는 그가 구체적으로 무엇을 보았는지를 확인할 수는 없다. 그러나 추측은 할 수 있다. 그는 먼저 많은 사람들이 주께로 돌아온 것을 보았다. 하나님의 권능으로 회개(conversion)의 역사가 일어난 것이었다. 다음으로 그는 그들이 기도와 금식을 통해(13:1-3) 주님과 깊은 교제를 하고 있음을 보았다. 주님과의 교제를 위해 식욕까지 절제하고 있었던 것이다. 또 그들이 기꺼이 베푸는 삶을 사는 것을 보았다. 흉년으로 인한 어려움의 소식을 듣고 전혀 알지도 못하는 사람들을 위해 기꺼이 부조를 보내는 것이었다(11:27-30). 그리고 거기에서 유대인들과 헬라인(이방인)들이 함께 모여 예배할 뿐 아니라 함께 먹는 것(갈 2:11-12)도 보았다. 그것이 오늘의 시각에서 보면 별 일 아니겠지만 당시의 상황으로는 거의 상상할 수도 없는 일이었던 것이다. 유대인들과 이방인들 사이에 가로놓인 종교적 문화적 장벽이 제거되어 복음의 세계화의 길이 열린 것이었다. 하나님의 은혜가 임할 때 각종 장벽이 무너지고 인간관계가 회복되며 하나님의 백성들의 변화된 삶의 모습이 드러났으니 그런 것들이 하나님의 은혜의 증거가 되었다(Hemphill 1994: 22).

안디옥의 성도들은 처음으로 그리스도인이라는 이름도 얻게 되었다. "그리스도에게 속한 사람들"이라는 의미에서였다. 주위의 믿지 않는 사람들이 처음에는 조롱조로 부른 이름일 수도 있지만[30] 하여간 그들은 그리스도의 삶을 따르려는 사람들로 인정된 것이었다. 이 모든 것들이 안

---

29) 여기에 나오는 안디옥은 수리아(Syria) 안디옥으로 이스라엘과 아시아(터키)의 중간 지역인 수리아의 수도였다. 구브로(Cyprus)는 현재의 사이프러스 섬으로 아시아 해안에서 65km, 수리아 해안에서는 96km 떨어진 곳에 있었다. 구레데(Crete)는 에게해 남쪽 지중해 상에 있던 섬으로 지중해 무역의 중심지였다.

30) 한국교회 초기 선교에서 그리스도인들을 '예수쟁이' 라고 불렸던 것처럼.

디옥 교회가 선교하는 교회로 세워지는 기초가 되었다고 할 수 있다.

선교하는 교회

바울은 교회 역사상 가장 위대한 선교사, 신학자, 목회자였다고 할 수 있다. 회심 후 자기 고향 다소에 가 있는 그 바울을 바나바는 불러다가 안디옥에서 동역하는 지도자로 삼았다. 둘은 일년 간 그 교회에 함께 머물면서 큰 무리를 가르침으로 안디옥 성도들이 그리스도인들로 거듭나게 하였다(11:26). 그 후에 안디옥 교회는 하나님의 지시하심에 따라 바나바와 바울을 최초의 해외 선교사로 파송하였고, 그들은 당시 로마 세계의 거의 전역으로 복음을 전하며 교회들을 설립하는 대업을 이루었다. 안디옥 교회는 단순히 최초의 선교사를 파송한 교회라기보다는 당시 바울 선교의 전초기지였다. 그러나 안디옥 교회는 사람들의 능력과 열정 때문에 선교하는 교회로 발전한 것이 아니라 하나님께 선교하는 교회로 쓰임 받았을 뿐이다.

바울의 경우도 마찬가지이다. 구약에서 모세가 하나님의 계획에 따라 양육되고 훈련되어 이스라엘을 애굽에서 가나안으로 인도하여간 것처럼 신약에서는 하나님께서 바울이라는 인물을 미리 택하시어(엡 1:4) 자기 일군으로 쓰시려고 필요한 갖가지 교육과 훈련을 받게 하셨다. 때가 되어 그를 부르시어 자기 일을 맡기셨고 그는 그 부르심에 온전히 순종함으로써 하나님의 그 계획을 성취하시게 했다. 중심은 늘 하나님이셨고 사람들은 아무리 위대한 인물일지라도 그 하나님의 일군(종)이 되어 충성하였을 뿐인 것이다. 교회성장이나 목회, 선교의 출발점은 언제나 살아계신 주님과의 초자연적인 만남이었고, 그 만남에서 인간이 올바르게 응답할 때 성공적인 목회나 선교가 이루어지고 교회성장이 그 결과(부산물)로 남는 것이다. 이 때 사람 편에서 한 것은 하나님을 만날 준비를 갖추는 것뿐이다. 물론 모세와 바울의 경우는 철저히 하나님의 초자연적인 능력으로 그들을 찾아오셨지만 오순절에 사람들이 약속하신 성령을 기다리며 한 마음으로 기도에 전념할 때 성령 충만을 체험하고 교회가 태어났으며, 안디옥 교회가 함께 모여 금식하며 기도할 때 하나님께서는 그들을 선교하는 교회로 거듭나게 해주셨다. 하나님과의 초자연적 만남을 위해서 그가 보통 사용하시는 방법은 사람(들)이 기도로 주님을 만나려고 기다리는 중에 이루어주셨다는 것이다. 기도는 하나님의 능력이 자기 백성들을 통해 흘러나오도록 하는 통로 역할을 하는 셈이다. 주님과의 만남이 있고 그 만남에 바르고 적극적인 응답을 하면 거기에는 하나님의 권능의 손길이 함께 하시는 역사를 체험하게 되는 것이다.

문제는 목회가 성공적으로 이루어지고 교회는 거의 기적적으로 성장할 때 목사는 때로 자신이 최선의 인간적인 노력을 기울였고 적합한 방법론을 잘 구사하였기 때문에 하나님의 교회가 그렇게 성장했다고 생각하려는 유혹에 빠진다. 결국 교묘하게 하나님께 돌려야 할 영광을 슬쩍 가로채는 잘못을 범하는 것이다. 반대로 목회가 성공적으로 이루어지지 않고 교회가 성장하지도 않을 때 목사는 흔히 그 교회의 목회를 책임진 지도자로서 자신의 무능함을 한탄하며 그 교회는 결코 성장하지 못하리라고 자포자기에 빠지기 쉽다. 하나님의 전능하신 능력을 믿으면서도 자신은 그에게서 버림받았다는 느낌을 가지는 것이다. 이 때 우리는 바울이 고백한 "내가 약할 그 때에 곧 강함이니라"(고후 12:10)는 고백을 잊지 말아야 할 것이다. 하나님의 권능을 드러내시는 데는 연약한 그릇이 더 유용하게 쓰일 수 있기 때문이다. 단지 겸손과 충성으로 무장한 하나님의 일군이 되어 진실로 헌신한다면 하나님께서는 정하신 때에 틀림없이 역사해주실 것이기 때문이다. 결론은 간단하다. 사도행전이 선교 역사의 첫 장이라면 하나님께서는 자기 교회가 성장하도록 권능으로 역사하셨다. 그리고 그 때마다 그는 진정으로 그에게 순종하는 사람들을 그의 도구로 쓰셨다는 것이다. 또한 하나님의 교회를 책임진 목사들은 불변하시는 하나님께서는 우리 시대에도 동일하게 역사하신다는 확신을 가져야 하는 것이 가장 시급한 문제이다.

안디옥 교회는 처음부터 복음전도에 대한 열정이 불탔던 교회였다. 예루살렘에서 환란으로 인하여 흩어졌던 성도들이[31] 안디옥에 와서 그 열정 때문에 유대인에게는 물론 이방인들에게까지 복음을 전함으로 교회가 형성되었고, 그 전도활동은 계속 되었기에 믿는 사람의 수가 날마다 더해갔던 것이다(행 11:21, 24, 26). 또 그 교회는 하나님의 지시하심에 따라 바나바와 바울을 따로 세우고 금식하며 손을 얹고 기도하여 두 사람을 복음의 불모지로 보냈다. 파송받은 두 사람은 복음을 위한 열정과 구원의 길을 알지 못하는 영혼을 위한 열정에 불탔음을 우리는 사도행전 전체를 통해 그리고 바울의 서신들을 통해(롬 9:3; 고전 9:16) 읽을 수 있다. 선교를 향한 열정인 것이다. 오늘의 교회들도 '선교하는 교회'라는 표어를 흔히 내건다. 그리고는 일정액의 선교비를 보내든지 해외 선교사들이 활동하는 곳을 찾아 돕기도 한다. 그러나 오늘의 문제는 프로그램을 잘못하는 것이 아니라 열정이 식어버린 것이다(The issue is not a failure of programming, but rather a failure of passion)(Hemphill 1994: 148). 복음 전도를 위한 열정이요, 잃어버린 영혼들을 향한 사랑의 열정이 문제인 것이다. 성공적인 목회와 교회 성장을 위해서는 이 열정이 살아나지 않으면 안 된다. 복음전도의 방법은 각기 다를 수 있으나 열정만은 공통의 기초가 되어야 하는 것이다. 우리 안에 들어온 양들을 돌보고 양육하여 성숙한 성도로 육성하는 것만 목회가 아니라 우리 밖에 있는 길 잃은 양이나

---

31) 사도는 한 사람도 없었고 예루살렘 교회에서 지도적 위치에 있던 사람도 없었으며 아마 믿은지 오랜 사람들이 아니라 요즈음 말로 표현하면 초신자에 불과한 사람들이었다.

아예 버림받은 양들을 찾아 우리 안에 모아들여 안에 있는 양들과 한 무리를 이루게 하는 것은 더 중요한 목회 사역이기 때문이다.

III. 현대적 상황에서 가져야 할 목회 원리

현대의 복잡하고 급격하게 변화하는 상황은 새로운 목회 원리들도 찾아야 함을 가르쳐준다. 그것은 원리라기보다는 고려 사항들이라고 하는 말이 옳을지도 모른다. 물론 예배나 전도 등 기본적인 교회 사역에 충실해야 함은 물론 시대의 변화에 대처 내지는 적응하기 위한 고려 사항들이 생기는 것이다. 기본적인 원리는 간단하다. 건전한 복음적 진리를 고수하는 일은 어떤 상황에서라도 양보할 수 없는 일이다. 그러나 문화적인 요소라면 시대적 요구와 문화적 요구들을 무시하지 말고 충분히 활용하라는 것이다. 쉽게 설명하면 두 발은 복음적 진리에 확고하게 두고 있되 두 팔과 손은 주위의 문화적 상황을 민감하게 파악하고 적절하게 받아들일 것은 받아들이고 이용할 것은 이용하되 배격할 것은 분명히 배격하는 것을 말한다. 복음적 전통을 고집하는 사람들처럼 두 손과 두 발 모두를 복음적 진리에만 확고하게 딛고 또 짚고 있어서 주위의 변화에 전혀 아랑곳하지 않는 목회를 피하는 동시에 너무 자유로운 풍조를 따르는 사람들처럼 두 손 두 발 모두 주위의 문화적인 것들을 붙드는 식의 목회도 피해야 한다는 말이다.

전통적으로는 심방 중심의 목회를 해온 교회들과 목사들이 많았다. 심방의 필요성은 여전히 부인할 수 없다. 성도들과의 개인적인 관계 형성을 위해서, 그리고 성도들의 상황 파악을 위해서는 심방이 가장 좋은 방법이기 때문이다. 그러나 방법에 있어서는 다양화되지 않으면 안 된다.

노인들이나 환자 심방, 병원 심방 등은 전통적인 방법 그대로 자주 돌아보고 위로와 격려를 하는 형식의 심방을 할 수 있다. 그러나 새 신자 심방의 경우는 물론 가정 심방이 중심이 되지만 젊은 세대일 경우 혹 밖에서 만나는 형식의 심방을 할 수도 있다. 더군다나 일반 심방일 경우라면 심방 받는 사람들을 파악하는 일이 가장 먼저 할 일이다. 상대를 정확히 파악하면 누가 얼마나 자주 어떤 방법으로 심방하는 것이 좋을지를 결정할 수 있다. 전화 심방만으로도 충분한 경우도 있고 새로운 문화를 호흡하는 세대라면 문자 메시지나 e-메일을 통한 심방도 효과적일 수 있다. 어떤 형식을 택하든 원래의 목표인 상황 파악과 개인적인 관계 형성을 위해서 가장 적합하고 효율적인 방법을 이용해야 할 것이다.

다음으로 현대 교회는 사람들의 이목을 끌기 위해서 프로그램이나 행사 중심의 목회를 하기 쉽다. 교회가 정기적으로 행하는 필수적인 행사들도 있다. 일상적으로는 정기 예배 이외에 기도회를 갖든지 계절에 따라 각종 수련회를 하는 등의 행사를 할 수 있다. 성도들의 교육이나 성장을 위한 프로그램들이다. 또 절기에 따른 행사나 성도의 교제를 위한 체육대회나 야유회 등을 행할 수도 있다. 신앙생활도 너무 일상에만 묶여 있으면 피로감이 쌓일 수 있기 때문에 스트레스를 해소하는 차원에서 행사들을 할 수 있는 것이다. 교회의 활성화를 위해서 사람들의 이목을 끌 수 있는 이벤트(event)성 행사도 때에 따라 기획할 수도 있다.

문제는 그런 이벤트 성 행사를 너무 자주 벌이는 것이다. 그런 특별 행사를 잘만 벌이면 쉽게 예배당이 가득 차게 사람들을 모을 수는 있다. 그러나 그것으로는 사람들이 구원에로 인도되지 않고 영적으로 성장하지도 않으며 교회가 성장하지도 않는다. 그리고 그 행사 때문에 교회의 중심이 되는 사람들은 누적되는 피로로 지칠 수 있다. 그러므로 그런 행사를 할 때는 반드시 건전한 신학적 기초 위에서 행해야 하고, 영적 도움을 위한 노력을 통해 균형이 이루어지도록 하지 않으면 안 된다(Hemphill 1994: 151). 그러므로 사람들을 끌어들이기 위한 행사를 너무 자주 하는 일회성 행사(event) 중심의 목회는 피해야 한다. 반대로 캠페인(campaign) 성 운동을 벌일 수 있어야 한다. 다시 말해서 어떤 목표를 세우고 온 교회가 그것을 향하여 지속적으로 움직일 수 있는 운동을 말한다. 우선 그 목표를 분명히 의식화시키고 모든 성도들이 이견(異見)이나 불평 없이 함께 행하도록 하는 것을 말한다. 예를 들어 기도 운동, 성령 운동, 전도 운동 등을 말할 수 있을 것이다. 한마디로 이벤트성 행사 중심의 목회를 지양(止揚)하고 캠페인성 운동을 펼치는 목회를 지향(指向)하라는 말이다.

다음으로 성도 중심 목회를 말할 수 있다. 물론 성경이나 신학에 대한 전문가는 목사이므로 거기에 관해서는 타협이나 양보는 있을 수 없다. 그러나 다른 모든 분야, 즉 문화적인 면에서는 얼마든지 타협도 하고 양보도 해야 한다는 말이다. 물론 모든 것의 판단 기준은 성경말씀이므로 그 말씀에 비추어 명백히 잘못된 것이라면 단호히 배격해야겠지만 그렇지 않은 경우에는 그 환경과 상황에 적합하게 그리고 성도들에게 유익한 편을 택할 수 있어야 한다. 지방과 지역, 그리고 계층과 문화에 따라 가장 적합한 대책이 있어야 한다는 말이다. 특히 현대인들은 편이를 선호한다는 점을 잊어서는 안 된다. 예컨대 교회에도 각양 편이시설들을 갖출 수 있는 범위에서 갖추는 것이 좋다. 예배실부터 인테리어에 신경을 써야 하고 조경과 주차 공간의 확보는 물론 주방과 식당, 휴게 시설은 거의 필수적이라고 할 수 있다. 접근하기 쉽게 진입로가 확보되어야 하고 교회가 멀리서도 보이는 것이 목회와 전도에 도움이 될 수 있다. 이런 사소한 것들 때문에 성도들이 불편을 느끼고 불만을 가지게 해서는 목회에 도움이 안 된다는 말이다.

그러나 불만 해소 중심의 목회는 지양하고 만족도를 높이는 목회를 지향해야 한다. 인간의 본성상 불만은 끊임없이 나오기 때문이다. 한 가지 불만이 해소되면 그 순간은 만족하지만 곧 다른 불만 요소가 생겨나는 것이다. 그러나 만족도가 올라가면 불만은 있어도 넘어갈 수 있는 것이다. 다시 말해서 예배에 만족하는 성도라면 주차 공간이 부족한 정도의 불편은 넘어갈 수 있다는 말이다. 만족도를 높이는 목회란 교회의 기본적인 요소들에서 만족해하는 정도를 높이는 것을 말한다. 예를 들어 예배생활이나 목사의 설교, 목사와 성도간의 친밀한 관계 형성, 정성이 깃든 심방이나 상담 등 목회의 기본적인 것들에서 성도들이 만족감, 나아가서는 행복감을 가질 수 있다면 어느 정도의 불편이나 불만 요소들은 넘어갈 수 있다는 말이다. 만족도를 높이는 목회에 중점을 두고 불만을 해소하는 목회는 보완적 차원에서 한다는 원리인 것이다.

21세기 교회라고 해서 근본적인 목회 원리가 바뀌지는 않는다. 하나님 중심의 목회나 성경에서 찾아본 원리들은 불변의 원리들로 받아들여야 한다. 또 앞장에서 논한 관계 목회에서 실패하지 말라는 원리나 사랑하기 위해서 또 섬기기 위해서 목회한다는 원리도 변할 수 없는 원리들이다. 그러나 현대 교회의 문화적 상황이 요구하는 원리들도 최대한 이용할 수 있어야 한다. 복음적 진리를 고수하되 현대의 문화적 상황이 주는 유익과 편이를 최대한 이용하고 성도들의 유익과 편이 중심의 목회를 지향하고, 이벤트 성 행사 중심의 목회나 불만 해소를 위한 목회를 지양하라는 것이다. 대신에 교회의 발전을 위한 캠페인성 운동과 만족도를 높일 수 있는 기본 목회 중심으로 일하라는 것이다. 그러나 한 가지 흥미로운 사실은 성장하는 교회들은 대체로 성서가 요구하는 복음적 요구를 강조하는 교회라는 것이다. 예를 들어 기도와 말씀, 전도와 선교 등의 강조로 성도들을 힘들게 하는 교회들이 성장하고, 반대로 성도들을 편하게 해준다는 의미에서 자유로운 신앙생활을 허용하는 교회는 성장하지 않는다는 말이다. 특히 주일 성수나 기도생활, 심지어 십일조 생활을 강조하는 것은 전혀 교회 성장을 저해하는 것이 아니라 오히려 그 반대라는 것이다.

제7장

예배와 설교 갱신론

목회에서 예배와 설교의 중요성은 아무리 강조해도 지나치지 않을 것이다. 예배나 설교 없는 목회를 상상할 수는 없고 예배가 무의미하게 반복되거나 설교에서 영적 능력이 결여되어 전혀 감동을 주지 못한다면 그목회는 결코 효과적으로 이루어지지 않을 것이기 때문이다. 그리고 실지로 교회 성장이 바르게 이루어지는 교회는 모두 살아있는 예배와 영감이넘치는 설교가 있는 교회라는 데는 이론의 여지가 없다.

I. 예배의 회복

기독교 예배[32]는 먼저 구약의 성전 예배에 그 기원을 두고 있고, 다음으로 포로기 이후의 회당 예배를 거쳐 초기 교회의 예배로 발전하였다.교회사를 통해서 보면 기독교 예배는 '말씀의 예배'와 '성례전의 예배(Eucharist)'가 그 예배의 원형이었다고 한다(주재용 1989: 179). 말씀의 예배란 회당 예배의 전통을 이어받은 것으로 오늘의 개신교 예배와 비슷한

---

32) 여기에서 말하는 예배는 개인적으로 하나님을 만나서 그분 앞에 경배하고 기도하며 그의 말씀을 듣고 거기에 순종하는 삶을 사는 개인 예배의 차원을 떠나 하나님의 백성들이 함께 모여 그분께 경배하고 섬기는(worship service) 공동예배를 말한다.

것이었다. 성례전 예배(의식)는 초대 교회에서 예배 때마다 행한 것으로 알려져 있는데 예수께서 잡히시기 전날 밤 제자들과 함께 공동식사를 나눈 것에 그 기원을 두고 있다. 그러나 교회 역사가 발전해 오면서 이런 원형은 변질되고 만다. 중세 교회에서 말씀의 예배는 사라지고 성례전의 예배만 미사라는 이름으로 남아있었기 때문이다. 또 성서의 재발견, 즉 하나님의 말씀의 재발견에서 시작된 종교개혁 이후의 교회들은 말씀의 예배를 찾은 대신 성례전의 예배를 약화시키는 결과를 가져왔다.

한국교회 예배의 문제점

이러한 역사적 배경에서 자라온 한국교회에서도 교단에 따라 상당한 차이들이 있는 것은 분명하지만 공통적인 예배의 문제들을 안고 있다고 해야 한다. 그리고 그 문제들이 이해되어야 예배의 회복이나 갱신을 이야기할 수 있을 것이다. 또 문제를 제기하려면 먼저 예배에 대한 바른 이해가 필수적이다. 예배란 기본적으로 "하나님의 계시와 거기에 대한 인간의 바른 응답"이라 할 수 있다. 하나님의 계시가 먼저이고 거기에 대한 인간의 바른 응답이 예배인 것이다. 영원하신 하나님께서 임재하셔서 자신을 계시하시면 우리는 그분 앞에서 경배와 찬양을 드리지 않을 수 없고, 그가 말씀하시면 헌신과 순종으로 응답하지 않을 수 없다. 예배는 하나님께 꿇어 엎드려 경배하고(worship) 나아가서 마음과 뜻과 정성을 다하여 섬기는 것(service)으로 이루어지는 것이다. 하여간 하나님의 임재하심이 없이는 예배도 없다. 또 사람이 없어도 예배는 없다. 하나님과 사람의 만남을 체험하는 것이 바로 예배이고, 따라서 하나님께 대한 신앙이 기독교 예배의 기초가 되는 것이다. 또한 그 하나님은 예수 그리스도 안에서 가장 분명하게 자신을 계시해주셨고 성령 하나님은 지금 여기에서 (here and now) 우리와 함께 하시기 때문에 예배는 성삼위 하나님께 대한 신앙이 그 기초가 되지 않으면 안 되는 것이다.

이런 관점에서 이야기할 수 있는 한국교회 예배의 가장 근본적인 문제는 '예배신학의 빈곤' 이라는 것이다. 그것은 한편으로 '예배신학에 대한 이해 부족' 이요, 다른 한편으로는 '예배신학의 한국 상황에의 적용의 결여' 라는 말로 표현할 수 있다(박은규 1989: 218). 바른 예배신학이라는 것은 예배에 대한 바른 이해를 말한다. 앞에서 언급한대로 예배에 대한 바른 이해는 초대교회의 예배에서 찾을 수밖에 없다. 초대교회의 예배를 종합적으로 살펴볼 때 우리는 거기에 앞에서 말한 두 가지 예배를[33] 네 가지 요소로 분석해볼 수 있다. 하나님께 찬양과 영광을 돌리는 요소(Charismata)와 말씀의 선포와 교육이라는 요소(Didactic: Kerygma + Didache), 성례전 곧 세례와 성만찬(Eucharist), 그리고 제자들을 세상으로 내보내는 일(Diakonia)이 그것이다. 다시 말해서 교회에서 드리는 공동예배는 하나님의 백성들이 그의 임재하심을 깨닫고 거기에 바른 응답을 함으로써 그와의 만남을 체험하는 것이라는 말이다. 거기에서는 하나님의 구원에 대한 감사와 찬송이 있어야 하고 자기 백성들에게 주시는 그의 말씀이 바로 전달되어야 하며, 성례전을 통해 그리스도와 하나되는 체험을 하고 그 성도들이 주신 사명을 가지고 세상으로 들어가서 그것을 삶 속에 구현하도록 해야 하는 것이다(은준관 1989: 329-330). 결국 이런 네 가지가 모두 포함되지 않는 예배는 온전한 예배라고 할 수 없을 것이다.

이렇게 보면 예배의 중심은 하나님께 있고 사람은 단지 그분 앞에 겸손하게 엎드려서 그분에게 합당한 존귀와 영광을 돌리고 그분의 말씀에 자발적으로 순종하여 주신 사명에 헌신적으로 충성해야 한다. 문제는 오늘의 한국교회에서는 '자신을 하나님께 온전히 바치는 것(헌신)' 보다는

---

33) 말씀의 예배와 성례전의 예배

예배를 통하여 '무엇을 얻어 가려는 태도'를 가진 경우가 허다하다는 점이다. 하나님께 대한 경배와 찬송보다는 스스로 하나님의 은혜를 받고 유익을 얻으려는 태도인 것이다. 하나님은 분명히 아무런 조건이나 대가 없이 우리에게 구원과 은혜를 주시는 정말 좋으신 분이다. 그러나 사람이 그 전능하신 하나님을 이용하여 자신의 유익을 챙기려한다면 그것은 신앙적 태도이기보다는 하나님의 전능하심을 이용하여 무엇인가 자기에게 유익한 것을 이루려는 마술적 태도라 할 수 있을 것이다. 흔히 우리는 이런 잘못된 신앙과 예배의 태도를 기복신앙(祈福信仰)이라고 매도해 왔다. 역시 예배신학이 잘못된 결과라 할 수 있을 것이다.

예배신학의 결핍(빈곤)으로부터 나온 다른 하나의 문제점은 하나님 중심의 예배가 아니라 사람 중심의 예배로의 변질을 들 수 있다. 사람들이 좋아하는 순서들을 대거 삽입하고 화려한 조명과 장식 속에서 웅장한 음악을 듣고 즐기다가 은혜를 받았다고 하면서 흩어지는 것이 정말 바른 예배일까?하는 의구심이 생기는 것이다. 물론 하나님 앞에서 그의 은혜에 감사하며 즐거워하는 것은 예배의 중요한 요소이다. 하나님 앞에서 그의 은혜에 감격하여 느끼는 즐거움을 표현하는 축제로서의 예배라는 면이다. 그러나 흔히 우리가 경험하는 이런 형식의 예배에서는 하나님의 임재를 느끼지는 못하면서 사람들만 모여서 축제를 즐기다가 흩어지는 듯한 감을 느낄 수 있기 때문이다.

한국교회 예배의 장점 중의 하나가 열심히 모인다는 것이다. 예배의 종류와 횟수도 많고 그 때마다 열심히 모이는 것이다. 그러나 반대로 흩어지는 교회로서의 기능은 약화되어 있는 것이 현실이다. 모여서 하나님 께로부터 위임받은 사명을 수행하기 위하여 흩어지는 교회, 다시 말해서 흩어져서 사명을 수행하는 일에는 상대적으로 상당히 소홀하다는 것이다. 결과적으로 그리스도인들의 신앙과 삶이 유리되어 있다는 말을 듣게 된다. "너희 몸을 …. 거룩한 산 제물로 드리라. 이는 너희가 드릴 영적 예배니라"(롬 12:1)는 말씀에 따른 예배를 실천하지 못하는 셈이다.

다음으로 '예배신학의 한국적 상황에의 적용의 실패'라는 문제이다. 한국적 예배를 개발하지 못했다는 점이다. 물론 기독교 예배는 서구 교회를 통해서 발전되어왔다. 따라서 문화적으로 보면 서구적 문화의 색채를 띠면서 발전해왔다. 그런데 한국 땅에 복음이 전해지면서 서구 선교사들이 전해준 서구적 예배가 거의 그대로 한국교회에도 전해졌다는 것이다. 물론 한국의 정성드려 기도하던 전통은 한국교회를 기도하는 교회로 발전시켰고 예배에서도 기도가 강조되는 것은 분명한 사실이다. 그러나 서구 교회의 찬송을 거의 그대로 번역하여 부르는 등 다른 면에서는 한국적 예배를 발전시키지는 못했다는 것이다. 그렇다고 문화가 복음을 지배해서는 물론 안 된다. 단지 복음적 진리가 조금도 훼손되지 않으면서 한국인의 심성에 좀더 어울리는 예배를 개발할 수 있었다면 복음 전도가 좀더 힘을 얻었으리라는 가정을 해보는 것이다. 그러나 21세기의 문화는 그의 모든 문화가 하나의 세계 문화로 바뀌고 있으므로 한국적 예배를 새롭게 개발하려는 노력을 기울일 필요는 없을 것이다.

바람직한 예배 – 영적인 예배

예수께서는 예배를 말씀하실 때 "하나님은 영이시니 예배하는 자가 영과 진리로(in spirit and in truth) 예배할지니라"(요 4:24)라고 하셨다. 바람직한 예배를 말할 때 맨 먼저 따라야 할 기본적인 말씀이다. 이 말씀은 우리에게 어떤 예배를 요구하는 것일까? 우선 하나님은 물질적이거나 육체적인 분이 아니시고 영(Spirit)이시다. 그리고 사람은 그의 형상대로 지으심을 받되 그 코에 하나님의 생기(the breath of life)를 불어넣으셔서 만드신 영적 존재이다. 그러므로 이 말씀은 사람이 하나님을 예배할 때 무엇보다도 영적인 예배를 드리라고 한다. 우리의 몸이 언제 어디에 있느냐에 관계없이 하나님과 교통할 수 있는 우리의 속 사람, 곧 영으로 예배하라는 말이다. 여기에서 우리의 겉모습은 크게 문제가 되지 않는다. 우리의 몸이 어디에 있든 영적으로 거듭난 내면적인 우리가 온전히 하나님께만 초점을 맞추고 예배하는 것을 말한다. 말을 바꾸면 예배란 찬양과 경배를 받으시기에 합당하신 하나님께 우리의 주의를 집중하게 하는 것이다. 역시 예배가 하나님 중심으로 이루어져야 함을 의미한다. 예배에서 주역은 오직 하나님뿐이신 것이다.

영적인 예배는 또한 희생을 동반하는 순종의 삶을 살 것을 요구한다. 성경은 "너희 몸을 하나님이 기뻐하시는 거룩한 산 제물로 드리라. 이것이 너희가 드릴 영적 예배니라"(롬 12:1)고 분명히 밝히고 있기 때문이다. 구약의 예배는 소나 양 등을 죽여 피를 흘림으로 희생 제물을 하나님께 바치는 것으로 이루어졌다. 그러나 위의 말씀은 소나 양 대신에 우리의 몸을 제물로 삼되 피를 흘려 죽은 제물을 바치지 말고 산 채로 드리라고 한다. 바로 희생을 동반하는 헌신적인 삶이 따르지 않는 예배는 하나님께서 기뻐하시는 예배가 아니라는 말이다(삼상 15:22). 결국 하나님을 바르게 예배하는 우리는 "예수 그리스도로 말미암아 하나님이 기쁘게 받으실 신령한 제사(영적인 희생 제사)를 드릴 거룩한 제사장"(벧전 2:5)이 되는 것이다.

진리로(진정으로) 예배한다는 말은 거짓이 없이 진실되게(truthfully) 예배하라는 것이다. 마음은 다른 곳에 있고 몸만 예배하는 자리에 앉아있는 것처럼 위선적인 모습이나 형식적인 모습을 피하라는 말이다. 참 하나님을 알지도 못하면서 미신적인 마음과 태도로 드리는 예배나 진심에서 우러나오는 예배가 아니라 단순히 습관적으로 예배하는 태도만 보이는 맹목적 예배 등을 배격하는 말이기도 하다.

영적인 예배는 살아있는(생동감 있는) 예배가 된다. 성령께서 함께 역사하시는 것을 느낄 수 있어야 한다. 문제는 예배에 참석한 사람들이 하나님의 임재하심을 체험하는 경우가 그리 많지 않다는 것이다(Barna 1999: 83-84).[34] 하나님의 임재하심에 대해 사람이 바르게 응답하는 것이 예배라고 할 때 많은 사람들이 참된 예배를 경험하지 못하고 있는 것이다. 하여간 영적인 예배는 참여하는 모든 사람들이 하나님의 임재하심을 경험하고(피부로 느낄 수 있을 정도이지만 지극히 영적인 의미에서 그렇다) 성령 충만이 무엇인지를 깨달을 수 있는 예배이다. 살아계시는 하나님을 예배를 통해 확신할 수 있게 되어야 하는 것이다. 그런 교회에서는 예배자들이 그런 체험을 통해 분명한 감동을 받고 어려운 문제들의 해답을 얻게 되며, 신앙과 헌신의 정도가 깊어지고 정서적 육체적 치유를 경험하기도 한다. 그런 체험을 한 사람들은 다시 그런 체험을 하려고 간절한 마음으로 그리고 기쁨으로 다시 교회를 찾게 된다(Barna 1999: 87-88). 이렇게 바른 영적인 예배가 회복되면 그 교회는 살아 움직이는 교회로 성장할 수밖에 없다. 거기에 참여하는 성도들도 그리스도께서 나누어주시는 생명력을 느끼고 그것이 일상생활에까지도 그대로 반영되는 것이다. 결국 교회 성장이라는 열매도 맺게 되는 것은 자연스러운 귀결이다.

바람직한 예배 – 하나님 중심의 예배

이것은 이미 앞에서도 여러 번 거론된 주제이다. 예배는 하나님 앞에서 이루어지는 것이고, 그의 백성들이 그의 계시에 대한 바른 응답으로 이루어지는 것이기 때문이다. 우선 거룩하신 그분 앞에 서게 되면 찬양

---

34) 미국에서 나온 이 보고서에 따르면 성인 신자 중 32%는 전혀 그런 체험을 한 적이 없다고 응답했고, 지난 한 해 동안 전혀 그것을 느끼지 못했다는 사람이 16%, 지난 몇 달 동안(1-12개월) 그런 경험을 못했다는 사람이 11%였으니 신자 중 59%가 예배 중에 하나님의 임재하심에 대해 부정적인 응답을 한 셈이다. 한국 교회라고 예외라고 할 수는 없을 것이다

과 자기 고백이 나올 수밖에 없고 회개와 순종의 삶이 따를 수밖에 없는 것이다.[35] 그리고 참된 예배의 기본적인 목표는 그 하나님께 영광을 돌리는 것이다. 참된 예배는 하나님의 백성들이 개인적으로든 공동적으로든 하나님을 기쁘시게 하기 위해서 행하는 무엇인 것이다.

그렇다고 참된 예배는 온전히 하나님께 바치기만 하는 것은 아니다. 그 예배에는 하나님께 드리는 면과 그로부터 받아들이는 면이 함께 관련되어 있기 때문이다. 그러므로 참된 예배는 균형이 이루어져야 한다. 바치고 드리는 면과 그로부터 받는 면이 조화를 이루어야 하고, 예배자의 마음과 감정, 그리고 의지도 조화를 이루어야 바른 응답을 보일 수 있다. 내면적으로 경외하는 마음을 품고 존귀와 영광을 그분께 돌리는 태도와 엎드리거나 고개를 숙이고 찬양을 드리며 헌금(헌물)을 드리고 헌신적으로 섬기는 행동으로 표현되는 면도 조화를 이루어야 한다. 하여간 하나님께 영광을 돌리고 그분을 기쁘시게 하는 것 이외의 다른 어떤 것을 목표로 예배를 이용하려 한다면 이미 바른 예배에서 벗어나기 시작했다고 할 수 있다(Hemphill 1994: 41-42).[36]

예배를 연극에 비추어 이해할 수도 있다. 예배실에 들어와 있는 모든 성도가 하나님을 예배하는 연극 무대에 나와있는 셈이다. 성령께서 연출자가 되어 각자가 어떻게 해야 할지를 알려주고 지도해준다. 예배 인도자로서의 목사는 함께 출연하는 주요 배역의 연기자이면서 다른 연기자들(회중)이 때맞추어 자기 역할을 하도록 돕는 사람이다. 목사는 예배자들을 위해 바른 예배가 이루어지게 하고 사람들이 어떻게 예배해야하는지를 가르쳐준다. 그러나 목사도 예배의 중심이 될 수는 없다. 예배의 목

---

35) 이사야가 하나님의 전에서 보좌에 앉으신 거룩하신 하나님을 뵙고 보인 응답이 바람직한 예배의 하나의 전형이 될 수 있을 것이다(사 6:1-8)
36) 건축비를 모으기 위한 예배나 어떤 사람의 삶이나 업적을 기리고 축하하기 위한 예배, 심지어 교회 성장을 이루기 위해서 사람들의 마음을 움직여보려고 계획된 예배까지도 예배의 목표는 오직 하나님의 영광이어야 한다는 말이다.

적이 하나님의 영광이므로 예배의 모든 것은 하나님을 중심으로 이루어져야 하며, 또 성령께서 그렇게 되도록 지도해주시기 때문이다. 결국 우리는 하나님만이 예배의 유일한 목표(target)라고 결론지을 수밖에 없다. 그런데도 현실적으로는 예배 인도자인 목사는 참으로 예배하기보다 그 예배를 원만하게 진행시켜야한다는 염려로 너무 많은 시간을 보내는 편이고, 반대로 평신도들은 하나님 앞에 겸손하게 엎드리기보다는 목사의 예배 인도를 평가하는데 신경을 쓰는 편이다. 바른 예배를 위해서 회중은 물론 목사도 예배를 위한 준비를 비롯하여 그 예배를 통해 하나님 앞에서 참된 예배를 드리는 예배자가 되지 않으면 안 된다.

바람직한 예배 – 예배의 구성 요소

바람직한 예배는 어떤 순서들로 이루어져야 할까? 성경을 통해 볼 수 있는 초대교회 시대로부터 오늘에 이르기까지 바른 예배에는 항상 음악을 통한 찬송, 기도, 말씀, 봉헌 등이 중요한 순서로 되어왔다. 특히 음악은 말씀 다음으로 중요한 예배의 요소가 되어왔다. 찬송은 설교를 위한 보조적인 순서가 아니라 독립적인 중요한 예배 순서이다. 그러나 예배 음악은 사람들이 하나님께 주의의 초점을 맞추게 하고 그를 경배하도록 하는 찬송이어야 한다. 그러므로 사람들의 체험을 고백하고 그것을 통해 사람들에게 교육적인 효과를 미치는 복음송(Gospel song)과 같은 음악을 예배 음악으로 택하는 것은 바람직하다고 할 수는 없다. 쉽게 말하면 예배음악으로서의 찬송가는 하나님 중심이어야 하는데 복음송은 인간 중심의 음악인 경우가 많다는 말이다. 그렇다고 예배음악이 어떤 특정 형태의 음악으로 한정되어야 한다는 말은 아니다. 음악은 문화적 산물이므로 예배음악은 문화적으로는 그 상황에 적절하여야 하고 신학적으로는 건전해야 한다(Hemphill 1994: 51). 신학적 건전성만 확인되면 다양한 음악이 예배에 활용될 수 있는 것이다. 어떤 형태의 음악을 어떻게 도입하느냐의 문제이기보다는 얼마나 그 음악을 진지하게 그리고 열정적으로 활용하느냐에 따라 예배음악의 성공 여부가 결정된다고 할 수 있을 것이다.

건전한 목회는 교회성장이라는 결과로 나타나야 하는데 대부분의 성장하는 교회는 훌륭한 음악 프로그램이 있고 그 음악은 참여하는 사람들의 자발성을 불러일으킨다는 특징을 볼 수 있다(Hemphill 1994: 57). 예배에서의 음악은 사람들의 마음을 정리하여 하나님께 그리고 그를 예배하는 일에 집중하게 하고, 하나님을 향하여 마음 문을 열어 그의 말씀을 들을 준비가 되게 하며, 그들의 영혼을 일깨워 하나님과 친밀한 관계를 맺을 수 있도록 한다(Barna 1999: 97-98). 예배에서 음악은 얼마나 많이 이용되어야 할까? 정답은 없다. 회중의 상태와 때와 장소에 따라 각기 다를 것이기 때문이다. 따라서 살아 움직이는 예배를 위해서는 시간에 쫓겨 순서에 들어있는 찬송가도 겨우 부르는 오늘의 예배보다는 음악에 관한 한 좀더 융통성을 가질 수 있다면 좋을 것이다. 그리고 규모가 큰 교회라면 전문적인 예배 음악 담당자(music leader)가 있어서 예배 음악 전체를 총괄 지도할 수 있으면 더욱 좋을 것이다. 그리고 작은 교회라면 목사가 예배 음악 담당자 역할까지 할 수밖에 없다. 그러나 목사의 참된 소명은 음악이 아니라는 점은 잊어서는 안 될 것이다.

어떤 형태의 음악이 예배 음악에 가장 적합할까? 역시 정답은 없다. 단지 '신학적으로 건전하면서 그 상황에 가장 잘 어울리는 음악' 정도의 답만 할 수 있을 뿐이다. 예배 음악은 성도들이 다양하기 때문에 그만큼 다양할 수밖에 없기 때문이다. 그 예배에 참여하는 일반적인 예배자들에게 다가설 수 있는 음악이어야 한다는 말이다. 대형 교회에서는 전통적인 예배와 젊은이들을 위한 예배를 따로 드릴 수 있으므로 음악도 회중에 따라 다른 형태의 음악을 이용할 수 있을 것이다. 규모가 작은 교회에서는 주일 낮 예배는 전통적인 예배로 다른 예배들은 현대적인 음악을 활용하는 예배로 계획할 수도 있고, 때에 따라서는 같은 예배 시간에 다른 형태의 음악들을 혼용할 수도 있을 것이다. 그리고 일반적인 성도들은 음악을 전공한 전문가들이 아니라는 점을 이해하고 너무 어려운 음악보다는 쉽게 이해하고 참여할 수 있는 음악이 중심이 되어야 할 것이다.

기도는 예배에 있어서 없어서는 안될 다른 하나의 중요한 순서이다. 기도는 사람이 하나님의 은혜의 보좌 앞에 담대히 나갈 수 있는 기회이다. 기도는 하나님의 임재하심을 입으로 시인하고 그분 앞에 서서 그에게 영광을 돌리고 우리의 죄를 고백하면서 용서를 구하며, 우리 자신과 주위의 다른 사람들이 필요로 하는 것들을 아뢰고 자신을 하나님께 드리기로 헌신을 다짐하며, 은혜로우신 하나님께 감사를 드리는 것이기 때문이다. 기도는 하나님과의 직접적인 대화이므로 결코 가볍게 다루어져서는 안 된다. 그러므로 예배 시간에 회중을 대표하여 드리는 공중 기도는 더욱 신중하게 준비된 기도를 드려야 한다. 그렇다고 써 온 기도문을 낭독하는 기도보다는 충분히 준비는 하되 성령의 인도하심을 의지하고 자유롭게 기도할 수 있어야 할 것이다.

성경봉독도 중요한 예배 순서이다. 하나님의 말씀은 그 자체가 강력한 능력을 지니고 있어서 정중하고 힘차게 봉독되는 말씀의 영향력을 결코 과소평가해서는 안 된다. 그러므로 말씀을 봉독할 때는 읽는 사람이나 듣는 사람이나 모두가 그 말씀에 주의를 기울여야 한다. 그리고 회중을 대표하여 말씀을 봉독하는 사람은 미리 준비가 되어있어서 읽을 때 실수하는 일이 없어야 함은 물론 감정이나 억양 등에도 주의해야 한다. 봉독하는 방법도 다양하게 할 수 있다. 혼자서 할 수도 있고 두 세 사람이 교독(交讀)이나 연독(連讀) 형식으로 할 수도 있다. 때로는 짧은 본문일 경우

온 회중이 함께 읽는 합독(合讀) 형식도 효과적일 수 있다. 찬양대와 협력하여 찬양이 말씀을 반영할 수 있으면 더욱 효과적일 수 있다. 그러나 하나님의 말씀이 가진 강력한 능력은 사람들의 노력으로 드러나는 것이 아니라 성령의 감동에 의해 드러난다는 것을 잊어서는 안 된다.

설교는 무엇보다도 중요한 예배 순서이다. 오늘의 사람들이 알아듣고 이해할 수 있는 형식으로 하나님의 말씀이 전해지는 순서이기 때문이다. 역시 성령의 능력 안에서 하나님의 진리를 선포하는 것이 설교인 것이다. 그러므로 설교를 단순히 사람들이 '느끼는 필요(felt need)'를 충족시키기 위해서 행하는 강연 정도로 생각해서는 안 된다. 그러나 사람들이 느끼는 필요를 무시하라는 것이 아니라 성서적 진리가 그 필요에 대한 답이 되게 해야 한다는 말이다. 한마디로 세상적인 무엇인가가 설교를 지배하는 것이 아니라 하나님의 말씀이 그것을 지배해야 한다는 것이다.

설교자는 교인들과 그들의 공동체가 느끼는 필요를 알아야 하고, 그 필요를 불변하는 성서적 진리로 충족시켜야 한다. 그리고 이런 효과적인 설교를 위해서 먼저 성도들이 성경말씀은 하나님께서 주신 진리의 말씀이라는 확신을 가질 수 있게 해야 한다. 성경말씀에서 때로는 이해하기 어려운 부분이나 모순되는 것 같은 말씀이 있다는 생각이 들 때까지도 그것은 우리가 하나님께서 보여주시려는 뜻을 분명히 알지 못해서 생기는 문제일 뿐 성경이 하나님의 불변하는 진리의 말씀이라는 사실에는 틀림이 없다는 신념을 가지게 하는 것을 의미한다. 다음으로 성도들이 자기의 죄를 철저히 회개하도록 해야만 설교가 효과적으로 들려진다는 점을 잊어서는 안 된다. 죄가 가로막고 있으면 말씀으로(through His Word) 찾아오시는 하나님을 바로 만날 수 없기 때문이다. 자신의 죄를 용서받고 겸손해진 마음으로 하나님 앞에 서게 될 때 그는 자신을 위해 들려주시는 하나님의 말씀을 들을 준비가 되는 것이기 때문이다(Barna 1999:

102-103).

바른 예배의 회복을 위한 단계[37]

예배를 좀더 시대에 맞게 새롭게 인도해야겠다는 소망은 어느 목사에게나 있다. 문제는 현재의 예배에 만족하고 지내는 성도들에게 상처를 주지 않으면서 예배를 새롭게 하는 길을 찾는 일이다. 하여간 그렇게 하려면 함부로 어떤 시도를 하기보다는 합리적인 단계를 취하는 것이 현명한 방법일 것이다.

맨 먼저 할 일은 예배의 형태(worship style)에 변화를 가져오고 싶을 때 성도들로부터 신뢰받는 지도자들이 그런 변화를 제안하도록 하는 것이다. 신뢰받는 지도력은 평소에 교회 안에서의 삶을 통해 형성된다. 목사가 그런 변화를 주도하려면 먼저 자신의 그런 지도력을 검토해야 할 것이다. 자신에게 그런 지도력이 부족하다면 다른 교회의 지도자들, 예컨대 그런 지도력을 갖춘 장로들이 그런 변화를 제안하고 주도하도록 해야 한다. 그럴 때 성도들은 자연스럽게 따르게 될 것이다.

다음으로 그런 변화는 너무 서두르지 말고 천천히 시도해야 한다. 교회의 규모가 크면 클수록 그리고 역사와 전통이 오랜 교회일수록 더욱 신중하고 천천히 해야 할 것이다. 예배 형태의 변화는 성도들이 평소에 신성하고 불변하는 것으로 여기는 것을 바꾸려고 하는 것이고 그런 변화를 수용하기 힘들어하는 사람들도 있다는 점을 잊지 말아야 하는 것이다. 작은 보트는 무리없이 방향 전환을 재빨리 할 수 있지만 항공 모함은 그렇지 않은 것에 비추어 생각할 수 있는 일이다.

셋째로 어느 정도의 갈등을 예상하고 거기에 대처해야 한다는 것이다. 예를 들어 전통적인 교회에서 젊은이들을 위해 키보드와 기타, 드럼 등

---

37) 이 부분은 Ken Hemphill의 *The Antioch Effect*, pp. 58-60의 내용을 요약 정리한 것이다.

을 갖춘 오케스트라를 창단하여 그들로 예배 음악의 반주를 맡게 할 때 일부 성도들이 불만을 가지고 교회를 떠날 수도 있다. 심지어 그들은 사탄의 음악을 교회에 도입하고 있다는 생각까지 할 수 있는 것이다. 하여간 이런 경우에도 다양한 예배 음악의 필요성을 미리 주지시킴으로써 그런 불평을 잠재울 수 있을 것이다. 대체로 교회 안에서의 변화에 그런 불만을 표하는 사람들이 소수라는 점은 다행한 일이다. 그러나 소수라고 하더라도 그들을 무시해버리지 말고 사랑으로 감싸고 합리적으로 설득하는 것이 목사의 사명일 것이다,

넷째로 예배에 관한 교육을 강화하는 일이다. 흔히 사람들이 변화를 꺼리는 것은 그들이 그런 변화의 배후에 있는 성서적 근거나 실제적인 이유 등을 분명하게 이해하지 못하기 때문이다. 따라서 그런 변화를 시도하기 전에 성경에 나타나는 예배를 주제로 몇 번의 설교를 함으로써 바른 성서적 예배를 회복하기 위해서는 변화가 필요하다는 인식을 갖게 하는 것도 하나의 방법이 될 수 있을 것이다. 예를 들어 실지로 구약에서는 다양한 악기들이 예배에 사용되었다는 점을 깨닫게 하는 것이다. 그리고 성도들 각자가 개인적으로도 바른 예배 생활을 하도록 가르치고 공동 예배를 올바르게 드리는 방법도 가르침으로써 좀더 아름다운 예배생활을 하도록 할 수 있을 것이다.

다섯째로 변화는 항상 질적으로 한 단계 증진되는 결과를 가져와야 한다. 명백하게 질적으로 증진되는 것이 보일 때 불평은 거의 없어진다. 반대로 그 변화가 오히려 사람들이 적응하기 어렵게 한다면 그런 변화는 바람직하다고 할 수 없다. 성도들이 예배에서 신선한 예배, 좀더 의미있는 예배라고 인식하고 기꺼이 그 변화를 받아들일 수 있도록 하는 것이 목사의 사명이 되는 것이다. 예배 순서에 새로운 순서를 도입하는 것이나 예배 중에 회중석에서 아멘으로 화답하는 문제, 예배 중에 박수를 치

는 문제 등 모든 변화는 변화를 위한 변화가 아니라 좀더 바른 예배를 회복하기 위한 변화라는 점을 잊어서는 안 될 것이다.

II. 설교의 갱신

목회에 있어서 설교의 중요성은 아무리 강조해도 지나치다고 할 수 없다. 기독교는 '말씀의 종교'이고 설교가 바로 '말씀의 사역'이기 때문이다. 그래서 교회들은 목사를 청빙할 때 거의 예외없이 설교를 잘 하는 목사를 청빙하려 하고, 목사는 누구나 훌륭한 설교자가 되고자 한다. 또 교인들의 입장에서 보면 어떤 사람이 어느 교회에 등록할 마음을 가지고 예배에 참예하였다고 하자. 교회의 다른 여러 가지 여건에 호감이 간다고 하더라도 목사의 설교가 지루하고 맥빠진 그래서 별로 의미를 주지 못했다면 그는 다시는 그 교회에 발길을 옮기지 않을 것이다. 이처럼 설교는 목사의 사역 중 가장 중요하고 절실히 필요로 하는 것이지만 문제는 현실이 그런 소망과는 다르다는 것이다. 하여간 좋은 설교 없이는 바른 목회나 교회 성장은 기대할 수 없다고 할 수 있다.

설교와 설교자의 현실

사람들은 오늘의 설교 상황을 '위기 상황'이라고 진단하기도 한다.[38] 사람들은 기대감을 가지고 하나님께서 그들(자기)에게 하시는 말씀을 들으려 하는데도 목사님의 설교는 전혀 그런 기대를 충족시켜주지 못한

---

38) Clyde Reid의 *The Empty Pulpit*(Harper & Row, 1967)을 우리말로 옮길 때 그 서명을 說教의 危機라고 옮겼다. 비어있는 강단이라고 할 때 거기에 설교하는 목사가 없다는 말은 아니다. 목사는 그 강단을 지키고 있는데도 불구하고 회중석에 앉아있는 교인들은 그 말씀에서 공허함을 느끼고 오늘을 위한 의미를 전혀 발견하지 못하며 결과적으로 삶의 변화도 전혀 일어나지 않는 상황을 말한다.

다는 것이다. 목사는 목사대로 설교에 대한 부담감에서 오는 스트레스가 적지 않고 교인들은 교인들대로 그 설교에 만족을 느끼지 못하는 것이다 (Reid 1982: 17).

그 원인이 어디에 있을까? 물론 여러 가지 원인을 찾을 수 있을 것이다. 먼저 말할 수 있는 것은 성경말씀이 참으로 하나님의 말씀이라고 철저히 믿지 못하면서 설교를 하고 또 듣기 때문이다. 성경에 나오는 합리적이지 않은 구절들이나 과학과 역사에 비추어 진실이라고 할 수 없는 말씀들을 두고 사본들이 만들어지면서 오류가 생겼다거나 따지지 말고 그냥 믿자는 등의 주장들이 있어온 것은 사실이다. 그러나 성경은 역사 교과서나 과학 교과서가 아니라 신앙의 책이라는 것을 잊지 말고 하나님의 오묘한 진리들이 담겨있는 것은 확실하나 우리의 어리석음 때문에 그 진리를 확실하게 깨닫지 못할 뿐이라는 고백을 할 수 있어야 하는 것이다. 그리고 성경말씀을 참으로 하나님의 말씀이라고 믿는다면 전능하신 하나님께서는 지금도 살아계셔서 역사하고 계시므로 거기에는 오늘의 모든 상황과 문제들에 대한 해답이 들어있다고 믿게 된다(곽선희 1986: 346-347).

둘째로 설교자 자신이 스스로 정말 하나님의 말씀을 전하고 있다는 확신이 없는 경우가 있다는 점이다. 물론 설교가 하나님의 말씀이 아니라고 분명하게 말하는 사람은 아무도 없다. 성경이 '기록된 하나님의 말씀 (the written Word of God)' 이라면 설교는 '그 말씀을 기초로 하여 오늘의 상황에 재해석되어 선포되는 하나님의 말씀(the spoken Word of God)' 인 것이다. 옛날 모세나 이사야는 하나님께서 하시는 말씀을 분명히 듣고 "여호와께서 일러 가라사대"라고 확신에 차서 외칠 수 있었다. 그러나 오늘의 목사들은 그런 하나님의 음성을 직접 들을 수 없다. 그래서 열심히 준비를 하지만 그것이 하나님의 말씀이라는 확신이 서지 않을 수 있다는 것이다. 기록된 말씀에서 진리를 찾아 그것이 오늘의 사람들에게 주신 하나님의 말씀이라는 확신을 가지고 전해야 하고, 그 선포된 말씀으로 인하여 들은 사람들의 삶에서 변화를 일으켜야 하지만,[39] 그런 확신이 없으므로 성도들의 삶에서의 변화도 일어나지 않는 것이다. 설교자만이 아니라 그 설교를 듣는 성도들도 그것을 진정한 하나님의 말씀, 곧 그 시간에 하나님께서 자신에게 들려주시고 명령하시는 말씀으로 받아들이지 않는 경우가 많다는 데 문제가 있다. 정말 그 말씀을 들으면서 거기에서 자신이 안고 있는 모든 문제의 해결점을 찾으려고 하는가?하는 것이다. 목사와 성도 모두가 설교를 참된 하나님의 말씀으로 믿고 받아들이지 못하는 경우가 많다는 것이 결국 오늘의 설교를 공허하게 만드는 이유가 되는 것이다(곽선희 1986: 347-348).

셋째로 오늘의 교회에서 설교의 중요성을 인정하고 목회에서 가장 큰 비중을 차지한다고 하면서도 실제에 있어서는 목사들이 설교 준비를 위해 투자하는 시간과 정력에 너무 많은 제약이 따른다는 것이다. 목회의 우선 순위에 있어서 당면한 필요와 요구를 충족시키는데 치중하고 있다는 말이다. 심방, 상담, 관혼상제, 생일, 돌, 회갑 잔치 등에 시간과 정력을 쏟다보면 결국 강단 목회는 후순위로 밀려나고 만다(박근원 1980: 12-13). 그러므로 목회 사역의 우선 순위를 분명히 정해서 그대로 따르는 훈련은 결코 소홀히 할 수 없는 일이다.[40]

넷째로 현대의 사회적 흐름이 설교 사역에 어려움을 안겨준다. 매스컴과 통신수단의 발달 그리고 컴퓨터를 활용하는 정보 사회는 이미 우리

---

39) J. Daniel Baumann은 설교를 "행위의 변화를 일으키려는 명백한 목표를 가지고 한 사람이 다른 사람에게 성서적 진리를 전달하는 것"이라고 정의했다. J. Daniel Baumann, 정장복 역. 現代 說敎學 入門 (서울: 양서각, 1983), p. 15.
40) 소중한 것을 먼저 하는 습관을 위해서 Stephen R. Covey, 김경석 & 김원석 역, 성공하는 사람들의 7가지 습관(서울: 김영사, 1994)을 참고하라.

사회의 하나의 중요한 단면이다. TV는 현대 생활에 있어서 중요한 자리를 차지해버렸고 TV 프로는 정보를 전하는 기능도 있지만 주로 사람들을 즐겁게 하는 기능을 담당한다. 결국 강단의 권위는 점차 약해지고 사람들은 과거와 같이 진리에 대한 관심을 점차 잃어가고 있는 반면 설교를 통해서도 TV를 통해 얻는 그런 즐거움까지 맛보려는 기대를 가지게 된다. 그들은 신비나 초자연적 능력에는 관심을 가지면서도 이론적인 설명이나 설득에는 큰 관심을 가지지 않는다. 결과적으로 그런 사람들의 관심을 끌기 위해서 목사는 설교를 일종의 '쇼'로 만들어 쇼맨십(showmanship)을 발휘해야 사람들이 모이는 기현상을 경험하기도 한다. 어렵고 머리를 써야 하는 신학적 또는 철학적 이야기에는 관심이 없고 쉽고 재미있는 것을 좋아하는 교인들을 위해서 교회에서까지 인기있는 가수, 탤런트, 연예인 등을 강단에 세우는 일까지 빈번해지는 것이다(박근원 1980: 13).

다섯째로 성경이 말하는 진리를 제대로 찾아 전하지 못하는 설교를 말할 수 있다. 성경 본문을 바로 연구하여 그것을 통해 하나님께서 주시는 메시지를 찾지 못하고, 설교자가 자기 입맛에 맞게 본문을 제멋대로 해석하거나 본문과는 관계없는 자기 생각을 늘어놓기도 하는 것이다. 성서를 설교의 기초와 표준으로 삼지 않고 자기가 하고싶은 이야기에 성경 본문이나 다른 구절들을 이용하는 설교가 많다는 말이다. 성서신학은 눈부시게 발전하고있지만 오히려 설교는 주석설교를 한다는 이름으로 너무 어려운 학문적인 설교를 하는 경우도 결코 적지 않다. 본문이 말하는 메시지에 중점을 싣지 못하는 것이다(박근원 1980: 15-16). 여섯째로 신학적으로 타당성을 갖추지 못한 설교가 많다는 것이다. 철저히 성서적인 설교라면 신학적으로도 건전할 수밖에 없다. 설교는 하나님의 자기 백성들을 향한 선언이라고 할 수 있는데 그것은 복음의 선포가 중심이 되는 것이 당연하다. 그런데 많은 설교가 율법의 선포에로 흐르고 있다는 것이다. 하나님의 은혜를 선포하고 그 은혜에 감격하며 말씀대로 순종의 삶을 살도록 하기보다는 율법을 선포함으로 성도들이 두려워서 순종하도록 하는 설교가 많다는 말이다. 목사를 '영적 폭군'이라고 부르는 것은 이런 연유에서이다. 물론 설교에서 율법을 선포할 수도 있다. 그러나 그 비중은 복음, 곧 하나님의 은혜 쪽에 더 두어야 한다. 때로는 심리학적 이론을 바탕으로 하는 설교를 하는 경우도 있다. 심리학을 이용하여 사람들의 감정을 움직이고 카타르시스(catharsis)를 경험하게 하거나 반대로 죄책감에 사로잡히게 하는 등의 설교를 말한다. 심리학을 이용하여 성도들의 감동을 불러일으키려는 태도는 결코 바람직하다고 할 수 없다. 또 어떤 신학적 면만을 강조하는 설교도 문제이다. 예를 들어 종말론만을 강조하거나 성도의 이웃을 향한 사랑만 강조하는 설교, 또는 성령의 체험만을 계속 강조하는 경우이다. 성경을 통해 주시는 하나님의 말씀을 폭넓게 듣고 전해야 하는 것이다. 하여간 이런 설교들은 모두 비신학적인 설교라고 할 수 있을 것이다(박근원 1980: 16-17).

마지막으로 우리는 회중에게 제대로 전달되지 않는 설교를 오늘의 설교 사역에서 볼 수 있는 문제로 지적할 수 있다. 주방에서 아무리 맛있는 음식을 조리해도 그것을 손님 앞에 내놓지 않으면 아무런 의미가 없는 것과 같이 아무리 잘 준비된 설교라도 회중에게 전해지지 않으면 안 되는 것이다. '커뮤니케이션으로서의 설교'라는 개념이 나온 것도 같은 맥락에서이다. 오늘의 시대는 듣기만하는 시대가 아니라 보고 들음으로써 커뮤니케이션을 이루는(visual generation) 시대이다(주승종 1999: 121). 따라서 듣든지 말든지 단순히 하나님의 말씀을 선포하는 것만으로는 부족하다. 어떻게 TV세대의 사람들에게 하나님의 말씀을 효과적으로 전해야 할 것인가에 관심을 가지고 연구하며 최선을 다해야 할 것이다.

설교 사역의 갱신을 위하여

설교는 성경이 보여주는 진리를 찾아내어 오늘의 사람들에게 전함으로써 그들의 삶이 하나님께서 원하시는 모습으로 바뀌게 하는 것이다. 중요한 것은 이 때 성령의 도우심이 없이는 그런 변화의 기적은 일어나지 않는다는 것이다. 설교에는 성령 하나님, 설교자, 그리고 그것을 듣는 회중(성도)이 함께 협력하지 않으면 안 되는 이유가 여기에 있다(Lutzer 1998: 34-35).

설교는 인간의 삶 전체를 그 관심의 대상으로 삼아야 한다. 어떤 시대에는 인간의 구원, 그것도 영혼 구원 혹은 영원한 구원만을 설교의 주된 관심사였고 또 그 내용이기도 했다. 하나님과의 수직적 관계가 설교의 중심을 이룬 것이다. 또 어떤 경우에는 도덕적 윤리적인 삶에 관심의 초점을 맞추고 이웃을 위해서 무엇을 어떻게 해야 할지만을 관심의 대상으로 삼기도 했었다. 인간과 인간, 인간과 인간 사회라는 수평적 관계가 설교의 중심을 차지하는 것이다. 그러나 설교갱신의 첫 과제는 이런 두 가지가 조화를 이루어 설교가 인간의 삶 전체에 의미를 부여하고 변혁을 가져오는 것이 되도록 하는 것이다. 복음으로 인간의 영원한 삶은 물론 오늘의 삶에까지도 생명력을 부어넣는 설교가 되어야 한다는 말이다. 성도들의 눈을 오직 천국만 바라보고 살지도 않게 하고 오직 현실만 바라보고 살지도 않게 해야 한다는 뜻이다. 그들이 천국과 영생에 대한 확신을 가지되 세상에 대한 민감한 감각도 갖추고있어서 세상에서 벌어지고 있는 일들에 대해서도 복음적 응답을 하면서 살 수 있도록 하는 설교를 말한다. 그러므로 설교의 주제는 죄, 회개, 구원, 신앙 같은 류의 주제만이 아니라 핵의 위협, 생태계의 위기, 전쟁 등도 설교의 주제가 되어야 한다(박근원 1980: 20-25). 그러나 그 해답은 당연히 성경을 통해서 하나님께서 주시는 답을 찾아 전해야 할 것이다. 설교단은 하나님의 말씀(해답)을 전하는 곳이지 인간적인 주장들을 펴는 곳은 아니기 때문이다.

설교 갱신의 둘째 과제는 하나님의 말씀이 들려지게 하는 것이다. 앞에서도 말한대로 인간의 유창한 언어가 풍성하게 펼쳐지는 강연이 설교가 아니라 하나님의 말씀을 전하는 것이 설교이기 때문이다. 모세나 이사야는 직접 일러주시는 말씀을 듣고 전했지만 오늘에는 하나님께서 그렇게 말씀해주시지는 않으므로 다른 길로 그 말씀을 들어야만 한다. 물론 꿈으로나 환상으로 또는 다른 어떤 전혀 뜻밖의 방법으로 말씀해주시기도 하지만 기본적으로는 성경말씀을 통해서 주시는 말씀이다. 그러므로 설교자는 그 말씀을 연구하고 묵상하면서 부지중에 들려주시는 음성을 들으려고 귀를 열고 있어야 한다. 성령께서 들려주시는 말씀을 듣기 위해서이다. 흔히 우리는 '강해 설교(expository preaching)'를 해야 한다고 한다. 택한 성경 본문에 초점을 맞추고 그것이 의미하는 것이 무엇인지 그리고 그것이 신자 개개인의 삶에 어떻게 적용되는지를 설명하는 식의 설교를 말한다. 오래 전에 기록된 하나님의 말씀인 성경이 현대 사회의 한가운데서 현대 문명을 숨쉬는 오늘의 사람들에게 어떤 말씀을 전해주는지를 찾아 전하는 것이다. 그것은 본문에 대한 정확하고 분명한 설명(exposition)이면서 현대인에게 주는 하나님의 메시지(preaching)여야 한다. 그냥 설명으로 끝난다면 성경공부나 연구는 될지 몰라도 설교는 아니기 때문이다. 최근에 강해 설교를 한다면서 성경 본문을 주석하고 있는 목사를 보는 일은 괴로운 일 중의 하나라고 할 수 있다.

메시지를 찾아 한 편의 설교를 만드는 일은 일종의 재창조 작업이라고 할 수 있다. 하나님은 아무리 영적으로 깨어있는 그의 종에게라고 하더라도 결코 설교 내용을 불러주시지는 않으신다. 하나님께서 주시는 메시지의 핵심을 찾았으면 그것으로 한 편의 설교를 준비해야 하는 것이다. 예를 들어 이것을 아주 쉽게 설명해본다면 설교를 음식을 요리하는 것에 비추어 설명할 수도 있을 것이다. 요리사는 그 날의 요리를 위해서 주인으로부터 무슨 요리를 하라는 지시를 받고 기본 재료를 수령한다. 고기나 생선 그리고 채소를 주면서 그것으로 최상의 요리를 하여 손님상에 올리라는 것이다. 기본 재료는 이미 주어졌지만 어떤 양념을 얼마나 어떻게 쓰고 간을 어떻게 맞추는가는 순전히 요리사의 손에 달려있다. 설교도 마찬가지라고 할 수 있다. 같은 본문으로 수많은 목사들이 설교를 한다고 하자. 그 본문에서 얻을 수 있는 주제는 몇 가지로 나누어진다. 구이냐? 볶음이냐? 찌개냐? 국이냐?는 요리사가 정할 몫인 것과 같다. 그리고 어떤 예화를 어떻게 쓰고 설교를 어떤 식으로 전개하느냐에 따라 설교를 잘 했다고도 하고 불만스러워하기도 한다. 요리사가 갖은 양념을 적절하게 써가며 요리하는 것과 같다고 할 수 있다. 요리사는 주어진 재료로 먹음직한 요리를 재창조한다면 설교자는 하나님께서 주시는 성경 본문 말씀과 메시지의 핵심을 가지고 하나님의 말씀을 오늘의 사람들이 먹고 소화시킬 수 있도록 설교를 재창조하는 사람이다. 여기에서 본문 말씀도 하나님께로부터 받는다는 의식을 버려서는 안 된다. 귀에 분명하게 들려주시지 않아도 어떤 식으로든 하나님께서 주시는 본문을 받는 훈련은 설교자에게 없어서는 안 될 소중한 일이다. 하여간 하나님께로부터 받은(들은) 것이 있는 설교를 하자는 것이다. 사람들로부터 받은(인터넷이든 서적이든) 말씀이 아니라 하나님께로부터 받은 말씀을 사람들로부터 얻은 것들로 양념도 치고 조리도 하여 설교를 완성해야 한다는 말이다.

셋째로 회중에게 들려지는 설교(hearer-centered preaching)를 해야 한다. 아무리 훌륭한 설교를 해도 듣는 성도들이 이해를 못했다면 그 설교는 무의미한 설교에 불과하다. 그러므로 설교는 목사 중심이 아니라 교인들 중심으로 그들이 듣고 이해하여 그대로 따를 수 있는 그런 말씀이어야 한다. 음식이 준비되었으면 손님이 먹기에 적절한 상태로 손님 앞에 차려져야 하는 것과 같다. 아무리 진수성찬을 준비해도 손님이 먹을 수 있도록 제공되지 않으면 그 음식은 무용지물인 것이다. 어떻게 보면 설교는 오래 전에 기록된 그 말씀의 현재화 작업이라고 할 수도 있다. 그 말씀이 오늘의 사람들에게 들려질 수 있도록 현재화되어야 하는 것이다. 그렇게 하기 위해서 오늘의 설교는 선포로서의 설교보다는 이야기로서의 설교(story-telling preaching)나 대화 설교 형태를 띠는 것이 좋다. 이야기식 설교는 이미 예수님께서 애용하시던 방법이다. 그리고 대화 설교란 대화로 엮어가는 설교이기보다는 설교 중에 질문을 던짐으로 성도들이 비록 입을 벌려 답하지는 않아도 마음속으로 답할 수밖에 없도록 하는 설교를 말한다. 현대인들이 지성적이기보다는 감성적이고 권위적인 것을 싫어하고 자연스러움을 추구하며, 복잡한 것보다는 단순한 것, 어려운 것보다는 쉬운 것을 선호한다는 것도 잊어서는 안 될 것이다. 언어도 문제이다. 신학적 전문 용어는 전혀 설교에 어울리지 않으며, 심지어 기독교에서만 사용되는 용어도 초신자나 불신자들을 감안하면 가급적 적게 쓰고 적절하게 해설을 덧붙이는 방법도 좋을 것이다. 대학 교수요 어느 분야의 박사 학위까지 지닌 사람이라도 기독교 용어나 신학 용어에는 문외한일 수밖에 없다는 것을 생각해야 한다. 또 설교를 듣는 회중은 다양한 계층의 사람들로 이루어져있다는 것도 중요하다. 따라서 누구에게나 쉽게 들려지는 설교를 생각해야한다.

넷째로 설교를 단순화시킬 뿐 아니라 흥미를 불러일으킬 수 있어야한다. 현대인의 특징 중의 하나가 흥미를 추구하는 것이고 TV 등이 흥미 본위의 삶을 부추기고 있는 상황이므로 성도들의 흥미를 끌지 못하는 설교는 제대로 들려질 수 없기 때문이다. 안에 담긴 내용은 진주보다 귀한 복음의 진리이지만 이것을 전할 때는 흥미로움이라는 포장지로 포장을 해야 함을 의미한다. '거룩한 놀이로서의 설교' 라는 말까지 나오고 있는 것도 같은 맥락에서이다. 놀이를 하는 것처럼 설교자나 듣는 회중이나 모두가 힘들지 않고 즐겁게 참여할 수 있는 설교를 말한다. 앞에서 설교를 요리에 비추어 설명하기도 했지만 설교를 맛있게 제공하고 맛있게 먹을 (들을) 수 있다면 그것은 충분히 흥미로운 설교라고 할 수 있을 것이다. 설교의 길이는 크게 문제가 되지 않는다. 물리적인 시간의 길이가 아니라 체감하는 시간의 길이는 흥미 지수에 따라 달라지기 때문이다. 쉽게 말해서 40분 설교를 하면서도 듣는 사람들이 마치 10분 설교를 들은 것처럼 아쉬워하는 설교가 있는가 하면 10분 설교를 마치 30분 설교를 듣는 느낌으로 들을 수 있기 때문이다.

다섯째로 언어에만 의존하는 설교에서 다양한 매체들을 활용하는 설교를 기획할 수 있어야 한다. 전하려는 메시지를 효과적으로 전달하기 위한 수단들을 활용한다는 말이다. 40년 전만 해도 교회학교에서 구연동화(口演童話)는 상당히 인기있는 순서였고 남녀노소 모두가 즐겁게 들었다. 그러나 시청각 교재들을 활용하는 단계를 지나 이제 다양한 영상 매체들을 활용해도 아이들의 관심을 끌기가 힘드는 시대가 되었다. 그만큼 사회의 영상 매체 문화는 엄청난 발전을 겪고있기 때문이다. 따라서 현대인들에게 하나님께로부터 받은 메시지를 효과적으로 전하기 위해서는 단순히 귀에만 호소하는 설교보다는 다양한 매체 문화를 활용할 수 있다면 훨씬 도움이 될 것이다. 듣는 설교에서 들을 뿐 아니라 보고 체험하는 설교를 시도해보는 것을 말한다. 그러나 매체가 메시지를 흡수해버리는 일은 없어야 한다. 다시 말해서 매체는 각광을 받았는데 정작 전해져야 했던 메시지는 전해지지 못하는 현상을 두고 하는 말이다.

여섯째로 감동을 주는 설교(inspirational preaching)가 회복되어야 한다. 감동을 주는 설교는 근본적으로 성령의 능력을 힘입어 하는 설교라고 할 수 있다. 사도 바울이 "내 말과 내 전도함이 설득력 있는 지혜의 말로 하지 아니하고 다만 성령의 나타나심과 능력으로 하여"(고전 2:4)라고 했을 때 의미한 것이다. 실지로 인간적인 관점에서 매우 훌륭하게 준비된 설교라고 해도 성령의 능력을 힘입지 못하면 전혀 감동을 주지 못하는 메마른 설교가 되고, 여러 모로 부족한 것이 많은 설교인데도 성도들이 큰 감동에 사로잡히는 경우를 보는 경우도 흔히 경험한다. 성령의 능력이 함께 하셨다는 뜻이다(Means 1993: 32).

동시에 감동을 주는 설교를 위해서는 설교자의 열정과 진지함이 반드시 요구된다고 할 수 있다. 복음이라는 보화를 전하면서도 싸구려 모조품을 처분하는 태도로 한다면 듣는 사람들도 그렇게 들을 것이므로 전혀 감동을 주지는 못한다. 이런 이야기가 있다. 같이 자란 두 친구 중에 하나는 목사가 되었고 다른 하나는 코미디언이 되었다고 한다. 목사는 교회가 부흥하지 않아 고민 중이었고 코미디언은 인기가 절정에 이르렀다. 한번은 두 친구가 만나 목사가 물었다. "나는 진리를 선포하는데도 사람들은 전혀 감동을 받지 않고 자네는 거짓말을 하는데도 감동을 하는데 그 이유가 도대체 뭘까?" 코미디언이 대답했다. "자네는 진리를 전하면서도 마치 거짓말인 것처럼 힘없이 전하고 나는 거짓말을 하지만 진리인 것처럼 진지하게 열정을 다해 전하니까 그렇지." 아마 정답일 것이다. 예를 들어 설교자들이 쓰는 말 중에 "… 생각되어집니다"라는 표현이 있다. 얼마나 애매한 표현인가? "… 일지도 모릅니다"는 더할 것이다. 자신이 확신을 가지고 진지하게 열정적으로 전할 때 사람들은 감동을 받는 것이다.

그것은 전체적으로 뭔가 '빛이 반짝하는 설교'라는 표현을 할 수도 있다. 사람들에게 감동을 주기 위해서는 능변이나 웅변이 아니라 고뇌를 겪은 뒤에 기도를 통해 나온 진실이라는 아름다움이 반짝이는 설교라는 생각이다. 성도들이 목사님의 설교에서 그런 반짝임을 볼 수만 있다면 감동은 저절로 따른다고 할 수 있을 것이다. 과대 포장된 자기 자랑이나 미사여구(美辭麗句)나 늘어놓는 설교를 듣다가 조용하면서도 어딘가 반짝하는 보석이 발견되는 설교를 듣는 성도들은 얼마나 행복감을 맛볼까?를 상상만해도 좋다. 하여간 인간적인 열정과 진지함, 진실함에 성령께서 능력을 덧입혀주시는 설교가 감동을 주는 설교이다. 설교를 통해 성도들이 성경말씀을 좀더 잘 이해하게 되는 것도 좋은 일이다. 그러나 설교를 통해 얻어내야 하는 진짜 중요한 일은 사람들의 삶에서 변화를 불러일으키는 것이다. 그런 변화는 성경 지식이 느는 것과는 별개의 일이다. 감동이 있어야 하는 것이다. 실지로 감동을 주는 좋은 설교는 사람들에게 생명력을 불어넣고 활기를 주며, 사람들을 설득하여 고상하게 만들어주며 어떤 일을 할 수 있도록 힘을 실어주기도 한다(Means 1993: 190). 교회 안에 신선한 변화의 바람이 일어나고 교회는 성장하게 된다.

마지막으로 착상 설교(idea preaching)를 개발할 필요가 있다. 쉽게 말해서 하나라도 분명한 아이디어가 들어있고 그것이 분명히 드러나는 설교를 말한다. 많은 관념이 제시되기보다는 분명한 한 두 가지의 관념을 부각시킴으로써 듣는 사람들이 쉽게 잊어버리지 않게 되는 것이다. 흔히 듣는 설교에는 좋은 말이 너무 많이 들어있다. 사랑, 겸손, 믿음, 충성, 봉사, 섬김, 전도, 선교, 소망, 영생, 구원 등 수많은 관념들이 난무한다. 그러나 듣는 사람들은 그 많은 관념의 홍수 속에서 헤매다가 교회를 떠나게 된다. 수많은 설교를 들었고 모두가 좋은 말씀이었지만 무엇을 들었는지를 이야기해보라면 기억나는 것이 없다. 그러나 착상 설교를 개발하여 성공적으로 할 수만 있다면 사람들은 그 말씀의 알맹이를 잊지 않고 오래 기억할 것이다. 요리로 말한다면 일품요리와 같은 설교라고 할 수 있을 것이다. 한 상 그득히 차린 음식은 아니지만 분명한 하나의 음식(요리)

을 맛있게 먹는 것을 말한다. 그렇다고 굉장한 아이디어를 구해내라는 것이 아니다. 성경말씀 속에서 또는 평범한 일상 속에서 산뜻한 아이디어를 얻어 그것을 일품요리로 맛있게 조리하여 성도들에게 제공하는 즐거움은 설교자가 누릴 수 있는 최상의 즐거움이 될 것이다. 그리고 성도들은 말씀이 정말 맛있었다고 하면서 또 그런 말씀을 듣고싶다고 할 수 있는 설교인 것이다.

한마디로 설교갱신의 방향은 분명하다. 불변하는 성서적 진리를 현재의 필요에 접목시킨다(connecting the timeless truths of the Bible with the contemporary needs)는 것이다. 모든 인간 문제에 해답이 될 수 있는 성경이 가르쳐주는 진리를 찾아내어 사람들의 절실하고 다급한 필요들에 접목시킴으로써 복잡한 인간 문제들에 해답을 제시하는 것이 모든 설교의 과제라는 말이다. 설교를 통해 사람들에게 짐을 지우는 대신 짐을 부리고 속박에서 풀어줄 수 있어야 한다. 그렇게 하기 위해서 목사는 자신들이 전하는 복음이라는 상품에 대한 전문가도 되어야 하지만 동시에 그 상품(복음)을 받아가는 고객(성도)들도 충분히 이해해야 한다. 오늘의 신학교육도 목사 후보생들을 교육 훈련할 때 이 점을 충분히 고려하지 않으면 안 될 것이다. 어쨌든 목사는 자신의 설교를 위한 은사들을 성실하게 개발 발전시켜 확신과 열정을 가지고 권위있게 말씀을 전하고 그럼으로써 그리스도를 드높여 하나님께 영광을 돌려야 할 것이다.

제8장

복음전도와 교회 성장

교회가 살아계시는 그리스도의 몸이라면 그것은 자연스럽게 성장해야 한다. 따라서 바른 목회의 결과도 정도상의 차이는 있겠지만 교회 성장으로 나타나야 한다. 교회 성장론에 대해 비판적인 시각을 가진 사람들이 있기는 하지만 바른 신앙과 신학을 바탕으로 삼는다면 부정적인 시각보다는 긍정적인 시각으로 교회 성장을 보아야 할 것이다. 그리고 교회 성장을 위해서는 복음 전도(evangelism)는 필수적이다.[41] 시각에 따라 부정적으로 볼 수 있는 교회 성장이라는 말 대신에 '효과적인 복음 전도(effective evangelism)'라는 말을 쓰려는 움직임도 이런 것을 반영한다(Means 1993: 193). 따라서 목회에서 복음 전도는 예배와 교육 못지 않게 중요한 한 분야가 될 것이다. 또 그 폭을 넓히면 선교라는 말과 이어지는 분야이기도 하다. 선교를 위한 구체적인 활동들(missions)은 그대로 전도 활동과 구별되지 않기도 한다.[42]

---

41) 교회 성장이라는 개념에는 양적 수적 성장이라는 의미가 불가피하게 내포되어 있다. 교회가 성장하는데는 세 가지 길이 있다. 첫째는 자연적인 성장(biological growth)으로 믿는 부모에게서 자녀들이 태어나 교회의 일원이 되는 경우이다. 둘째는 전입을 통한 성장(transfer growth)으로 이미 다른 교회의 교인으로 신앙생활을 하던 사람이 전입해옴으로써 교회가 성장하는 경우이다. 셋째는 회심을 통한 성장(conversion growth)으로 불신자 또는 아직 신앙고백을 제대로 하지 않고 바른 신앙생활을 못하던 사람이 복음을 받아들이고 그리스도를 영접하여 교회의 일원이 됨으로써 이루어지는 교회 성장이다. 진정한 의미에서의 교회 성장은 셋째 경우로 그 때에만 하나님의 나라가 확장되는 것(the Kingdom growth)이기 때문이다(Means 1993: 192).

복음 전도의 기초

복음 전도의 기초는 역시 성경말씀이요 예수 그리스도의 명령이다. 예수께서는 복음을 전하라는 사명을 주시기 전에 먼저 그의 제자가 되어야 할 것을 말씀하셨다. 그는 잡히시기 전날 밤 다락방에서 제자들과 함께 최후의 만찬을 나누신 자리에서 손수 제자들의 발을 씻겨주시고 "서로 사랑하라"는 새 계명(요 13:34)을 주셨다. 그들은 모두 모세를 통해주신 '옛 계명들'을 알고 있었다. 그 계명들은 "네 마음을 다하고 목숨을 다하고 뜻을 다하고 힘을 다하여 주 너의 하나님을 사랑하라"는 계명과 "네 이웃을 네 자신과 같이 사랑하라"는 계명(막 12:30-31)으로 요약되는 것이니 예수께서 가장 큰 계명들(the greatest commandments)이라고 하신 것들이다. 한 마디로 '하나님을 사랑하고 이웃을 사랑하라'는 말씀이었다. 그런데 이제 그들에게 다른 사랑의 계명 곧 "서로 사랑하라"는 계명을 주신 것이다. 새 계명을 주신 목적은 "내가 너희를 사랑한 것 같이 너희도 서로 사랑하라. 너희가 서로 사랑하면 이로써 모든 사람이 너희가 내 제자인 줄 알리라"(요 13:34-35)에서 알 수 있다. 세상 사람들로 하여금 그들이 그의 제자인 줄을 알게 하려는 것이었다(Getz & Wall 2000: 71-74).

다음으로 이어지는 장면에서 그는 제자들과 함께 감람산 기슭으로 가시면서 포도나무 비유를 들려주셨다. 거기에서는 제자들에게 포도나무 가지로서 열매를 많이 맺으라고 하셨다. 그 열매의 결과로 하나님께서는 영광을 받으실 것이고, 그들은 주님의 제자가 된다고 하셨다(요 15:1-8). 그리고 그 풍성한 열매는 '서로 사랑하는 것'을 포함한다(요 15:9-12). 사랑으로 그들이 그리스도의 제자가 된 것을 드러내라는 말이다. 먼저 그

---

42) missions라는 개념은 "아직도 복음이 전해지지 않은 지역이나 사람들에게 복음을 전하기 위해서 교회가 행하는 의식적인 노력(the conscious efforts on the part of the church ..... to proclaim the gospel among peoples and in regions where it is still unknown or only inadequately known)"이라고 정의되고 있다(Terry, Smith and Anderson 1998: 1).

의 제자가 된 후에 그들에게 가장 중요한 사명을 맡기시는 것이었으니, 제자가 되는 것이 복음 전도의 준비 단계였으며 제자가 되는 길은 서로 사랑하는 것이었다(Getz & Wall 2000: 74-76).

부활하신 예수 그리스도께서는 이런 준비가 된 제자들에게 지상 명령(至上命令)을 내리셨다. "너희는 가서 모든 민족을 제자로 삼아 아버지와 아들과 성령의 이름으로 세례를 베풀고 내가 너희에게 분부한 모든 것을 가르쳐 지키게 하라"(마 28:19-20)는 말씀이다. 제자들은 그 명령을 받고서도 바로 그 복음을 전하러 나서지 못했다. 오히려 숨어 지내려 했었다. 그러나 오순절의 성령 체험은 그들로 하여금 복음의 전사들이 되게 하였다. 그들은 능력의 종들이 된 것이었다. 베드로의 설교에 하루에도 신자가 3,000명이나 되는 큰일이 일어났고(행 2:41), 그 수는 날마다 더해 갔다(2:47). 그러나 그 때까지는 복음의 전사들은 소수의 사도들을 중심으로 하는 제자들의 무리에 불과했다. 좀더 시일이 흐른 후에 스데반의 순교 사건으로 예루살렘에 박해가 임하자 성도들은 살아남기 위해서 사방으로 도피했다. 그 때 그들은 복음을 가지고 도피의 길을 떠났었다. 결국 적극적인 복음 전도 즉 선교가 시작된 것이었다.

여기에서 중요한 것은 그것이 인간의 의지로 그리고 자발적으로 행한 일들이 아니었다는 점이다. 하나님께서 성령을 부어주셔서 그들로 헌신적인 제자의 길을 걸을 수 있는 힘과 용기를 얻게 하셨고, 또 복음을 가슴에 품은 그들을 흩어놓으심으로 복음의 사역자들이 되게 하신 것이었다. 복음 전도와 선교도 인간이 주역이 아니라 하나님께서 주역이 되신다는 말이다. 그것은 바로 하나님의 주권 하에서 이루어지는 일인 것이다. 복음 전도도 역시 하나님 중심의 사역이고 사람은 그의 일군이 되어 그 도구로서 일할 뿐인 것이다. 기독교가 이렇게 발전하고 복음이 폭발적으로 전해진 것은 먼저 성령의 강한 역사하심의 결과라는 말이다. 다른 한편 하나님의 사람들은 언제라도 하나님께서 쓰신다면 쓰일 수 있도록 준비되어 있었다(being ready to …)는 점도 결코 간과되어서는 안 되는 점이다.

사도행전은 초기의 베드로와 바울의 선교 사역 이야기를 전해준다. 그러나 실지로는 모든 사도들이 적극적인 선교사들이었고, 당시의 성도들은 예외없이 적극적인 복음 전도자들이었다는 것은 부인할 수 없을 것이다. 그리고 그 때의 선교란 적극적으로 복음을 전하고 믿는 사람들이 생기면 교회들을 설립하는 것이었다. 물론 교회 개척이라고 하더라도 오늘날과는 전혀 다른 형태의 교회 개척이었다. 교회 이름을 짓는 것도 예배처소를 따로 마련하는 것도 아니었기 때문이다. 또 그리스도를 주와 구주로 영접하고 복음을 받아들인 사람들은 누구나 그리스도의 사역을 이어받아 행해야했다. 주님의 사역은 복음 전파와 함께 병든 자들을 고치는 일이 중심이었다. 그러므로 초기 교회의 선교 사역도 복음 전도와 더불어 치유 사역도 행하였다. 오늘의 말로 바꾸면 복음 전파와 사회 봉사라 할 수 있을 것이다. 복음 전도의 기초는 한 마디로 성경의 가르침, 특히 예수 그리스도의 가르침으로 우선 성도들이 주님의 제자가 되어 서로 사랑해야 하고, 다음으로 그의 명에 따라 복음을 적극적으로 전해야 한다. 그러나 그것은 인간 편의 사역이기보다는 하나님께서 성령의 능력으로 행하시는 일이고, 사람은 그 일을 위한 도구로 쓰일 뿐이므로 철저히 순종하는 태도로 그 일에 적극적으로 참여해야 할 것이다.

건전한 신학적 기초를 갖추어야

복음 전도가 활발하게 이루어지지 않는 교회의 특징 중의 하나가 신학적으로 철저히 복음적인 입장에 서있지 않다는 것이다. 쉽게 말해서 오직 예수만이 구원에 이르는 참 길이라는 확신이 없는 사람은 전도도 하지 않는다는 말이다. 그것을 좀더 구체적으로 설명해보자. 먼저 우리는 구원받지 못하고 멸망에로 나아가는 사람들의 비참한 상황을 이해해야만 한다. 그들의 영혼을 대할 때 불쌍한 마음이 넘쳐야 하는 것이다. 그리스도 안에서 하나님과 화목하는 것이 사람을 무조건 착하고 좋은 사람으로 만드는 것은 아니다. 그러나 그것은 참으로 사는 길(생명의 길)이다. 그리스도 밖에서는 참 생명도 소망도 없다는 확신을 가지는 것으로 그리스도 없이는 참 인생의 길을 잃는 것이요, 지옥만이 그들의 영원한 운명이라는 것을 믿는 것을 말한다. 그런 사람들의 상황을 분명히 이해하고 있다면 참아 그냥 보고만 있을 수는 없을 것이다.

둘째로 우리는 그리스도가 아버지 하나님께로 나아가는 유일한 길이 되심을 믿어야 한다. "내가 곧 길이요 진리요 생명이니 나로 말미암지 않고는 아버지께로 올 자가 없느니라"(요 14:6)는 말씀은 우리가 익히 알고 있는 말씀이다. 베드로는 그것을 "다른 이로써는 구원을 받을 수 없나니 천하 사람 중에 구원을 받을만한 다른 이름을 우리에게 주신 일이 없음이라"(행 4:12)고 공회 앞에서 담대하게 외쳤다. 이런 신학이 분명하게 자리 잡으면 다른 종교에도 구원의 길이 있을 수 있다는 종교다원주의(宗敎多元主義)가 틈탈 여유는 전혀 없을 것이다.

셋째로 우리는 곡식이 익어 추수를 기다리고 있다고 믿어야 한다. 자기 지역에서는 전도가 쉽지 않다는 말을 흔히 듣는다. 교회가 너무 많다는 말도 듣는다. 그런데 돈을 잘 버는 사람들은 다른 사람들이 불황에 허덕일 때도 잘 번다. 그들의 눈에는 돈 벌 일들이 자꾸 보인다는 것이다. 음식점이 잘 안 된다고 하는데도 잘 되는 집들도 있다. 교회도 마찬가지이고 전도도 마찬가지이다. 우리 주위에는 지금도 추수를 기다리는 곡식들이 많이 있다는 것을 믿고 나가야 하는 것이다. 그러면 어떻게 추수를 해야 할지를 알게 될 것이다. 그리고 "추수할 것은 많되 일군이 적다"(마 9:37)는 말씀이 들려야 하는 것이다.

넷째로 우리는 그리스도의 지상명령을 교회의 최우선적인 사명이라고 믿어야 한다. 교회가 하는 일 중에 가장 중요한 것은 예배라고 할 수 있는데 그것은 성도들만을 위한 것이다. 하나님께 영광을 돌리고 그로부터 주어지는 말씀을 듣기 위한 일인 것이다. 성도의 교제나 양육도 성도들을 위한 것이고 심방이나 상담도 거의 성도들을 위한 일이다. 반면에 전도는 오직 불신자들을 위한 일이다. 그러나 그 전도를 하기 위해서는 먼저 신자가 된 사람들이 영적으로 성숙하지 않으면 안 된다. 즉 예배와 성도의 교제, 교육과 양육을 통해 성숙해진 성도들만이 적극적으로 전도활동을 할 수 있기 때문이다. 영적으로 성숙한 성도, 그것도 복음 전도가 성도에게 주어진 최우선적인 과제라고 믿는 복음주의 선교신학을 바탕으로 삼아야 하는 것이다.

다섯째로 모든 그리스도인들은 복음의 증인이 되도록 부르심을 입었음을 믿어야 한다. 모든 그리스도인들은 하나님의 자녀로 부르심을 입어 구원에로 인도되는 복을 누리게 되었고 또 그들은 하나님의 일군으로 부름받아 크든 작든 하나님의 일을 하는 사명과 복을 함께 받아 누리기도 한다. 그 중에서 가장 중요한 사명이 지상명령으로 주신 복음의 증인(a witness)이 되라는 사명인 것이다. 그러나 물론 현실적으로는 그리스도인들 중에 10% 정도만 실지로 전도 사역에 동참하고 있다는 사실을 부인할 수는 없다. 그래서 각기 주신 은사가 다르고 맡겨진 사명이 다르다고 할 수는 있다. 그러나 복음의 증인이 되라는 사명에서 면제된 그리스도인은 아무도 없다는 것을 부인해서는 안 된다. 그리고 비록 적극적으로 복음을 전하지는 못하더라도 모든 그리스도인들은 삶을 통해서 간접적인 전도활동에 이미 동참하고 있다고 할 수 있다.

여섯째로 성령께서는 우리가 복음의 증인이 되도록 능력을 부어주신다는 것을 믿어야 한다. "오직 성령이 너희에게 임하시면 너희가 권능을 받고 예루살렘과 사마리아와 땅 끝까지 이르러 내 증인이 되리라"(행 1: 8)고 하신 약속을 믿는 것이다. 그리고 처음 제자들은 오순절의 성령 체험을 하고난 뒤에 모두 능력있는 복음 전도자들이 되었다. 교회 역사를 돌아보아도 훌륭한 복음 전도자들은 모두 성령의 능력을 힘입은 사람들이었음을 부인할 수 없다.

일곱째로 하나님께서는 우리를 통해서 복음의 열매를 거두신다는 것을 믿어야 한다. 하나님은 전능하시지만 그리스도인들의 복음 증거를 통해서 구원의 역사를 이루신다. 사실 한 사람이 예수를 믿고 구원의 길에 들어서는 것은 초자연적인 기적에 속하는 일이다. 하나님께서는 그 기적을 그리스도인들의 손을 통해 이루시는 것이다. 우리가 주님의 명령에 순종하여 복음 증거를 통하여 복음의 씨를 뿌리면 하나님의 초자연적인 능력으로 자라게 하시고 열매를 맺게 하시는 것이다(고전 3:6). 하나님의 주권적 역사로 복음 전도 사업은 이루어지지만 거기에 하나님께서는 인간의 책임도 요구하신다는 것이다(Hemphill 1994: 151-164).

복음 전도의 열정 회복

오늘의 교회가 복음 전도의 열정을 잃어버렸다는 것은 분명하다고 할 수 있다. 세계적으로 볼 때 전도를 통한 기독교 인구 증가율이 전체 인구 증가율에 미치지 못하고 있고, 한국의 경우에도 현재에 와서는 교회 성장률이 인구 증가율에 미치지 못하는 것이 거의 현실이라고 할 수 있게 되었다. 여기에서 가장 문제가 되는 것은 신자들이 잃어버린 영혼들을 구원에로 이끌려는 열정이 식어버렸다는 점이다.[43] 복음 전도를 위한 프

---

43) 미국의 경우이기는 하지만 남침례교회에서 1990년에 나온 보고서에 따르면 적극적인 신앙생활을 하는 평신도들의 29%만이 한 해 동안 누군가에게 그리스도에 관한 이야기를 한 적이 있다고 했고, 8%만이 누군가에게 그리스도를 영접하도록 했으며, 47%는 친구를 교회로 즉 그리스도에게로 인도하려고 아무 것도 한 일이 없다고 응답했다고 한다(Hemphill 1994: 147-148). 한국 교회의 경우도 큰 차이는 없을 것이다.

로그램이나 훈련과정들은 과거 어느 때보다도 발전해 있는 점을 감안하면 문제는 더욱 심각해진다. 사람들이 쉽게 복음을 받아들이지 않는 것을 보고 문제의 해답을 방법론에서 찾으려는 것이 21세기의 교회라는 말이다.

그러나 문제는 프로그램의 실패에 있지 않고 열정이 식어버린데 있다는 것이다. 우리는 멸망당할 영혼들(the lost)에 대해 무관심으로 일관하는 데 익숙해져 있는 것이다. 그들의 구원을 위한 기도도 그만큼 식고있는 것이 현실이다. 지금도 선교 현장에서는 응답받는 기도 이야기가 얼마나 많은가? 그러나 일반 교회 안에서는 그런 간증도 점점 듣기 어려운 이야기가 되고 있다. 문제의 핵심은 방법론이 아니라 성령의 능력을 힘입는데 있음을 잊어서는 안 된다. 개인이든 교회든 간에 일단 멸망으로 치달리는 영혼들을 위한 열정이 넘치는 관심을 발전시킨다면 그것을 이룰 수 있는 방법론이나 계획을 발전시킬 수 있을 것이기 때문이다. 주님의 지상명령을 수행하기 위해서는 전도를 위한 계획이 수립될 것이고, 어떻게 그들에게 접근할 수 있을는지(가서) 전략이 세워질 것이다. 그리고 일단 사로잡혀 나온 사람들에게는 지교회의 일원이 되어 바른 신앙생활을 하도록 세례가 베풀어져야 하며, 양육 프로그램을 통해 바른 신앙생활을 하도록 이끌어져야 할 것이다. 교회가 건전하게 성장하도록 하려면 복음 전도와 제자로 육성하는 양육이 균형을 이루지 않으면 안 되는 것이다 (Hemphill 1994: 149).

전도가 활발하게 이루어지는 교회는 그런 열정이 뜨거운 교회이다. 사도행전에서 대표적인 선교지향적 교회로 알려져 있는 안디옥 교회가 바로 그런 교회였다. 안디옥 교회는 처음부터 사도 중의 누군가가 관련되어 세워진 교회가 아니었다. 예루살렘 교회에 불어닥친 박해로 인해 흩어진 평신도, 그것도 대체로 초신자라 할 수 있는 사람들이 세운 교회로 아마 그들의 대부분은 예수 그리스도를 믿는다는 것 때문에 집안에서 쫓겨난 사람들이었을 것이다. 그러나 그들은 복음에 대한 열정이 있었고 멸망을 향해 치달리고 있는 불쌍한 영혼들을 향한 사람의 열정이 넘치는 사람들이었다. 그들은 처음에는 유대인들에게만 복음을 전하다가 나중에는 헬라인에게도 복음을 전했다(행 11:19-20). 당시로 보면 정말 넘기 어려운 장벽인 유대인과 이방인 사이의 장벽을 깨뜨리고 복음을 전한 것이다. 그들은 그만큼 복음을 위한 열정에 넘쳤기 때문에 가능했던 일이다. 오늘날도 복음 전도의 방법들은 다양하지만 그런 원리에는 변함이 없다. 방법은 그 교회가 놓인 상황과 목사의 리더십 형태에 따라 각기 다른 방법들을 활용하게 되는 것이다. 하여간 성장하는 교회는 전도하는 교회요, 전도하는 교회는 복음에의 열정과 구원받지 못하고 지옥을 향해 가는 사람들의 영혼을 위한 열정에 불타는 교회인 것이다.

복음 전도를 위한 분위기 조성

전도가 활발하게 이루어지려면 먼저 그 교회에 그런 분위기가 조성되어야 함은 말할 필요도 없는 일이다. 그런 분위기의 첫째 면은 전도에 관한 이야기가 자연스럽게 흘러나오는 것이다. 강단에서는 물론 교회학교 선생님들의 입에서나 구역 모임이나 다른 어떤 자리에서나 전도에 관한 이야기가 자연스럽게 나오는 것이다. 그런 교회에서는 교회 안에서의 대표 기도들에서도 빠짐없이 전도를 위한 기도가 나오게 되고 교회에서 나오는 유인물들에도 자주 전도 이야기가 나오게 된다. 전도하는 교회의 분위기의 둘째 면은 사랑이라 할 수 있다. 우선 주님을 향한 사랑이 넘치는 것은 물론 성도들 간의 사랑이나 불신 이웃을 향한 사랑도 뜨거운 교회가 되어야 하는 것이다. 한마디로 사랑이 없이는 전도가 이루어지지 않는다고 확언할 수 있다.

농부는 농사일을 할 때 풍성한 수확을 꿈꾼다. 상인은 물건을 내다 팔면서 그날그날 많은 이익이 있으리라는 기대를 한다. 성공적인 농부는 아무도 농사일을 망치는 꿈을 꾸면서 일하지 않고 성공적인 장사꾼은 아무도 밑지려고 일하지 않는다. 성공적인 사람들은 한결같이 자기 일에 대한 높은 기대치를 가지고 긍정적인 사고를 한다. 전도하는 교회도 예외가 아니다. 영혼 구원에 대한 높은 기대치가 교회 구석구석에 스며있는 교회가 바로 전도하는 교회의 분위기인 것이다.

전도하는 분위기를 조성하려면 앞에서 이미 말한 건전한 복음주의 신학이 온 교회를 강하게 지배해야 한다. 죄로 인해 멸망할 수밖에 없는 인간의 운명과 구원의 절대 필요성, 그 구원의 유일한 통로로서의 그리스도에 대한 확고한 신앙이 바탕이 되어야 전도의 열정이 생겨나는 것이다. 하나님의 권능에 대한 믿음도 필수적이다. 예수 그리스도를 구주로 영접하면 구원을 얻는다는 믿음만으로는 전도는 적극적으로 하지 않는다. 하나님께서는 전능하시므로 우리가 이성적으로는 도저히 상상할 수도 없는 초자연적인 기적들도 행하신다는 믿음이 필요한 것이다. 그런 믿음이 널리 퍼져있는 교회에서는 '저 사람에게는 전도가 불가능해'라든가 '저 사람은 결코 변하지 않을 거야'라는 자기 변명성의 말은 듣기 어려운 것이다(Hemphill 1994: 164-165).

그런 분위기가 조성되어있지 않은 교회에서 복음 전도를 활성화시키려면 먼저 그런 분위기를 조성해야 함은 말할 필요도 없다. 그리고 그런 분위기 조성을 위해서는 몇 가지 단계를 거칠 필요가 있다. 먼저 설교를 통해서나 성경공부를 통해서나 온 교회가 구원론에 대한 확실한 신앙을 가지도록 해야 한다. 그리고 구원을 필요로 하는 교회 밖에 있는 영혼들을 위한 기도를 시작해야 한다. 목사부터 공적인 기도에서도 그런 기도를 해야 하고 그들을 위한 기도회나 기도 모임도 시작해야 한다. 솔직히 말하면 대부분의 교회는 성도들 중에 질병이나 사고로 병상에 누워있는 사람들을 위한 기도보다 불신자들을 위한 기도를 훨씬 적게 하고있는 것이 현실이다. 어느 기도가 더 긴급하고 절박한 기도인지를 생각하면 교회마다 통회 자복(痛悔自服)의 기도가 넘쳐야 할 것이다.

다음으로는 전도에 대한 적극적인 태도를 갖게 만드는 것이다. 전도를 활발하게 하지 못하는 교회일수록 자기들이 그 지역에서 전도를 잘 하지 못하는 이유를 찾아 설명하는데 많은 시간을 소비한다. 그렇게 문제점을 논의하는 일을 그만두고 해결책을 찾는 일에 착수하라는 것이다. 적극적으로 해결책을 찾아가는 첫 걸음으로 교회 내의 모든 커뮤니케이션 통로를 이용하여 전도의 필요성과 긴급성을 알려야 한다. 설교, 교회학교 공부 시간, 주보나 교회의 다른 홍보물, 그리고 모든 모임에서도 전도를 주제로 삼게 할 수 있을 것이다. 그리고 전도는 이론이 아니라 실제 상황이므로 전도의 경험이 있는 사람과 함께 전도 현장에 들어가는 경험을 하게 해야 한다. 사영리(四靈理: Four Spiritual Law) 등을 이용하는 시범을 보일 수도 있을 것이다. 나아가서 필요에 따라 전도에 관한 집중 훈련에 참여하게도 할 수 있다.[44]

전도를 위한 분위기 조성을 위해서는 총동원 전도주일 등의 행사를 여는 것도 도움이 될 수 있다. 비록 그 결과로 많은 결실을 얻지 못해도 분위기 조성에는 도움이 되는 것이 확실하다. 그 행사를 위한 준비과정에 참여하는 모든 사람들의 헌신의 도가 달라지고 전체 분위기가 달라지는 것이다. 그리고 그런 행사에 모든 성도들이 불신 친구나 친지를 초대하게 함으로써 전도의 경험도 높이고 실제 수확을 거두는 기쁨도 누리게 할

---

44) 개 교회에서 그런 훈련 프로그램을 마련할 수도 있지만 총회에서 운영하는 "총회 전도학교" 도 있고 노회나 기타 연합 사업으로 여는 훈련 프로그램들을 효과적으로 이용하는 것도 하나의 지혜일 것이다.

수 있다. 다른 한편 그런 행사(예배를 위시하여)를 성실하게 준비하여 초대하는 사람들은 기쁨으로 사람들을 초대할 수 있게 하고, 처음 오는 사람들도 호감을 가지고 '괜히 왔다'는 마음이 들지 않게 질적으로 수준 높은 행사를 준비해야 한다. 행사 내용도 중요하지만 안내 등 접대에도 결코 소홀해서는 안 된다. 주차 질서 안내부터 행사장 입구에서의 안내도 친절과 미소가 기본이 되어야 함은 물론이다. 물량공세보다는 친절과 사랑이 전해지게 하는 것이 더욱 중요할 것이다.

그리고 결정적으로 중요한 것은 평신도들 한 사람 한 사람이 전도에 동참할 수 있게 하는 일이다. 사람마다 개성과 환경이 다르므로 자신에게 맞는 전도 방법들을 찾을 수 있도록 도와주어야 한다. 교육을 통해서나 전도 훈련 프로그램을 통해서, 아니면 개별적인 상담을 통해서 도울 수도 있을 것이다. 이런 모든 과정에서 성도들 개개인이 소외감을 느끼지 않도록 사랑으로 돌보는 일에 차질이 생겨서는 안 된다. 전도를 집중적으로 강조하다보면 성도들을 사랑으로 돌보는 일에 소홀해지기 쉬운데, 그렇게 되면 전도를 위한 분위기 조성은 실패이다. 자신이 사랑받지 못하고 있다거나 소외되고 있다고 느끼는 사람이 전도에 적극적으로 나설 리는 없기 때문이다(Hemphill 1994: 165-168).

전도에 관한 잘못된 압박감을 주지는 말라

흔히 교회를 전도하는 교회로 발전시키기 위해서 성도들에게 바람직하지 않은 압박감을 주는 경우들이 있다. 이런 압박감은 결코 전도 활성화에 도움이 되지 않는다는 것이 정설이라고 할 수 있다. 예를 들어 교회의 표어를 "전도하는 교회"로 정하고 새해 첫 주일에 모든 성도는 연말까지(혹은 매월) 한 사람이 한 사람씩 전도해야 한다고 선포한다. 비현실적인 기대치를 제시함으로써 성도들에게 전도에 대한 부담감을 안겨주는 것이다. 그리고 심지어 죄의식까지 안겨줌으로써 그 압박감의 도를 높이기도 한다. 전도를 하지 않으면 주님의 가장 중요한 명령에 불순종하는 죄를 범하는 것이라고 하는 것이다. 또 많은 교회에서 전도왕 시상 등의 방법을 통해서 전도를 두고 경쟁 심리를 부추기기도 한다.

그러나 바르게 성장하는 교회들은 비록 모든 그리스도인들이 다른 사람들에게 그리스도를 전해야 할 책임이 있다고 하더라도 사람들은 각기 다른 은사와 능력을 가지고 있다는 것도 인정한다. 그러므로 그런 교회들은 전도 성과가 좋지 못한 성도들에게도 전혀 부담감을 안겨주지는 않는다. 사실 전도를 바로 이해하면 그런 실수를 피할 수 있다. 다시 말해서 성공적인 전도를 하나님께서 주시는 전도의 기회를 바로 이용하는 것으로 이해하는 것이다. 여러 가지 이유로 어떤 사람들에게는 다른 사람들에 비해 더 적은 전도의 기회가 주어진다는 것이다. 따라서 그런 교회에서는 성령의 인도하심에 순종하여 하나님의 뜻을 이루려고만 한다면 결과에 관계없이 칭송의 대상이 된다. 동시에 그런 교회들은 전도에의 열정에도 결코 뒤지지 않는다. 그리고 전도의 성패는 인간의 노력에 따라 결정되는 것이 아니라 성령의 능력으로 이루어진다는 확고한 믿음도 가진다. 그래서 복음 전도의 은사를 받아 전도하는 능력을 가진 사람들이 그 은사와 능력을 최대한 발휘할 수 있도록 해준다. 결과적으로 그런 교회들은 고도의 성장을 경험하는 교회로 발전한다. 하나님의 권능과 인간의 책임있는 노력이 조화를 이루는 교회인 것이다(Barna 1999: 114-116).

바람직한 복음 전도 사역을 위하여

성공적인 목회 사역이 이루어지고 균형잡힌 성장을 하는 교회들은 그 성도들에게 앞에서 말한 전도라는 부정적인 부담감을 주지 않으면서도 그들이 복음을 전해야 할 사람들의 본성에 맞는 전도 방법을 터득할 수 있도록 도와줌으로써 성공적인 전도의 가능성을 한층 높여준다. 결국 그런 교회들은 보통 다른 교회들보다 훨씬 높은 비율의 성도들이 적극적으로 전도활동을 하는 것을 알 수 있다.

복음을 들고 세상으로 들어가는 사람도 천차만별이요 그 복음을 듣는 사람들도 천차만별의 사람들이므로 어느 한 가지 형태의 복음 전도만 가장 좋은 전도 방법이라고 할 수는 없다. 그러므로 자신의 교회에 적합한 복음 전도법을 개발하는 것은 매우 중요한 과제라고 할 수 있다. 흔히 어떤 세미나에서 듣고 배운 방법이나 전도에 성공한 교회나 목사의 사례 발표를 듣고 그것을 그대로 자기 교회에 도입하려는 방법은 거의 실패한다. 왜냐하면 교회를 구성하고 있는 성도들도 다르고 전도 대상들도 다르며 그것을 지도하는 목사의 지도력도 전혀 다르기 때문이다. 구태여 이름을 붙인다면 '창조적인 전도법'의 개발이라고 할 수 있으리라. 하여간 여러 사례와 연구 발표된 것들을 참고하여 자신과 자기 교회에 적합한 전도법을 개발하는 것은 목사의 목회 사역의 과제 중에 으뜸에 속하는 것이라고 할 수 있을 것이다.

일반적으로 인정되는 가장 효과적인 전도법으로는 말과 삶을 통한 전도(evangelism by words and deeds)라고 할 수 있다.[45] 오늘의 시대가 말로만 전해서는 효과적인 전도를 기대하기 어려운 시대가 되었다. 교회와 성도들은 세상의 소금과 빛으로서의 생활을 함으로써 그 지역 공동체에서 매력적인 무엇인가를 보여주어야 한다는 말이다. 그런 매력이 있을 때 말로 전하는 복음의 위력은 배가되는 것이다. 특히 교회 안에서 이루어지는 사랑과 하나됨의 실천은 교회 밖의 세계와의 가교(架橋) 역할을 하는 것이다. 말을 바꾸면 교회 안에서 일어나는 분쟁과 추태들은 불신 세계

---

45) 미국에서 조사해본 결과 세대의 구별없이 효과적인 전도법으로 드러난 것이 삶을 통한 그리고 원만한 관계 형성을 통한(lifestyle and friendship) 전도였다(Barna 1999: 117-119).

를 복음에서 더욱 멀어지게 만드는 결과를 낳는다. 교회 안에서 그리스도인들이 보이는 아름다운 모습들이 충분히 매력적이어야 하고 또 교회가 세상을 향해서 보이는 삶의 태도도 아름답지 않으면 안 된다. 교회 안에서의 봉사도 적극적으로 행해야 하지만 세상을 향한 구제와 봉사활동도 적극적으로 행해야만 하는 것이다. 그런 봉사가 복음을 받아들일 수 있도록 정지 작업을 해주는 셈이다. 그런 정지 작업은 복음이 뿌리박을 수 없는 길바닥이나 돌 밭, 가시 밭 같은 마음 밭을 개간하여 옥토로 만드는 작업인 것이다. 옥토로 만들어진 마음 밭에 복음의 씨를 뿌린다면 그 씨는 쉽게 싹이 나고 자라서 열매를 맺게 되는 것이다.

평신도들을 전도자들로 훈련시키는 비결도 누구를 통해서든지 본을 보이는 것이 최상의 비결이다. 예수께서 그의 제자들을 훈련시키실 때 행하신 방법인 것이다. 행동으로 본을 보이고 다른 사람을 위해서 기도하는 법을 가르치며, 실지로 전도하는 모습(요 4장에서 우물가의 사마리아 여인을 전도하신 일)을 보여주시고 실지로 전도하도록 현장으로 내보내신 것이었다(마 10장). 예수께서는 필요한 자질을 모두 갖추게 해서 현장 실습까지 하도록 하신 것이다. 오늘날도 목사가 그런 모습을 보일 수 있어야 한다. 목사의 삶의 모습이 전반적으로 성도들에게 본이 되어야 함은 물론이고, 나아가서 만일 전도의 실제에 있어서 본을 보이기 어렵다면 먼저 자신이 그런 훈련을 받을 필요가 있다. 교회 안에 전도의 은사를 받아 모범적인 전도자 일을 하는 사람이 있으면 더욱 좋지만 없다면 다른 교회에서라도 그런 사람을 찾아 훈련을 부탁해서 받아야 할 것이다. 스스로 전도자로서의 훈련을 받아 어떻게 전도해야 할지를 배우고 난 뒤에 다른 사람들도 실전 경험과 능력을 얻도록 훈련한다면 더욱 큰 능력을 얻게 되는 것이다.

그밖에도 오늘날 흔히 이용되는 전도 방법으로는 셀 그룹 전도법(cellgroup evangelism)과 능력 전도(power evangelism)를 들 수 있다. 전자는 정규적으로(대개 매주 또는 격주로) 모여 일종의 신앙 활동을 하는 소그룹들을 통한 전도법이다. 불신자들도 편안한 마음으로 그 모임에 참석할 수 있는 것이 보통이다. 모인 사람들은 보통 기독교 신앙에 관한 이야기들을 나눈다. 때로는 가까운 불신자들을 초대하여 자연스럽게 그들이 복음에 접할 수 있도록 한다. 후자는 예수님과 그의 제자들이 사역할 때 흔히 이용하신 방법으로 사랑의 봉사를 하면서 하나님의 능력을 드러내 보임으로써 회심자들을 얻으신 방법이다. 영적 진리에 지적으로 동의하도록 함으로써 전도하는 대신 불신자들이 복음의 능력, 곧 하나님의 능력에 부딪히게 함으로써 전도하는 방법이다(Barna 1995: 80-81). 시대가 아무리 변해도 하나님의 능력을 드러내 보임으로써 사람들을 하나님께로 인도하는 방법은 여전히 유효한 것이다.

다른 교회나 다른 사람의 방법을 그대로 옮겨 쓰는 것은 앞에서 이야기한대로 거의 실패한다. 그러나 그것을 빌어다 활용하는 일에는 두려워하거나 주저할 필요가 없다. 남의 것을 빌어다 활용하되 자기 교회 상황에 맞도록 창조적인 아이디어를 적용해야 하는 것이다. 다시 말하면 한 가지 방법에만 매달리지 않고 복합적인 전략들을 이용하라는 말이다. 일단 실행해보고 효과적이 아니라고 판단되면 과감하게 포기하고 또 다른 시도를 해보는 것이다. 그 중의 하나가 그 교회가 그 지역에 존재한다는 것을 사람들로 하여금 확실하게 인식하도록 할 필요가 있다. 얼마나 많은 사람들이 그 교회의 존재를 알고 있느냐 하는 것이 중요하다는 말이다. 존재하는 것도 단순히 존재하는 것이 아니라 무엇을 어떻게 하면서 지내는 교회인지를 인식하도록 하는 것이다. 지역 공동체를 위한 뉴스레터를 제작하여 돌림으로써 도움도 주면서 교회를 알릴 수도 있다. 또 가능한대로 교회 시설들을 개방하여 지역 주민들이 교회 안으로 발걸음을 옮길 수 있는 기회를 많이 만들수록 좋다고도 할 수 있다. 반드시 주민들을 위한 행사만이 아니라 주민들의 쉼터로서의 장소를 제공하거나 작은 회합을 할 수 있는 장소를 제공하는 등이다. 비록 신앙 때문이 아니더라도 교회에 발을 들여놓도록 하는 것이 일종의 훌륭한 정지작업이 될 것이기 때문이다. 최근에 발전되고 있는 문화 선교 프로그램 등도 불신자들이 교회 안으로 발을 자연스럽게 들여놓게 하는 좋은 방법이 될 것이다.

다음으로 복음 전도를 성공적으로 이루기 위해서는 전도 대상을 만났을 때 그의 복음에 대한 수용성이 어떠한지를 파악하여 대처하는 것은 매우 중요하다. 복음의 수용성 정도에 따라 전도 대상을 공략하는 법이 달라야 하는 것이다. 그렇게 하려면 먼저 전도 대상으로 삼으려는 사람(들)에 대해 가능한대로 많은 것을 파악하지 않으면 안 된다. 좋은 어부는 자기가 잡으려는 고기의 습성을 잘 알고 있어서 언제 어디에서 어떤 방법으로 하면 그 고기를 쉽게 많이 잡을 수 있는지를 아는 어부이다. 복음 전도를 효과적으로 하는 비결 중의 하나도 바로 그것이다. 그 지역의 인구 분포도를 파악하는 것은 기본이다. 얼마나 많은 사람들이 살고있고 그 중 기독교 인구는 얼마나 되며 연령별 분포도나 학력 수준에 따른 분포도, 생활 형편에 따른 분포도 등 여러 가지 인구 조사를 철저히 하고 그것을 기초로 전도 계획을 수립하는 것을 말한다.

전체적인 구조 파악을 한 뒤에는 개인 전도를 위해서 개인별로 전도 대상을 파악할 수 있어야 한다. 그 사람의 성격이나 대인관계, 종교성향 등은 중요한 지표가 될 수 있다. 그 중의 하나가 그 사람의 복음에 대한 수용성을 파악하는 일이다. 사람마다 자기의 개인적인 배경이나 그 전에 믿는 사람(들)과 가졌던 관계 등에 따라 복음에 대하여 서로 다른 자리에 서 있고 각기 다른 태도를 보인다는 것을 말한다. 크게는 부정적인 입장에 선 사람과 긍정적인 입장을 가진 사람으로 구별할 수 있고 긍정적인 사람도 단순히 호기심을 보이는 정도의 사람(explorer), 복음에 대해 긍정적인 태도를 보이며 귀를 기울이는 사람(receptive), 그리고 바로 믿고 그리스도를 영접하는 사람(responsive)으로 나눌 수 있다. 부정적인 입장을 보이는 사람도 단순히 어정쩡한 태도를 보이는 사람(unsure), 무관심한 태도를 분명하게 보이는 사람(unconcerned), 적극적으로 적대적인 사람(antagonistic)으로 나눌 수 있다(Hemphill 1994: 177-178). 비록 그가 적대적인 태도를 가진 사람이라고 하더라도 성령께서 그를 움직여달라고 기도하면서 접촉할 때마다 조금씩 태도가 바뀔 수 있도록 노력해 보아야 할 것이다. 성령께서 역사하시면 사람의 마음이나 태도를 바꾸는 것은 결코 어려운 일이 아니다. 사도 바울이 그 대표적인 예가 될 것이다. 바울처럼 극적으로 변하는 사람도 있지만 대체로는 상당한 시간이 걸려서야 변하는 것이 보통이므로 전도자는 인내심을 가지고 기도하면서 그를 구원에로 인도하려는 노력을 기울여야 하는 것이다. 부정적인 태도를 가졌던 사람들도 그들에게 복음을 들고 접근하는 그리스도인들의 세상의 소금과 빛으로서의 삶을 보면서 성령의 능력 안에서 서서히 변할 수 있다. 이때 그 사람의 구원에 관한 관심은 미리 말해야 하지만 너무 섣불리 그리스도를 영접하게 하려고 서두르다가는 실패할 확률이 높다. 구원의 깃발은 일찍 쳐들어 바라보게 하지만 너무 빨리 항복을 받으려는 태도는 바람직하지 않다는 말이다. 단지 전도자가 그리스도께 온전히 헌신하고 있음을 보여주고 그도 그리스도를 알기를 원한다는 관심은 처음부터 계속 표해야 한다.

여기에서 복음의 수용성을 높이는 전략도 필요로 한다. 적대적인 태도를 보이는 사람에게는 개인적인 관계를 끊어지지 않게 유지하면서 무조건적인 사랑을 베푸는 것이 중요하다. 그들의 공격적인 태도에 대해서도 부정적인 반응을 보이지 말고 수용적 태도를 보여야 한다. 무관심을 표하는 사람들은 흔히 개인적인 필요를 충족시켜줄 때 긍정적인 반응을 보이는 법이다. 그런 다음 개인적인 관계를 유지하면서 복음을 전할 수 있는 순간을 찾아야 한다. 일단 그런 순간이 오면 기회를 놓치지 말고 잡아야 한다. 어정쩡한 태도를 가진 사람들에게는 우선 일상적인 삶의 문제를 가지고 접근해야 한다. 그들이 그런 태도를 가지게 된 데는 분명히 무슨 연유가 있다. 그런 태도를 가지게 한 그 일이나 사건을 파악하여 그것을 성서적인 관점에서 명료하게 설명만 되어지면 그들의 태도는 긍정적으로 변하는 것이다. 그런 사람에게는 당면하고 있는 인생문제에 성서적인 답을 주는 적절한 책을 구하여 읽게 하는 것도 도움이 될 수 있다. 기독교 신앙에 대해 관망만 하려는 중립적인 태도를 가진 사람(observer)도 있는데 이들은 그들이 가진 관심사를 파악하여 그것을 주제로 대화의 물꼬를 트는 것이 도움이 될 수 있다. 단순한 호기심이라도 보이는 사람이라면 성경 공부반 등에 참석하도록 유도할 수 있다. 그런 사람들은 흔히 다른 사상이나 사조 등에도 관심을 가지고 그것을 기독교 신앙과 비교해보는 경향이 있다. 그럴 때에도 구태여 기독교 신앙을 적극적으로 변호할 필요는 없다. 복음 자체가 위력을 드러낼 것이므로 그냥 단순히 교회에 몇 번 출석하여 예배에 동참하도록 하는 것으로 족할 수 있다. 복음에 긍정적인 태도를 보이는 사람이라면 바로 훈련된 심방 팀을 보내서 그리스도께로 인도하는 것이 좋을 것이다. 물론 바로 그리스도를 영접한 사람이야 그대로 그리스도의 제자로 양육하는 단계로 진행하면 된다(Hemphill 1994: 178-180).

또 한가지 유의할 일은 전도는 어릴 때일수록 유리하다는 점이다. 미국에서 나온 한 보고서에 따르면 그리스도인들의 63%가 18세 이전에 그리스도를 영접하였고 18세부터 25세 사이에 18%, 그리고 26세 이후로 그리스도인이 된 사람들은 20%에 불과했다는 것이다(Barna 1999: 120). 물론 우리의 경우와는 어느 정도 차이가 있을 것이다. 그러나 그 원리에는 큰 차이가 없을 것이다. 따라서 교회에서 교회학교를 통한 전도 활동을 다시 활성화시킬 필요는 절실하다 하겠다. [46)]

하여간 교회를 전도하는 교회로 활성화시키려 할 때 가장 우선적으로 중요한 일은 기존 성도들을 훌륭한 성도로 양육하는 일이다. 양이 건강하게 잘 자라면 새끼를 낳는 것은 자연스러운 일이다. 그러나 양이 비실비실하게 되면 아무리 재촉을 해도 새끼를 낳지는 못하는 것과 같은 원리이다. 그러므로 무엇보다 먼저 교회 안에 들어와서 자발적으로 신앙생활을 하는 사람들을 신실한 하나님의 자녀와 일군들로 양육하기만 하면, 그리고 전도를 위한 개략적인 지침만 제시해주면 그들은 적극적인 전도인이 될 것이고 교회는 전도하는 분위기가 조성될 것이며 결과적으로 그 교회는 훌륭한 전도하는 교회가 될 것이다.

마지막으로 한 가지 경계할 일은 사탄의 방해이다. 사탄은 초대 교회 시기로부터 오늘에 이르기까지 일관된 전략으로 교회의 복음 전도를 방해하고 있는 것이다. 그 전략이란 사랑과 하나됨(love and unity)을 이용하는 것으로 그리스도의 신성을 부인하는 사람들에게는 사랑을 실천하고 그 일을 위해서 하나로 연합하게 하고, 반대로 교회 안에는 그 사랑이 식도록 하고 하나됨이 깨지도록 하는 것이다. 그래서 오히려 교회 밖에서는 교회 안에 속하여 예수 그리스도를 믿는 사람들보다 어려운 사람들에게 더 많은 사랑과 관심을 기울이도록 부추기고 교회 안에서는 분규가

---

46) 사실 현대에 와서 부모가 믿지 않는 아이들을 전도하는 것이 결코 쉬운 일은 아니다. 공부 때문에 심지어 신자들의 자녀까지도 주일을 제대로 지키지 못하는 경우를 흔히 보기 때문이다. 그러나 지방에 있는 어느 교회의 경우 교회에서 운영하는 유치원을 그 도시에서 가장 좋은 유치원으로 소문이 나도록 했고 유년부 교회학교에 최선을 기울여 지원하고 운영한 결과 아이들 덕택에 교회 성장이 자연히 이루어진다고 한다. 거의 모든 가정에 아이들은 한 두 명에 불과하고 그런 아이들이 떼를 쓰면 오늘의 부모치고 그 말을 듣지 않을 수 없다는 것이다.

끊임없이 일어나게 함으로써 전도의 문을 닫게 하고 전도의 길을 방해한 다는 것이다(Getz & Wall 2000: 80-81).

그러나 감사한 것은 하나님께서 우리를 지키시고 그리스도께서 우리를 위해서 기도하고 계시므로 사탄은 결코 그 책략에 성공하지 못할 것이기 때문이다. 그리고 성령께서는 우리 안에 계시면서 사탄을 물리치는 하나님의 능력을 계속 우리에게 주시기 때문이다. 단지 우리는 깨어있어 사탄의 그 책략에 말려들지 말고 하나님의 종들로서 하나님의 교회를 지키는 용사의 역할을 담당하기만 하면 일은 하나님께서 친히 이루어주실 것이다.

제9장

현대 교회에서의 가정 사역론

　현대 사회에서의 가장 심각한 문제 중의 하나가 가정 문제라는 데는 거의 이론의 여지가 없다. 전통적으로 내려오던 대가족 제도는 무너졌고 핵가족 시대가 도래하였으며 개인주의 정신이 사회 전반에 팽배하면서 대두된 문제이다. 다음 세대에서는 종적 친척은 있어도 횡적 친척은 없어지는 기현상도 분명해진다. 인구 증가 문제로 고민하던 시대에 내걸었던 '아들 딸 구별말고 둘만 낳아 잘 기르자'고 하던 구호에 따라 모두 하나 아니면 둘만 낳아 기르던 결과로 우리가 겪게 된 고민이다. 다음 세대에서는 삼촌이니 사촌 오촌 하던 촌수 계산은 과거의 유물로 사라질 것이다. 거기에다가 이혼율은 급증하고 그 결과로 결손 가정(broken family)도 끝없이 늘어난다. 급증하는 성 윤리의 타락상에 대한 폭로들, 미혼모 문제, 독신주의를 고수하는 사람들의 급증, 성범죄의 심각성, 가정 폭력 문제, 남녀 성비의 불균형 등이 모두 가정 문제와 관련되어 있다. 그리고 이런 현상들은 우리 사회를 전체적으로 위기 상황으로 내몰고 있다고도 할 수 있게 되었다. 더욱이 경제적으로 어려움을 겪으면서 가정 해체라는 말까지도 어렵지 않게 들을 수 있는 상황이다.

　이런 상황에서 교회는 어떻게 대처해야 하고, 그 교회들을 이끌고 있는 목사들은 이런 사회 현상들에 대해서 어떻게 대처해야 할까? 건전한 교회는 건전한 가정으로부터 나온다는 생각은 거의 공인된 이야기이다. 자신의 가정이 가정 문제로 고통과 고민에 빠져있는 성도라면 이미 문제의 성도라고 해야 할 것이고, 삶이 따르지 않는 신앙고백은 그만큼 불완전한 고백이라고 할 수밖에 없기 때문이다. 따라서 교회는 종래의 목회 활동과 선교 사역에 덧붙여서 건전한 가정 만들기 운동도 펴야 할 때가 되었다고 할 수 있다.

I. 성서에서의 가정 이해

이런 가정 사역이 성서적인 기초를 가지고 있는가를 먼저 물어보아야 한다. 우선 가정이라는 개념은 사전에서 "가장(家長)을 중심으로 한 부부나 어버이와 자녀들의 모임"이나 "혈연이나 결혼으로 맺어진 사람들의 모임"이라고 정의를 내리고 있다. 이런 정의에 따르면 문제가 되겠지만 최근에 점점 증가하고 있는 독신 세대들도 가정의 범주에서 제외할 수는 없을 것이다. 그래서 최근의 상황에 비추어 가정이라는 범주의 폭을 넓혀 생각한다면 거기에는 결혼으로 가정을 이루었으나 아직 자녀는 가지지 않은 부부로 된 가정, 부모와 자녀로 이루어진 가정, 자녀들이 모두 떠나고 노부부만 남아있는 가정이나 배우자마저 사별하고 홀로 남은 노인 가정, 이혼이나 사별로 인한 편부모와 자녀로 이루어진 가정, 한 때는 결혼생활을 했으나 이혼이나 사별로 지금은 홀로 사는 사람이나 아예 결혼을 하지 않고 혼자 사는 독신 가정 등이 모두 포함되어야 할 것이다.[47]

---

47) 미국에서 나왔던 TONK(Two Only No Kids)족이나 DINK(Double Income No Kids)족이 이제 남의 이야기가 아닌 것이다. 젊은 세대가 결혼은 하되 맞벌이로 수입을 늘이면서 자녀는 갖지 않고 삶을 마음껏 즐기며 살겠다는 사람들이 늘고있다는 말이다.

구약에서의 가정 이해

이런 가정 문제는 성경에서 어떻게 다루어지고 있는가? 아무리 가정에 대한 이해가 다양해졌다고 하더라도 가정의 출발점은 결혼 관계라는 점은 변함이 없다. 성경은 바로 이런 결혼 이야기로 시작되고 또 결혼 이야기로 끝나고 있다. 하나님께서 사람을 지으실 때 아담을 만드시고 그가 홀로 지내는 것이 안타까워서 하와를 만들어 주심으로 그들이 부부가 되어 최초의 가정을 이루게 하셨다(창 1:18-25)는 이야기로 시작하여 어린양의 혼인잔치 이야기(계 19:9)로 끝나고 있기 때문이다. 하나님께서는 최초의 결혼식에서 주례를 맡아주셨고 또 최후의 결혼식도 주관해주시는 것이다.

한편 결혼은 인간의 문화적인 하나의 양식이기도 하기 때문에 구약에서 우리는 현대적인 관점에서는 이해하기 힘든 결혼과 관련된 관습들도 볼 수 있다. 예를 들면 믿음의 조상 아브라함이 그의 이복누이와 결혼한 일(창 20:12), 모세의 아버지 아므람이 그의 고모를 아내로 맞이한 일(출 6:20)이나 남편이 아들이 없이 죽었을 경우 남편의 동생이 과부된 형수와 관계를 맺어 그 후사를 이어야 한다는 법(신 25:5-10) 등을 들 수 있는 것이다. 그리고 아브라함도 여러 명의 아내를 취하였고(창 25:1, 12) 성군(聖君)으로 추앙되는 다윗은 실로 많은 아내를 두었었다(대상 3:1-9).

그러나 이런 사실들에도 불구하고 성경은 하나님의 원래의 가정관을 분명하게 보여주고 있다. 즉 창세기 1장에서 하나님께서는 "사람을 창조하시되 남자와 여자를 창조하시고… 그들에게 복을 주시며… 그들에게 이르시되 생육하고 번성하여 땅에 충만하라"(27-28)고 하시고 2장에서는 "남자가 부모를 떠나 그의 아내와 합하여 둘이 한 몸을 이룰지로다"(24)라고 하심으로써 그들이 최초의 부부가 되게 하셨고, 그 부부를 맺어주신 이유가 '사람이 혼자 사는 것이 좋지 못하여 서로 돕는 배필을 지어 주셨다'(2:18)는 것이다. 인간의 외로움을 덜어주시려고 고안된 것이 가정이라고 할 수 있는 것이다. 시편에서도 이것을 그대로 반영한 고백을 볼 수 있다. "하나님은 고아의 아버지시며 과부의 재판장이시라. 하나님이 고독한 자들은 가족과 함께 살게 하시며 갇힌 자들을 이끌어내사 형통하게 하시느니라"(시 68:5-6)는 고백이다. 하여간 구약성경은 아브라함의 후손들이 어떻게 하나님과의 관계 속에서 그들의 삶을 영위해왔는지에 대한 기록이다. 또한 거기에서 아브라함의 혈통을 이은 가정은 단순히 사회 경제적인 측면에서만 이해되어서는 안 되고, "생육하고 번성하라"는 하나님의 최초의 명령에 대한 순종과 의무수행으로도 이해되어야 하며, 아담, 노아와 아브라함을 통해 주신 언약 관계에서 볼 때 택함받은 사람들의 가정은 하나님 앞에 있는 '언약 공동체'로 새롭게 이해되기도 해야 한다.

신약에서의 가정 이해

복음서에도 우리가 이해하기 어려운 표현들이 가끔 나온다. 그 가운데서 가족과 관련된 예수님의 말씀들을 살펴볼 필요가 있다. 그 표현은 마치 가족들을 무시하는 듯한 느낌을 주기도 한다. 그리고 그 가족들도 전혀 그의 언행을 이해하지 못했던 것 같다. 그의 가족들이 그에 대한 소문을 들었을 때, 그들은 그를 '미쳤다'고 생각하고 집으로 데려가려고 붙들러 나왔다는 것이다(막 3:21). 반대로 그의 모친과 형제자매들이 그를 찾으러 왔을 때, 그는 "누가 내 어머니이며 동생들이냐 하시고… 이르시되 내 어머니와 동생들을 보라. 누구든지 하나님의 뜻대로 행하는 자가 내 형제요 자매요 어머니이니라"(막 3:33-35; 마 12:46-50; 눅 8:19-21)고 하시면서 가족에 대하여 냉담한 반응을 보이셨다. 하여간 이런 표현을 미루어 볼 때 적어도 예수님의 초기 사역에서는 그의 모친이나 형제들이 가까운 추종 세력에는 속하지 않았음이 분명하다. 그의 어린 시절에 관한 유일한 기사(눅 2:41-51)도 이와 유사한 면을 보여준다. 예루살렘에서 잃어버렸던 그를 사흘 후에 다시 찾아 그 어머니가 책망하였을 때 그의 대답은 의외로 "어찌하여 나를 찾으셨나이까? 내가 내 아버지 집에 있어야 될 줄을 알지 못하셨나이까?"였던 것이다. 이 말은 그가 자기를 낳아 길러준 부모보다 더 크신 다른 아버지(the Father)를 섬기지 않으면 안 된다는 것을 암시하고 있다고 할 수 있다.

예수께서는 그의 제자들에게 자신은 세상에 화평을 주려고 온 것이 아니라 분쟁(검)을 주려고 왔다고 하시면서 가족 간의 유대관계를 부인하는 것처럼 가르치시기도 하셨다. "내가 온 것은 사람이 그 아버지와, 딸이 어머니와, 며느리가 시어머니와 불화하게 하려함이니 사람의 원수가 자기 집안 식구리라. 아버지나 어머니를 나보다 더 사랑하는 자는 내게 합당하지 아니하고 아들이나 딸을 나보다 더 사랑하는 자도 내게 합당하지 아니하며"(마 10:35-37; 눅 12:51-53)라고 하신 것이다. 또 "무릇 내게 오는 자가 자기 부모와 처자와 형제와 자매와 더욱이 자기 목숨까지 미워하지 아니하면 능히 내 제자가 되지 못하고"(눅 14:26)라고 하심으로써 제자의 길은 가정을 버리는 것이라고 가르치셨다. 그리고 제자들은 실지로 그렇게 하였다고 고백했다. 베드로가 그것을 대변하여 "우리가 우리의 것을 다 버리고 주를 따랐나이다"(눅 18:28)라고 한 것이다. 그리고 거기에 대하여 예수께서는 "하나님의 나라를 위하여 집이나 아내나 형제나 부모나 자녀를 버린 자는 현세에 여러 배를 받고 내세에 영생을 받지 못할 자가 없느니라"(29)고 하심으로써 그 상급까지 약속하셨다. 심지어 죽은 아버지의 장례를 치른 뒤에 제자의 길을 가겠다고 잠시의 말미를 구하는 제자에게 "죽은 자들로 자기의 죽은 자들을 장사하게 하고 너는 가서 하나님의 나라를 전파하라"(눅 9:59-60)고 하심으로써 인류의 기본 중의 하나인 부모의 장례까지도 무시하고 복음 사역에 전념하라고 가르치셨다. 다시 말해서 예수께서는 제자의 길을 가기 위해서라면 가족 관계는 오히려 방해 요소가 될 뿐이라고 말씀하신 것같이 보인다. 결과적으로 우리는 아마 이런 말씀들을 가지고는 가정의 달에 말씀을 전하지는 못할 것이다.

그러나 이 말씀들을 바르게 이해하려면 그 이면에 감추어진 의미를 찾아보아야 한다. 즉 이런 말씀들은 하나님의 나라보다 먼저 추구할 것은 아무 것도 없기 때문에 어떤 세상적인 사업이나 사회적인 의무 수행, 가족을 위한 어떤 일도 복음보다 우선될 수 없고 복음 사역에 방해가 되어서는 안 된다는 의미로 해석되어야 한다. 하나님께서 부르시는 음성은 가족들이 부르는 소리보다 훨씬 우선된다는 뜻이다. 그러므로 이런 가르침들을 기초로 예수께서 가족의 가치나 가정의 소중함을 무시하셨다고 결론지어서는 안 된다. 오히려 예수께서는 그의 사역을 한 가정이 시작되는 결혼식장에서 시작하시었고(요 2: 1-11), 사역을 하시는 중에도 사람들의 가정생활을 결코 무시하거나 파괴하시지 않으셨다. 오히려 죽은 자를 살려주시고(눅 7:11-17; 8:49-56; 요 11:1-44) 수많은 병자들을 고쳐주심으로써 슬픔과 근심에 둘러싸인 가정에 활기를 찾아주시었다. 또 가정을 파괴하는 이혼을 금지하시고(마 19:3-12), 하나님을 핑계로 그 부모에게 불효하는 것을 꾸짖기도 하셨다(마 15:3-6).

그 어머니와 형제들이 찾아왔을 때 예수께서는 "내 어머니와 내 동생들은 곧 하나님의 말씀을 듣고 행하는 이 사람들이라"(눅 8:21)고 하심으로써 교회 안에서 신자들 간의 관계를 형제 자매로 받아들이게 하는 기초를 놓으셨고, 다른 한편 그의 가족에 대한 이해의 일면을 보여주시었다(Garland and Pancoast 1990: 25-26). 첫째로 그것은 하나님의 나라에서는 이 세상에서의 가족관계는 전혀 고려되지 않음을 의미한다. 우리 사회에서는 혈연, 학연, 지연까지도 성공적인 삶에 지대한 영향을 미치는 것이 사실이다. 그러나 하나님의 나라에서는 전혀 그렇지 않다는 것이다. 둘째로 그의 가족들은 그를 따르려고 온 것이 아니라 그가 미쳤다고 생각하고 그를 붙잡으러 왔었다는 것을 염두에 두고 이 말씀을 이해하여야 한다. 즉 그들은 그가 그 집안의 명예를 손상시키고 있으므로 그것을 막는 것이 가족된 도리라고 생각한 것이다. 그러나 그는 가정의 명예나 가족 간의 유대 관계보다 하나님 앞에서 행해야 할 책임성을 앞세운 것이다. 셋째로 이 말씀은 하나님께서는 모든 사람들의 아버지(the Father)이심을 보여준다. 하나님을 "아바(Abba) 아버지"라고 부른 것이나(막 14:36) 제자들에게 기도를 가르치실 때 그 대상이신 하나님을 "하늘에 계신 우리 아버지여"(마 6:9)라고 부른 것도 같은 맥락에서 이해할 수 있다. 넷째로 그것은 하나님의 나라에서의 가족관계가 세상에서의 가족관계와는 질적으로 다르다는 것을 보여준다. 세상에서의 가족관계는 하나님의 선택을 기초로 맺어지는 것이 아니라 인간의 의지와는 무관하게 태어남으로 이루어진다. 그러나 하나님의 권속이 되는 것은 하나님의 선택(a choice)을 통해서 이루어진다. 우리는 하나님의 다스리심을 믿고 그의 통치 하에 들어와서 그의 뜻에 순종하기로 결단하고 나온 사람들이 하나님의 백성과 그의 자녀가 된다고 믿기 때문이다. 하나님의 가족(권속)이 되기 위해서는 그의 주권적인 선택하심과 부르심이 선행되어야 하는 것이다. 그러나 거기에는 우리의 순종을 통한 응답이 필연적으로 요구되는 바 이런 응답은 또한 전적인 자발성을 전제로 삼는 것이다(Garland and Pancoast 1995: 27-28).

그러므로 전통적인 가족관계를 잃어버리고 하나님의 권속(가족)이 되는 일은 복음이 전파될 때 흔히 볼 수 있는 현상이 된다. 가족에 관련되는 모든 것을 버리고 제자의 길을 따라오라는 말씀은 바로 이런 의미에서이다. 그러나 이미 복음을 받아들인 사람들은 당연히 바른 가족관계를 유지하고 좋은 가정을 이루어야 한다. 비록 이 세상의 가족관계는 영원한 것이 아니라 시간의 제한을 받는 것이고 하나님의 권속이 되어 이루는 관계는 영원한 것이기는 하지만, 그렇다고 가족의 가치와 가정의 소중함이 결코 무시되는 것은 아니라는 말이다. 단지 이 두 가지 가족관계가 상충될 때는 하나님의 권속이 우선된다고 결론지을 수 있다. 다시 말해서 예수께서는 율법을 폐하러 오신 것이 아니라 완성시키러 오셨다는 것(마 5:17)과 같이 가족관계를 무너뜨리려고 오신 것이 아니라 가정을 위한 하나님의 영원하신 계획을 성취시키려고 오신 것이다(Garland and Pancoast 1995: 30).

바울의 가르침에서도 같은 흐름을 발견할 수 있다. 그는 하나님의 자녀로 부르심을 입은 모든 사람들이 그리스도 안에서 형제 자매로 받아들여져야 한다는 것이었다. 그리스도 안에서 하나님의 양자로 삼으심(롬 8:15)에 따라 하나님의 후사(後嗣)로 받아들여졌기 때문이다. "무릇 하나님의 영으로 인도함을 받는 사람은 곧 하나님의 아들이라"(롬 8:14)는 것이다. 육적으로 아브라함의 자녀가 되는 것이 중요한 것이 아니라 유대인이든 이방인이든 하나님을 믿는 모든 사람들이 영적인 아브라함의 자녀가 되어 하나님의 양자들로 받아들여진다는 것이다. 동시에 바울은 건전한 가정생활을 위한 가르침을 경시하지 않았다. 가정의 기초인 결혼생활을 위하여 부부관계를 위한 가르침(엡 5:22-25; 골 3:18-19; 벧전 3:7)이나 부모와 자녀관계를 위한 가르침(엡 6:1-4; 골 3:20-21)들이 이를 보여준다.

결론적으로 신약의 가르침은 하나님의 영적인 가족이 가장 중요한 가족이고 이 세상에서의 가족은 영적 가족관계를 돈독히 하는데 도움이 될 수 있도록 영위되어야 한다는 것이다. 영적인 가정 곧 교회를[48] 통하여

---

48) 칼빈은 교회를 신자들의 어머니라고 가르쳤다.

신앙생활에 도움이 되고 하나님과의 관계를 더욱 돈독히 하는데 도움이 되는 가정생활을 가르치는 것이다. 따라서 교회가 그런 가정 사역을 바르게 해야 하는 것은 필연적인 결과라 할 수 있다.

II. 목사와 가정

목사는 특별한 사명을 수행하도록 부름받은 사람들이다. 그런 목사들도 대체로는 다른 사람들과 마찬가지로 가정을 이루고 산다. 구약의 제사장들이 그러했던 것과 같다. 앞에서 이미 살펴본대로 목사의 품성과 생활을 이야기하는 목회서신에서도 목사의 가정생활은 중요하게 다루어진다. 감독(장로)에게 요구되는 생활과 품성 23가지를 언급하는(딤전 3:1-7; 딛 1:6-9) 중에 적어도 세 가지 이상이 가정생활과 관련되어 있기 때문이다. 한 아내의 남편이 되고, 나그네를 대접하며, 자기 집을 잘 다스리고, 자녀들로 모든 단정함으로 복종케 하는 자(믿는 자녀를 둔 사람)라야 한다는 것 등이 그것이다.

목사의 가족관계

앞의 4장에서 우리는 목사의 바른 관계를 맺고 사는 생활이 바로 목회라는 점을 살펴보았다. 먼저 위로 하나님과의 관계가 바로 이루어져야함은 말할 필요도 없을 것이고, 다음으로 옆으로 사람들과의 관계와 아래로 물질과의 관계도 바로 이루어져야 함은 당연하다. 특히 목회는 사람들(하나님의 양떼)을 상대로 하기 때문에 인간관계에서의 실패는 바로 목회의 실패로 이어진다. 그 인간관계 중의 하나가 가족과의 관계이다. 그것은 공적인 목회에서가 아니라 지극히 사적인 관계이기 때문에 더욱 친밀한 관계라야만 한다. 하여간 목사는 목회 사역을 하면서 자기 가정을 원만하게 유지하고 가정생활을 성공적으로 영위함으로써 목회 생활의 성공도 생각할 수 있다. 더욱이 가정 문제를 목회의 중요 과제로 삼아야 하는 미래 목회에서 자기 가정을 기본적인 목회의 장으로 삼아 성공적인 가정목회를 이루는 것은 필연적인 요구라 할 수 있다.

　이미 지적한 것이지만 대체로 다른 직업에 종사하는 사람들은 일하는 시간과 쉬는 시간이 명확히 구별된다. 출퇴근을 하는 사람은 물론 자영업을 하는 사람들도 어느 정도 그런 구분은 가능하다. 그러나 목사에게는 그것이 불가능하다. 생활이 바로 목회이기 때문이다. 이런 사실이 빚어내는 결과는 목사의 가족들이 받는 스트레스로 나타난다. 다른 대부분의 직업에 종사하는 사람들은 그 직업 때문에 가족들이 크게 스트레스를 받는 경우는 많지 않다. 가정이나 가족은 일터에서 오는 스트레스를 피하여 쉴 수 있는 장소가 되는 것이다. 그러나 목사와 그의 가족들의 경우는 일과 삶이 너무 밀접하게 연관되어 있어서 일터와 휴식처(가정)는 거의 구분이 되지 않는 것이다. 따라서 교회는 목사에게 뿐 아니라 목사의 가족에게도 상당한 기대를 가진다. 그것은 일과 관계되는 기대이기보다는 삶과 관계되는 기대, 곧 이상적인 기독교적 삶의 모델이 되어주기를 바라는 것이다. 목사는 소명감 때문에 목사의 길을 걷는다고 하지만 목사의 가족은 대체로 목사와 결혼함으로써 또 목사의 가정에 태어남으로써 목사의 가족이 되고 그런 스트레스 상황 속에서 살아야만 한다.

　여기에서 미래의 목회가 가정 목회(family ministry)를 요구한다면 목사의 가장 기본적인 가정 목회는 자기 집에서부터 시작되어야 한다. 목사가 되기 전에 먼저 좋은 남편(아내)과 좋은 아버지(어머니)가 되어야하고, 자기 가정이 사랑으로 뭉쳐져 있는 모범적인 기독교 가정이 되게 하며, 그리스도 안에서 가족 간의 관계를 아름답게 맺는 것을 집에서 반드시 해야 하는 숙제로 삼아야 한다. 숙제를 소홀히 하면 벌을 받고 부끄러움을 당할 것이다. 그러므로 목사는 건전한 가정을 목회 사역 우선 순위의 맨 앞에 두어야 한다.

그리고 그런 가정을 만드는 책임은 온전히 목사에게 있다. 특히 남편과 아내로서의 관계는 결코 다른 사람들이 도와줄 수 없다. 자녀의 문제도 거의 마찬가지이다. 따라서 자신의 시간 계획표에 가족을 위한 시간을 반드시 배려하도록 하고 가족들도 목사가 돌보아야 하는 중요한 양들이라는 점을 잊어서는 안 될 것이다. 예를 들면 아내(남편)나 자녀들이 아프다고 호소해올 때, 어느 집사가 전화로 아프다고 호소해올 때만큼이라도 관심을 나타내고 기도해주며 위로의 말을 해주라는 것이다. 목사의 배우자나 자녀들도 대체로 다른 사람들과 같은 필요와 욕구, 감정과 갈등이 있음을 이해하고 돌보아 주어야 하는 것이다.

어떻게 목사가 이런 건전한 가정을 이룰 수 있고 또 자신의 가정에서 성공적인 가정목회의 모델을 경험할 수 있을까? 이것은 단순히 시간만 많이 할애한다고 되는 일이 아니고 또 이론대로만 되는 일도 아니다. 그러나 무엇보다 먼저 가족들의 필요와 고민, 그들이 받는 스트레스, 요구와 욕구 등을 충분히 이해하는 것이 첫째로 취할 태도이다. 흔히 목사와 목사의 가족들은 친밀하게 지내는 사람들이 없어서 고민을 함께 털어놓을 상대가 없는 경우가 많다. 이런 어려움에서 벗어나기 위해서 고민을 함께 나누고 서로 위로와 격려를 하면서 위해서 기도해줄 수 있는 사람들이 필요하다. 동료 목사의 가정과 이런 관계를 맺어도 좋고 아니면 자신의 가정을 돌보아줄 목사님을 따로 정하고 자기 가정이 그 목사의 목회 대상이 되게 하는 방법도 고려할 만한 일이다.[49] 그리고 목사의 가족

---

49) 의학계에서는 가정의학이라는 분야가 있고 가정의학과 의사들이 따로 개업하고 진료하고 있다는 점을 생각하고 목사의 가정을 서로 돌보는 목회를 생각할 수 있는 것이다.

들이 목회 사역을 즐겁게 감당할 수 있도록 돕는 것도 중요하다. 그 가족들도 하나님께서 주시는 소명감과 사명감을 가지고 기쁜 마음으로 헌신적으로 봉사할 수 있게 되는 것을 말한다.[50]

앞에서 이야기한대로 목사가 교회에서 가정 문제를 중시하는 목회를 한다고 하면서 그의 사역이 다른 사람들의 가정생활에 집중되고 상대적으로 목사의 가족과 가정은 소외되기 쉽다. 그러나 목사의 가정 목회의 출발점은 자신의 가정이고, 가정 목회의 성패를 가름할 수 있는 시금석도 자신의 가정을 돌아보는 가정목회임을 잊어서는 안 될 것이다.

III. 교회에서의 가정 사역 원리

과거 어느 때보다도 교회가 가정 사역에 적극적으로 나서야 한다는 데는 동의할 수밖에 없다. 그리고 많은 교회들과 그 지도자들은 전통적인 가정생활의 중요성을 강조하고 있다. 그러나 그들이 그런 전통적인 가치들의 중요성을 믿는다고 하면서도 실지로는 그런 가치들에 따라 살고있지는 않다는 데 문제가 있다(Chandler 1992: 90). 그렇다면 어떤 기본적인 원리에 따라 오늘과 내일의 한국교회에서 바람직한 가정 사역을 펼 수 있을지를 살펴보아야 한다. 그런 원리들을 찾기 전에 우리는 먼저 교회에 대한 새로운 이해를 가져야 한다. 우리가 원하는 가정 사역은 교회라는 환경(setting)하에서 이루어져야 하고, 그렇게 하기 위해서는 일반적으로 가지고 있는 "신앙 공동체로서의 교회"라는 이해보다는 좀더 다른 각도에서 교회를 볼 수 있어야 하겠다는 것이다. 다시 말해서 교회를 "사람

50) 이런 논의를 좀더 자세히 보려면 Paul Cedar, Kent Hughes and Ben Patterson, *Mastering the Pastoral Role*(Portland, Oregon: Multnomah Press, 1991), pp. 107-117에 실린 "Helping Your Family Enjoy Ministry"를 참고하라.

들의 신앙생활을 발전시키며 새롭게 하고 안내해주는 모든 조직들을 포함하는 조직된 신앙 공동체"로 이해할 수 있을 때 그것이 교회 안에서의 가정 사역의 기초로서의 교회가 된다는 것이다(Garland and Pancoast 1990: 72).[51] 교회를 단순히 신앙을 가진 개인들의 공동체로 이해하기보다는 신앙적인 유익을 얻기 위하여 함께 모여 활동하는 그룹들의 공동체로 이해하려는 것이다.

현대인들이 겪고 있는 가장 심각한 고민 중의 상당 부분이 가정과 관련되어 있다. 그리고 흔히 그런 문제들은 쉽게 해답을 줄 수 없는 복잡한 정서적 상황들(messy emotional situations)에 얽혀 있다. 그래서 많은 교회들은 그런 문제들을 직접 다루려고 하기보다는 두려워서 한발 물러서고 만다. 교회가 개인의 가정 문제에 잘못 개입하였다가 잃은 양들을 찾아 구원에로 인도하는 교회의 참된 선교적 사명을 약화시켜버릴 수도 있다는 것을 두려워하는 것이다. 그러나 교회의 가정 사역은 결코 복음 전도에 역행하는 일이 아니다. 오히려 그것은 바른 신앙을 전달하는 가장 자연스러운 통로가 될 수 있다. 어떤 의미에서 선교는 관계의 회복이다. 아담의 범죄의 결과로 초래된 단절된 하나님과의 관계는 물론 파괴된 인간관계, 그리고 하나님께서 지으신 피조 세계를 파괴함으로써 빚어진 파괴된 자연과의 관계를 원래 상태에로 회복시키려는 노력이 선교행위라고 할 수 있는 것이다. 이런 관계 회복이라는 과제는 교회의 가정 사역을 통해서 적극적으로 이룰 수 있는 것이다.

그런 사역을 위한 기본 원리들도 성서적이어야 함은 물론이다. 오늘의 상황에 적용할 수 있는 불변하는 성서적, 신학적 원리들을 찾아보려는 것이다. 첫째로 가정생활 사역(family life ministry)은 하나됨을 통해서 구

---

51) 이런 논의 좀더 자세하게 보려면 다음의 책을 참고할 수 있다. Daniel O. Moberg, *The Church as a Social Institution*(Grand Rapids, Michigan: Baker Book House, 1984).

원 사역(salvation by association)을 이룰 수 있다. 하나님께서는 범죄한 인간을 구원하시기 위하여 친히 찾아오셔서 고통 중에 빠져서 발버둥치는 사람들과 함께 그 고통에 동참해주심으로써 구원을 이루어주심을 의미한다. 예수께서는 죄는 없으시면서 우리와 마찬가지로 시험을 받으심으로써(히 4:15) 우리를 구원에로 인도하신 것이다. 예를 들어 간음한 여인이 현장에서 잡혀왔을 때(요 8:3-11) 그는 어떤 판단도 하지 않고 무조건 그 여자를 받아들여주고(acceptance) 그 다음에 주의를 기울여주심으로써 정서적인 치유를 해주었으며(emotional healing), 마지막으로 좀더 고상한 삶을 살도록 촉구하는 것(calling)으로 끝난다. 이 이야기는 가정생활 사역이 어떤 능력을 발휘할 수 있는지를 실증적으로 보여준다. 교회에 다니지 않던 가정까지도 그들이 상처입고 고통 중에 있을 때 교회가 그들의 가정 문제의 치유를 위해 사역을 베푸는 것을 보고 스스로 교회로 찾아오는 사례들도 어렵지 않게 볼 수 있다. 바른 관계 생활에 주리고있는 현대인들에게 교회가 바른 가정생활 사역을 펼 수만 있다면 그것은 하나됨을 통해 구원의 역사를 이루는데 커다란 도움이 된다는 것이다(Hebbard 1995: 33-37).

둘째로 가정생활 사역은 필요에 기초를 둔 사역(needs-based ministry)이다. 마태복음에 나오는 심판 날 이야기(마 25:34-40)는 잘 알려진 이야기이다. 오른 쪽에 세워진 양들은 필요에 처한 이웃들을 돌보아준 보상으로 칭찬과 영생을 보장받았다. 그들은 자기네가 행한 선을 기억하지도 못할 만큼 그것들은 대단한 일들이 아니라 단순히 어려움에 처한 이웃을 관심을 가지고 돌아보고 동정심을 보였을 뿐이었다. 가정생활 사역도 그러한 부류의 봉사사역에 불과하다. 그러나 위기와 어려움을 겪고 있는 사람들은 혼자서 외롭게 그 일을 겪어야한다. 가정생활 사역은 바로 그런 사람들을 위하여 하나님의 백성으로서의 우리가 무엇을 할 수 있을까?를 생각하고 행하는 사역인 것이다(Hebbard 1995: 38-40).

셋째로 가정생활 사역은 신뢰를 바탕으로 하는 사역이다. 주로 위기와 곤경에 처한 가정이나 가족들을 상대로 하는 사역인 만큼 신뢰를 바탕으로 하지 않고는 사역 자체가 이루어지지 않는다. 그리고 신뢰는 섬김을 통하여 쌓아야 한다. 판단하려고 하지말고 종이 되어 발을 씻어주는 마음으로 행할 때에만 이룰 수 있는 사역인 것이다. 사람들이 그들의 갈등과 고민을 이야기하여도 믿어주지 못한다면 그들에게 나름대로의 처방을 해보지만 효과를 발휘하지 못한다. 또 그들은 목사나 교회 지도자들이 자신들이 겪는 삶의 문제들을 함께 겪는다고 생각하지도 않는다. 이런 모든 것은 신뢰의 결여에서 비롯되는 일들이다(Hebbard 1995: 80-83). 반대로 사역자와 피사역자 사이에 신뢰관계가 성립될 때 상담이나 치유 그리고 훈련까지도 가능해진다. 신뢰가 바탕이 될 때 사람들의 마음은 열리고 문제를 있는 그대로 노출시킬 수 있으며 결국 치유까지도 가능해지는 것이다.

넷째로 가정생활 사역은 고민으로 가득찬 고민 덩어리 인생들을 돌보아주는 것이다. 구약성경은 나그네와 고아와 과부를 하나님의 백성들이 돌보아야 할 부류의 사람들이라고 한다(출 22:22-23). 나그네는 고향과 친척들을 떠난 사람들이고 고아와 과부는 가족을 잃은 대표적인 사람들이다. 우리 조상들도 가장 외롭고 의지할 곳 없는 사람들로 환과고독(鰥寡孤獨: 늙은 홀아비, 홀어미, 부모없는 고아와 자식없는 늙은이)을 들었다. 모두 가족들과 관계되는 어려움에 처한 사람들이다. 가정생활 사역은 바로 이런 인간 생활의 가장 기본적인 가정생활을 행복하게 누릴 수 있게 하고, 불행한 가정생활을 하는 사람들에게 행복한 삶을 찾아주며 돌보아주는 사역인 것이다.

다섯째로 가정생활 사역은 실제적인 가정 문제를 다룬다. 대부분의 사람들은 사랑하는 남편이나 헌신적인 아내에 대한 이상적인 모델없이 결혼생활 곧 가정생활에 들어간다. 그런데 그들을 기다리는 것은 냉혹한 현실이다. 그들은 위기와 좌절과 고통을 겪는다. 그들은 모두 장점도 있지만 단점도 가지고 있고, 또한 불완전한 자녀를 두게 된다. 그런 것이 모든 가정들이 겪고 있는 현실이다. 그리고 가정생활 사역은 바로 이런 가정들과 가족들을 대상으로 하는 사역인 것이다.

여섯째로 가정생활 사역은 교회마다 그 역사적 상황적 배경이 다르기 때문에 모든 프로그램이나 접근 방법은 그 특성에 따라 다르게 개발 발전되어야 한다. 그렇게 될 때에만 그 교회 성도들이나 지역 주민들의 호응을 얻을 수 있고 또 사역의 효능성을 기대할 수 있다(Garland and Pancoast 1990: 83). 따라서 기본적인 사역자들도 그 교회의 목회자와 교인들 가운데서 발굴되어 훈련된 사람들이어야 함은 당연한 일이다. 물론 외부의 전문가들의 도움을 받을 수는 있지만 그것이 중심이 되어서는 안된다는 뜻이다. 그리고 가정 사역의 목표와 과정은 그 교회의 복음전도 사업과 선교, 예배생활과 성도의 교제 등 그 교회의 전반적인 흐름과 맥을 같이해야 할 것이다.

IV. 교회에서의 가정 사역의 실제

이런 원리들을 기초로 하여 우리는 실지로 어떻게 자신의 교회에서 의미있는 가정 사역을 펼 수 있을까? 하는 것이 남은 과제이다. 여기에서 우리는 먼저 우리의 현상을 바르게 이해할 필요가 있다. 우리가 살고있는 현실의 세계는 안락한 가정들로 이루어져있기보다는 이혼을 생각하고 있는 부부, 자살을 시도해보려는 젊은이들, 자녀들의 탈선으로 고민하는 부모 등 갖가지 고민과 어려움을 안고있는 가정들로 이루어져 있다 (Leman, 1992: 17-18). 이런 현상들에 교회는 어떻게 대처하고 있는지에 대한 바른 진단이 있어야 바른 처방을 할 수 있을 것이기 때문이다.

그런데 우리의 현실은 대부분의 교회들과 목회자들이 가정 사역의 필요성을 느끼고 있으면서도 실지로는 매우 소극적인 태도를 취하고 있는 것이다. 그 첫째 형태의 교회는 현실 도피적 형태로 나타난다. 문제를 감추고 행복한 가정생활을 가장하고 있는 형태이다. 그러나 실상은 그렇지 않기 때문에 멀지않아 그 교회와 목회자는 심각한 문제에 부딪히게 될 것이다. 둘째 형태의 교회는 가정 문제에 피상적으로만 접근하는 교회이다. 어버이 주일이나 가정의 달에만 한 두 번 가정과 관련된 설교를 하고 가정 관련 행사를 가지는 것으로 만족하는 형태의 교회를 말한다. 셋째 형태의 교회는 최신의 정보에 민감하게 반응을 보이면서 최근에 열린 세미나에서 얻은 정보를 여과없이 그대로 자기 교회에도 실천해보려는 교회이다. 흔히 행사 위주, 실적 위주가 되기 쉬운데 결과적으로 삶의 변화는 일어나지 않고 지역 주민들에게도 아무런 영향을 미치지 못하며, 자원만 낭비하는 것이 된다(Hebbard 1995: 65-67).

그리고 대부분의 교회와 그 지도자들은 가정생활 사역을 가정생활 상담사를 청빙하여 상담소만 운영하면 되는 것으로 이해하고 있다. 상담 사역은 반드시 필요한 중요한 사역임에 틀림없으나 그것만으로 가정 문제를 위한 완전한 사역이 된다고 할 수는 없다. 그렇다고 매일 매일 부딪히는 갖가지 문제들에 대하여 "기도하고 말씀을 공부하며 하나님을 의지하고 살면 된다"고만 하는 것도 바른 사역의 태도라고 할 수는 없다. 모든 참된 신자는 한결같이 그런 생활을 해야 한다는 데는 전혀 이의를 제기할 수 없지만, 어떤 병에나 잘 듣는 만병통치약식의 처방을 하는 것으로 충분하다고 할 수는 없기 때문이다. 그렇다고 아무도 생활 속에서 겪게 되는 모든 문제의 해결사로 나설 수 있는 전문가가 될 수도 없다. 따라서 가정생활 사역을 담당하려는 사람들은 전임 목회자나 시간제로 봉사하는 사람들을 물론하고 끊임없이 배우려는 태도를 가지고 재무장하지 않으면 안 된다.

실제로 교회에서 가정생활 사역을 실천하려할 때 우리는 다양한 프로그램을 먼저 생각하게 된다. 그러나 프로그램 이전에 현실적인 필요부터 파악하는 것이 순서이다. 필요의 파악은 이미 가지고 있는 자료들(등록 카드, 교적부, 심방 기록부나 심방 보고서 등)을 포함하여 면담이나 직접적인 조사, 다른 사람들을 통해 들어오는 정보 등을 통해 이루어져야 한다. 예를 들면 자녀들의 탈선으로 인해 고민하는 부모들이 있고, 그들은 교회의 도움을 필요로 하고 있다고 하자. 이런 정보를 수집 분석하여 필요를 파악한 뒤에는 적절한 목표 설정이 따라야 한다. 위의 경우라면 단순히 그들을 돕는다는 목표를 세울 수 있다. 다음으로는 그 목표를 어떻게 이룰 것인가를 위한 구체적인 방향들이 세워져야 한다. 이 때에는 너무 단순하게 한 두 가지 정보만을 기초로 당장 시간과 인적 물적 자원을 투입하는 식의 너무 졸속한 프로그램 시행은 바람직하다고 할 수 없다. 그런 프로그램이 목표 달성에 가장 적합한지, 그것을 실천할 적절한 인적 물적 자원은 있는지를 숙고한 뒤에 구체적인 계획을 세우고 그 다음에 실천에 옮겨야 한다는 말이다. 대체로 프로그램들은 상담을 첫 단계로 삼고 다음으로 필요에 따라 구체적인 지원을 하며, 마지막으로는 그런 일이 더 발생하지 않도록 예방 차원에서의 훈련을 실시하는 데까지 미쳐야 한다(Hebbard 1995: 98-104, 109-144). 물론 실시 후에는 적절한 평가작업을 통해 다음을 준비해야 할 것이다.

그렇다면 우리가 규모에 관계없이 어느 교회에서나 시행할 수 있는 프로그램은 있을까? 사람들은 흔히 가정 사역은 특수 사역이니까 전문적인 사역자가 기본적으로 있어야 한다고 생각한다. 그러나 그런 전문가를 모실 수 없는 교회들도 이 사역을 위해 헌신하려는 지도자와 교인들만 있다면 그 교회에 적절한 프로그램을 개발할 수 있다. 예를 들어 목사는 연구를 통하여 상담원 역할을 할 수 있고 헌신적인 교인들은 후원 그룹이 될 수 있을 것이다. 온 교회가 가정마다 가정생활 계명을 만들어 지키게 하는 훈련을 할 수도 있을 것이다.[52] 그 계명 중 한 두 가지는 온 교회가 공동으로 하고 나머지는 가정마다 특수하게 만들 수 있을 것이고 그렇게 해야 가정생활에 도움이 될 것이다.

교회 안에 있는 인적 자원을 이용하거나 외부 인사를 초청하여 정기적인 가정생활 세미나와 더불어 상담 기회를 마련할 수도 있다. 또 소그룹 형태의 가정 사역 학교를 여럿 개설할 수도 있다.[53] 신혼부부들만으로 구성되는 선교회나 노부부들로만 구성되는 선교회 등의 소그룹 중심의 활동을 통해 가정생활의 애환을 함께 나누며 행복한 가정 꾸미기 운동을 펴게 할 수도 있을 것이다. 하여간 교회가 행복한 가정 만들기 운동의 진원지가 될 수 있어야 할 것이다.

물론 전문적인 사역자를 모실 수 있다면 좋겠지만 아직 한국교회의 현실은 대체로 그렇지는 못하다. 그러나 어느 교회에서나 먼저 가정생활과 그 사역을 위한 위원회를 구성하고 거기에서 그 교회의 형편에 적합한 구체적인 프로그램을 찾아보고, 그 강조점을 어디에 두어야 할지를 논의할 수는 있다. 그리고 건전한 가정생활에 도움이 되는 읽을거리들을 비치하고 독서운동과 더불어 간단한 세미나 등을 열 수도 있을 것이다. 또

---

52) leadership의 전문가이면서 가족 문제의 전문가이기도 한 스티븐 코비는 가족 사명서를 가정마다 만들 것을 권하면서 그것을 만들어 활용하는 방법까지 제시하고 있다. 이것을 원용하여 가정마다 가정생활 계명을 만들어 활용하는 운동을 펼칠 수 있을 것이다(Covey 1998: 107-146).
53) 연동교회(이성희 목사 시무)의 경우 다양한 계층의 사람들을 위하여 "새 가정 교실" "아브라함 교실" "부부 대화 교실" "나오미 교실" "룻 교실" "베드로 교실" "나사로 교실" "이삭 교실" "모세 교실" 등을 운영하여 많은 유익을 얻고 있다고 한다(이성희 1998: 270-272).

그 교회에 가장 필요한 주제를 가지고 가정생활 특별 세미나나 집회를 해마다 연속성있게 가질 수도 있다. 이런 과정을 통해 교회 안에서 헌신적인 사역자들과 지도자들을 발굴 양성할 수도 있을 것이다.

하여간 교회에서 가정생활을 위한 어떤 사역을 하거나 프로그램을 실시하기 전에 목사의 가정(특히 부부관계)이 먼저 모범이 되어야 함은 당연한 일이다. 그런데 만일 목사의 아내나 남편이 "당신은 분명히 목사님이고 신학 공부를 훌륭하게 마친 분이며, 교회에서는 훌륭한 가정문제 상담사이기도 합니다. 그러나 당신은 결코 내게는 좋은 남편(아내)은 아니예요"라고 한다면(송길원 1994: 26), 그의 가정사역 목회는 처음부터 어긋나고 있는 것이다. 그러나 누구도 완벽한 사람은 없으므로 서로의 부족함을 감싸주고 상호 보완적 관계를 함께 이루어가는 사랑으로 뭉쳐진 모습을 보여주는 것으로 만족해야 한다.

가정생활 사역은 하나의 통합적 사역(wholistic ministry)이요, 지속적 사역(continuous ministry)임을 잊어서는 안 된다. 따라서 그것은 일과성에 그치는 행사 중심의 사역이 아니라는 말이다. 또 가정 문제는 사생활에 속한 것이고 객관화하기 어려운 정서적인 면이 깊이 관련되어 있다는 점을 간과해서도 안 된다. 그러므로 충분한 이해가 무엇보다 중요하다. 충분한 이해 없이 성급히 내린 처방은 오히려 역효과를 내기 쉬운 것이다. 마지막으로 가정생활 사역은 치유와 예방이라는 두 가지 차원이 잘 조화되어야만 한다. 문제를 이미 안고 있는 사람들은 치유사역의 대상이요, 건전한 가정생활을 영위하고 있는 사람들이나 새로운 가정을 이룬 신혼 부부가정, 그리고 예비 신랑 신부들은 모두 예방사역의 대상이 된다.

|제10장|

소그룹 사역을 통한 교회 성장론

인간은 근본적으로 죄인으로서 하나님 앞에서 누구나 무능하고 연약한 존재이기에 그 사역도 불완전할 수밖에 없고 서로 상호보완적으로 일해야 한다. 그리고 교회는 다양한 지체들이 모여 유기적으로 이룬 공동체이므로 성도 각 사람이 받은 은사를 효과적으로 개발하고 활용하여 봉사함으로써 이런 약점을 어느 정도라도 극복할 수 있다. 그리고 이런 영적 은사들을 개발하고 주신 은사를 분별하여 교회 안에서 목회자를 돕는 협력 사역자로 효과적으로 봉사할 수 있는 기회를 제공하는 방안의 하나로 제기되는 것이 교회 안에서의 소그룹 활용론이다.

인간은 본질적으로 사회적 존재로 공동체를 이루며 살도록 되어있다. 그리고 그 공동체 생활의 기본 단위는 가정이었다. 가정이 인간 생활의 유대관계를 묶어주는 기본적인 소그룹이라고 할 수 있는 것이다. 그런데 앞장에서 살펴본대로 현대는 이런 가족 간의 유대관계가 느슨해지면서 고독감이 인간 사회의 일반적인 현상이 되었고, 교회도 과거에는 가족 단위로 모이는 공동체였다면 점차 개인들이 모이는 공동체로 바뀌고 있다. 이런 문제를 해결하고 교회의 활력을 다시 찾는 하나의 방안으로 소그룹 활용론이 제기되는 것이다. 과거에 가족관계에서 얻었던 여러 가지를 다음 세대에서는 소그룹에서 추구하게 된다는 것이다(Anderson 1992:

35).

교회는 그 규모, 위치, 역사와 전통, 교인들의 성향 등에 따라 다양할 수밖에 없다. 그러나 소그룹 사역을 조직하여 활용하는 원리는 어느 교회에서나 유익하게 이용될 수 있으리라는 신념은 일반적으로 받아들여진다. 그리고 어느 교회도 완전하지는 않기 때문에 일을 할 때에도 시행착오나 일시적인 실수는 용인되어야 한다. 소그룹 활동을 교회 안에 도입하는 일도 어느 정도의 어려움이나 시행착오를 겪을 수 있다. 심지어 교회 안에서 일부 반발하여 교회를 떠나는 사람들까지 있을 수 있다. 그러나 교회의 성장이나 활력을 위해서는 시대적 요청이라 할 수 있는 소그룹 사역을 활용해야 한다는 것은 당연한 당면 과제라 할 수 있다.

I. 시대적 요청으로서의 소그룹 사역

오늘의 교회가 가지고 있는 문제 중의 하나는 교회가 현대인들의 일상생활을 위해서 해주는 것이 분명하지 않다는 것이다. 즉 많은 사람들이 주일 아침 교회에서 이루어지는 일과 그들의 일상생활에서 일어나는 일들 사이에는 별 관계가 없다고 느끼고 있다는 것이다(Hebbard 1995: 3).

그런 상황에서 젊은 세대들의 종교적 관심도 전통적 교회보다는 무엇인가 새로운 것에 대하여 더 큰 관심을 가지게 된다. 이 책의 앞 부분에서 이야기한대로 현대인들은 과거에 비해서 철학적 변증적 신학적 논증에는 점차 관심을 덜 가지고, 반면에 초자연적 체험에는 더 많은 관심을 기울이는 경향을 띠는 사람들이 많아진다. 따라서 교회 가운데서도 오순절 교회들이 급성장하고 있고 다른 교단에 속한 교회들도 기도와 이적이나 기사(signs and wonders), 은사 갱신 운동(charismatic renewal movement)을 강조하는 교회가 성장하고 있는 현실이다(Anderson 1992: 35).

이러한 상황에 직면한 교회와 그 목회 사역, 그리고 그 신학은 미래지향적이 아니면 안 된다. 과거의 영광스럽던 날을 되씹고 자랑하면서 앉아 있을 것이 아니라 현재의 필요를 충족시키면서 앞으로의 아름답고 위대한 꿈을 자랑하고 바라볼 수 있어야만 현대인들을 하나님께로 인도할 수 있을 것이다. 소극적인 사람들과 교회들은 늘 '과거에는 그 일이 그럴 수 있었는데 왜 지금은 그렇게 할 수 없는가?'를 물으며 살지만, 적극적이고 긍정적인 사고를 하는 사람들과 교회들은 늘 현재 그 일이 진행되는 상황을 보고 왜 일이 그렇게 되고 있는지를 물으면서 미래를 바라보고 사는 것이다. 미래지향적인 교회와 교회 지도자들은 먼저 현실을 바로 볼 줄 알아야 하는 것이다. 즉 앞에서 말한대로 현대인 특히 다음 세대의 사람들은 머리로 하는 논증이나 신학적 체계 등에는 별 관심이 없어진다. 따라서 교파 문제도 훨씬 덜 중요하게 여겨질 것이고, 세속화된 문화 속에서 고민하는 내적 갈등도 줄어들 것이다. 그 대신 관심은 두 가지 방향에 집중된다. 하나는 앞에서 말한 하나님을 만나는 체험이요, 다른 하나는 가정, 가족, 결혼, 직장 문제와 같은 현실적인 삶의 문제가 그것이다(Anderson 1992: 20).

그러므로 교회와 그 지도자들은 미래 문제를 폭넓게 바라보아야 하지만 먼저 그 교회를 하나님을 만날 수 있는 교회, 즉 성령의 권능이 나타나고 사람들의 삶이 근본적으로 변화될 수 있는 교회로 만드는데 초점을 맞추어야 한다. 그리고 개개인에 대한 관심과 세밀한 면에 대한 주의를 게을리해서는 안 된다. 따라서 앞으로의 효과적인 목회는 교회가 복음을 가지고 지역 공동체와 세상으로 파고들게 해야 하지만 그보다 먼저 성도들을 제자화하고 사역을 감당할 자질을 갖추게 양육하는데 주력해야만 할 것이다(Means 1993: 15). 그런데 사람들은 점차 교회를 복음을 가르치는 공동체로 보기보다는 사람들의 삶을 돌보는 곳으로 보는 경향이 커갈 것이므로 복음의 본질을 훼손하지 않도록 하면서 동시에 과거의 교회들이 물려준 형태와는 달리 평신도 사역을 활성화하지 않으면 안 된다. 교역자들의 힘만으로는 그 많은 요구를 충족시킬 수 없을 것이기 때문이다. 그리고 이와 같은 복합적인 상황에 대처할 수 있는 평신도 사역의 활성화 방안으로 소그룹 사역이 하나의 필연적인 과제로 부상하게 된다 (George 1992: 154). 그렇게 함으로써 평신도들도 시간과 정력과 돈을 투자해서 작은 목회자로서의 목회적 사역을 감당할 수 있게 되고 결국 목회자와 평신도는 상호 의존적 목회 동역자로 일할 수 있게 된다.

그리고 개인적인 고민과 문제들을 안고 교회를 찾는 현대인들은 그것을 서로 이야기하고 해결할 자리를 필요로 한다. 그리고 알고 보면 같은 문제를 가진 사람들이 많이 있으면서도 서로 모르고 지냈을 뿐임이 드러난다. 이런 맹점을 해결하는데도 소그룹 사역이 가장 좋은 처방일 수 있다. 한 마디로 말해서 소그룹 사역을 교회에서 도입하는 일은 오늘의 시대적 요청인 것이다.

II. 소그룹 사역의 성서적 기초

신학은 물론 교회의 모든 사역도 하나님의 말씀인 성경말씀에 그 기초를 두지 않으면 안 된다. 소그룹 사역도 그것이 아무리 유용한 것이라 하더라도 성경말씀이 그것을 지지해주지 않으면 교회의 사역으로 실행될 수 없는 것이다.

구약에서의 소그룹 사역

오늘의 소그룹 사역은 구약성경에까지 거슬러 올라가서 그 모형과 형태를 더듬어볼 수 있다. 먼저 소그룹 활동은 창세기 첫 부분에서 하나님의 본성과 이름에 관련하여 추론할 수 있다. 만물의 창조주이신 하나님은 그 이름이 엘로힘(Elohim)으로 나타나는데 이 개념이 복수형이라는 사실은 이미 알려져 있다. 즉 유일하신 한 분 하나님이시면서 동시에 성부, 성자, 성령의 삼위(three persons) 하나님이라는 뜻이며, 신학에서는 이런 하나님을 삼위일체 하나님(Trine God)이라고 표현해왔고 교회에서는 그대로 고백되어왔다. 삼위일체(Trinity)라는 개념은 물론 성경에 나오는 개념은 아니다. 그러나 이것이 인간의 이해를 초월하는 독특하고 신비한 관계에 대한 표현으로 그 진리성을 부인할 수는 없다. 마찬가지로 소그룹 사역이라는 말도 성경에는 나오지 않는 개념이지만 하나님께서 소그룹 형태로 존재하시고 역사하신다는 사실을 성경이 증거하고 있는 것이다(McBride 1990: 13-14; 1995: 21-22).

그리고 하나님만이 아니라 인간도 처음부터 공동체적 존재로 표현된다. 아담 홀로 존재하는 것이 하나님 보시기에 흡족하지 못하여 그를 돕는 배필을 만드심으로써 가정이라는 최초의 소그룹을 이루게 하셨고, 인간 사회는 오늘까지 가정이라는 소그룹을 기본 단위로 하여 발전해왔다.

공동체적 존재는 다른 말로 관계적 존재라고 표현할 수도 있다. 공동체에 속한 존재는 그 공동체의 다른 구성원과 구체적인 관계를 맺으면서 살 수밖에 없다는 뜻이다. 따라서 인간은 관계적 존재이다. 동시에 인간은 위로 하나님과의 관계를 벗어날 수 없고, 다른 사람들과의 관계는 물론 아래로는 하나님의 피조 세계와의 관계에서도 벗어날 수 없는 존재이다. 그리고 이러한 관계에서의 실패가 인간이 겪어야 했던 길이었으니 곧 성경이 죄라고 부르는 길이었던 것이다. 최초의 죄는 하나님과 인간

사이의 바른 관계가 깨어진데 연유하였고(창 3장), 나아가서 인간 상호간의 바른 관계까지 깨어지는데로 이어졌다(창 4:1-15). 그리고 결국 인간과 피조 세계와의 관계까지 악화되고 말았다(창 3:18). 창세기는 이런 깨어진 관계를 하나님 앞에서 스스로 숨는 것으로 표현한다(창 3:8). 그리고 이런 잘못된 길로 들어선 소그룹(가정)은 잘못된 씨(가인과 같은)를 낳게 되었고, 결국 인간 사회는 이런 깨어진 관계(broken relationship) 곧 죄로 가득하게 되고 만다(창 6:5).

하나님께서는 인간을 이런 깨어진 관계 속에 그대로 버려두지 않으시고 구원하시려는, 다시 말해서 바른 관계에로 회복시키시려는 계획을 가지시고 또한 약속해주시었다. 그것은 노아의 가족이라는 소그룹을 통해서 또 아브라함과 사라라는 부부 공동체를 통해서 약속하시고 이루심으로써 실증적으로 보여주셨다. 언약이라는 개념 자체가 관계를 전제로 하는 개념이고 그 언약의 대상은 한 개인이기보다는 가족 공동체라는 소그룹이었다. 그리고 하나님께서는 이스라엘 백성을 자녀로 자신을 아버지로 표현하곤 하셨다. 즉 범위가 넓어지고 수가 많아져도 그 기본 관계는 가족 관계에서처럼 일대일의 관계(face-to-face relationship)를 잊지 말아야 함을 보여주는 표현이다. 그리고 이런 관계의 회복이 성경의 일관된 주장인 구원인 것이다.

복음서에서의 소그룹 활동

복음서에서의 소그룹 활동은 예수님의 12제자가 그 모형이라 할 수 있다. 예수께서는 자기의 원하는 사람들을 부르시어 열 둘을 그 제자로 세우셨으니 이는 먼저 자기와 함께 있게 하시고 또 보내셔서 필요한 일들을 수행하도록 하기 위해서였다(막 3:13-15). 예수님은 역사상 가장 탁월한 소그룹 지도자로서 그 그룹 구성원들을 제자들이라고 부르셨으니, 이것은 따르는 자들(followers), 배우는 자들(learners), 견습생들(apprentices)이라는 말과 같은 의미를 가지는 말이었다.

로버트 콜먼(Robert Coleman)은 그의 책 「복음전도의 종합 계획(*The Master Plan of Evangelism*)」에서 예수님의 이런 소그룹 형성 과정과 구성원들의 양육 원리를 '집중의 원리(the principle of concentration)' 라고 불렀다. 즉 소수의 사람들이지만 이들을 온전하게 양육함으로써 복음을 전 세계에 전파하는 초석들이 되게 하셨다는 것이다. 그리고 그 제자들은 예수님과 또는 그들 상호간에 가진 관계에서 그냥 정적인(static) 상태로 머물러있지만은 않았다. 예수님과 함께 지낸 3년 간의 삶이 그들의 남은 생애를 바꾸어놓았기에 그들은 복음의 사역자들로서의 역할을 해낼 수 있었던 것이다(Icenogle 1994: 120).

특히 베드로 요한 야고보 세 제자들과의 사역은 전형적인 소그룹 사역이었다고 할 수 있다. 예수님의 사역이 막바지에 이르렀을 때 그는 이 세 제자를 따로 높은 산으로 데리고 오르셨는데, 거기서 그의 모습이 놀랍게 변형되는 광경을 보게 되는 엄청난 체험을 그들만이 할 수 있었던 것이다(마 17:1-8). 그리고 마지막 저녁을 보내실 때에도 그들 셋만을 데리고 더 깊은 기도의 시간을 가지셨다(마 26:36-46). 이런 체험들이 그들로 하여금 후일 교회의 기초를 다지는데 그들의 남은 여생을 바치게 하는 저력을 키워주었다고 할 수 있다.

물론 예수님은 많은 경우 군중 곧 초대형 그룹의 사람들을 상대로 말씀을 전하고 치유사역을 펴시었다. 그러나 예수님의 그런 사역은 소그룹 사역이 먼저 이루어진 상황에서 펼쳐졌다. 다시 말해서 그의 제자들과 맺은 소그룹 관계는 처음부터 지속적으로 이루어졌고, 따라서 그가 대중을 상대로 복음을 전할 때는 항상 그의 옆에 12제자들이 자리잡고있었던 것이다. 그의 시간도 대부분은 이 소그룹 사역을 위해 쓰여졌다. 그들은 항상 함께 지냈고, 함께 여행을 하였으며 식사 자리를 같이 하였고, 고난을 함께 겪었으니 문자 그대로 함께 살았던 것이다.

예수님의 제자 양성 방법도 소그룹 사역에서의 지도자 양성법의 전형이 된다. 단순히 말과 이론으로 가르치지 않고 모범을 보임으로써(by example) 제자들을 양육하였으니, 그의 방법은 '와서 보아라(Come and see!)' (요 1:39)와 '나를 따라오너라(Follow me!)'(마 4:19)는 두 마디로 요약될 수 있다. 소그룹이 그의 제자들이 '삶을 배우는 실험실(living-learning laboratory)' 역할을 한 것이다(McBride 1990: 17).

그의 소그룹 사역은 12 제자와의 관계에 한정되지 않는다. 그의 십자가 주위에 모였던 여인들의 모습에서도 일종의 소그룹 사역의 결과를 엿볼 수 있고, 따른 자들의 집에 찾아가서 그들의 어려움들을 해결해주는 모습에서도(막 1:29-31, 5:35-43; 눅 8:1-3, 10:38-42) 소그룹 사역에서 볼 수 있는 친밀한 개인적인 관계맺음의 면모가 엿보인다. 결론적으로 복음서에 나타난 예수님의 사역은 가장 전형적인 소그룹 사역이었다. 그는 훌륭한 소그룹 지도자였고 그의 제자들이 이룬 소그룹은 모든 소그룹 사역의 모델이 된 것이다.

초대교회의 소그룹 사역

부활하신 후에 두려움에 떨고있던 제자들에게 나타나신 예수께서는 친히 그들과 함께 해주심으로써 그들이 새로운 강력한 소그룹을 형성할 수 있게 해주셨다. 엠마오로 가던 두 제자 이야기(눅 24:13-35)나 제자들이 방안에 문을 닫고 모였을 때 나타나신 이야기(요 20:19-29), 그리고 낙심하여 뒷걸음치고있던 제자들에게 해변에서 나타나신 이야기(요 21:1-14)는 모두 초대교회 형성의 기초가 된 사건들이었고 바로 소그룹을 통한 교회 사역의 시작이었던 것이다. 또 이 사건들은 그 소그룹 사역의 중심에 부활하신 주님께서 계셨다는 것도 알려준다. 한 마디로 예수님의 공생애 사역 기간에는 물론 초대 교회 시대에도 그리스도 중심의 소그룹 사역이 이루어졌던 것이다.

그리고 그런 소그룹 사역의 특징은 다 함께 있으면서(being together) 가진 물건을 필요에 따라 서로 나누어 쓰면서 모이기를 힘쓰고 교제의 떡을 나누기도 하며 기쁨과 순전한 마음을 표현하고 하나님을 찬미하며 사람들에게는 큰 영향을 미쳤던 것으로(행 2:43-47) 나타난다. 이런 특징적 현상이 이루어질 수 있었다는 것은 그 공동체가 불변하는 건전한 중심점을 가지고 있었음을 의미한다. 부활하셔서 함께 하시던 예수 그리스도가 바로 그 구심점이었고 그는 모든 교회의 구심점도 되는 것이다. 예수께서는 그의 성령을 통하여(요 14-17장) 변함 없이 친히 임재하시고 역사해 주심으로써 신앙인들의 소그룹이 끊임없이 형성되도록 하시기 때문이다. 공생애 기간 중에 예수께서 그의 12제자들과 더불어 맺었던 관계와 사도들이 교회를 발전시킬 때 부활하신 주님께서 그 중심이 되어주시는 관계 사이에는 분명한 연결점이 있음을 잊어서는 안 되는 것이다.

그리고 아들 예수 그리스도는 아바(Abba) 아버지로서의 성부 하나님과 신비한 관계를 맺고 계신다. 삼위일체의 하나님이라는 신비한 관계는 이미 언급한 것이다. 하나님이 좀더 구체적인 모습으로 인간 공동체 안으로 들어오신 분이 예수 그리스도이신 것이다. 그리고 부활하신 그리스도는 지금까지 양육해둔 제자들에게 사도라는 이름을 주시면서 새로운 사역지로 나가서 보고들은 그대로 새로운 예수 그리스도 공동체들을 세우게 하셨다. 이제 그들은 선교사들이었고 교회 개척자들이었다.

결국 사도들이 흩어져서 가는 곳마다 즉 예수 그리스도의 복음이 전해지는 곳마다 그리스도를 중심한 소그룹들이 형성되었다. 최초의 가정교회들이나 이와 유사한 소그룹들이 형성된 것이다. 사도 바울은 비록 12

제자에는 들지 못하였으나 이런 선교 사역에는 중심 인물이 되었었다. 그리고 그는 교회를 그리스도의 몸(롬 12장, 엡 4장)이라고 설명함으로써 교회가 그리스도를 중심으로 하면서 그 구성원들이 유기적 관계에 있음을 강조함으로써 교회를 소그룹적 공동체로 표현하였다.

그리고 바울이 교회를 나타낼 때 사용한 몇 가지 중요한 개념 중의 하나는 믿음의 가정(the household of the faith, 갈 6:10), 하나님의 권속(God's household, 엡 2:9), 하나님의 집(딤전 3:15) 등에서 보는 바와 같이 집 또는 가정이라는 개념이었다. 이런 개념은 베드로도 그의 서신에서 그대로 쓰고 있고(벧전 4:17), 나아가서 신령한 집(spiritual house)이라는 표현(벧전 2:5)까지 쓰고 있으니 바울과 베드로 두 사람 모두 교회를 신령한 가족(spiritual family)과 유기체로서의 그리스도의 몸으로 보았다고 결론지을 수 있다.

그리고 앞에서 살펴본 사도행전 2장의 예루살렘 교회의 사역 활동에서 그 교회가 얼마나 소그룹 사역적 색채가 강하였는지를 알 수 있다. 그 것은 서신서 도처에서 발견 되는대로 그의 집 곧 성도 공동체에 속한 사람들의 삶의 태도를 특징지어주는 개념이 "서로"라는 말이라는 데서도 분명해진다(롬 12:10, 15:7 등)(Icenogle 1994: 289-290).[54]

요약해보면 소그룹 사역에 대한 성서적 기초는 확고하다. 구약성경 첫 부분에서부터 신약성경에까지 소그룹 활동은 신자들의 삶에서 뺄 수 없는 것으로 표현되고 있기 때문이다. 특히 주님께서는 소그룹을 만드시고 그런 상황에서 그의 공생애를 보내셨고, 처음 교회들도 성령의 역사하심을 힘입은 하나의 소그룹 사역으로 시작되었음을 생각한다면 모든 개 교회들이 이런 사역에 참여하는 것은 필연적인 일이라 할 수 있을 것이다.

---

54) 이 책에서 저자는 신약 성경 서신서에 나오는 "서로"라는 표현(one another와 each other)을 52가지로 예시해주고 있다.

III. 소그룹 사역으로서의 구역(목장) 활동

한국교회는 일찍부터 구역, 속회, 다락방, 목장 등의 이름으로 소그룹 사역을 행해왔다. 최근에 와서는 셀(cell) 목회 개념을 도입한 교회들도 적지 않다. 모두가 소그룹 사역의 하나로 한국교회의 성장에 한 몫을 했음을 아무도 부인하지 못한다. 그러나 이런 제도에도 분명히 공과(功過)가 있다. 그것은 앞에서 살펴본 초대교회 공동체와 여러 가지 공통점을 지닌다는 점에서 근대의 경건생활 운동에서 발전된 개념인 "교회 안의 교회들(ecclesiolae in ecclesia)"이라고 할 수 있다. 말씀과 가르침이 있고 성도 간의 사랑의 교제가 이루어지며 전도와 봉사라는 사역을 감당해왔기 때문이다. 이러한 신학적 본질적 타당성 이외에도 구역제도는 여러 가지 긍정적인 측면을 지닌다. 그것을 몇 가지로 요약해본다면 먼저 새 신자의 양육과 교회 생활 적응에의 기여를 들 수 있다. 새 신자가 그 교회에 적응하고 동화(同化)되는 과정에서 이런 소그룹 활동은 적지 않은 기여를 해왔고 또 그들을 신앙적으로 양육하는 데도 뚜렷한 기여를 한 것이다. 다른 신앙인들의 삶을 몸으로 배울 수 있는 기회가 되기 때문이다(황성철 1996: 52-53). 무엇보다도 구역활동의 기본적인 기능은 성도의 교제에 있다고 해야 한다. 따라서 사역을 위해서는 교회 안에 다른 소그룹들을 개발하고 발전시켜야 한다. 예를 들어 사역 팀들을 만들고 성도들로 하여금 각기 자신의 재능과 은사, 취향에 따라 자신이 봉사할 자리를 찾게 하고 자발적으로 그 팀의 일원이 되어 봉사하게 하는 것이다. 교회의 규모에 따라 그 사역의 종류는 달라지고 그 사역 팀의 수도 달라진다. 가장 기본적으로는 교회 안에서의 봉사 팀(예를 들어 교육, 찬양, 예배 등의 분야들)과 교회 밖을 위한 봉사 팀(예를 들어 전도, 봉사 등의 분야)으로 가를 수 있을 것이다.

또 이런 구역 활동을 통해서 평신도 지도자를 발굴 양성하는 면도 분명히 있다. 전임(full-time) 목회자들이 일일이 돌보지 못하는 분야들을 평신도들 스스로 돌아보고 양육하며, 전체 교회의 조화되고 균형잡힌 성장을 도모하는 효율적인 방안이 되고 그렇게 함으로써 평신도들을 지도자로 양육하는 방안도 되기 때문이다. 그리고 이런 활동을 통해서 교인들이 신앙생활상의 유익을 얻을 수 있기 때문에 그것은 개개인의 신앙 성장의 한 방편으로 기여하기도 한다. 또 그런 결과로 교인들이 봉사와 전도라는 선교적 활동을 할 수 있는 길이 되기도 하고, 그들은 이런 활동을 통해서 성장하기 때문에 그것은 교회의 건전한 성장에 한 몫을 감당하게 된다.

그러나 이런 긍정적인 측면과는 달리 구역활동에도 부정적인 측면이 있다. 먼저 그 활동이 대체로 여성 중심의 활동이었다는 것이다. 최근에 와서 남성들을 위한 구역 조직을 하고 그 활동을 장려하는 교회들이 늘고 있기는 하지만 아직도 그 활동은 여성 중심으로 이루어지는 것이 현실이다. 물론 이것을 긍정적으로 볼 수도 있다. 한국교회의 신자 구성비를 보면 아직도 남성보다는 여성이 많다. 또 종래 우리 사회는 남성 중심의 사회였으므로 여성들은 비교적 이런 활동을 할 수 있는 시간적 여유를 가질 수 있었다. 결국 이 제도는 여성들의 활동의 장을 넓혀줌으로써 여성 지도력을 개발 활용할 수 있었다는 점도 긍정적인 면이다. 그러나 교회의 균형잡힌 성장을 위해서는 남성들도 적극 참여할 수 있는 소그룹 활동을 모색해야 한다. 사회활동에 지장을 주지 않는 시간대를 활용하여 가족 단위로나 남성들만의 소그룹 활동을 할 수 있도록 하는 것이다.

다음으로 대부분의 교회의 경우, 그런 활동을 위해 평신도 지도자들을 충분히 훈련시키지 못하고 있다는 문제점도 있다. 다시 말해서 소그룹 지도자로서의 자질 함양은 없이 구역 활동을 하도록 하기 때문에 효율적인 소그룹으로서의 구역활동은 되지 않는다는 것이다. 따라서 그 프로그램들도 다양하지 못하고 대체로는 과거나 현재나 거의 변화가 없는 틀에 박힌 형태로 운영되고 있는 것이 현실이다.

그리고 구역 조직 자체가 대체로 지역적 구분에 따라 이루어지고 있는 것도 문제 중의 하나이다. 과거의 농경 사회나 교통 수단이 발달하지 않았던 시대의 유물이다. 따라서 산업 사회를 거쳐 정보 사회로 바뀌고 있고 교통 수단은 급격히 발달하여 거리가 문제되지 않는 시대를 살면서 재고해야 할 문제이다. 동질 집단(homogeneous unit) 이론을 활용하여 공동의 관심사를 가진 같은 부류의 사람들을 묶어 소그룹으로서의 활동을 할 수 있도록 하는 것이 하나의 답이 될 것이다.

또 여성 중심의 구역 활동을 하는 여성도 대체로는 가정을 가진 주부로서의 여성들이 중심이 되고 있다는 것도 문제로 지적할 수 있다. 신세대의 청년층이나 사회 활동을 하는 여성들 등 남녀노소 누구나 이런 소그룹 활동을 할 수 있도록 배려가 되어야 할 것이다. 하여간 한국교회의 구역제도는 소그룹 사역의 활성화라는 측면에서 재성찰되고 새롭게 조직되어야 할 것이다.

IV. 소그룹 사역의 원리와 실제

교회 안에서의 소그룹 사역의 필요성

사람은 몇 가지 기본적인 욕구를 가진다. 욕구란 필요로 이해될 수 있는 것으로 생존을 위해서는 가장 먼저 생리적 필요를 충족시키지 않으면 안 된다. 그런 동물적 필요가 충족되면 다음으로는 사회적 동물로서의 필요와 욕구가 충족되어야 한다. 소그룹 사역은 교회생활에서 이런 욕구를 충족시켜줌으로써 건전한 교회, 나아가서는 건전하게 성장하는 교회로 발전하게끔 하는 목회 방안의 하나로 이해되어야 하는 것이다. 소그룹 사역은 너무나 복잡하고 많은 문제들의 와중에 살고 있는 현대인들에게 그 문제들을 해결하고 그 소용돌이에서 벗어나게 하는 가장 좋은 현실적 방법들 중의 하나이며, 동시에 성서의 가르침과 명령을 바로 이해하고 순종의 삶을 살도록 도와주는 하나의 길이라고 이해하는 것이다 (Nicolas et. al. 1986: 246).

신앙인들이라고 하더라도 그들이 천국에 사는 것은 물론 아니고 교회 안에서만 사는 것도 아니다. 그들은 세상 안에서 즉 불신자들이 둘러싸고 있는 상황에서 신앙생활을 하고 있다. 따라서 그들은 그들의 신앙을 구체적인 삶의 현장과 어떻게 관련시켜야 하는지를 배워야 한다. 즉 자기의 신앙과 생활에 관하여 질문해보고 그 답을 들을 수 있는 기회를 필요로 한다. 그리고 그들은 의심과 두려움을 숨김없이 정직하게 표현할 수 있고, 그 해결점을 찾을 수 있는 관계적 삶을 통해서 신앙적으로 성장하게 된다. 따라서 그런 신뢰를 바탕으로 하는 관계를 형성해주는 소그룹 사역은 절실히 필요한 것이 된다(Smith 1992: 55).

소그룹의 정의와 특성

간략하게 소그룹을 정의한다면 "사람들이 서로의 필요를 충족시키면서 교회를 섬기고 세우기 위하여 모이는 모임"이라고 할 수 있다(Nicholas et. al. 1986: 51). 그러나 이것을 좀더 실천적인 면에서 볼 때 McBride는 다음과 같이 정의한다. "교회 안의 소그룹이란 하나의 자발적이고 의도적으로 3-12명의 사람들이 서로를 바른 기독인으로 세워주고(Christian edification) 서로간의 교제를 나누려는 목적으로 정기적으로 모이는 모임이다"(McBride 1995: 24).

이 정의에 따라 소그룹의 특성을 정리해보면 첫째로 그것은 자발적으로 모인 모임이어야 한다. 억지로 또는 자발적인 의사에 반하게 조직되는 소그룹 모임은 소그룹 사역 본질에 위배되는 것이다. 둘째로 그것은 분명한 목적을 가지고 모이는 모임이어야 한다. 우리 속담에 거름지고 장에 간다는 말이 있다. 자신의 목적과는 무관하게 다른 사람이 하니까 따라 하는 것을 말한다. 소그룹 사역은 그렇게 해서는 아무런 성과를 기대할 수 없다. 과녁을 정하지 않고 활을 쏘아서는 과녁을 제대로 맞힐 수 없는 것과 같은 이치에서이다. 따라서 목표 설정은 가장 먼저 해야 할 일로서 소그룹 사역을 펴는 동안 또는 그 결과로 얻으려는 것을 미리 정함을 의미한다. 셋째로 소그룹의 규모는 최소 3명, 최대 12명 정도로 조직되어야 한다. 그룹의 규모가 그보다 크게 되면 친밀성, 책임성, 목회적 보살핌, 개개인을 위한 직접적인 중보기도, 자기 노출을 해도 괜찮겠다는 안전성을 잃어버리기 쉽기 때문이다(George 1993: 193). 넷째로 그것은 서로를 성숙한 그리스도인이 되도록 세워주고(성도를 온전케 하며: 엡 4:12) 사랑의 교제를 나누게 하려는 목적으로 모인 모임이다. 이런 목적은 물론 좀더 세분되어 여러 가지로 나누어질 수 있다. 성서에서 보여주는 소그룹의 목표로는 성서적 사랑이 꽃피게 하고 친교와 연합을 증진시키며, 그리스도의 몸된 교회를 세우고 성경에서 말하는 은사들을 계발하는 것 등을 들 수 있다(McBride 1995: 26). 마지막으로 그것은 정기적으로 모여야 한다. 얼마나 자주 모일 것인가는 모임의 목표와 성격에 따라 달라질 수 있지만 보통 매주 한 번씩 모이는 것이 가장 바람직한 소그룹 사역으로 알려지고 있다. 이 경우 혹서기인 7-8월에 한 달 정도 쉴 수도 있지만 그 이외에는 계속 모일 수 있어야 소그룹 사역이라고 할 수 있을 것이다. 경우에 따라서 격주로나 매월 한 번씩 모이더라도 정기적으로 모이는 것을 규칙으로 삼아야 한다.

소그룹 사역은 여러 가지 유형으로 이루어질 수 있다. 한 가지 유일한 올바른 소그룹 형태란 있을 수 없기 때문이다. 우선 그 지도력의 형태에 따라 자유방임형, 독단형, 민주형으로 분류될 수 있다. 자유방임형으로 운영되는 소그룹 사역은 지도자가 아주 수동적인 자세로 모든 것을 구성원의 자유에 맡겨두는 형태로 그 효율성도 매우 저조하기 마련이다. 독단형의 지배적인 지도력을 행사하는 지도자가 소그룹을 지도할 경우에는 반대로 그 효율성이 매우 높게 나타난다. 그리고 지도자의 지도 형태가 민주적이라는 것은 지도자는 방향을 제시하고 안내하는 역할만 하는 형태로서 처음에는 별로 그 목표가 이루어지는 것 같지 않지만 시간이 흐름에 따라 그룹 구성원들의 창조적 내적 잠재력이 배양되므로 그 효율성이 점차 높아가는 형태이다. 지도자의 권위에 따른 분류를 따르면 권위적인 면이 크면 클수록 강의형(講義形)의 지도력을 발휘하게 되고 다음으로 설득형, 의논형으로 바뀌게 되며, 구성원들의 자유라는 면이 커질수록 지도력이 참여형, 위임형 등으로 나타나게 되는 것이다(Reid 1996: 114-115).

소그룹 사역의 목표에 따라서도 몇 가지 형태로 구분될 수 있다. 다른 목표를 가지고 있으면 거기에 따른 다른 형태의 그룹이 나오는 것은 자연스러운 귀결이기 때문이다. 그룹마다 가장 소중하게 여기고 강조하는 독특한 목표 또는 요소가 있게 마련이고 그 그룹이 존재하는 가장 중요한 이유(the central reason)가 있게 마련이기 때문이다(McBride 1990: 75).

이런 분류에 따른 첫째 형태는 관계 지향적(relation-oriented) 그룹들이라 할 수 있다. 구성원들 간의 영적 또는 사회적 관계 형성에 초점을 두고 그 그룹이 하는 일은 부차적인 것으로 치부된다. 예를 들어 새 신자나 한시적인 방문 신자가 그 교회에 쉽게 동화되도록 하려는 동화그룹(assimilation group), 여가 시간을 의미있게 보내도록 돕고 서로 간에 사랑의 관계를 맺도록 하는 친교그룹(fellowship group), 구성원들의 형편을 보살피는 목회적 성향의 돌봄그룹(caring group) 등이 여기에 속한다. 이런 그룹들에서는 관계가 강조되고 과정이 내용보다 우선된다(McBride 1990: 75). 예를 들어 동화그룹의 경우, 그런 소그룹 사역은 새 신자들이 그 교회에 적응 동화되도록 하는 열쇠가 된다는 것이다. 그런 사역이 사람들로 하여금 다른 사람들과 또는 좀더 큰 공동체에 자신을 동화시켜가는 기회를 제공한다는 것이다.

둘째 형태는 내용 지향적(content-oriented group)이다. 다양한 성경 공부반과 토의 그룹들이 여기에 속한다. 모임을 갖는 주된 이유가 어느 성경 본문이나 주제를 공부하거나 토의하는 것과 같이 그 내용에 초점이 맞추어지는 것이다. 물론 구성원들의 상호관계도 관심사이기는 하지만 그것은 역시 부차적인 것이고, 그 내용이 가장 중요하게 여겨지는 것이다. 예를 들어 성경공부를 하기 위해 모인 그룹이라면 거기서 습득하는 말씀의 의미나 가르침이 관심의 중심이 되는 것이다.

셋째 형태는 과업 지향적 그룹(task-oriented group)이니 수행해야 할 명확한 과제를 가지고 모이는 그룹을 말한다. 구성원간의 관계는 부차적인 것이고 문제가 생기지 않는 한 관계 형성은 거론되지 않는다. 또 거기서 무엇을 얻을 것인가 하는 내용도 관심사 밖의 문제이다. 교회 안의 대부분의 위원회, 전도회나 선교회, 봉사회 등이 여기에 속한다. 그 그룹 밖에 있는 사람들을 위해 무엇인가를 해야 한다는 의무를 수행하기 위해서 존재하는 그룹들인 것이다.

넷째 형태는 필요 지향적 그룹(need-oriented group)이다. 그룹 구성원들이 공동으로 가진 필요가 그 그룹의 존재 이유가 되는 경우이다. 습관성의 잘못된 생활로부터의 회복을 꾀하는 그룹들, 곧 교회 밖에서 이루어지는 것들이기는 하지만 알콜 중독자들의 모임, 비만으로 고민하는 사람들의 모임, 습관성 약품에 중독된 사람들의 모임, 금연을 위한 모임 등이 여기에 속한다. 교회 안에서 형성되는 그룹들로는 특별한 어려움 때문에 고통 당하는 사람들을 도우려고 모이는 그룹, 즉 이혼 당한 사람들이나 암 환자들, 배우자를 사별한 사람들, 실직자들이나 노숙자들을 돕기 위한 후원회 성격의 모임들이 여기에 속한다.

소그룹 사역에서 흔히 볼 수 있는 요소들은 대체로 양육, 예배, 공동체적 교제(community), 선교라고 할 수 있는데 처음 두 가지는 내용 지향적 그룹에서 추구할 일들이고, 친교는 관계 지향적 그룹, 선교는 과업 지향적 그룹에서 추구할 일이 된다. 그리고 실제에 있어서는 이 네 가지 요소가 서로 연관되어 있음도 부인할 수 없다. 즉 위의 네 가지 형태의 그룹으로 분류하기는 하였지만 소그룹 사역에서 다루어지는 그룹들은 주된 방향을 가지는 것은 사실이나 부차적인 면들도 결코 무시될 수는 없다는 것이다.

목회와 소그룹 사역

현대 교회에서 효과적인 목회사역을 하기 위해서는 소그룹 사역은 필수적이다. 그러나 교회의 규모에 따라 그 필요성은 차이가 있다는 주장도 설득력이 있다. 소그룹 활동이 교인들을 결속시키는데 결정적인 역할을 한다고 보기 때문이다. 따라서 소 규모의 교회에서는 목사가 모든 일을 돌볼 수 있고 교회의 중심에 서서 교인들을 결속시키는 역할을 할 수 있기 때문에 소그룹 사역의 필요성이나 효율성은 규모가 큰 교회에 비해 떨어진다고 할 수 있다. 그러나 평신도들의 적극적인 참여 없이는 기존의 자연적인 친교 모임이나 활동(남여 선교회, 성가대, 교회학교 등)을 영적인 면에서 보면 피상적인 관계만을 맺고있는 경우가 많다. 따라서 바른 개인적 신앙 성장이나 교회 성장을 위해서는 서로 간의 좀더 깊은 이해와 도움을 필요로 한다. 그리고 그런 것은 누군가가 그들에게 지도를 베풀고 영적 자원들을 공급함으로 좀더 공고한 결속이 이루어질 때 효과적으로 얻어진다(Smith 1992: 57). 결국 교회의 규모에 무관하게 소그룹 사역은 이루어져야 한다.

교회의 규모에 관계없이 성장하는 교회의 목사는 언제나 그 교회의 중심 인물이 되고 있다. 그는 자기 주위에 재능이 있으면서 책임성있게 봉사하려는 사역자들이 모여드는데 주의를 기울이는 사람이기도 하다. 또 그것은 자연스럽게 소그룹 사역의 활성화로 이어지고, 거기에서 결속관계가 공고해질 때 이런 관계는 교회를 힘있게 전진할 수 있게 한다. 교회가 지역 공동체 안에서 하나의 의미있는 세력으로 부상하려면 다양한 견해와 능력과 개성을 가진 사람들이 서로 협력하고 존중하며 하나로 결집되는 그런 결속력을 보이지 않으면 안되기 때문이다(Means 1993: 221). 즉 효과적인 목회사역은 단순히 훌륭한 목사(pastoral superstar)나 그들이 인도하는 공적 집회에만 의존하기보다는 건전한 관계 형성으로 공고히 된 기반을 필수로 하고 있기 때문이다(Means 1993: 133).

그리고 소그룹 사역은 범교회적 프로그램으로 할 수도 있지만 어떤 특별한 목적을 가지고 특별한 분야에서만 행하는 사역일 수도 있다. 또 소그룹 사역의 다양성을 늘 염두에 두지 않으면 안 된다.

소그룹 지도자론

아무리 소그룹 사역이 중요하고 필수적인 일이라고 하더라도 그것을 실행에 옮길 수 있는 유능한 지도자들 없이 단순히 소그룹들을 만들기만 하는 것은 오히려 하나의 재난이 될 수도 있다. 소그룹의 좋은 지도자들은 바른 길로 토의를 유도하고 모든 구성원들이 참여할 수 있도록 격려해주며, 서로를 돌보는 분위기를 조성하고 지속적인 자기 훈련(self-discipline)을 통해 제자의 삶이 어떤 것인지 본을 보이는 사람이다(Means 1993: 135). 즉 그 그룹이 모여서 서로의 필요를 충족시켜주고 봉사하는 일이 잘 수행되도록 조정하고 돕는 사람인 것이다.

그러나 소그룹 지도자라고 해서 똑같은 정형화된 어떤 형을 고집할 수는 없다. 전문적인 지도력(the expert leadership)을 발휘할 수 있는 전문적인 지도자가 있는가 하면, 누구나 지도력을 발휘해보도록 돌아가면서 지도자 역을 맡을 수도 있고, 두 세 사람이 팀을 이루어 공동의 지도력(shared leadership)을 발휘할 수도 있다(Reid, 1996: 106-113). 또 교회나 위원회로부터 임명된 지도자(the official leader)나 그 그룹에서 선출된 지도자가 있을 수 있고, 때로는 그 날 모임을 가지는 집 주인이 지도자 역할을 할 수도 있다.

하여간 어떤 형태의 지도자이든지 소그룹 사역의 지도자는 먼저 영적인 차원에서 헌신적으로 예수 그리스도와의 관계를 유지하여야 하고, 인간적인 차원에서 다른 사람들의 삶에 관심을 가지고 바른 관계 형성을 위해 헌신적으로 봉사할 수 있어야 하며, 다른 사람들에게 선한 영향을 미치기 위하여 격려와 위로, 권면과 가르침에 헌신하려는 마음가짐이 되어있어야 한다(Nicholas et al. 1986: 57-58).

그런 지도자는 그 그룹의 목표의식을 분명히 가지고 구성원들에게 비전을 제시하며 그 비전을 향하여 활발한 활동을 벌여나가게 하고, 구성원들이 기대감을 가지고 참여할 수 있게 격려하며 실제 모임에 필요한 세부사항들을 조정하는 일을 해야 한다. 처음 그룹이 시작되었을 때에는 그 그룹의 안정된 발전을 위해 길잡이가 되고 구성원들 간의 관계를 잘 유지하도록 지도력을 발휘하며, 그룹이 안정기에 들어갔을 때에는 지도력을 오히려 줄이고 스스로 설 수 있도록 한 걸음 물러서서 조정자적 역할만 하다가 그룹이 어려움에 봉착하게 되면 다시 강력한 지도력을 발휘할 수 있다면 이상적일 것이다(McBride 1990: 39). 그러나 물론 언제 나서고 언제 물러설 것인지를 정확히 판단하는 일은 쉽지는 않다.

지도자가 어떤 모습으로 봉사할 것인가 하는 모델은 아무래도 성서에서 찾아져야 한다. 지도력의 성서적 모델은 두 가지로 요약될 수 있다. 하나는 지도함으로써 섬긴다(serve by leading)는 것이요, 다른 하나는 그 역으로 섬김으로써 지도한다(lead by serving)는 것이다(Nicholas et al. 1986:52-54). 이것은 예수께서 친히 본을 보이셨고 사도 바울이 강조했던 것으로 [55] 하나님의 백성들 사이에서는 가장 많이 섬기는 자가 가장 큰 자라는 원리에 따라 '섬기는 지도자(servant leader)'가 되어야 함을 의미한다.

소그룹 사역의 실제

교회 안에서 소그룹 사역을 펴려고 할 때 맨 먼저 할 일은 현재의 당면한 필요들을 파악하는 일이다. 그 필요들이 어떤 것인지 분명히 파악되면 그 중 어떤 필요들을 충족시켜야 할지를 결정해야 한다. 그리고 그런 결정이 되면 목표들은 자연히 설정되고 방향도 정해진다. 이렇게 되면 그것은 교인들의 기대에 부합되는 것이 된다. 그 목표들은 구체적으로 이룰 수 있는 어떤 것(지식 습득, 태도나 행위 유발 등)이어야 한다. 목표는 분명하게 보이는 과녁이어야 한다(goals are targets)는 말이다(McBride 1990: 60-61).

소그룹들을 구성하는 것이 그 다음의 일이다. 소그룹을 조직하는 방법도 여러 가지이다. 무작위로 교인들을 나누어서 조직하는 방법(random assignment)이 가장 쉽지만(예컨대 지역별 또는 성씨별로) 그것은 그리 바람직하지는 않다. 교인들 스스로가 자기가 원하는 그룹에 들어가게 하는

---

55) 고전 3: 5, 9: 19; 고후 3: 6, 6: 4, 11: 23; 골 1: 23, 25.

방법(choice)이 이상적이라 할 수 있지만 한국교회의 형편으로는 교인들을 개별적으로 검토 분류하여 조직하는 방법(assignment)이 더 좋을지 모른다(McBride 1990: 84). 그렇다고 처음부터 전 교인을 소그룹화할 목적으로 어떤 그룹들에 속하게 하려는 계획은 무리라는 점을 꼭 명심해야 한다.

다음으로는 그룹의 구성원들을 어떻게 구성할 것인가를 생각해야 한다. 이 경우도 다양한 교인들이 어떻게 구성되어야 가장 효율적인 결과를 얻을 수 있을가를 생각해보아야 한다. 이상적인 형태로는 서로 비슷한 나이 또래나 같은(유사한) 직업을 가진 사람들이 모이는 그룹(homogeneous unit)들이 되게 하는 것이다. 같은 관심사를 가진 사람들이 함께 모이도록 하는 방법이다. 반면에 경우에 따라서 다른 요인들, 즉 남녀, 빈부, 교육 정도 등은 다양한 사람들이 함께 모이는 것(heterogeneous unit)이 좋을 수도 있다(McBride 1990: 82). 최근의 추세로는 부부가 함께 참여할 수 있는 모임을 적극 추천할 수 있다.

그룹의 크기는 앞에서 언급한대로 2 - 12명 정도(부부 모임이라면 3 - 7가정 정도)가 이상적일 수 있다. 소그룹 사역에서는 인간관계가 중요시되므로 규모가 너무 커지면 그 관계가 복잡해져서 원만한 관계 형성이 어려워지기 때문이다. 그러나 이것도 그룹의 성격에 따라 달라질 수 있다. 예를 들면 내용 지향적 그룹 즉 성경 공부를 주목적으로 하는 등의 그룹이라면 30명까지도 소그룹 활동이 가능할 것이다.

다음으로는 그룹의 규약을 만드는 일이다. 그렇다고 소그룹마다 명문화된 규약을 정할 필요는 없다. 단지 최소한의 약정이 처음부터 있어야 한다는 것이다. 예를 들어 언제, 어디에서, 얼마나 자주 모일 것인가에서부터 모여서 무엇을 할 것인가 그리고 어떻게 하는 것이 그 모임에 능동적으로 참여하는 것인가 정도는 분명히 있어야 한다는 말이다.

얼마나 자주 모일 것인가는 이미 언급한대로 매주 한 번씩 모이는 것이 보통 권장되는 일이지만, 예컨대 과업지향형 그룹이라면 격주로나 월례 모임으로도 가능할 것이다. 그리고 언제 모일 것인가는 구성원들이 최대한 참석하기 쉬운 때를 택하면 좋을 것이다. 예컨대 주중의 어느 저녁 시간을 택하는 것이다. 장소는 모두가 분명히 아는 곳이어야 하는데 교회 안에 있는 어느 장소일 수도 있지만 구성원 중의 어느 가정에서 모임을 가질 수도 있다. 물론 때로는 음식점 등을 이용할 수도 있다. 그리고 모임을 가지는 시간의 길이는 1시간 30분에서 2시간 정도가 적당하다고 권장된다.

일단 모임을 갖게 되면 물론 그 모임의 목적에 따라 그것은 운용되어야 한다. 그러나 소그룹의 성격상 그 활동은 늘 신선하고 역동성있게 운영되어야 한다. 따라서 기본적인 활동으로 개인적인 나눔(personal sharing)의 시간과 기도 시간을 가지는 것은 당연하고, 때에 따라서 색다른 활동, 예를 들면 지난 주일의 설교에 대한 논의(feedback)나 특강 등을 행할 수도 있다.

소그룹 사역이 성공적으로 이루어지려면 서로 간의 신뢰의 수준을 높여야 한다. 개인적인 삶의 이야기를 나눔으로써 이것은 가능하다. 그러나 그렇게 되기 위해서는 문제가 있으면 주저없이 내놓고 상담할 수 있는 분위기가 되어야 한다. 그런 분위기를 조성하는데 실패하면 소그룹 사역도 약화될 수밖에 없다. 소그룹 사역의 성공의 열쇠는 자신의 체험을 그룹 활동을 통해 다른 사람들과 나누는 것이라 할 수 있기 때문이다.

여기에서 누구나 가질 수 있는 질문은 '우리 교회에서도 소그룹 사역이 가능할까?' 라는 질문이다. 거기에 대한 답은 서로 다를 수밖에 없다. 역사가 오래되고 전통이 강하여 보수적인 교회일수록 소그룹 사역을 받아들인다고 하더라도 그것을 단순히 여러 가지 프로그램 가운데 하나 정도로 보기 쉽고, 변혁을 추구하는 그래서 새로운 시대에 대처하려는 교회일수록 그것을 적극적으로 수용하여 발전시킬 수 있다. 그러나 대부분의 교회는 이런 양자의 중간형이라고 할 수 있다. 즉 소그룹 사역을 교회의 본질적인 요소라고 받아들이면서도 적극적으로 그것을 추진하는데는 주저하고 있는 현실을 말한다.

그러나 21세기의 교회는 새로운 시대의 다양성을 인정하고, 그 때 그 상황에서 사는 사람들을 상대로 목회사역을 펼쳐야 한다. 이것은 과거의 많은 특성들을 아예 잊어버리자거나 복음의 본질을 포기하고 새로운 사역에 임해야 한다는 뜻이 아니라, 우리가 모든 사람의 필요를 충족시킴으로써 그들 모두를 끌 수는 없지만 어떤 특정 부류의 사람들을 목표로 삼고 그들을 온전한 성도 또는 제자로 양육하는데 주력하는 사역을 벌여야 한다는 것이다. 그리고 이렇게 하는 가장 효율적인 사역 중의 하나가 소그룹 사역이라는 것이다.

한국교회는 일찍부터 구역제도라는 독특한 소그룹 사역을 해왔다. 이제 그것을 시대에 맞게, 다시 말해서 현대인들을 끌 수 있는 새로운 소그룹 활동으로 전환하는 것이 그렇게 어렵지는 않을 것이다. 지역 단위로 조직하던 구역조직부터 소그룹 원리를 도입한 새로운 조직으로 탈바꿈하고 많은 평신도 지도력을 개발 훈련시켜 그 모임들을 나름대로의 특성 있는 그룹으로 운영할 수 있게 해보는 것이다. 셀 목회에서처럼 너무 한 가지 형태의 그룹에 치중하지 않고 다양한 소그룹 활동을 통해 다양한 사람들이 다양한 사역 체험을 할 수 있도록 하자는 것이다. 21세기의 목회적 상황에서는 개척교회를 비롯한 작은 교회들은 물론 중·대형 교회의 목회사역에서는 반드시 소그룹 사역의 원리를 적극적으로 활용하여 그 사역을 활성화시키지 않으면 지속적 교회 성장을 기대하기는 어려우리라는 전망도 있음을 잊지 말아야 할 것이다.

|제11장|

청소년 사역론

21세기를 맞이한 한국교회는 유일한 분단 국가로서 통일의 날이 멀지 않으리라는 기대감과 더불어 북한 선교라는 과업과 꿈을 안고 있다. 그러나 다른 한편 유례없는 교회성장이라는 자랑이 이제는 정체 내지는 마이너스 성장이라는 부끄러움으로 바뀌었음도 부인할 수 없는 현실로 대두되었다. 그것을 쉽게 보여주는 한 예로서 교인 구성비를 볼 때 장년층과 노년층이 중심을 이루고 상대적으로 청년층과 청소년층 그리고 어린이 교회학교의 학생 수는 급감하고 있음을 알 수 있다. 물론 한국사회가 전반적으로 노년 인구는 급증하는데 반하여 학령아동의 수는 급감하고 있는 것이 현실이기는 하지만, 그렇다고 교회학교 학생 수의 감소를 그런 원인에다 돌려버리고 안이하게 바라보고만 있을 수는 없다.

이런 현상은 오늘의 교회 문제일 뿐 아니라 내일의 교회 문제이기도 하다. 청소년을 포함한 젊은 세대는 바로 내일의 주인공들이기 때문이다. 그러므로 오늘의 교회에서의 청소년 사역의 중요성은 아무리 강조해도 지나치다고 할 수는 없을 것이다. 문제는 누구나 이런 의식을 하면서도 실제적으로 청소년 사역을 성공적으로 이끌고 있는 교회, 다시 말해서 청소년들이 자발적으로 모여들어 다음 세대의 그리스도의 제자들로 성장하고 훈련되는 교회는 그리 많지 않다는데 있다. 여기서는 단순히 청소년들을 많이 모으기만 하는 것이 아니라 그들을 또한 건전한 그리스도의 제자들로 양육하는 것까지를 포함하는 건전한 청소년 사역(healthy youth ministry)을 실천하는데 도움을 주려는 것이다. 단순히 많은 청소년들을 모으려고만 한다면 어느 정도 출혈을 해서라도 그들의 우상이 되고 있는 연예인들을 초청하여 프로그램을 진행한다면 성공할 것이지만 청소년 사역의 목표는 좀더 심원한데 있는 것이다. 물론 여기에서 제시하는 이론이나 실제적인 방법론들조차도 어디에서나 적용될 수 있는 만병통치약으로서의 처방 약은 될 수 없다. 단지 일반적인 몇 가지 원리들과 실제적인 이론들을 각 교회가 처한 지역적 문화적 환경에 비추어서, 그리고 사역자 자신의 개성과 신앙고백 등에 비추어서 수정 보완되어 실제적으로 적용되어야 할 것이다.

I. 청소년 사역의 신학적 의미

청소년 시기는 위기의 시기이다. 잘못하면 일생을 망칠 수 있는 위험한 시기이지만 잘만 하면 성공적인 일생을 시작할 수 있는 기회이기도 하기 때문이다. 그들의 성패는 개인에게만 국한되지 않고 우리 사회나 교회 전체의 문제이기 때문에 그들은 우리의 미래의 희망이요, 우리 사회가 가진 가장 소중한 자산이다. 그러나 이런 자원을 바르게 개발하여 미래를 책임질 수 있게 하는 것은 기성세대 어른들에게 주어진 책임이다. 여기에 교회가 건전한 청소년 사역을 하지 않으면 안 되는 이유와 그 사역의 중요성이 있다.

청소년 사역은 이론 신학의 대상이나 내용이 되기는 어렵다. 성경에서는 이것을 직접 언급해주는 말씀을 찾기는 어렵고, 조직신학의 한 분야로 이것을 다룰 수도 없기 때문이다. 그러나 신학이 세상 밖의 하늘의 세계에서 이루어지는 것이 아니고, 또 언제나 하나님께서 보여주신 계시의 진리를 그 시대의 사회와 문화적 상황에 하나님의 말씀을 적용시켜나가는 것은 중요한 신학적 과업이라고 할 수 있다. 그것은 실천신학 특히 목회학의 중요한 한 분야가 되는 것이다.

또 세계 선교라는 차원에서 생각할 때 청소년들은 세상에서 가장 중요하면서도 가장 역동적인(dynamic) 선교 대상들이다. 그들도 하나님께서 사랑하시는 사람들이고 실제에 있어서는 어른들에게 복음을 전하기보다는 청소년들에게 복음을 전하는 것이 훨씬 효율적이라는 것은 부인할 수 없는 사실이다. 그러나 현실은 그들이 복음에 접촉되는 이야기보다는 위기상황을 겪고 있는 이야기를 어디에서나 쉽게 접하게 된다. 예를 들어 세계 도처에서 청소년들의 자살율이 자꾸 높아지고 있고, 우리 사회에서는 십대 소녀들의 임신 문제나 윤락 행위 문제, 나아가서 청소년들의 폭력화와 범죄의 급증 등이 이를 여실히 보여준다(Borgman 1997: 4-5). 여기에서 우리는 사회의 제도나 현실은 청소년들의 건전한 성장과 영적 유익을 주는데는 거의 도움이 안 된다고 말할 수 있게 된다. 다시 한번 교회가 하는 청소년 사역의 중요성이 부각되는 것이다.

그러므로 청소년 사역의 신학화 작업도 절실한 시대적 요청이라고 할 수 있다. 신학화 작업은 삼중의 해석작업을 통해서 이루어진다. 즉 하나님의 말씀에 대한 해석(an exegesis of the Word), 문화에 대한 이해(an exegesis of the culture)와 인간에 대한 이해(an exegesis of self and the community)를 통해서 신학은 이루어지는 것이다(Borgman 1997: 14, 34-61). 단지 이 가운데서 어떤 면을 강조하느냐에 따라 그 신학의 성격이 달라진다. 청소년 사역의 신학을 하려는 사람은 자신의 신학적 배경(교단적 배경)이 무엇이냐에 관계없이 청소년들을 섬기고 도우려고 한다는 점에서 동일한 출발점에 서있으며 말씀에 대한 이해보다는 문화와 인간에 대한 이해를 강조하는 신학을 발전시킬 수밖에 없다. 그러나 그 신학은 그리스도 중심적, 복음적이면서 동시에 문화에 대한 예언자적 통찰력을 가진 새로운 신학적 성찰(theological reflection)을 필요로 한다. 그리고 그 신학은 청소년들이 그들의 문화 안에서 어떻게 성장하는지를 이해해야 하고 그들의 문화에 대한 기독교적 이해를 정립해야 한다(Borgman 1997: 14-15).

건전한 청소년 사역의 신학은 자연스럽게 청소년들을 바른 신앙에로 인도하고 용서와 치유를 체험하게 하며, 능력주시는 하나님을 만남으로 참된 자유를 누리면서 건전한 신앙인으로 성장하게 한다. 하나님과 그의 역사하심에 대한 지성적 이해보다 실제적인 체험이 훨씬 성숙한 신앙을 형성하게 해주는 것이기 때문에 이론적인 신학을 통해서보다 오히려 이런 실제적인 사역을 통해서 그들은 성숙한 하나님의 자녀들이 되고 나아가서 그의 일군들이 되는 것이다(Borgman 1997: 233). 그러므로 신학과는 상당한 거리가 있는 것처럼 보이는 청소년 사역이지만 사역의 신학화 작업을 통하여 건전한 신학을 토대로 삼고 실시되는 이 사역은 어떤 지적 수련보다 나은 열매를 맺게 될 것이다. 건전한 신학이 동반된 청소년 사역은 사랑과 봉사, 성장과 성숙이라는 신앙의 열매를 풍성히 맺을 것이기 때문이다. 결국 하나님께는 큰 영광이 되고 교회와 우리가 섬기는 청소년들은 큰 유익을 얻게 될 것이다.

II. 청소년과 현대 문화

청소년 사역을 논하려면 먼저 청소년이란 개념이 어떤 부류의 사람들을 지칭하느냐를 규정해야 한다. 그러나 이 질문에 대한 명확한 답은 어디에도 없다. 단지 일반적인 이해를 기초로 할 수 있을 뿐이다. 청소년을 단순히 "청년과 소년"의 합성어로 보고 청년과 소년의 사이에 있는 계층으로 이해하는 것이 일반적인 이해라고 할 수 있을 것이다. 청년이란 일반적으로 20대 이상의 젊은이를 일컫고 소년을 초등학교 학생 정도로 이해하는 것이 현실인 점을 감안하면, 10대의 젊은이들(teenagers or teens: 보통은 13세-19세까지의 젊은 세대들)을 일컫지만 좀더 폭을 넓혀 이해한다면 대학생들이나 20대의 젊은이들까지를 포함시킬 수도 있을 것이다.[56)]

이런 청소년을 이해하려고 할 때 우리는 먼저 오늘의 그들이 어떤 상황에 놓여있는지를 살펴보아야 한다. 한마디로 오늘의 한국 청소년들은 원숙한 인격을 형성하지 못한 상태로 급변하고 복잡한 시대 상황 속에 처해있다고 할 수 있다. 경제적으로는 중진국 수준을 벗어나 선진국의 대열에 발돋움한다고 하지만 IMF라는 어려움을 겪어야 했고 지금도 결코 낙관적이라고 할 수는 없는 상황이다. 정치적으로는 불신과 불안이 늘 도사리고 있고 온 국민이 갈등과 분열 상황을 경험하고 있다. 사회적으로는 좋아지고 있다고는 하지만 부정과 부조리가 여전히 판을 치고, 범죄는 점점 지능화하여 상상을 초월하는 데로 흘러가며, 가치관이 전도된 상황들이 속출하는 상황이다. 교육적으로는 아무리 교육개혁을 외쳐보아도 오로지 대학 진학을 위한 교육이라는 오명을 벗지 못하는 상황에서 청소년들이 그 희생자가 되고 있다. 거기다가 청소년들을 둘러싸고 있는 사회나 대중 매체들과 인터넷의 홍수는 여러 가지로 청소년들이 바

---

56) Borgman은 그의 책(1997: x)에서 청소년을 어린이(children)와 어른(adults)의 중간 세대로 이해하되 중학생 또래부터 대학생들까지를 포괄하는 개념으로 이해한다. 그리고 youth, adolescents, teenagers, young people 등의 단어를 서로 바꾸어 쓸 수 있는 개념으로 보고 있다.

른 길로 가는 것을 방해하고 있는 형편이다. 따라서 그들은 엄청난 스트레스와 불안감을 체험하면서 살고있다고 할 수 있다(김재은 1996: 172-173).

이런 청소년을 대상으로 하는 목회 사역, 곧 전도와 양육 사역을 하려할 때 먼저 그들의 문화를 이해해야 함은 당연한 일이다. 물고기가 물을 떠나서는 살 수 없듯이 사람은 문화 안에서 살아가는 존재이다. 따라서 그들에게 접근하려고 할 때 그들의 문화를 통하지 않고는 불가능하다. 문화란 인간이 연루되고 있는 생물학적 필요(식생활에서 보는 것과 같은), 환경적 필요(의생활과 주거생활에서 보는 것과 같은), 사회적 필요(정치 교육 경제 등에서와 같은) 등을 충족시키기 위해서 어떤 그룹의 사람들이 공동으로 취하는 하나의 행동 양식(a common patterned-behavior)이라고 규정할 수 있으므로 현대의 청소년 문화란 오늘의 청소년들이 공동으로 취하는 하나의 행동양식과 사고양식 등을 나타낸다고 할 수 있다.

오늘의 한국교회가 안고있는 고민 중의 하나가 내일의 한국교회를 책임지고 가야할 청소년층의 감소로 인한 위기의식이다. 그러면 청소년들이 교회를 멀리하는 이유는 무엇일까? 그 대답은 죄로 인해 죽어가는 인간을 위한 유일한 명약인 복음을 누구에게나 먹여보려고 하지만 교회는 그것을 포장하는데 실패하고 있기 때문에 결국 그것을 청소년들에게 먹이는데 실패하는 것이라고 할 수 있다. 다시 말해서 청소년들에게 복음을 들고 접근할 때는 그것을 그들의 문화로 포장해야 한다는 말이다.[57] 이 과정은 문화를 이해하지 못하면 선교에 성공할 수 없는 것과 같은 논리에서 여기서도 반드시 필요한 과정이 된다.

---

57) 청소년들이 교회를 멀리하는 요인들은 (1) 문화의 세속화 현상, (2) 교회의 체제적 모순, (3) 청소년 지도자들의 지도력 결핍, (4) 청소년들의 심리적 특성 등이라고 할 수 있다(Roadcup, ed. 1991: 8).

그런데 청소년 문화에 대해서는 청소년들이 그 전문가이다. 어떤 훌륭한 지도자라고 하더라도 이론적인 연구를 통해서 젊은이들의 문화를 완전히 이해할 수는 없다는 말이다. 신앙의 유무에 관계없이 그들의 음악과 대화에 귀를 기울임으로써 우리는 그들의 가슴 깊은 곳에서 울려나오는 외침을 들을 수 있다. 그들은 기성 세대와 꼭같은 형태의 신앙생활을 하지 않고 오히려 제도화된 신앙생활(institutional religion)을 피하려는 것처럼 보일 수도 있다. 그러나 그들은 그들 나름대로의 깊은 영성이 있음을 인정해야 한다(Roadcup 1991: xi). 그리고 앞에서도 언급된 것처럼 이들 소위 신세대들은 초과학 시대를 살면서도 다른 한편 초자연적이고 초인간적인 세계에 심취하여 깊은 관심을 가지고 있다는 점에서 복음의 신비에 쉽게 접근될 수 있는 충분한 가능성을 보여주고 있다.

　청소년 문화가 지니는 몇 가지 특징을 생각해보면 우선 그들은 유별난 언어나 태도를 통해 서로의 의미를 주고받는다. 그리고 이것은 유행의 수용과 전파에 그들이 적극적이고 신속하다는 것과 연관된다. 둘째로 그들의 문화는 소비 지향적, 놀이 지향적, 쾌락 지향적이라고 할 수 있다. 현대의 소비문화를 청소년들이 주도하고 있음은 이미 주지의 사실이고 뒤의 두 가지 특징도 이미 부인할 수 없는 사실이다. 셋째로 청소년 문화는 모방문화라고 할 수 있다. 청소년들은 기성세대가 이해하기 어려운 새로운 문화의 창출자인 것처럼 보이면서도, 실제로는 성인문화, 외국문화, 저급한 문화들을 쉽게 모방 도입하는 유사 창출자에 불과하다는 것이다(임광진 1994: 15-17). 따라서 바람직한 청소년 사역도 그들의 문화에 복음을 내용으로 넣음으로써 그들이 차세대를 위한 건전한 기독교 문화 창출의 주역이 되도록 하는데 초점을 맞추어야 할 것이다.

III. 청소년 사역의 목표

무슨 일이든지 하려고 할 때 가장 먼저 해야 할 일은 바른 목표의 수립이다. 목표에 따라 사역의 방향이 설정되고, 결국 그 성패도 목표가 얼마나 건전하였느냐에 따라 좌우된다고 할 수 있기 때문이다. 한마디로 표현해서 그 목표 또는 목적은 하나님의 뜻에 부합되고 하나님께서 가장 기뻐하시는 것이 되어야 바른 목표라고 할 수 있다. 그러므로 당연히 그 목표는 성서적으로 신학적으로 타당하여야 한다. 최근에 많은 사람들의 관심을 끌고있는 「새들백 교회 이야기(*The Purpose-Driven Church*)」와 「새들백교회 청소년 사역 이야기(*The Purpose-Driven Youth Ministry*)」에서는 그런 목표들은 사람이 만드는 것이기보다는 성경을 연구하면서 거기에서 발견하는 것이어야 함을 강조하고, 그들이 성경에서 발견한 사역의 목표 다섯 가지를 보여준다. 즉 전도, 예배, 교제, 제자훈련과 사역(evangelism, worship, fellowship, discipleship and ministry)을 목표로 세우는 교회는 성장하고 발전한다는 것이다. 전통이나 어떤 뛰어난 인물, 재정 능력이나 사람들의 재능, 또는 어떤 프로그램들을 통해서도 어느 정도의 열매를 기대할 수 있는 것은 사실이지만 그런 것으로는 참으로 건전한 교회나 교회의 사역은 되지 않는다는 것이다(Fields 1988: 44-45).

이 다섯 가지 목적은 전혀 새로운 것이 아니다. 그것은 주님의 가장 큰 계명(the great commandments, 마 22:37-39)과 지상명령(the great commission, 마 28:19-20)에 기초를 둔 것으로 초대교회 때부터 추구해오던 것들이기 때문이다. 알고있는 그것들을 실지로 사역의 목표로 세우고 실천해나가는 과제가 청소년 사역에 임하려는 지도자들에게 맡겨져 있을 뿐인 것이다. 다시 말해서 청소년 사역에 동참하고 있는 지도자와 동역자들(소그룹 리더들), 그리고 사역의 대상인 청소년들과 그 부모들까지 모두가 이 목표를 분명히 인식하기만 한다면 사역의 방향은 분명해질 것이고 그 일을 위해 최선을 다할 것이다. 그리고 실행되는 프로그램들은 의미를 한층 더 지닐 것이고, 사역자들은 좀더 효과적으로 봉사할 수 있을 것이며, 청소년들은 영적 성숙이라는 방향으로 나아가게 될 것이다.

아무리 좋은 목표(목적)가 세워졌다고 하더라도 구성원 모두가 그것을 공유하지 못한다면 그것은 무의미한 허상으로 전락하고 만다. 따라서 수립된 목표를 관계되는 모든 사람들(교회 지도자들, 동역하는 교사들과 리더들, 학생들과 그 부모들)이 그것을 마음속에 분명히 간직할 수 있도록 청소년 사역을 책임진 지도자는 최선의 노력을 기울여야 한다.[58] 그리고 이런 목적 각인이라는 과업이 어느 정도 수행된 뒤에 지도자는 자신의 삶을 통해 그 목표들을 구현해감으로써 사람들에게 "이렇게 하라. 또는 저렇게 하라"고 하면서 밀어붙이는 대신에 사람들이 저절로 끌려오게 할 수 있을 것이다. 이렇게 함으로써 그는 저항을 최소화시키며 구성원들의 존경과 사랑을 받고 사역은 순조로이 진행될 것이다. 다음으로는 그 목적을 이루기 위한 최선의 프로그램들을 창안해내야 한다. 프로그램이란 단순히 청소년들로 하여금 어떤 활동에 참여시키는 것이 아니라 그들이 세워진 목표에 이를 수 있게 하는 하나의 방편이므로, 지도자는 그 사역의 목적을 잘 반영하도록 설계하고 수정할 수 있어야 한다(Fields 1998: 78-79). 프로그램이 목적보다 중시되어서는 안 되고, 프로그램 진행 과정에서 빚어지는 어느 정도의 불만들에는 하나님께서 주신 목표라는 분명한 신념을 가지고 의연하게 대처할 수 있어야 한다.

---

58) Fields는 구성원들에게 목적을 전달하는 구체적인 방법들을 예시해주고 있다(Fields 1998: 71-72).

IV. 건전한 지도자

어떤 일을 이루려면 여러 가지 요소들이 갖추어져야만 한다. 그 일을 책임지고 하는 사람과 그를 도와 일을 이루는 사람들이 있어야 하고 그 일에 필요한 자본도 있어야 하며 다른 여러 가지 환경 요소나 시설 등도 필요하다. 어느 한 가지 요소로만 일이 이루어지지는 않는다는 뜻이다. 그러나 그 요소들 중에 중요한 것이 있고 덜 중요한 것도 있을 수 있다. 그러면 건전한 청소년 사역을 이루려고 할 때 가장 중요한 요소는 무엇일까? 정답은 아이디어가 번쩍이는 좋은 프로그램보다는 건전한 지도자가 가장 중요한 요소라는 것이다.[59] 건전한 지도자라는 말은 유능한 지도자라는 말과는 구별되어야 한다. 즉 유능한 지도자란 필요한 재능들과 일을 처리하는 능력과 지도자로서의 지도력 등을 구비한 지도자라면, 여기에서 말하는 건전한 지도자란 하나님의 일을 하기 전에 먼저 하나님의 사람이 되어야 함을 깨닫고 참된 하나님의 사람이 된 지도자를 말한다. 하나님을 온전히 의지하고 그에게 초점을 맞추면서 일한다면, 하나님께서는 그의 종이 되도록 해주실 것이고, 결국 그의 사역을 통하여 하나님 자신의 뜻을 이루신다는 확신을 가지고 일하는 지도자인 것이다.[60] 다시 말해서 청소년 사역도 하나님의 일이기 때문에 그 일을 위해서는 영적으로 건전한 지도자들(spiritually healthy leaders) 또는 사역자들이 가장 중요하다는 뜻이다.

그러면 어떻게 하나님을 온전히 의지하고 그에게만 초점을 맞추는 일

---

59) 같은 원리는 다른 분야들에서도 적용되고 있다. 현대는 신용사회로 발전하고 있기 때문에 기업을 할 때에도 기술보다는 사람이 먼저이고, 종래에는 부동산이 있어야 금융 대출을 받는 사회였지만 21세기에는 부동산보다는 신용대출이 주종을 이룰 것이라고 한다(전성철, 안녕하십니까? 전성철입니다. 1999를 참고하라.).

60) Fields는 과거 잘못된 지도자로서의 자신을 이렇게 고백한다. "I was spending all my time doing the work of God without being a person of God."(Fields 1998: 27).

군이 될 수 있을까? 물론 이것은 청소년 사역을 하는 지도자들만이 아니라 모든 하나님의 일군들이 갖추어야할 요건이지만 특히 청소년 사역자들은 다음 요건들에 주의를 기울여야 한다. 그 첫째 요건은 하나님 앞에서 스스로의 무능을 깨닫고 참된 겸손을 배우며, 매사에 하나님의 능력으로 일이 이루어짐을 인정하는 것이다. 하나님께서는 전능하시기 때문에 그가 역사하시기만 하면 인간의 노력이나 프로그램들 심지어 우리의 사역까지도 필요로 하지 않을 수도 있다. 단지 자기 사람들을 사랑하셔서 일군으로 세워주시고 일할 수 있는 기회까지 은혜로 주신다는 고백을 하는 것을 말한다. 영적 지도자로서의 건전한 청소년 사역자의 둘째 요건은 있는 그대로의 자신을 하나님 앞에 내어놓고 그런 자신을 통해 하나님께서 역사하시도록 맡기는 것이다. 자신을 유능한 일군으로 만들어 달라고 기도하기보다는 '저의 모습 이대로 최대한 써주시옵소서'라고 기도하는 사람을 말한다. 하나님의 권능이 우리의 보잘것없는 능력에 불을 붙여주시기만 하면 놀라운 일들도 이루어지기 때문이다. 셋째 요건은 하나님의 일을 하는 것보다 하나님의 사람이 먼저 되려고 최선을 다하는 것이다. 사람이 하나님의 일을 아무리 열심히 그리고 많은 일을 해도 하나님 앞에서는 결코 충분할 수 없고, 그렇게 일하는 것은 아무리 잘해도 좋은 하나님의 사람(일군)이 되는 것만큼 중요하지는 않다는 것을 깨닫고 그렇게 사는 것을 말한다. 그러므로 청소년 사역을 하려는 지도자들의 영적 성장과 바른 하나님과의 관계형성, 그리고 그것을 유지하는 것이 가장 중요한 지도자의 요건이 된다고 할 수 있다(Fields 1998: 33-37). 넷째로 청소년 사역의 지도자는 삶에 모범이 되어야한다. 지도자는 이론가이기보다는 실지로 그들과 함께 행동하고 함께 시간을 보내면서 언행심사 모든 면에서 모범을 보일 수 있어야 한다. 물론 지도자라고 해서 완벽할 수는 없다. 때로는 실수도 하고 약점을 노출시키기도 한다. 그러나 적어도 바르게 살려는 노력을 보이면서 가까운데서 구체적인 도움을 주려고 시간과 정열을 투자하는 사람이어야 한다는 말이다(박성남 1996: 35-36). 만일 청소년 사역의 지도자가 "내가 행하는대로 따라하지 말고 내가 말하는대로 행하라(Do as I say, not as I do.)"는 태도로 사역에 임한다면 그는 그의 지도를 받고있는 젊은이들을 완전히 오도(誤導)하고 있는 것이다(Boshers 1997: 19).

그리고 일은 혼자 하는 것이 아니다. 같이 일하는 동역자가 필요하고 도와줄 보조자들도 필요하다. 그렇다고 신자라고 해서 모두가 청소년 사역의 동역자 내지는 보조자가 될 수는 없다. 또 이들이 잘못해서 사역 전체를 병들게 하거나 망칠 수도 있기 때문에 이들을 양육하고 바로 세우고 바르게 일하도록 하는 일은 매우 중요한 하나의 과제이다. 그러면 어떤 기준으로 이들을 세울 것인가? 우선 청소년 사역에 관심을 가진 사람이어야 한다. 그리고 관심을 가지고 헌신을 약속하는 사람들이라도 실제 사역 이전에 사역 현장에 가서 다른 사람들이 하고있는 사역을 직접 관찰하고 간접 체험을 하게 하는 것은 필수적인 과정이다. 그들 중에서도 연륜이 너무 짧은 사람이나 너무 비판적인 태도를 가진 사람, 청소년들에게 삶을 통하여 본이 되지 않는 사람 등은 배제되는 것이 바람직하다. 그리고 개인적인 면접과정을 거쳐 최종적으로 청소년 사역에 동참할 수 있게 함으로써 하나님의 일군의 대열에 서게 한다(Boshers 1997: 271-310). 실지로 많은 교회에서 하고 있는 교사양성부를 통해 양성한 예비 일군들 가운데서 청소년 사역에 관심을 가진 사람들을 교회학교 교육현장이나 청소년 사역 현장에서 관찰하고 체험하는 과정을 거친 뒤에 헌신을 약속하는 사람들을 면담을 통해 청소년 사역 일선에 들어서게 하는 것도 하나의 현실적인 방법이 될 것이다.[61] 이렇게 해서 청소년 사역을 위한 건전한 중심 지도자가 있고, 그를 도와 일할 수 있는 동역자(들)와 보조자(들)

가 세워진다면 이미 청소년 사역은 시작되었다고 할 수 있다.

건전한 신앙과 신학(성서와 교회의 전통에 비추어서)을 가진 지도자들은 자연스럽게 건전한 사역을 하게 된다. 그리고 청소년 사역을 하는 지도자들은 특히 먼저 듣고 배우는(listener and learner) 자세를 가지지 않으면 안 된다. 그들의 문화와 세계를 이해하기 위해서이다. 그렇다고 항상 듣고 배우는 사람만 되어서는 지도자가 될 수 없다. 혼란스러운 세상에서 자기 정체성을 찾고 바른 관계를 형성하여 바른 삶을 이루어보려고 고민하는 세대에게 좋은 중재자(intervener)로서의 역할을 바로 함으로써 그들로 하여금 잘못된 길(술, sex, 마약 등)에 빠지지 않게 할 책임이 있기 때문이다. 그리고 청소년 사역을 하는 지도자들은 목사와 윤리 교사(pastor and ethicist)로서의 역할까지 감당하여야 한다. 내버려두면 본능에 따라 자연스럽게 방종과 폭력과 난잡한 성생활에 빠지기 쉬운 세대에게 책임있는 행동을 하게 하고 공동의 선을 추구하게 하며 바른 선택을 하도록 하기 위해서이다(Borgman 1997: xxi-xxiii).

V. 청소년 사역의 대상

청소년 사역의 대상은 말할 필요도 없이 청소년들이다. 그러나 세계의 모든 청소년들을 자기 교회의 사역 대상으로 삼을 수는 없으므로, 구체적으로 누구를 사역 대상으로 삼을지를 결정해야 그들을 위한 프로그램이나 사역의 내용을 결정할 수 있다. 물론 가장 평범한 방법으로는 연령

---

61) 아무리 작은 교회에서라도 일군이 없다고 해서 아무런 준비도 되지 않은 사람들을 청소년들을 가르치는 교사로 임명하여 사역현장에 들어가게 하는 것은 결코 바람직한 방법은 아닐 것이다. 성공적인 청소년 사역을 위해서는 적어도 개인적으로라도 어느 정도의 훈련과정과 아울러 위에 제시한 과정들을 밟게 하는 것은 중요하기 때문이다.

별로 나누어서 중학생과 고등학생, 그리고 대학 초년생 등으로 나눌 수 있다. 그러나 그것을 다시 구체적으로 구별하여 적용할 수 있어야 실제적인 사역이 이루어진다. 그래서 먼저 그 교회의 사역 대상은 그 지역에서 생활하고있는 다시 말해서 그 지역에 살고 있거나 그 지역에 있는 학교에 다니고있는 청소년들이어야 할 것이다. 그 지역을 얼마나 넓게 잡을 것인가? 하는 문제도 그 교회 형편에 따라 결정해야 한다. 예를 들어 도시 지역이라면 대중 교통을 쉽게 이용할 수 있을 경우 지역의 한계는 거의 무너질 수 있다. 하여간 이렇게 설정된 그 지역 안에 속한 청소년들은 모두 그 교회의 전도 대상이요, 사역의 대상이 된다.

그러나 청소년 사역의 대상은 전도 대상에 한정되는 것이 아니다. 이미 한 두 번이라도 교회에 발을 들여놓은 아이들은 물론 정기적으로 출석하고 있는 아이들, 어느 정도 성숙하여 스스로 기도생활과 말씀생활을 하고 있고 비록 자발적으로는 아니라고 하더라도 어느 정도의 전도와 선교활동에까지 동참하는 아이들, 그리고 자기의 달란트를 발견하고 자신을 통해 이루시려는 하나님의 뜻에 순종하려는 열정을 가지고 청소년 사역에 적극적으로 참여하는 아이들까지 모두가 청소년 사역의 대상인 것이다. 이렇게 청소년들을 신앙생활의 정도에 따라 분류해보면 헌신적인 정도가 높아갈수록 그 사역 대상의 수는 줄어든다는 것을 알 수 있다.[62] 이 때 주의할 것은 어떤 한 가지 프로그램을 통해 이런 다양한 부류의 사역 대상 모두를 만족시켜보려는 시도를 하지 말라는 것이다. 따라서 그 사역의 내용은 다양해질 수밖에 없을 것이다.

사역 대상이 분류되고 앞에서 언급한 사역의 목표가 설정되어 있다면

---

62) Fields는 그것을 헌신의 정도에 따라 지역사회 학생(community students), 구경꾼 학생(crowd students), 교인 학생(congregation students), 헌신적인 학생(committed students)과 핵심적인 학생(core students)으로 분류한다(Fields 1998: 83-90).

어떤 프로그램을 실행할 것인가는 자연스럽게 결정될 수 있다. 쉽게 표현해서 "잠재적인 사역 대상(potential audience) + 사역의 목적 = 프로그램"이라는 공식이 성립되는 것이다. 예를 들어 "지역사회 학생이라는 대상 + 전도라는 목적 = 송구영신의 밤이라는 프로그램"이 된다. 그리고 이런 프로그램을 구상하고 계획할 때 그 교회의 형편을 반드시 고려해야 함은 말할 필요도 없다. 예를 들어 교회에서 제공할 수 있는 도움의 종류와 규모, 시간을 내서 도와줄 수 있는 사람은 누구누구인지, 그리고 이용 가능한 시설과 자원은 얼마나 되는지를 먼저 고려해야 하는 것이다. 또 그 프로그램을 통해서도 예배를 드리고 친교를 위한 배려도 할 수 있지만 그 주목적을 아직 전혀 신앙이 없는 친구들을 초청하여 전도하는데 두고 다른 요소들은 그것을 이루기 위한 보조적인 기능을 하게 해야 하는 것도 잊어서는 안 될 일이다.

하여간 현재의 교회가 놓인 상황에서 사역은 시작되어야 한다. 사역의 대상이 얼마나 되느냐에 관계없이 또 이용 가능한 자원이 얼마나 크냐에 관계없이 청소년 사역에 뜻이 있는 교회라면 현재의 자리에서 그것을 시작해야 한다. 물론 그렇게 하기 위한 기초작업으로 현재의 교회의 형편과 사역의 대상에 대한 조사와 이해가 선행되어야 함은 당연한 과정이다. 그런 조사를 통해 얻어진 자료를 토대로 이루어야 할 목표를 설정하고 시행할 수 있는 프로그램들을 개발 시행하는 것이다.

VI. 청소년 사역에서의 전도

교회가 해야 할 일 가운데 가장 중요한 것이 복음전도라는 것은 말할 필요도 없다. 예수께서 부활하신 후 승천하시기까지 40일 동안에 그 제자들에게 주신 사명이 전도(지상명령: 마 28:18-20, 행 1:8)이기 때문이다. 청소년 사역에서 전도의 중요성은 더욱 커진다. 미국에서 나온 보고이기는 하지만 청소년기 그것도 10대 전반(15세 이전)까지 복음에 접해지지 않은 사람은 복음에 접할 기회가 매우 희박해진다고 보고되고 있기 때문이다. 그 보고서에 따르면 그리스도를 구주로 영접한 성인 세 사람 중에 두 사람이 18세 이전에 그리스도를 자신의 구주로 영접하는 결단을 하였다는 것이다(Barna 1991: 123).[63] 물론 오늘 한국교회에서 그런 통계수치가 그대로 적용되지는 않겠지만 이런 원리만은 어디에서나 그대로 적용될 것이기 때문에 청소년 사역에서 전도의 중요성은 어디에서나 강조되어야 하는 것이다.

청소년 사역에서 전도사역이 성공적으로 수행되기 위해서는 먼저 그 교회와 지도자들이 전도에 열정을 가지는 것이 무엇보다 중요하다. 전도의 당위성과 전도자의 자세, 전도의 방법에 이르기까지 폭넓은 전도에 관한 교육이 지속적으로 행해져야 하는 것도 당연하지만 무엇보다도 그 교회와 교회 지도자들, 그리고 청소년 사역에 동참하는 사역자들이 먼저 전도에의 열정이 없다면 그런 교육은 공연한 헛수고에 불과할 것이다. 만일 그 교회와 지도자들이 교회 안에 들어온 청소년들을 양육하는 데만 관심을 집중적으로 기울이고 지원을 한다면 효과적인 청소년 전도사역은 기대할 수 없기 때문이다. 문제는 많은 교회들이 그런 부류에 들어간다는 사실이다.[64] 그러나 전도는 전혀 타협의 여지가 없는 주님의 명령이므로 지도자들은 물론 학생들까지도 그 명령에 순종하려는 열정을 가져

---

63) 다른 또 하나의 보고에 따르면 그리스도인의 86%가 15세 이전에 믿은 사람들이고, 15-30세까지 믿은 사람이 10%이며, 그 이후에 그리스도인이 된 사람은 4%에 불과하다고까지 한다(Rice 1998: 14).
64) Fields는 교회를 그렇게 만드는 몇 가지 요인들을 예시하고 있다. 우선 전도사역은 누구에게나 힘드는 것이기에 학생들은 물론 지도자들까지도 전도를 두려워하는 것이 보통이다. 나아가서 청소년 자녀들을 둔 신자들은 교회 밖에 있는 불량 청소년들이 교회 안에 들어와서 자기 자녀들까지 물들게 할까봐 이를 두려워한다. 또 관리를 맡은 분들은 교회의 시설이나 성구들을 더럽히고 훼손하는 것을 두려워한다. 이런 요인들이 그 교회의 청소년 전도사역을 가로막는다는 것이다(Fields 1998: 107-108).

야 하는 것이고, 그렇게 하려면 먼저 그 교회와 지도자들이 그런 열정을 보여주는 모델들이 되는 것이 필수적이다. 학생들이 전도사역의 주체가 되게 하기 위해서는 그 당위성의 확인과 전도에의 열정과 더불어서 누구나 따를 수 있는 전도지침이 있어야 한다. 새들백 교회에서 학생들에게 제시하던 전도의 5단계론은 누구나 활용할 수 있는 좋은 본보기가 된다. 그것은 다음과 같다.

1단계: (먼저) 친구에게 가서 자신은 예수를 믿는 크리스천이라고 밝혀라.

2단계: 적절한 프로그램에 그 친구를 초대하라.

3단계: 그 친구에게 왜 자신은 예수를 믿고 있는지를 이야기해주라.

4단계: 그 친구에게 어떻게 자신이 한 사람의 크리스천이 되었는지(크리스천이 되는 방법)를 이야기해주라.

5단계: 그 친구에게 함께 크리스천이 되고싶지 않은지를 물어보라.

새들백 교회의 경우 학년초에 전도사역에 참여하려는 학생들에게 각기 전도할 친구 다섯 사람씩을 정하고 그 이름을 기록하게 한 후에 그 친구들에게 위의 다섯 단계를 적용해보게 했다. 그리고 결과적으로 빠른 경우는 다섯 단계를 모두 실천하는데 일주일 밖에 걸리지 않았고, 늦은 경우는 한 학기 내내 겨우 2단계까지만 실시했다고 한다(Fields 1998: 112-113). 하여간 이런 방법은 예수님께서 제자들을 부르실 때 사용하신 "와 보라(Come and see!)"(요 1:39)와 "나를 따라 오너라(Follow me)"(마 4:18)는 말씀을 활용한 방법이다. 교회마다 이것을 그대로 모방해서 쓸 수는 없을지라도 이것을 참고로 삼아 자기 교회의 실정에 맞게 누구나 따를 수 있는 전도지침을 만들어 모두가 이를 활용하게 하는 것은 효과적인 전도사역을 위해서 큰 도움이 될 것이다.

물론 우리는 사람의 계획이나 프로그램으로 전도의 열매를 거두는 것이 아니라 하나님의 능력으로 전도의 열매를 거둔다는 것을 믿는다. 그렇다고 해서 앉아서 기도만 하고 있는 것은 결코 바른 태도가 아니다. 하나님께서는 자기 사람들을 통하여 일하시기 때문이다. 청소년 전도사역의 중요성도 여기에 있다. 최선을 다해 조사 연구하고 거기에 맞게 계획하고 적절한 프로그램들을 개발하여야 하는 것이다. 여기에서 반드시 필요한 한 가지를 덧붙이지 않을 수 없다. 성인들도 마찬가지이지만 청소년들은 더욱 그들이 들은 것과 체험하는 것이 모순될 때 그것을 믿지 않는 것은 당연하다. 오히려 그들은 그것을 위선이라고 이해할 것이다(Ludwig 1988: 66-67). 말로써 복음을 전하면서 삶의 본을 보임(life-style evangelism)으로써만 온전한 복음전도를 이룰 수 있는 것이다. 그러므로 청소년 전도사역에서 교육이나 프로그램 개발 못지 않게 전도하려는 학생들이 윤리적으로나 도덕적으로 모범적인 생활을 하도록 하는 것은 중요하다.

VII. 청소년 사역에서의 양육

전도는 교회에 맡겨진 가장 소중한 사명이기는 하지만, 전도를 통해 교회 안에 발을 들여놓은 그들을 훌륭한 하나님의 자녀 즉 제자로 만들어야만 그 사명은 완수된다고 할 수 있다. "전도 + 양육 = 건전한 그리스도인"이라는 공식을 따르는 것이다. 그런 양육을 위한 첫 단계는 긍정적인 환경을 조성하여 그들로 하여금 교회와 복음에 대해 거부감을 가지지 않게 하여야 한다. 쉽게 말해서 처음으로 교회에 나온 학생도 너무 서먹하거나 낯선 분위기가 아니라 익숙하고 편안한 분위기를 느낄 수 있게 해야 한다는 말이다. 예를 들어 약한 조명 하에서 나이든 사람들로 구성된 찬양대가 느린 찬송가를 엄숙하게 연주함으로써 분위기를 무겁고 엄숙하게 조성하는 것으로는 자칫 거부감을 조성하기 쉬운 것이다. 언제나 첫 인상은 중요한 법이다. 일반적으로 어느 곳을 처음 방문하는 사람들은 처음 도착하였을 때 그 환경이나 분위기, 그리고 거기에 있는 사람들로부터 자신이 인격적인 대우를 받고 있다는 인상을 받을 때, 그곳에서 이루어지는 모든 것을 일단 긍정적으로 받아들인다는 것이다.

둘째 단계로 생각할 것은 그들을 상대로 하는 프로그램에서 그들이 재미를 느끼도록 해야 한다는 점이다. 현대의 청소년들은 지루한 것, 진부한 것, 따분하게 하는 것 등을 싫어한다는 것을 잊어서는 청소년 사역에 성공할 수 없다. 어른들로부터는 교회에서 너무 재미만 추구하는 것이 아니냐는 질책을 듣더라도 청소년들을 끌려면 재미라는 미끼가 가장 효과적인 미끼가 될 수 있다. 그러나 청소년 사역자들은 동시에 자신이 하나님의 복음의 비밀을 간직하고있는 복음의 사역자임을 결코 잊어서는 안 된다. 복음의 권위에 손상을 입히면서까지 재미만 유발하려고 해서는 안 된다는 말이다.

재미를 추구한다고 해서 전하는 메시지마저 재미 일변도여서는 안 된다. 공부시간이든 예배시간이든 전해지는 메시지는 지루하거나 어렵지는 않고 누구나 이해할 수 있어야 함은 물론이고 동시에 이미 신앙을 가진 학생이나 처음 참석한 학생이나를 막론하고 모두가 의미있게 받아들일 수 있는 메시지여야만 한다. 그들이 가지고 있는 의문들에 답을 제공하면서 스스로 행동으로 옮길 수 있는 구체적인 행동지침을 제시하는 것도 잊지 말아야 할 일에 속한다. 청소년들은 복잡하고 난해한 것을 싫어하고 단순하고 한눈에 명확히 이해할 수 있는 것을 큰 여과 없이 받아들이지만, 듣고 이해한 것을 또한 금방 잊어버린다는 것도 명심할 일이다. 따라서 청소년 사역에서는 깊은 신학적 이해를 추구할 필요는 없지만 쉽고 명쾌한 핵심적인 이야기를 반복 들려줄 필요는 있다.

양육을 위한 셋째 단계는 소그룹을 통해 직접 활동에 참여하게 하는 것이다. 양육이란 하나님과의 관계 속에서 성숙한 그리스도인으로 성장하도록 돕는 것이고, 그런 하나님과의 개인적인 관계는 다른 신앙인들과의 관계를 통해서 깊어진다. 그리고 다른 사람들과의 관계는 직접 활동에 참여함으로 깊어지고, 그런 참여를 위해서는 소그룹 활동이 필수적이다. 특히 청소년들은 동아리나 서클 활동을 통해 분명한 소속감을 가지게 되고 자연스럽게 활동에 적극적이 되도록 한다. 청소년들은 자기 마음을 쉽게 열지 않는 특성이 있는데 소그룹을 통해서 다른 사람 앞에 자신의 약점이 드러나는 두려움을 극복할 수 있고, 활동에 능동적으로 참여할 기회를 확대시켜줄 수 있기 때문이다. 소그룹은 5명에서 10명 정도로 구성하게 하되 그 이상을 초과해서는 거의 효과를 기대할 수 없게 된다. 물론 교회마다 중등부와 고등부가 조직되어 있고 모든 학생들은 반이라는 소그룹에 속해 있으며 또 학생회 조직에서는 부서로 나누어져있다. 그러나 좀더 효율적인 소그룹 활동을 위해서는 학년이라는 구분보다는 동질 집단(homogeneous unit)을 최대한 활용하는 방향으로 이루어져야 한다. 예를 들어 학년 구분없이 같은 관심사를 가진 학생들이 하나의 소그룹을 형성하도록 도와주고 그런 그룹마다 지도자가 배치되는 형태를 말한다. 학생 찬양대가 하나의 반을 이룰 수 있듯이 운동을 좋아하는 학생들이 모이는 소그룹과 컴퓨터에 정신이 빠져있는 학생들의 소그룹 등이 이루어지게 하고, 지도자는 그런 활동을 통해서 교회에 봉사하는 길을 찾게 하면서 신앙적으로도 성장할 수 있도록 돕는 것이다. 같은 성경공부 시간을 가지더라도 이렇게 동아리화된 소그룹을 통하는 것이 훨씬 효율적이리라는 것은 말할 필요도 없다.

양육을 위한 다음 단계는 경건생활의 훈련을 통해 그리스도의 제자로서의 경건한 습관이 몸에 베게 하는 것이다. 그리스도인의 가장 소중한 사명을 일러준 지상명령(마 28:18-20)에서도 "모든 족속을 제자로 삼으라"고 하심으로 모든 사람들을 주님의 제자로 만들되 말씀대로 살아가도록 그들을 가르치라고 하셨다. 이 말씀대로 따르려면 청소년들도 그리스도의 제자로 만들어야 하고 또 그들이 말씀대로 살도록 해야한다. 바꾸어 말하면 말씀대로 살아가는 제자로 만드는 것이 양육사역의 목표라고 할 수 있다. 그래서 이 명령에 순종하려고 많은 교회에서 제자훈련 프로그램을 마련하고 교육을 실시한다. 그러나 참으로 제자를 만드는 길은 정보 전달로서의 교육으로는 이루어지지 않는다. 20세기에 나온 이론에 따르면 최고의 교육은 본을 보임으로써(by modeling) 이루어지기 때문이다. 더욱 최근에는 본을 보이는 개인 지도(by mentoring)를 통해서만 진정한 제자가 나온다고 한다.[65] 따라서 청소년 사역을 하는 지도자는 비록 소그룹 지도자라고 하더라도 이런 의식을 가지고 학생들이 평소에 경건생활을 하는 습관을 기를 수 있도록 지도하고 도와야할 것이다. 새들백교회의 경우 학생들이 다음 6가지 습관을 들이도록 지도한다고 한다.

1) 기도와 성경읽기를 통해 하나님과 지속적인 교제를 맺는 시간을 가지게 한다.

2) 다른 그리스도인들과 서로 긴밀한(accountable) 관계를 유지하게 한다.

3) (꼭 청소년 사역에만 아니라) 그리스도의 몸으로서의 교회에 헌신적으로 봉사하게 한다.

4) 십일조 헌금을 포함한 헌금생활을 이해하고 행하게 한다.

5) 성경말씀을 암송하게 한다.

6) 성경말씀을(읽지만 말고) 스스로 공부할 수도 있도록 한다(Fields 1998: 160).

---

65) 엘리야가 엘리사를 제자로 양육할 때나, 바울이 디모데나 실라를 제자로 양육할 때처럼 기독교 역사 뿐 아니라 모든 영역에서 진정한 제자는 이렇게 나왔다고 할 수 있다.

이것은 하나의 좋은 본보기이다. 다른 사람의 도움없이도 스스로 하나님과의 관계를 유지하고 신실한 성도로서의 신앙생활이 습관화되게 하는 것이다. 물론 교회에 따라 위의 것 가운데 한 두 가지를 바꿀 수는 있을 것이다. 그리고 한국교회의 현실에서는 "주일을 반드시 지키게 한다"는 항목을 추가하라고 하고싶다.

양육의 마지막 단계는 제자(배우고 성장하는) 단계를 넘어서서 하나님의 일군이 되게 하는 것이다. 하나님께서 자기에게 주신 은사를 발견하고 개발하여 하나님의 일과 사람들을 위해 사용하도록 하는 것을 말한다. 단순히 미래의 일군들로 양육하는 것이 아니라 현재 할 수 있는 일이 무엇인지를 발견하게 하고, 그 일을 책임있게 감당하도록 하는 교회라야 청소년 사역을 바르게 하는 교회라 할 수 있다. 일군은 일을 함으로써 더 좋은 일군으로 성장할 수 있기 때문이다. 쉽게는 그들을 청소년 사역의 학생 리더들로 봉사하게 할 수도 있을 것이다.

VIII. 청소년 사역을 위한 프로그램

청소년 사역에서 좋은 프로그램의 개발과 실시는 필수적이다. 그러나 그 다양한 프로그램을 여기서 모두 다룰 수는 없을 것이고, 또 같은 프로그램을 진행하더라도 교회마다 나름대로의 형편에 맞게 변화를 주지 않으면 안 될 것이기 때문에 여기서는 원리적인 논의를 하는 것으로 만족할 수밖에 없다.

무엇보다도 먼저 모든 프로그램은 목적과 그 대상이 누구인지를 분명히 해야 한다. 어떤 목적으로 그 프로그램을 계획하고 운용하는지가 분명해야 하며, 어떤 부류의 청소년들을 대상으로 삼는지가 확실해야 한다는 말이다. 바른 목표와 성실한 계획은 효과적이고 성공적인 사역에로 이끌어주는 안내자이다. 분명한 목표가 없는 프로그램은 갈 곳을 모르면서 돛도 없이 항해를 떠나는 배와 같다. 그러나 목표를 분명히 하면 그 결과까지도 어느 정도 예상할 수 있고, 그 열매를 가장 크게 거둘 수 있도록 준비할 수도 있다(Roadcup 1991: 77).

다음으로 청소년 사역에서의 모든 프로그램은 관계 중심적이어야 한다. 여기에서 말하는 관계는 하나님과의 수직적인 관계와 사람들 사이의 수평적 관계 모두를 포함한다. 그리고 관계 중심적이라 함은 관계를 기초로 하고 그 관계를 심화시키며 그런 관계를 지속적으로 유지함을 가리킨다. 학생들을 대상으로 프로그램 중심의 사역을 하는 것이 아니라 학생들과 함께 바른 관계를 형성해가는 사역이고, 프로그램이 그런 관계를 증진시키는 것이 아니라 그 사역에 참여하는 사람들이 관계를 맺어가는 사역인 것이다. 그렇게 하려면 함께 지내는 시간이 늘어나야 한다. 학생들끼리는 물론이고 지도자와도 많은 시간을 함께 보낼 수 있어야 한다. 그러나 그것은 이론같이 쉬운 일이 아니다. 그래서 특별히 따로 시간을 내기보다는 일상의 생활 속에서 함께 시간을 가질 수 있도록 방법을 모색해보아야 한다. 삶을 통해서 본이 되는 모습을 보여줌으로써 진실한 자아의 모습들이 솔직하게 표현될 때 관계 중심의 사역은 무르익어가는 것이다. 물론 사람 사이의 관계보다 하나님과의 바른 관계형성이 선행되어야 함은 물론이다.

셋째로 프로그램 운영이 성공하려면 계속 활용할 수 있는 참신한 아이디어들이 필요하다. 사역의 목표를 분명히 하고 사역의 대상이 누구인지를 바로 이해하고 있다면 그 사역이 가장 효과적으로 이루어지도록 하기 위해서는 적절한 아이디어들이 없어서는 안 된다. 특히 청소년들은 늘 새로운 것을 추구하고 있기 때문에 그것은 필수적이다. 그런데 아무리 창의적인 능력을 가진 사람이라도 능력에는 한계가 있기 때문에 청소년 사역자들은 누구나 나름대로의 새로운 아이디어를 얻을 수 있는 공급원을 개발하고 그것을 활용할 수 있어야 한다. 그것은 책이나 다른 문서들을 통해서나 인터넷 등의 정보매체를 통해서도 얻을 수 있고, 다른 사람들 특히 다른 사역자들의 경험에서도 얻을 수 있을 것이다(Fields 1998: 194-202).

넷째로 어떤 프로그램을 성공적으로 진행하기 위해서는 반드시 훈련된 자원봉사자들이 사역의 동역자 또는 보조자로서의 역할을 잘해주어야 한다. 프로그램의 내용과 성격에 따라서 봉사자들은 바뀔 수도 있다. 기본적인 예배나 공부 등의 프로그램이라면 평소의 교사들이나 지도자들로 만족할 수 있겠지만, 만일 프로그램이 특별한 것으로 바뀔 때에는 그것에 정통한 그러면서도 청소년들에게 긍정적이고 적극적인 영향을 줄 수 있는 봉사자들이 필요한 것이다.

IX. 청소년 사역과 가정

인간생활에서 가정의 중요성은 아무리 강조해도 지나치지 않을 것이다. 사람은 가정에서 태어나서 가정에서 자라고, 자라서는 가정을 이루고 살다가 가정에서 죽기 때문이다. 그리고 사람은 가정 안에서 그의 인격이 기본적으로 형성되고, 이렇게 형성된 인격을 밑바탕으로 하여 그의 사회생활의 성패가 좌우되는 것이 보통이기 때문이다(윤주병 1989: 149). 건전한 청소년 사역을 위해서도 가정 특히 부모들의 중요성은 결코 간과할 수 없는 요소이다. 예외가 있기는 하지만 훌륭한 사람들은 거의 좋은 부모 아래에서 건전한 가정생활을 누린 사람들이었다. 그리고 문제아 뒤에는 문제의 부모가 있다는 것은 일반적으로 인정되는 사실이다. 청소년 사역자들이 학생들의 삶에서 큰 역할을 하고 많은 영향을 미치는 것도 사실이지만 그것은 어디까지나 매우 제한된 범위에서일 뿐이다. 어떤 청소년 프로그램도 가정에서 받는 영향력과 경쟁할 수는 없는 것이다. 청소년기에 부모들의 영향권에서 벗어나는 듯이 보이는 아이들도 성인이 되어서는 그 부모가 걸었던 길로 돌아가는 것은 흔히 볼 수 있는 현상이다(Rice 1998: 174). 부모들의 영향이 자녀의 일생에 미치는 것을 보여주는 것이다.

그러나 청소년 사역자들은 청소년들의 삶과 심지어 그들의 가정생활에서까지 중요한 역할을 하고 있다는 것을 잊어서는 안 된다. 청소년들은 또래 그룹이 미치는 부정적인 영향력과 현대 문화가 지닌 엄청난 유혹의 힘에서 벗어나기 위해서는 부모들의 도움만이 아니라 밖에 있는 친구같은 어른들의 도움을 절실히 필요로 한다. 청소년 사역자들은 그 부모들의 도움을 필요로 하고, 그 부모들은 또한 밖에 있는 청소년 사역자들의 도움을 필요로 하는 것이다. 그러나 훌륭한 부모들은 청소년 사역자들의 도움 없이도 그들의 자녀들을 훌륭하게 키울 수 있지만, 청소년 사역자들은 부모의 도움 없이는 그들을 훌륭하게 자라게 하기는 매우 어려우리라는 것이 정답일 것이다(Rice 1998: 175).

그렇다면 어떻게 부모들이 청소년 사역에 관심을 가지게 하고 직접 그 사역에 관계하도록 할 수 있을까? 먼저 그 부모들의 필요를 이해하고 그들에게 손을 내밀지 않으면 안 된다. 청소년 자녀를 둔 부모들은 표현은 하지 않지만 그렇게 귀엽던 아이가 어느 날 갑자기 통제가 잘 되지 않는 무서운 상대가 된 것을 두고 고민하고 있는 것이 보통이다. 첫째로 그들은 자기 자녀들에게 무슨 일들이 이루어지고 있는지를 거의 이해하지 못한다. 청소년 문화에 접해보려고 하지도 않고 자녀들이 거기에 젖어드는 것을 보고는 당황할 뿐인 것이다. 그들은 그 자녀들이 지극히 정상적인 청소년들인데도 불구하고 자신의 그 시절에 비추어서 자녀들을 억누르려고만 하는 것이 보통인 것이다. 결국 자녀들과는 대화가 단절되고 자신이 이해할 수 없는 행동에 대해서는 과잉반응이 나오게 된다. 이런 상황에서 청소년 사역자들은 청소년들을 이해하고 있고 적어도 이해하려고 노력하는 사람들이기 때문에 그들에게 도움을 줄 수 있다. 무엇보다도 부모들이 그 자녀들을 이해하도록, 특히 자신의 자녀가 현대를 살아가는 지극히 정상적인 청소년이고 다른 부모들도 같은 고민을 하고있다는 것을 이해하도록 도울 수 있는 것이다. 둘째로 부모들은 대체로 자기 자녀들을 잃어버리는 것이 아닌가 두려워한다. 자녀들과 친밀하게 가까워지고 싶은데 아이들은 자꾸 부모 곁을 떠나 멀어지고 싶어한다고 느끼기 때문이다. 청소년들은 나름대로 자기 인생을 구축하기 위해서 둥지를 떠나는 과정에 있을 뿐이다. 따라서 부모의 눈에 반항이나 거부로 비치는 행동들도 지극히 정상적인 행위라고 할 수 있는 것이다. 이런 상황에서 교회에서까지 부모와 자녀의 사이를 떼어놓으려고 함으로써 사태를 악화시켜서는 안 된다. 셋째로 부모들은 누구나 그 자녀들이 도덕적으로 건전하기를 바란다. 그래서 심지어 부모들은 청소년 사역자들이 그 자녀들을 도덕적으로 살도록 할 책임이 있다고까지 생각한다. 넷째로 신앙생활을 하는 부모들은 그 첫째 소망으로 자기 자녀들도 좋은 신앙인이 되어 바른 신앙생활을 하기를 바란다. 이것은 청소년 사역자들의 소망이기도 하다. 그리고 하나님께서는 믿지 않는 부모를 둔 아이들도 그리스도께로 나아와 그 제자로 양육되기를 바라시기 때문에, 청소년 사역자들은 그들에게 복음을 전하고 어떻게 신앙생활을 하는지를 가르칠 사명을 가진다. 이 때 그들의 삶에 변화를 불러일으키는 능력을 주시는 분은 하나님이심을 잊어서는 안 된다. 마지막으로 앞에서 이미 언급한대로 부모들은 표현은 안 해도 실상은 도움을 바라고 있다. 도움의 손길을 뻗었을 때 그것을 거부할 때조차도 그들이 필요로 하는 도움을 찾아 제공하는 것이 청소년 사역의 목표 중의 하나임을 잊어서는 안 될 것이다. 특히 문제가 있는 가정일수록 그런 도움을 실지로는 더욱 필요로 하고있음을 명심해야 할 것이다(Rice 1998:177-180).

부모들을 청소년 사역에 관련시키는 둘째 방법은 부모들과 커뮤니케이션의 통로를 여는 일이다. 부모들과의 커뮤니케이션에 실패하고서는 건전하고 효율적인 청소년 사역을 기대하기는 힘들기 때문이다. 좋은 결과를 기대할 수 있는 몇 가지 방법을 찾아본다면 먼저 그럴듯한 제호(題號)가 붙여진 소식지를 발간하는 일이다. 거기에는 청소년 사역에 관한 소식들과 청소년 문화에 관한 읽을거리들, 부모들이 알면 유익한 여러 가지 정보들, 진행되는 행사들의 안내 등으로 채워져야 한다. 현대는 정보매체가 폭주하는 시대이므로 그것이 사람들의 마음을 끌 수 있는 체제와 내용을 겸하지 않으면 큰 효과를 기대할 수 없겠지만 잘만 한다면 매우 효과적일 것이다. 다음으로 할 수 있는 일은 전화 상담제도의 확립이다. 청소년 문제로 고민하는 부모들이 익명성이 보장되는 상담을 할 수 있다는 것은 매우 고무적인 일로 받아들여질 것이기 때문이다. 물론 소식지를 통해서 그것을 알릴 수 있을 것이고, 가능한 시간대를 정하여 특정 문제에 대한 상담을 하기도 하지만 동시에 좀더 전문적인 상담을 할 수 있는 길을 안내할 수도 있다. 교회마다 전문적인 상담원이 상주하지는 않기 때문이다. 다음으로 청소년들을 대상으로 하는 행사들 가운데 부모들이 동참 또는 참관할 수 있는 프로그램들을 개발하여 그것에 참여할 수 있도록 초대하는 일을 할 수도 있다. 그리고 청소년들이 있는 가정을 방문하는 일도 반드시 필요한 일에 속한다. 목회자가 심방을 하는 것처럼 직접 방문하여 자연스럽게 부모들이 자녀들의 문제를 상담할 수 있는 기회를 제공하는 것이다. 물론 때로는 전화로나 서신을 통해서도 할 수 있다. 특별한 행사 등에는 부모의 동의를 받아 참가할 수 있도록 부모 동의서(회신용 엽서 활용) 등을 활용하는 것도 그 하나의 방편이 될 수 있다(Rice 1998: 180-181). 이 모든 사역의 대상에는 이미 믿는 부모들은 물론 지역에 살고있는 청소년 자녀를 둔 모든 부모들이 모두 포함되어야 한다.

부모들에게 도움이 되는 프로그램을 개발하는 일도 중요하다. 청소년 문화나 인간관계, 이성 문제 등을 주제로 하는 전문가를 초빙한 세미나 나 특강 등을 열 수 있고, 좀더 발전되면 부모들로 구성되는 모임을 결성 하고 청소년들과 함께 관심사가 되는 주제를 선정하여 토론회나 간담회 등을 주선할 수도 있다. 그리고 부모들과 청소년 자녀들이 함께 즐길 수 있는 프로그램을 마련하는 것도 효과적일 수 있고, 교회 안에 청소년을 이해하는데 도움이 되고 부모 역할을 하는 데도 도움이 되는 도서를 확 보하고 이용할 수 있게 하는 것도 쉽게 시행할 수 있는 일이다.

X. 청소년 사역에서의 위기상담

현대의 청소년들은 성인 세대가 경험하지 못했던 여러 가지 위기상황 속에 살고 있다. 그들은 약물 남용, 십대들의 임신, 낙태, 자살 충동, 가정 의 붕괴, 식욕 장애(eating disorder), 폭력과 성적(性的) 충동 등의 문제들에 둘러싸여 있고, 이런 문제들에 관한 상담을 절실히 필요로 한다(Sturkie and Tan 1993: 11). 이 때 청소년 사역자들은 "위기 중에 있는 청소년들과 그 가정을 나도 도울 수 있다"(Pelt 1995: 15)는 확신을 가지고 그들을 대할 수 있어야 한다.

어떤 상황이 위기냐? 하는 문제는 물론 어느 정도의 객관적 기준을 제시할 수 없는 것은 아니지만 그것을 겪고 있는 당사자가 판단할 문제이다. 단지 위기상황에 빠져있는 청소년을 발견하였을 때 거기에 민감하게 반응을 보여야 하는 것은 청소년 사역자들의 의무이며 책임이다. 위기(危機)는 위험(danger)과 기회(opportunity)라는 양면성을 가지고 있다는 것은 주지의 사실이다. 위험에 걸려 넘어지면 실패요, 그것을 극복하고 기회로 삼으면 성공이라는 공식이 성립하는 것이다. 실지로 많은 사람들이 위기적 상황을 경험함으로써 성장하고 성공하였다는 이야기를 우리는 쉽게 들을 수 있다. 위기상담은 이런 점에서 매우 중요한 자리를 차지한다.

위기상담을 하려는 사역자는 무엇보다도 아이들이 당하고 있는 위기 상황에서 그들과 함께 고통을 당하고 있다는 느낌을 주는 사람이어야 한다. 그리고 어려움을 당하는 아이들과 함께 있을 수 있어야 하고(availability) 아이들이 신뢰하고 접근해오는(approachability) 사람이어야 한다. 위기 상황에 처한 경우에도 늘 심각하지만 않고 유머감각(sense of humor)을 갖추고 있어서 웃음과 기쁨을 줄 수 있어야 하고, 평소에 섬김의 정신(servant spirit)을 삶을 통해 보여주는 사람이어야 하며, 위기상황에 처한 아이들과 그런 가정을 도울 수 있는 능력을 갖춘 사람이어야 한다 (Pelt 1995: 34-41). 이런 조건을 완벽하게 갖춘 뒤에 청소년 사역을 시작하라는 것이 아니라 청소년 사역자들은 이런 품성과 능력을 갖추기 위해 끊임없이 노력하는 사람이어야 한다는 뜻이다.

효과적인 위기상담을 하려면 몇 가지 요소가 필수적으로 요구된다. 첫째로 피상담자의 모습을 액면 그대로 받아주는 것(accepting)이다. 상황을 판단하거나 교육하려고 하지 말고 위기에 처한 아이(또는 부모)의 이야기를 참견하지 않고 적극적인 관심을 표하면서 들어주는 것(listening)이다. 피상담자가 상담자의 의견을 물을 때까지는 의견을 말하거나 충고를 하려고 하지 말아야 한다. 거기에는 상당한 시간이 걸릴 수도 있고 경청하는 기술이 요구되기도 한다. 하여간 말로나 표정이나 몸짓으로까지 즉각적인 판단을 내리지는 말아야 하는 것이다. 둘째로는 그런 상황을 능히 극복할 수 있다는 확신을 심어주는 일(reassuring)이다. 위기에 빠져있는 사람은 대체로 바른 판단력을 상실하고 절망에 빠져있다. 그러므로 그들이 그 상황을 극복하게 하기 위해서는 다른 사람들도 그런 상황에서 어려움을 극복하고 성공적인 인생을 살아왔음을 상기시키고 희망을 줄 수 있어야 한다. 희망은 위기극복의 원동력이 되는 법이다. 그러나 이 때에도 잘못된 희망을 주는 실수를 해서는 안 된다. 잘못된 허망한 희망은 오히려 파괴적이기 때문이다. 셋째로는 상황을 정확히 판단해야 (processing) 한다. 정확한 상황판단을 위해서는 정확한 정보입수가 기본적이다. 피상담자의 이야기를 통해서 얻은 정보만을 토대로 하지 말고, 가족이나 친구 등의 이야기도 참고로 하고 정보를 얻을 수 있는 다른 통로도 찾아봄으로써 적어도 두 가지 이상의 다른 관점을 볼 수 있어야 하는 것이다. 따라서 1차 상담으로 문제를 해결하려는 조급함은 금물이라 할 수 있다. 이렇게 정확한 상황이 파악되고 문제의 근본원인이 밝혀졌다면, 다음 단계로는 구체적인 위기극복을 위한 행동계획을 세우고 (planning) 이를 실천하는 일만 남는다. 그 계획은 밝혀진 문제를 중심으로 이루어져야 하고, 상담자가 문제로부터 구출해주는 역할을 하지 않고 문제 해결을 위해 같이 간다는 의식을 심어주면서도 적극적인 태도를 보여주는 것은 필수적이다. 그리고 그 계획은 현실적이고 구체적이어야만 한다. 행동 계획을 할 때 현재상황의 한계성을 고려하여 그것을 통한 문제해결의 가능성을 볼 수 있어야 하고 설정된 목표가 성취 가능한 것이어야 함은 말할 필요도 없다. 그러나 그런 계획도 상황에 따라 변경될 수 있음을 분명히 해야 한다(Pelt 1995: 44-70).

상담에서 주의할 일은 무엇보다도 먼저 비밀을 철저히 지켜야 한다. 비밀이 지켜지지 않아서는 신뢰성을 얻을 수 없고, 그래서는 바른 상담을 기대할 수 없기 때문이다. 둘째로는 앞에서도 이미 언급된 것처럼 들어주는(listening) 훈련을 쌓아야 한다. 잘 들어주는 것만으로도 이미 상담은 절반은 성공했다고 할 수 있다. 피상담자가 마음을 열고 비밀과 고민을 털어놓는 것 지체가 문제해결의 출발점이기 때문이다. 다음으로 청소년 사역에서의 상담 사역을 성공적으로 이루려면 상담에 직접 응할 수 있는 청소년 사역자를 키우는 것은 중요한 과제가 된다. 부모나 선생님의 말은 듣지 않으면서 친구들의 말은 쉽게 듣는 것이 청소년들이기 때문이다.

우리는 21세기의 한국교회도 20세기의 한국교회 만큼 건전하게 성장하기를 바란다. 그렇게 하려면 21세기 교회의 주역이 될 오늘과 내일의 청소년들을 그리스도에게로 인도할 뿐 아니라 그 안에서 건전하게 성장 성숙하도록 하여 헌신적인 주님의 제자들이 되도록 하지 않으면 안 된다. 따라서 그 일을 가장 효과적으로 이루어낼 청소년 사역을 적극 지원하고 청소년 사역자들을 양성하여 활용할 수 있어야 한다. 이 일은 오늘의 교회가 당면하고 있는 가장 시급한 과제 중에 우선적인 자리를 차지하는 것이라고 해도 결코 틀린 말은 아닐 것이다.

그러나 청소년 사역이라는 중요한 문제를 제한된 지면에 정리한다는 것은 불가능한 과제이다. 단지 우리는 청소년 사역에서 지도자가 가장 중요한 요소임을 확인할 수 있었다. 한국교회의 현실에서는 청소년 사역을 책임진 지도자들은 대체로 신학(대학)교에 재학 중인 사람들로 교육 전도사라는 이름으로 봉사하는 사람들이다. 그 중에는 사역자로서의 적절한 품성과 자질, 그리고 식견과 능력까지 갖춘 사람들도 있지만 그렇지 못한 경우도 허다함을 부인할 수는 없다. 따라서 21세기 교회를 위해서는 교육전도사 양육 프로그램들이 개발되어야 함은 당연한 결론이다. 거기에서는 청소년과 그들의 문화에 대한 이해와 청소년 사역자로서의 갖추어야 할 자질 함양과 능력 개발 등이 다루어져야 할 것이다.

|제12장|

평신도 사역론

오늘의 한국교회는 하나님께로부터 칭찬들을 수 있는 좋은 교회인가? 물론 목사를 포함한 모든 교회지도자들이 건전하고 흠잡을 데가 많지 않은 좋은 교회를 희구하고 있고 또 그런 교회를 이상으로 삼고 개혁과 갱신을 외치며 노력하고 있다. 그러나 그런 이상과 노력에도 불구하고 교회의 현실은 교회 안에서 뿐 아니라 교회 밖에까지 문제점들을 노출시키고 있음을 부인할 수 없다. 교회성장은 정체 내지는 감소 추세라는 말까지 나오게 되었다. 그런 원인을 여러 각도에서 찾을 수 있겠지만 여기서는 바른 평신도 사역을 통한 교회 갱신과 활성화의 길을 모색하려고 한다. 평신도 사역 이야기는 이미 21세기의 목회 방향의 하나로 제기되어 왔고 '목사급 평신도 사역(lay pastors ministry)'이 거론되고 있고, 21세기의 효과적인 목회가 이루어지는 교회는 평범한 신자들을 동원하여 교회를 위한 적극적인 사역을 할 수 있는 자질을 갖추게 하고 또 그들이 일할 수 있도록 지원해주는 교회라는 것이다(Slocum 1990: 9).

교회 역사 2,000년을 통하여 교회에서의 모든 사역은 성직자 중심(clergy-centered approach to ministry)으로 이루어져 왔다. 사람들은 흔히 교회 안에는 두 가지 계급의 사람들이 있다고 생각한다. 교회를 운영하고 교리를 연구하여 가르치며, 설교를 하고 성례전을 집례하며, 교회 안으로 모여오는 하나님의 백성들을 다스리고 돌보는 성직자(신부나 목사)들과 그런 사역의 대상이 되는 보통의 그리스도인들인 평신도들이 있다는 것이다(Gibbs and Morton 1979: 9-10).[66]

따라서 교회에서의 사역을 위한 교육, 즉 신학교육도 성직자를 양성하기 위한 교육에 집중될 수밖에 없었다. 흔히 말하는 신학교육이라는 말은 곧 신부나 목사를 양성하는 교육과 동일한 것으로 이해되어온 것이다. 바꾸어 말하면 신학교육을 받은 사람은 당연히 성직의 길, 곧 전업적인 목회(full-time ministry)의 길로 가야 하는 것으로 이해되어 왔다. 여기에서 두 가지 질문이 생긴다. 정말 교회 안에는 확연히 구별되는 두 가지 계급의 사람들이 존재하는가? 하는 질문과, 정말 교회에서의 모든 사역은 성직자(목회자)들의 전유물인가? 하는 질문이다. 여기에서 우리는 두 가지 질문 모두에 '아니'라고 답을 하고 현대교회에서의 그 대안을 찾아보려 한다. 첫째 질문에 대해서는 하나님의 백성들을 사역자들(ministers)과 비사역자들(non-ministers), 곧 성직자나 목회자와 평신도들로 구분하는 것은 비성서적인 근거에서 왔다는 데서 답을 찾을 것이고, 둘째 질문에 대해서는 앞의 질문과 연관하여 모든 하나님의 백성들이 기능상의 차이는 있지만 모두가 하나님의 일군들로 부름받았다는 성서적 가르침과 신학적인 전제, 그리고 소위 목회 사역을 위해 소명을 받은 소수의 사람들만의 사역으로는 교회의 그 막중한 사명을 모두 감당할 수 없다는 현실적 이해에서 그 해답을 모색할 것이다.

---

66) 평신도 사역 연구소(The Lay Pastors Ministry)의 창설자인 Steinbron은 평신도를 "자발적인 사역자(volunteer minister)", 성직자를 "직업적인 사역자(vocational minister)"라고 부른다(Steinbron 1997: 17-18).

I. 평신도에 대한 바른 이해

평신도란 무엇인가? 평신도(layman, lay person, lay people, 집합명사로는 laity)라는 말은 어원상 희랍어 λαος(백성, 무리들, 사람들)에서 왔다. 이 말은 성경에서 하나님의 백성 또는 일반적으로 그리스도인들을 나타낼 때 사용되었다. 따라서 원래의 의미는 흔히 생각하는 '교인 중의 한 사람, 회중의 한 사람, 목사나 신부의 가르침과 인도함을 받는 평범한 그리스도인 가운데 한 사람'이라는 상식적 범위를 훨씬 넘어선다. 구약에서도 하나님의 백성이라는 범주에는 제사장이나 예언자(선지자), 왕이나 일반 백성이나를 막론하고 모든 이스라엘 자손이 포함되어 있었고, 신약에서는 바울을 통하여 이 개념이 "교회"로 발전되었다. 초기 그리스도인들에게 있어서 교회는 물론 건물이 아니었고 특정 교파나 성직자 집단도 아니었다. 그들은 교회란 자기들과 같이 그리스도를 주와 구주로 고백하는 사람들, 곧 하나님의 백성들이요 그리스도 안에서 이룬 하나의 친교 공동체로 이해하였던 것이다(Gibbs and Morton 1979: 13).

한 마디로 그리스도의 몸으로서의 교회에는 많은 지체들이 있으니 성직자는 물론 가정주부들, 회사원, 경영인, 노동자, 상인, 농부 등 모두가 포함되고, 여기에는 기본적으로 아무런 차등도 없다. 빈부 귀천이나 유무식의 구별이 없이 모두가 한 몸의 다양한 지체들인 것이다. 물론 이 지체들이 현실적으로 모두 전혀 차등이 없다는 것은 아니다. 성직자(full-time 사역자)와 평신도로 구별하려는 것이 아니라, 교회 안에는 세상적인 하나님의 백성들과 교회적인 하나님의 백성들이 공존하고 있다는 것이다. 전자는 신앙을 가지고 있으면서도 그 주된 관심을 교회 밖의 세계에 두는 사람들을 말한다. 즉 교회 밖의 사회에서 이루어지는 일들, 곧 정치 경제 사회 교육 등이 주된 관심사이고 교회 일이 아닌 자기 가정과 직장,

사교모임과 자기발전이나 개발을 위한 모임에서 적극적인 활동을 하면서 하나님을 섬기고 사는 일이 가장 중요한 일이기는 하지만 역시 그런 중대사 중의 하나로 생각하는 사람들이다. 거기에 반해 후자는 교회를 그들의 생활의 주요 공간으로 생각하고 주요 관심사가 교회와 교회 기관들에 집중되어 있고 그 일들을 위해 상당한 시간과 정열을 바침으로써 다른 신자들에게 모범이 되는 사람들이다(Gibbs and Morton 1979: 24).[67] 수적으로 볼 때 전자에 비해 후자가 훨씬 적은 것이 현실이다. 그리고 평신도 사역이란 바로 전자의 사람들이 후자의 사역을 동역자로서의 위치에서 함께 담당하도록 하는 것을 의미한다.

어떤 교회에서 어느 날 갑자기 모든 신자는 꼭같은 하나님의 일군들이라고 한다면 사람들은 놀랄지도 모른다. 그러나 이런 생각은 결코 새로운 생각이 아니다. 종교 개혁자들이 만인사제론(萬人司祭論)을 제창하기 훨씬 전, 즉 신약의 교회들은 이미 이런 생각을 실천하였기 때문이다. 모든 신자는 각기 다른 직임(職任)을 가지고 있었고, 그 일을 위한 성령의 은사들을 받아 누렸으며, 따라서 맡겨진 그 일들을 충성스럽게 수행함으로써 복음은 널리 전파되고 교회는 급속히 성장하였던 것이다(Hall & Morsch 1995: 13). 다시 말해서 초기 교회에서는 모든 신자가 하나님의 자녀들일 뿐 아니라 하나님의 일군들이었다. 성직자와 평신도라는 구분은 없이 모두가 신자요 모두가 교역의 일부를 담당하는 일군들이었던 것이다. 특별히 어떤 일을 위하여 사람을 따로 세울 때(행 1:22-26; 6:2-6; 13:1-3)도 있었지만 이 때에도 신분상의 차이나 특별한 자격요건을 요구하지는 않았다. 아마 세례가 유일한 자격이었을 것이다. 그리고 안수하여 따로

---

67) 여기에서 말하는 세상적인 그리스도인이란 선교학에서 말하는 명목상의 그리스도인(헌신적인 그리스도인이 아닌)보다는 훨씬 적극적이고 훌륭한 그리스도인들이지만 하나님의 일을 한다는 면에서 볼 때 구원을 보장받는 하나님의 자녀 단계를 넘어서서 하나님의 일군으로서는 부족함이 있는 그리스도인들을 의미한다.

세우는 사람들도 구별된 어떤 직분자가 아니라 그냥 교회 공동체에 속한 신자들 곧 일군들이었다.

그러나 복음이 널리 전파되고 교회가 성장하여 교회의 일이 복잡해지고 박해가 심해짐으로써 교회 안에서의 일(교역 또는 사역)의 통일성과 효과를 위하여 장로가 세워지고 나아가서 감독이 세워졌다. 결국 교회의 교역은 안수받은 성직자(감독, 목사, 신부)의 몫이 되고 일반신자들은 일군들이 아니라 전자의 교역 대상이 되고 말았다. 이것은 로마 카톨릭 교회의 성직 계급제도(hierarchy)로 발전되어 남아있고, 개신교도 만인사제론의 제창에도 불구하고 교역(教役)은 목사의 고유업무가 되고 일반신자는 그 교역의 대상이라는 범위를 벗어나지 못했다. 물론 봉사라는 이름으로 신자들이 교회 안의 일과 교회 밖에서의 선교와 봉사에 참여하고 있지만 그것은 교회의 교역이라는 차원과는 거리가 있는 것이었다. 그러므로 하나님의 일군으로서의 모든 신자는 교역을 책임진 성직자들과 같은 수준의 동역자(partnership in ministry)라는 의식을 회복시키고 그렇게 교역에 동참하게 하는 것이 평신도 사역론이 되는 것이다(이장식 1980: 29-33).

그렇게 하려면 먼저 일군들의 소명론부터 재고되어야 한다. 하나님의 부르심은 이중적이다. 구원론에서 말하는 부르심 곧 하나님께서 택하신 자들을 구원해주시려고 부르시는 부르심이 있고, 그렇게 부르신 하나님의 백성들을 다시 일을 시키기 위해서 불러 세우시는 부르심이 있는 것이다. 그리고 참된 그리스도인들이라면 누구나 이런 이중의 부르심을 받고 있다. 문제는 성직자들만 일을 위한 그런 특별한 부르심을 받는다는 잘못된 이해에 있다. 그러나 신약성서는 분명히 하나님께서 모든 그리스도인들에게 어떤 일을 할 수 있는 한 가지 이상의 은사를 주신다고 가르치고 있다(고전 12:4-7; 벧전 4:10). 구약에서는 특정한 사람들(아론의 자손들)만 제사장으로 부름받지만 신약에서는 모든 신자가 하나님과 다른 사람들 사이에 선 중보자 곧 제사장으로 부름받는다(벧전 2:5, 9) 신약성경 어디에도 소명의 계급제도(a hierarchy of callings) 같은 것은 없다. 하나님께서는 들을 귀 있는 모든 신자들을 그 일군으로 부르시는 것이다. 단지 그는 어떤 사람들을 교회의 지도자로 부르시고 그들로 하여금 그리스도인들이 온전하게 하나님의 일을 담당할 수 있도록 준비시키는 일을 맡기신다(엡 4:11-12)(Hall & Morsch 1995: 21-25). 그들의 사명은 일반적인 일군들의 사명에다 선수들을 훈련시키고 육성하는 축구팀의 감독과 같은 사명이 더해지는 것일 뿐이다.

II. 교회, 목사 그리고 평신도 사역

땅 위에 오셨던 하나님의 아들 예수 그리스도는 그 하시던 일을 교회 곧 그를 믿고 따르는 사람들에게 맡기셨다. 그것이 곧 교회가 해야할 사역이요, 목회적 선교적 사명이다. 전통적으로 그 일은 성직자(신부나 목사) 중심으로 이루어져왔고 평신도들은 그 사역의 대상으로 이해되어왔다. 평신도들은 그 일에 참여하더라도 지극히 제한된 범위에서 소극적이고 수동적인 태도로 임해왔다. 따라서 목사는 흔히 평신도들을 "단순히 평신도에 불과한 사람(mere layman)" 정도로 생각하는 경향을 가지고 있다. 그들은 중요하지 않은 사람들이기 때문에 그들이 제기하는 문제도 대수롭지 않게 생각하거나 무시하거나 또는 소홀히 다루고 만다. 결국 교회를 위해 중요한 의미를 지니는 바른 대응을 못하게 된다는 것이다. 그러나 평신도 사역을 실천하려는 교회와 목사는 그들이 비록 하찮은 사람이라고 하더라도 그들을 존중하고 그들에게 귀를 기울여 주어야 한다.

그리고 스스로를 평신도들보다 좀더 훌륭하고 중요한 인물이라고 생각하는 함정에 빠지지 말아야 한다. 하나님께서는 그의 자녀 하나하나를 성도로, 왕같은 제사장으로, 그리고 그의 일군으로 부르고 계시기 때문이다(Anderson 1991: 158).

그러나 이제 그 평신도에 대한 재발견이 이루어지고 있는 시대를 맞아 그 관계성도 재정립되어야 함은 당연한 귀결이다. 실지로 활기가 넘치는 교회들의 특징 중의 하나가 평신도 사역의 활성화라는 것이 실증적으로 드러나고 있다. 그런 교회들은 신자들에게 일(ministry)을 맡기고 있으며, 그들로 하여금 예수 그리스도의 주되심(lordship)을 고백하게 하고 영적으로 성장하도록 도와주며, 맡겨진 일을 위해 헌신하도록 하고 있다. 또 그들이 맡겨진 일을 위해서 주신 하나님의 은사가 무엇인지를 발견하도록 도와주고, 그 일을 감당할 수 있는 자질을 갖출 수 있도록 도와준다.[68] 그런 교회와 목사들은 모든 신자들이 하나님의 일군들이라고 믿고, 기능상의 구별은 있지만 그 중요성에 있어서는 동등하다는 것도 믿는다. 한마디로 평신도들도 교회의 중요한 사역자들이라고 믿는 것이다(Steinbron 1997: 23).

여기에서 평신도들은 목회의 대상일 뿐 아니라 하나님께서 맡기신 일을 위한 동역자들이라는 사고가 움트게 되고 목사와 교회는 이것을 당연한 것으로 받아들여야만 한다. 동역(partnership)의 필요성은 이미 여러 곳에서 입증되고 있다. 혼자의 힘으로는 이룰 수 있는 일의 한계가 분명하고 전문적인 훈련을 받은 목회 전문가로서의 목사라고 하더라도 그가 베

---

68) 성경에 나오는 은사의 수를 정확히 말하기는 어렵지만 Peter Wagner는 그것을 27가지로 나누어 설명하고 있다. 거기에는 직분으로서의 은사와 능력으로서의 은사가 망라되어 있다. 그것은 예언, 봉사, 가르치는 은사, 권면, 헌금, 지도력, 긍휼, 지혜, 지식, 믿음, 신유, 기적 행함, 영을 분별하는 능력, 방언, 방언 통역, 돕는 은사, 다스림, 사도, 복음 전도자, 목사, 독신, 자발적인 청빈, 순교, 손 대접, 선교사, 중보 기도, 귀신을 쫓는 능력이다(Wagner 1994). 그리고 모든 그리스도인들은 적어도 한 가지 이상의 은사를 받아 누린다는 것이 일반적인 이해이다.

풀 수 있는 사랑과 능력의 한계는 분명하기 때문에 하나님의 교회가 수행해야 하는 일을 동역이라는 개념으로 협력할 때 훨씬 효율적으로 달성할 수 있음을 알 수 있다(Southard 1982: 9). 평신도들을 동역자로 인식하더라도 심부름하는 사람 정도의 동역자가 아니라 목사급의 동역자(lay pastors)로 인식해야만 하고 그만큼 중용(重用)해야만 한다는 것이다. 목회자는 섬기는 사람들과 함께 섬기는 종(a servant with the serving people)인 것이다.

그런 교회와 목사는 목회 사역을 사람들의 필요에 주의를 기울이는 일(giving attention to the needs of people)로 이해하고, 그 필요는 사람들이 스스로 절실히 느끼는 필요(felt needs) 뿐 아니라 스스로 느끼지는 못하지만 꼭 필요한 필요(unfelt needs)까지를 포함한다. 절실히 느끼는 필요에 상응하여 대처하는 것은 당연하지만 그것만으로는 부족하다는 말이다. 예를 들어 아이를 양육하는 어머니는 아이가 원하는 것도 판단에 따라 응해주지만 싫어하는 것도 어머니로서의 판단에 정말 필요하고 유익한 것이라고 생각되면 해주는 것처럼 교회는 사람들이 스스로는 느끼지 못하는 필요에까지 부응하여 일해야 한다. 성경이 가르치는 진리를 배우게 하는 것과 주신 은사를 발견하고 개발하여 적절하게 사용하게 하는 일 등은 후자에 속할 수 있다(Steinbron 1997: 22-23). 그리고 사람들의 필요는 다양하다. 영적 필요(spiritual needs), 곧 복음을 전하고 설교를 하며 성경말씀을 가르치고 기도하는 일 등이 필요하고, 또 육적인 필요, 곧 굶주리고 헐벗으며 병들고 나그네 되었을 때의 필요가 있다. 또 불안과 고독에 시달리는 현대인들의 정신적 필요, 가난에 찌들린 경제적 필요도 있을 수 있다. 이런 필요들에 능동적으로 하나님의 사랑을 가지고 더러운 발을 씻겨주는 마음과 태도로 대처하는 것이 평신도 사역인 것이다. 한마디로 목사의 역할은 평신도들이 그런 사명을 감당하도록 하기 위해서 그들을 바르게 육성하여 하나님의 바른 일군들이 되게 하는 것, 곧 선수들을 훈련시켜 경기에 출전하여 승리를 쟁취하도록 하는 훈련 코치(a player-coach) 역을 하는 것이다(Southard 1982: 77ff).

이러한 필요들 곧 교회 안에 들어온 회중들과 교회 밖의 사람들이 교회와 목사에 대하여 가지는 기대치들을 먼저 파악하고 그 필요와 기대치에 상응하여 일하는 것이 목회요 교회의 사역이라고 할 때, 신자들이 서로를 상대로 또는 우리 밖에 있는 양들을 위한 목회적 사역을 하도록 하는 제도를 활용하는 것은 당연한 분산 정책(a decentralized plan)이 될 것이다. 바로 평신도들이 교회의 사역에 직접적 적극적으로 참여하도록 하는 길인 것이다(Southard 1982: 30-31). 그리고 목사는 앞에서도 언급한대로 신자들이 맡겨진 사역을 감당할 수 있는 자질을 갖추도록 돕고 훈련시키는 사명을 가진 사람이다. 교회 안에 있는 성도를 총동원하여 새롭고 창조적인 방식으로 일할 수 있도록 만들어야 하는 것이다(Hall & Morsch 1995: 24).

평신도 사역을 위하여 목사가 해야 할 가장 중요한 역할은 모세가 이스라엘 백성들을 인도하여 광야생활을 할 때 보여준 본을 통하여 설명할 수 있다. 하나님께서는 모세를 불러 성막을 지으라고 하셨지만 그 일은 혼자의 힘으로 할 수 있는 일이 아니라 모든 백성들이 자료로 쓸 물질과 기술력을 바침으로써만 가능하였다(출 24-30장). 단지 모세는 그들 한가운데 서있는 영적 지도자였을 뿐이다. 따라서 모세가 그런 역할을 하기 위해 맨 먼저 한 일은 하나님을 만나는 일(출 24:18, 34)이었다. 오늘의 목사들도 먼저 하나님을 규칙적으로 만날 시간과 장소(시내산 위)를 필요로 한다. 둘째로 그는 하나님으로부터 해야 할 일의 비전(vision)을 받았다. 성막을 짓되 하나님께서 보여주신 식양을 정확히 그대로 하라(출 25:8-9)는 것이었다. 그것은 신비한 황홀경에 빠지는 것과는 달리 구체적이고 합리적이었음을 명심해야 한다. 다시 말해서 목사는 하나님과 만나서 그의 말씀을 듣고 그 내용을 교회에 전하되 그 내용은 하나님의 뜻을 그대로 실천할 수 있을 만큼 구체적이어야 한다. 셋째로 모세는 그 내용을 백성들에게 그대로 행하라고 가르쳤다(35:1, 4). 오늘의 목사도 평신도들이 구체적으로 할 일을 "주님께서 당신에게 하라고 명하신 일"이라고 분명하게 가르칠 수 있어야 한다. 넷째로 그는 이 백성이 정말 하나님의 백성이냐고 묻지 않고 또 의심하지도 않고 맡겨주신 그 백성을 인도하였다. 여기에는 각기 바칠 물건을 지정하여주는 일과 또 하나님께서 주신 재능을 그 일을 위해 사용하도록 하는 것이 포함되었다. 현대교회에서도 성도들은 의미있는 자극과 도전을 받으면(challenged) 언제라도 일할 준비가 되어 있어야 하는 것이다. 다섯째로 그는 백성들의 잘못을 지적해 주고 징계를 하기도 하며 훈련을 시키기도(corrected and disciplined) 하였다(32-34장). 오늘의 교회에서도 하나님의 계획을 거스르는 움직임에 대해서는 단호한 대처가 필요할 때도 있다는 것이다(Steinbron 1997: 87-92). 이런 몇 가지가 오늘의 평신도 사역을 위해 모세로부터 배울 수 있는 일들이다.

다음으로 그런 교회가 되려면 은사 중심의 교회가 되어야만 한다. 그리스도의 몸으로서의 교회에는 수많은 지체들이 있고 각 지체마다 고유한 일이 있으며 그 지체는 각기 그 일을 할 수 있는 재능과 능력을 가지고 있다는 원리에서이다. 그리고 각 지체는 고유한 일을 하고 있으므로 다른 지체의 일을 간섭하지 말고 각기 자기 일을 하게 하는 것(let everyone do his or her own job)이다(고전 12:6-8, 11, 21). 다시 말해서 평신도 사역을 성공적으로 실천하려는 교회는 평신도들 각자가 받은 은사를 최대한 활용하도록 허락하고 도와주는 교회인 것이다. 평신도 사역을 강조하려 해도 평신도들이 자신의 은사가 무엇인지 모른다든지 주신 은사를 개발하여 활용하지 못한다면 평신도 사역은 무위로 끝날 것이기 때문이다.

III. 평신도와 평신도 사역

평신도와 평신도 사역은 현대가 발견해낸 새로운 것들이 아니다. 성경에는 이미 하나님 앞에서는 모든 그리스도인이 동등한 하나님의 자녀요 일군임을 밝혀주고 실지로 많은 평신도들이 적극적으로 하나님의 일을 하던 예들을 보여주기 때문이다. 사도행전에 등장하는 수많은 일군들이 거의 오늘의 의미에서 평신도들이었고 로마서를 비롯한 바울서신의 말미에 나오는 이름들도 모두 그런 예라고 할 수 있는 것이다.

교회 역사를 살펴볼 때에도 우리는 결코 평신도 사역이 사라진 적이 없었음을 확인할 수 있다. 평신도가 하나님의 일을 한다고 해서 목사가 해야 할 일들을 대신 한다든지 단순히 돕는 정도의 사역을 의미하지는 않는다. 교회와 하나님의 나라를 위하여 도움이 되고 유익한 일이라면 그 일의 종류와 범위는 한정되지 않았던 것이다. 예를 들어 교회 음악, 서방의 종교 미술, 종교 건축 등이 모두 평신도들에 의해 발전되어온 것이다. 중요한 사실은 그리스도인들이 분명한 두 계급으로 나누어지고 평신도가 가장 무시를 당하였던 중세기에도 평신도 사역은 계속되었다는 점이다. 중세의 수도원 제도와 조직이 교회생활에서 중요한 한 면을 차지한 것은 부인할 수 없다. 물론 수도원 운동은 결국 교회의 계급 구조에 통합되어 수도사들도 "규칙을 준수하는 성직자(regular clergy)"로 불린 것은 사실이지만 "세상 안에서 목회적 사역을 하는 성직자(secular clergy)"와는 달리 오늘의 관점에서 보면 그들은 평신도 사역자들이었다고 할 수 있다. 그들은 성직자로 안수를 받지 않았고 교인들을 상대로 사역을 하지도 않았다. 반면에 그들은 철저한 신앙생활을 하였고 봉사활동을 하였으며 선교사로 먼 지역까지 파송되어 중세 선교의 주역이 되기도 했다. 신학의 발전에도 수도사들의 공헌은 결코 무시될 수 없다. 중세의 위대한 신학자들은 모두 수도사들이었기 때문이다. 특히 성 프랜시스와 그를 따르던 수도단(the Franciscans)은 교황청으로부터 설교권을 허락받아 방방곡곡에서 말씀을 전하고 복음을 전파하며 병자와 빈민들을 돌아보는 선교 및 목회적 사역을 감당하였다(Kraemer 1994; 27-28).

종교개혁 시대에도 이런 움직임은 계속되었다. 루터는 성직자로 서품받은 후에 개혁운동의 기치를 들었지만 그의 개혁운동이 성공할 수 있도록 지원하고 추진력을 불어넣어준 것은 모두 평신도들의 공로였다고 할 수 있다. 특히 위대한 개혁자 칼빈은 평신도로서 개혁운동의 중심에 서 있었고 성공한 인물이었다. 그는 고전을 연구하였고 법률을 공부한 사람으로 전문적인 신학교육을 받지 않았지만 「기독교 강요」라는 불후의 신학적 저술을 하였고 개인적인 성서 연구를 통해 신구약 거의 전부를 주석하였으며, 제네바에서는 개혁운동의 중심 지도자로서 평신도였지만 신학 교사와 설교가로 그리고 목회자로서의 일을 하였던 것이다(이장식 1980: 38; Kraemer 1994: 31).

이런 시작에도 불구하고 개혁시대 이후로 다시 평신도들은 뒤편으로 밀려나고 비록 그 기능과 형태는 카톨릭적 성직자 상과는 구별된다고 하더라도, 목사가 교회의 전면에 부상하고 교회 안에서의 사역은 목사 중심의 목회로 발전하게 되었다. 그러나 실제에 있어서는 평신도 사역은 계속되어왔고 현대에 이르러 그 중요성을 다시 인식하게 된 것이다.

IV. 평신도 사역의 기본 원리와 범위

문제는 오늘의 교회에서 해야 할 일은 너무나 많은데 그 일을 즐거운 마음으로 그리고 헌신적으로 하려는 또는 하고 있는 사람은 많지 않다는 데 있다. 해결방안은 간단하다. 평신도들을 총동원 활성화시키면(lay mobilization)되는 것이다. 이들을 교회의 여러 가지 중요한 사역을 담당할 수 있도록 잘 훈련된 하나님의 일군들로 육성해야 하는 것이다. 그리스도의 몸을 이루고있는 지체 하나 하나가 모두 제 기능을 잘 수행할 때 그리스도의 몸으로서의 교회는 저절로 건강한 교회가 되는 법이다. 이것이 바로 평신도의 총동원 활성화의 신학적 근거라고 할 수 있다. 이 원리는 한마디로 모든 성도가 하나님의 일군이 되어야 한다(every member a minister)는 온당한 이유로 적절한 인재를 적절한 자리에 앉게 함으로써 (適材適所: the right people in the right places for the right reason) 하나님의 뜻을 이 땅 위에서도 온전히 이루어지게 하는 것이다(Malphurs 1992: 144). 하나님께서는 자기 백성들에게 각기 다른 기질, 재능, 기술과 능력 그리고 성령의 은사까지 적절하게 주셨으므로 그것을 충분히 발휘하여 하나님께서 기뻐하실만한 일을 할 수 있게 해야 하는 것은 당연한 일이다.

이렇게 해야 하는 이유로는 첫째로 교회 안에 속해 있는 모든 그리스도인들은 목사이든 평신도이든 상관없이 하나님의 일을 위해 자질을 갖추고 그 일에 참여할 때 가장 큰 기쁨을 맛보고 건전한 성도가 되기 때문이다. 둘째로 양육과 봉사가 균형을 이루어야 하기 때문이다. 아이가 자랐으면 그 자란 정도에 따라 해야 할 일을 해야 하는 것처럼, 그리스도인들도 믿고(태어나서) 성장하는대로 거기에 맞는 사역을 담당해야 교회가 균형이 잡힌 성장을 하기 때문인 것이다. 셋째로 누구나 어디에서인가는 잘하는 일이 있으니 하나님께서 사람을 만드실 때 또 자기 자녀로 삼으실 때는 그렇게 하시는 목적이 있고 그것을 위해 적절한 재능과 능력, 그리고 은사까지 주신다고 믿기 때문이다(Malphurs 1992: 149-150).

그런데 여기에서의 문제는 대부분의 교회에서 교인들 중의 20% 이하의 사람들이 교회가 하고 있는 일의 80% 이상의 일을 하고 있다는 점이다. 결국 교회 차원에서 보았을 때 대부분의 신자들은 실직자인 셈이다. 그들은 교인 명부와 실직자 명부에 동시에 등록된 사람들인 것이다. 따라서 교회에는 소수의 충성스러운 신자들이 있지만 그들은 늘 힘에 벅찬 일을 할 수밖에 없다.[69]

그러면 왜 그렇게 많은 교인들이 교회 일에 적극적으로 참여하지 않고 있을까? 몇 가지 이유가 있을 수 있다. 첫째로 흔히 볼 수 있는 신자 양육 방법이기는 하지만 문제가 있는 방법 때문이다. 감정에 호소하거나 강압적으로, 즉 눈물에 호소하거나 팔을 비틀어 양육 프로그램에 참가시키는 경우를 말한다. 이런 방법은 일시적으로는 효과적일 수 있다. 둘째로 성도들을 동원하여 양육하려는 편에서 적절한 지식과 전문성은 없으면서 의욕만 앞서있는 경우이다. 솔직히 신학교육을 받는 동안에 평신도 사역에 관하여 제대로 배우고 훈련받은 목사는 거의 없는 것이 현실이다. 그리고 복음적이고 목회를 잘하는 목사들도 성령의 은사를 강조하는 정도에서 머물고 만다. 대부분의 목사들은 어떻게 성도들 각자가 자기 은사를 개발하고 그것을 실제 사역에 활용하도록 도울 수 있는지에 대해서는 무지한 것이다. 셋째로 많은 경우 평신도들은 공적인 광고를 통해서가 아니라 개인적으로 직접 어떤 요청이나 부탁을 해오기를 기다리는 편이기 때문이다. 광고시간에 교사로 봉사할 분은 신청하라고 하는 것보다는

---

69) Gallup조사에 따르면 미국교회의 경우 교인들 중의 10%의 사람들이 교회 일의 90%를 하고 있다고 한다. 그런데 그 90% 중에 거의 50%의 사람들은 어떤 이유에서이건 교회 일에 깊이 관련되고 싶지 않다고 대답했고, 남은 40%의 사람들은 일은 적극적으로 참여하여 하고싶은데 그렇게 하라고 부탁을 받은 적도 없고 그것을 위해 훈련받은 적도 없다고 대답했다고 한다(Malphurs 1992: 145-146).

미리 인적 자원을 파악하고 개인적으로 부탁하고 요청하는 것을 기다리고 있는 경우가 허다하다는 말이다. 넷째로 목사가 자기 교회 성도들의 능력을 제대로 파악하지 못하기 때문일 수도 있다. 흔히 목사들은 자기들만 교회의 사역을 위해 특별한 훈련을 받았기 때문에 교회 일은 오직 자기들의 몫이라고 생각하는 것이다. 그 일을 위해 교육과 훈련을 받았고, 또 안수까지 받아 구별된 성직자가 되었으며, 또 그들은 그 일 때문에 생활비를 받고 있다고 생각하는 것이다. 따라서 다른 사람들 곧 평신도들은 주일을 성수하고 십일조를 비롯한 헌금을 잘 함으로써 자기 몫을 다하는 것이라고 생각하게 된다. 이런 의식은 평신도들 사이에도 널리 퍼져있는 생각이다. 그래서 심방을 받아도 목사님의 심방은 귀한 것으로, 평신도의 심방은 그보다 가치가 떨어지는 것으로 생각하는 것이 일반화되어 있다(Malphurs 1992: 146-148). 이런 연유로 평신도 사역의 활성화가 어려운 것이다.

어쨌든 평신도들을 총동원 활성화하는 일은 역시 중요하다. 문제는 어떻게 그것을 이룰 수 있는가이다. 맨 먼저 할 일은 평신도 각자가 자기 평가를 정확히 해보도록 하는 일이다. 하나님께서 자기를 만드신 뜻이 무엇일가를 생각하게 하고 거기에 따라 무슨 일을 어떻게 해야 할지를 깨닫게 하는 것이다. 주의할 일은 너무 주관적 판단에 빠져서 전혀 객관적 인정을 받지 못하면서 스스로 소명감 내지는 사명감에 불타서 아무 일에나 덤비지 않게 하는 일이다.[70] 다음으로는 교회 안에 평신도 활성화를 위한 좋은 프로그램을 마련하는 것이다. 그 프로그램은 실행에 앞서 먼저 철저히 준비되어야 함은 당연한 일이다. 먼저 생각할 일은 어떤 구조

---

70) 소명에는 내적 소명의식과 외적 소명의 증거가 있음을 알고 바른 소명의식을 가지게 해야 한다. 내적 소명의식: 소명에 대한 자기 확신과 열정, 그리고 일을 통해 얻는 즐거움이 그 증거가 된다. 외적 소명의 증거: 다른 사람들이 객관적으로 인정해주는 재능과 능력 등.

를 만들고 거기에 사람들이 적응해오도록 하는 방법과 사람들을 중심으로 삼아 그들이 참여하여 어떤 구조를 세워나가는 방법이 있다는 점이다. 전자는 교회마다 꼭 필요한 일이 있으므로 그 일을 위해 준비하도록 하는 것이요, 후자는 교인들의 은사, 재능, 기질 등을 기초로 그들이 각기 봉사할 분야를 찾아 일할 수 있도록 준비시키는 방법이다. 그러나 이것은 택일의 문제이기보다는 교회가 놓인 상황과 형편에 맞게 절충하여 그 교회에 적절한 방법을 창출하여야 할 것이다.

그러면 평신도 사역은 어떤 일을 하는 것일까? 우선 그 사역은 교회 안과 밖에서 일어나는 다양한 활동, 곧 다른 사람들과 일들을 위한 중보기도로부터 다양한 선교활동과 목회적 돌봄에 관련되는 여러 가지 사역, 지역사회에서의 다양한 봉사 사역을 포함한다. 그러나 전문적인 목회자인 목사에게 성도들이 가장 절실하게 요구하는 일이 영적 인도(spiritual guidance)라는 점을 잊어서는 안 된다. 영적 지도는 목사의 고유한 업무인 것이다. 그리고 분명히 설교, 결혼식과 장례식의 주례나 집례, 성찬식 집례 등은 전문적인 목회자인 목사에게 완전히 맡겨야 한다. 그 대신 그 이외의 일들, 곧 다른 도움을 필요로 하는 모든 분야의 사역에는 평신도들 모두가 그 능력과 은사에 따라 적극적 직접적으로 참여하여 일하도록 하는 것이 평신도 사역이라고 할 수 있다. 특히 그것은 마태복음 25장에서 볼 수 있는 어려움에 처해있는 사람들을 돌아보는 것(25:31-46)과 깊이 관계될 것이다. 그런 사역은 PACE라는 두음문자로 요약적으로 설명된다. 도움을 필요로 하는 사람들을 위하여 규칙적으로 기도하고(PRAYING regularly for them) 그들이 필요로 할 때에는 언제라도 응해주며(being AVAILABLE to them), 그들과 늘 연락을 취하고(CONTACTING them) 그들에게 본이 되도록 노력한다(striving to be an EXAMPLE)는 것이다 (Steinbron 1997: 26). 이렇게 함으로써 평신도들도 나름대로 다양한 사역에 직접 참여하여 일할 수 있는 것이다. 그러므로 그 사역의 범위는 매우 광범하다. 교회 안은 물론 가정과 지역사회나 자신이 속한 다른 공동체, 그리고 전 세계가 일군들의 사랑과 손길을 기다리는 일터라고 할 수 있기 때문이다.

V. 평신도 사역을 위한 훈련 과정

평신도 사역을 위한 훈련은 먼저 목사 자신의 훈련에서 출발하지 않으면 안 된다. 목사는 평신도 훈련을 책임지는 사람이지만 그도 목사이기 이전에 한 사람의 신자 곧 평신도이기 때문이다. 따라서 평신도들이 받아야 할 훈련은 먼저 목사 자신부터 성공적으로 이수하여야 한다. 그런 의미에서 신학교육도 전문적인 목회자 양성 이전에 온전한 평신도를 육성하고, 그 연후에 전문적인 목회자 수업이 이루어지는 것이 이상이라고 할 수 있다(Gibbs & Morton 1979: 211ff). 그리고 그 전문적인 훈련과정에는 평신도 사역론이 반드시 포함되어야 할 것이다..

평신도 사역을 위한 훈련은 사역자가 되기 위한 훈련보다는 참된 그리스도인이 되는 훈련부터 되어야 함은 말할 필요도 없다. 앞에서 이미 말한대로 "하나님의 사람이 되지 않고 하나님의 일을 하려고 하지 말라(Don't try to do the works of God without being a man of God)"(Fields 1998: 44-45)는 원리는 여기에서도 그대로 적용되어야 하기 때문이다. 따라서 평신도 사역을 위한 첫 훈련과정은 참된 그리스도인으로서의 경건한 성품을 함양시키는 일이다. 어떤 의미에서 경건한 성품은 우리의 훈련을 위한 노력으로 이루어지는 것이 아니라 하나님께서 그의 은혜의 대상으로서의 우리 안에서 우리의 마음과 혼과 영을 통하여 이루어주시는 것(what

God does in us, the objects of His grace, through our heart, soul and spirit)이다. 단지 우리의 역할은 우리가 하나님과 동거 동행하는 것(to be with Him)일 뿐이다(Malphurs 1999: 19-26). 그러므로 첫 훈련과정은 모든 성도들이 초월적이시며 전지전능하시되 동시에 인격적이신 하나님을 자신의 삶 속에 모시고 동행 동사(同事)하는 훈련을 통해 참 성도로서의 태도와 모습을 갖추게 하는 것이라고 할 수 있다.

다음으로 해야 할 훈련은 필요를 발견하는 훈련이다. 우리를 둘러싸고 있는 교회나 사회를 바로 볼 수 있는 눈이 있다면 우리 주위에서 우리의 도움과 참여, 돌봄을 필요로 하는 일들을 발견할 것이고, 거기에서 우리는 사역의 기회를 얻게 된다. 그런 필요는 교회 안이나 밖을 불문하고 보는 눈만 있다면 어디에서나 발견할 수 있는 것이다. 그것이 바로 평신도 사역이요, 사랑의 사역(compassion ministry)이다(Logan & Short 1994: 27). 아무리 고도의 사역 이론과 실제에 관하여 가르치고 훈련시켜도 주위에서 사랑의 사역을 베풀어야 할 절실한 필요를 보는 눈이 없으면 평신도 사역은 무위로 끝날 것이기 때문이다. 예수께서는 가시는 곳마다 그런 필요를 발견하셨고 또 그런 필요를 충족시켜주는 사역을 베푸셨다. 그리고 그를 따르는 사람들도 그렇게 하기를 바라셨고 그렇게 하라고 명하신 것이다. 어떤 지역이나 공동체는 그들 나름의 문제를 안고 있고 상처와 고통을 경험하고 있으므로 평신도 사역에 동참하려는 사람들은 그런 필요를 찾아 발견하고 그 문제와 고통을 정확히 이해할 수 있어야 하는 것이다. 특히 복음에 주리고 목말라 애타하는 사람들의 부르짖음에 귀를 기울이는 훈련이 기본적으로 요구된다. 이 때 주의해야할 일은 필요를 발견하고 봉사해야 할 기회는 밀려오는데 시간과 능력은 너무 부족하다고 느껴서 좌절하기 쉽다는 것이다. 대신에 아무도 한두 사람이 모든 필요를 충족시킬 수는 없기 때문에 "추수할 것은 많되 일군은 적으니 그러므로 추수하는 주인에게 청하여 추수할 일군들을 보내어주소서 하라"(마 9:37-38)는 말씀에 따라 일군들을 더 많이 보내달라고 기도하고 우리 모두가 함께 일하되 자기가 맡은 몫을 발견하고 그 일을 하도록 해야 한다.

셋째로는 듣는 훈련이 이루어져야 한다. 바른 평신도 사역이 이루어지려면 거기에 직접 참여하는 모든 사역자들이 귀를 기울여 듣는(listening heart) 기술을 배양하고 그렇게 실천해야 하는 것이다. 첫째는 필요를 가진 사람들에게 귀를 기울이고 듣는 훈련이요, 둘째는 그런 필요들을 충족시키려고 노력하는 지도자들에게 귀를 기울이는 것이며, 마지막으로 성령을 통해 말씀하시는 주님의 음성에 귀를 기울이는 훈련이다. 첫째 들음을 통해서 자신이 생각하는 도움이나 돌봄이 아니라 도움이나 돌봄을 필요로 하는 그 사람이 바라는 것이 무엇인지를 바르게 파악할 수 있게 된다. 그리고 우리가 도울 수 있는 정확한 길도 깨닫게 되는 것이다. 둘째 들음을 통해 실제로 그런 사역에 먼저 헌신하고 있는 선배들의 체험과 실제적인 지식 그리고 기술을 배울 수 있다. 그리고 셋째 들음을 통해서 우리는 하나님과의 관계를 더욱 깊이 누림으로 그에게 영광이 돌아가고 그가 기뻐하시는 일이 무엇인지를 쉽게 깨달아 순종할 수 있게 되는 것이다(Logan & Short 1994: 69-87).

넷째로는 기본적인 신학교육도 필요하다. 전문적인 신학은 신학자들과 나아가서 목사들의 몫이라 하더라도 하나님의 일군으로서의 온전한 봉사를 위해서는 기본적인 신학적 훈련은 불가결의 요소가 된다. 성경말씀을 좀더 실천적인 차원에서 깊이있게 배운다든지 기초적인 이론신학과 아울러 실천신학의 여러 분야를 배우고 훈련하는 일은 평신도 목회자(lay pastor)로서의 당연한 과정일 것이다. 따라서 중대형 교회라면 교회 안에 평신도 신학 훈련원 등을 개설하여 전 교인 사역자화를 계획할 수 있고, 나아가서 현존하는 성서신학원이나 신학교 또는 신학대학들까지 오로지 전임 목회자(full-time pastor) 양성에만 주력하기보다는 전문적인 목회자 양성과 더불어 평신도 목회자 양성이라는 더욱 폭넓고 중요한 과업을 담당할 수 있어야 할 것이다.

VI. 평신도 사역의 실제

그렇다면 현재의 교회에서 어떻게 하면 평신도 사역을 효과적으로 활성화할 수 있을 것인가? 하는 과제가 남는다. 실제로 현재의 교회들은 이미 평신도 사역을 실시하고 있다. 예를 들어 교회학교 교사들이나 구역 관리를 책임진 구역장들의 봉사가 그 대표적인 것이 될 것이다. 문제는 앞에서 이미 지적한 바와 같이 소수의 사람들만 그런 사역에 동참하고 있고 다수의 사람들은 섬기기보다는 섬김을 받는 위치에 있거나 무관심한 태도로 국외자가 되어버린다는 것이다. 이런 문제를 타개해나가는 첫째 방법은 이미 모든 교회들이 행하고 있는 설교(특히 강해설교)와 성경공부반을 통해서 교인들을 일군들로 만들어가는 길이다. 물론 이런 방법을 통해서는 한꺼번에 많은 사람들이 일군으로 육성되기는 어려울 것이다. 그러나 비록 부분적이기는 하지만 좋은 재목감들을 발굴하고 그들을 평신도 사역자로 삼을 수는 있다. 목표는 모든 성도들을 적극적인 사역을 감당하는 일군으로 만드는 것이지만 현실적으로는 불가능하기 때문에 우선 가장 적극적인 성도들부터 일군으로 만들어야 하는 것이다. 적극적인 성도(active members)의 기준은 성수 주일과 십일조 헌금을 어김없이 하는 것으로 정하고, 성도들 가운데 주일을 잘 지키고 십일조 헌금을 생활화하는 사람들부터 적극적인 평신도 사역자의 대열에 설 수 있게 하

고, 그 수를 점차 확대하여 전 교인이 그 사역자의 대열에 들어올 수 있게 하는 것이다.[71]

하여간 우리의 관심사는 자기가 속해 있는 또는 섬기고 있는 교회에서 어떻게 평신도 사역을 효과적으로 활성화시킬 수 있을까?에 있다. 교회의 규모에 따라 어느 정도의 변화는 불가피하지만 동일한 기본적인 원리가 실제에도 그대로 적용되어야 한다. 교회에서의 평신도 사역을 우리가 세워야 할 망대나 승리해야만 하는 전투(눅 14:28-32)라고 비유적으로 생각한다면 먼저 거기에 상응하는 대가를 생각해보아야 한다. 먼저 생각할 일은 평신도들은 자원봉사자(volunteers)가 아니라 하나님의 일군들이라는 점이다. 자원봉사는 하나님 없이도 얼마든지 할 수 있지만 하나님의 일은 하나님의 부르심을 받고 기쁨으로 응답하고 순종하는 일군들만 할 수 있다. 따라서 이미 언급한대로 모든 성도가 참된 하나님의 사람들의 대열에 서도록 만드는 것이 가장 중요한 기본 과제이다. 둘째로 평신도 사역은 목사가 그것에 관한 훌륭한 설교를 하는 것만으로 실천에 옮겨지지는 않는다는 사실이다. 최종 목표가 평신도들 모두가 적극적으로 하나님의 일에 동참하는 것이라면 거기에 이르는 방법과 필수적인 과정들이 있어야 하는 것이다. 어떤 방법과 과정을 계획하고 수행해야 할 것인지는 그 교회의 규모와 형편에 따라 달라져야 한다. 예를 들어 그 일에 적극 앞서줄 수 있는 평신도 지도자들을 모아 먼저 그들을 훈련시킴으로써, 그 교회에서 평신도 사역을 활성화시키는 주역이 되게 할 수 있다 (Steinbron 1997: 188-191). 이들을 통해 소그룹 운동이나 셀 목회 등을 활성화시킬 수도 있을 것이다.[72] 셋째로 교회가 이렇게 바뀌기 위해서는 많은

---

71) 적극적인 성도의 기준은 교회마다 달리 정할 수 있다. 예를 들면 주일 예배에 참석하는 정도, 성경공부반 출석 정도, 헌금생활과 기도생활의 적극성 여부, 봉사활동 정도, 자치기관(선교회, 전도회, 청년회 등)을 통한 활동 정도 등을 참고할 수 있다.

시간과 노력, 인내력이 필요하다는 것을 전제로 삼아야 한다. 씨앗을 뿌리고 성급한 수확을 거두려는 농부는 실패할 수밖에 없듯이 교회라는 농장에서 이루어져야 하는 이 일도 그리 쉽게 성공적으로 이루어지지는 않는다.

그러면 자신의 교회에서는 언제 평신도 사역의 활성화를 시도할 것인가? 어떤 일을 이루려고 할 때 먼저 그것에 대한 절실한 필요를 느끼고 그 필요가 당연히 충족되어야 한다는 당위성이 있어야 함은 이미 언급한 일이다. 그러나 평신도들의 적극적인 사역의 필요는 언제나 있고 당위성도 있다. 그러므로 그 일의 성공적인 성취를 위해서는 그 일을 기꺼이 해내려는 준비된 사람들의 하나님의 뜻에 순종하려는 마음과 태도가 있으면 된다. 필요와 당위성과 준비된 사람들의 준비된 태도(readiness)가 있으면 그 때가 그 사역을 시작할 가장 적합한 시기인 것이다(Steinbron 1997: 194-196).

개 교회에서 실지로 평신도 사역을 활성화시키는 방법은 다양할 수 있다. 그 중 하나가 소그룹 사역을 통한 방법이다. 공동의 관심사나 삶의 자리(life situation) 등을 기초로 형성되는 소그룹들을 통해서 성도들이 하나님의 일에 적극 참여하게 하는 것이다. 성경공부반, 선교회나 다른 자치기구들은 물론 구역회나 다른 어떤 특수 목적을 위해 모인 소그룹들이 모두 여기에 해당될 수 있다.

평신도 사역은 다른 말로 사랑의 사역(compassion ministries)이라고도 할 수 있다. 우리를 향하신 하나님의 사랑을 전하고 실증하는 사역이기 때문이다. 이런 관점에서 보면 우리는 사역의 기회들에 완전히 둘러싸여

---

72) 가정교회라는 개념(한 교회 안에 속한 각기 특성을 가진 많은 작은 교회들)을 도입하여 각 가정교회는 하나의 작은 목장이 되게 하고 그 지도자를 목자로, 구성원들을 목원(양들)으로 하는 방법도 소개되고 있다(최영기 1999).

있다고 할 수 있다. 우리 주위에는 문제와 상처, 고난과 고통으로 괴로워하는 사람들이 가득하기 때문이다. 결손 가정들의 문제, 아동학대나 여성학대의 문제, AIDS 환자나 마약중독자, 알콜 중독자들의 문제, 노인 문제와 청소년 문제, 장애인 문제, 재난이나 사고로 어려움을 당하는 사람들의 문제, 일자리를 잃고 괴로워하는 사람들의 문제 등 사랑과 도움을 필요로 하는 사람들은 얼마든지 있다. 다만 그런 부르짖음을 듣는 귀가 우리에게는 필요하다. 더군다나 영적으로 굶주려서 멸망의 길로 치닫고 있는 그 많은 영혼들의 부르짖음을 듣는 귀는 더욱 절실하다(Logan & Short 1994: 27-39). 그러므로 평신도 사역은 복음전도를 최우선 과제로 삼아야 하고 그 전체가 바로 선교사역으로 이어지는 것이라고 할 수 있다. 한마디로 평신도 사역은 모든 신자들을 작은 목사와 작은 선교사 의식으로 무장하고 그 이름에 부합되는 사역을 펼치게 하는 것이라고 할 수 있다.

평신도 사역은 현대가 새롭게 개발한 것이 아니라 이미 성경말씀과 교회역사를 통해서 발전되어온 것이요, 우리에게 맡겨진 사명 가운데 하나이며 신학적으로도 당연한 하나의 필연적 요구인 것이다. 예수께서는 처음부터 그의 제자들을 불러 자신이 하는 모든 일과 그보다 더한 일까지할 수 있도록 훈련시키려고 하셨다(요 14:12) 사도 바울도 믿음의 아들 디모데에게 "네가 많은 증인 앞에서 내게 들은 바를 충성된 사람들에게 부탁하라. 저희가 또 다른 사람을 가르칠 수 있으리라"(딤후 2:2)고 함으로써 평신도 사역을 활성화시키도록 명하고 있다. 그렇다면 오늘의 교회에서 그의 뜻을 따라 제자의 길을 가려는 목사들도 평신도들을 훈련시켜 주님께서 위임하신 모든 일을 함께 담당하게 하는 것은 지극히 당연한 일이다. 그리고 평신도 사역의 최종 책임자는 평신도 자신들임도 명심하게 해야 한다. 그들 스스로 교회갱신과 성장을 위하여 하나님께 쓰임받는 일군으로 자신을 위탁해야 하기 때문이다. 또한 평신도 사역은 어떤 프로그램을 통해서 특정한 어떤 일을 하는 것만이 아니라, 모든 하나님의 백성들이 자기의 자리에서 스스로 하나님의 일군으로서 일하고 있다는 마음과 태도로 일한다면 그것이 바로 평신도 사역이라고 할 수 있다. 참 하나님의 일군의식을 가진 그리스도인이라면 집에서나 사무실, 공장이나 다른 어떤 곳에서도 하나님께 영광을 돌리고 다른 사람들을 섬기는 일을 할 수 있는 것이다. 단지 작은 목사나 작은 선교사 의식을 분명히 가지고 일해야 할 뿐이다. 교회에 속한 형제 자매들에게는 목사의 마음으로 교회 밖에 있는 사람들에게는 선교사의 태도와 마음으로 일하는 것을 말한다. 이것을 좀더 발전시키면 교회는 자연스럽게 자원봉사 센터가 될 것이다.

|제13장|
교육 목회를 통한 교회 성장론

　교회의 목회를 책임지고 있는 목회자는 물론 모든 그리스도인들이 자기가 속한 교회가 성장하기를 바라는 것은 당연하다고 할 수 있다. 교회가 성장하면 자기의 영향력이나 힘이 약해질지도 모른다고 두려워하는 사람이 아니라면 자기 교회가 겨우 현상을 유지하거나 심지어 점점 성도가 줄어들기를 바라는 사람은 없을 것이기 때문이다. 그리스도의 몸으로서의 교회도 당연히 하나의 유기체로서 성장, 그것도 건강하게 성장해야 하는 것이다.

　자녀를 양육하는 부모는 누구나 자기 자녀가 건강하게 성장하기를 바라는 것과 같이 교회 성장은 교회의 주인이신 하나님께서 원하시는 일이기 때문에 우리가 발견할 수 있는 교회성장의 원리는 모든 교회에서 적용되어야 한다. 따라서 성장을 촉진하는 요인들이 개발, 적용되어야하고 저해하는 요인들은 확인되고 극복되어야 한다.

　교회성장은 현실에서 그 결과를 맛보아야 하는 것이고 그 결실을 얻기 위해서는 다양한 방법론이 도입될 수 있다. 교회가 다양하기 때문에 방법론도 다양할 수밖에 없고, 하나님께서는 교회마다 그 교회에 가장 효율적이고 적합한 방법들을 활용하기를 바라실 것이다. 한 교회에서 적합하던 방법이 문화와 환경, 구성원들이 다른 어느 교회에서는 전혀 비효율적일 수 있기 때문이다. 그러나 아무리 다양한 방법들이 활용될 수 있다고 하더라도 복음이 전파되어가는 원리는 그리 많지 않을 것이다. 교회성장학자 레이너(Thom Rainer)는 그 원리들 가운데 가장 중요한 원리 세 가지(the big three methodologies)를 들었다. 좋은 설교가 행해지는 강단 (the pulpit), 기도사역(prayer ministry)과 교회학교(sunday school)가 그것이다(Rainer 1996: 13-28).[73] 위의 조사에 따르면 좋은 설교가 교회성장의 가장 중요한 요인이고 교회학교는 그 다음 다음에 불과하다고 하더라도, 프로그램을 통한 방법론을 이야기할 때에는 교회학교의 효과적인 운영이라는 프로그램을 통한 교회성장이 단연 앞선다고 할 수 있다.[74] 교회학교의 바른 운영이 가장 효과적인 복음전도의 수단이라고 할 수 있는 것이다. 여기에서는 교회학교라는 개념에 주일학교(유치부 유년부 초등부 소년부 중고등부 대학부 청년부 장년부)는 물론 주중에 행하는 다양한 성경공부반 등도 포함되는 것으로 이해할 것이다.

I. 교회학교와 교회성장

교회성장의 유형

교회성장은 크게 몇 가지 유형으로 나누어볼 수 있다. 기성 그리스도인들이 전입해 들어옴으로써(by transfer) 성장하는 경우, 성도들이 성장함으로써 자연적으로 성장하는 경우(biological growth)와, 복음전도를 통해

---

73) 그는 그 이외에 효과적인 교회성장을 위한 중요한 방법으로 관계형성을 통한 전도(relationship evangelism), 전통적인 전도 방법의 활용(traditional outreach), 청소년 사역(youth ministry), 음악사역 (music ministry)을 들고 있다.
74) Rainer의 조사에 따르면 중대형교회(출석 교인 700-1,000명)에서 교회학교가 교회성장에 가장 큰 영향을 주었고 소형교회(출석 교인 100명 미만)에서 가장 비효율적이었다고 한다(Rainer 1996: 22-23).

그리스도 앞으로 회심하는 사람들이 늘어나서 성장하는 경우(by evangelism and conversion) 등을 생각할 수 있다.[75] 교회학교를 통한 교회성장은 이 세 가지 유형 모두와 관련된다. 어떤 형태로든 교회학교를 통하여 성경공부에 참여함으로써 바른 그리스도인으로 성장하게 하고 교회의 건강한 지체가 되게 하며 참된 그리스도의 사람이 되게 함으로써 교회가 성장하도록 하는 것이다. 하여간 교회학교가 교회성장의 중요한 한 요인이 될 수 있다는 것은 아무도 부인할 수 없다. 이 점만은 지역이나 환경, 구성원의 다양성 등에 관계없이 확인할 수 있는 원리인 것이다. 그리스도인들이 성경말씀의 내용과 성서적 진리를 배우고 깨달으며, 구원의 확신을 얻게 되고 그리스도의 제자가 되는 길 가운데 교회학교보다 더 좋은 방법은 없다고 할 수 있기 때문에 교회학교를 통한 교회성장과 무관한 교회는 없다고 확언할 수 있다.

성령의 역사하심과 사람들의 노력

여기에서 무엇보다 중요한 것은 어느 교회라도 성장할 수 있다는 신념을 가지는 일이다. 먼저 교회성장은 하나님께서 원하시는 일이다. 모든 족속으로 제자를 삼으라는 말씀을 따르려고 한다면 교회성장은 필연적으로 도달하게 되는 결과이기 때문이다. 그리고 어느 교회나 성장할 수 있다. 교회마다 성장을 위한 잠재력은 각기 다르다고 하더라도 전혀 성장할 수 없는 교회는 없다는 말이다. 그러므로 교회성장의 원리들은 언제 어디에서나, 또 어떤 교회에서나 발전되고 적용되어야 한다. 물론 그 원리를 적용할 때는 그 교회에서 적용할 수 있는 적합하면서도 고유한

---

75) 다른 구분법으로는 내면적 성장(internal growth: 받은 은혜를 통해 성도들이 성숙해가는 것), 수적 성장(numerical growth: 성도의 수가 늘어나는 양적 성장), 연결형 성장(new work growth or interlocking growth: 자기 문화권 또는 타 문화권에서 교회를 개척함으로써 전체적인 하나님 나라가 성장해가는 것) 등으로 나누기도 한다(Anderson and Lawson 1985: 15).

방법들이 찾아져야 하고, 또 그 교회의 성장을 저해하는 요인들이 어떤 것들인지도 찾아내어 대처해야만 한다.

또 교회성장은 성령의 초자연적 역사하심의 결과로 주어진다. 그러나 동시에 사람 편에서 하는 계획과 노력을 반드시 요구한다. 계획이 수립되지 않고 노력도 없다면 교회성장도 없다는 말이다. 그런 의미에서 교회학교의 목표수립에서부터 체계적이고 합리적인 프로그램과 그것의 계획적인 운용은 교회성장을 위한 필수요건이 된다. 또한 그렇게 하기 위한 지도자들의 자질과 지도력, 헌신적인 봉사도 아무리 강조해도 지나치지는 않을 것이다. 100%의 하나님의 은혜와 100%의 인간적인 책임 수행이 교회성장을 이루어내는 것이다.

교회의 뒷문(the back door)을 닫는 길

교회가 성장하려면 교회의 앞문이 넓게 열려 있어서 사람들이 모여 들어오고, 뒷문은 닫혀 있어서 들어온 사람들이 쉽게 나갈 수 없게 해야한다. 앞문을 넓게 여는 일은 전도를 열심히 하고 교회가 세상의 빛과 소금이 되어 사람들에게 매력이 넘치게 하는 것이다. 그리고 뒷문을 닫는 일은 들어온 사람들이 어떤 형태로든 만족하게 되어 스스로 나갈 마음이 생기지 않게 하는 것이다. 여기에서 나오는 질문은 교회학교는 정말 교회의 앞문을 열고 뒷문을 닫는 길인가? 하는 질문이다.

연구조사 결과를 보면 미국교회의 경우 규모나 지역, 교단을 망라하여 대부분의 교회 지도자들은 교회학교가 중요한 동화(assimilation)의 길이라는 신념을 가지고 있었다고 한다. 한마디로 교회학교는 교회의 뒷문을 닫는 가장 중요한 길이었다는 것이다. 이런 현상은 미국교회만의 현상은 아닐 것이다. 교회가 새 신자를 자기 교회에 동화시키는 방법으로는 새 신자반, 제자훈련, 일대일 제자 만들기, 후원 그룹(support group) 운영, 소그룹 활동 활성화, 교회학교 등을 들 수 있는데 그 중에서 교회학교가 가장 효과적이라는 것이다. 교회학교의 기능을 교육적 기능과 더불어 동화의 기능까지 가지는 것으로 이해하려는 것이다(Rainer 1999: 29-34).

잘 조직된 교회학교가 있어 효과적인 교육이 이루어지고 효과적인 전도가 이루어지며, 성도간의 교제가 원만히 이루어짐으로써 성도간의 친밀한 관계가 형성되며, 그래서 남녀노소 누구나 교회학교에도 등록하여 활동하는 교회라면 교회의 뒷문은 자동적으로 닫혀 잠기게 될 것이다. 그냥 교회학교를 운영하는데 만족할 것이 아니라 잘 조직되어 효과적으로 운영되는 교회학교가 있어야 하는 것이다. 잘 조직된 교회학교란 교사들을 효과적으로 훈련시키고, 나아가서 매주 그들 스스로 배울 수 있는 장(場)과 기회를 만들어주며, 새 신자가 생기면 교회학교의 어느 반에 등록하도록 안내해주고, 교회학교의 모든 부서, 모든 반들에서 목회적 돌봄(pastoral care)이 이루어지도록 하며, 교회학교를 통해서 복음전도가 효과적으로 이루어지도록 하는 것을 말한다. 이런 일은 결코 우연히 이루어지지 않는다. 힘든 노력과 인내, 때로는 일시적인 손실까지 감내할 수 있어야 하는 것이다(Rainer, 1999: 35-37).

신입교인이 들어와서 완전히 그 교회에 동화되어 뿌리를 내렸다는 것을 알 수 있는 기준은 무엇일까? 그것은 세 가지로 말할 수 있는데 먼저 교회학교에 들어와서 적극적으로 배우고 있어야 하고, 예배에 빠지지 않고 참석해야 하며, 나아가 어떤 형태로든 봉사사역에 참여해야 한다. 봉사는 가르치는 일(교사로), 돌아보는 일(구역 활동 등), 전도, 접대, 사무적인 봉사(조직이나 행정적인 업무 등), 기도 사역 등에 적극 참여하는 것이다(Rainer 1999: 38). 이런 신앙적인 양육과정에 교회학교의 역할은 없어서는 안 된다. 그리고 봉사에까지 적극적으로 참여하게 된 사람은 특별한 사정이 생기지 않는 한 그 교회의 뒷문을 찾지는 않을 것이다.

II. 오늘의 교회와 교회학교

교회학교 운동은 18세기 후반 영국의 잉글랜드 지방에서 소외계층의 아이들을 돕기 위해서 교사들을 고용하였던 레이커스(Robert Raikes: 1735-1811)가 애쓴 결과로 태동되었다. 이 운동은 바로 미국으로 확산되었고 19세기 이후로 교회와 사회의 중요한 교육적 기능을 담당해왔다. 공공 교육기관들이 설립되기까지 교회학교는 복음화(evangelization)와 문명화(civilization)의 중요한 통로가 되었던 것이다(Reid 1995: 331). 한국교회의 경우에도 과거에 교회가 이런 기능을 수행했다고 할 수 있다. 교회마다 어린이를 위한 주일학교운동만이 아니라 장년 공부반도 함께 해왔으며, 일제(日帝)하에서는 물론 1950년대와 1960년대에 와서도 고등공민학교운동이나 문맹퇴치운동을 교회가 중심이 되어 벌여왔고 그것은 교회학교의 일환이었다고 할 수 있기 때문이다. 따라서 한국교회의 경우에도 교회학교운동은 초기부터 활발하게 전개되어 왔었다고 할 수 있다.

그러나 21세기를 맞은 한국교회는 교회학교의 위기에 직면해 있다. 교회학교에 출석하는 수가 급격히 줄고 있고 장년부 교회학교는 거의 시행되지 않고 있으며 교사들도 이전 세대에 비해 그 헌신도가 훨씬 낮아졌다는 말을 쉽게 들을 수 있기 때문이다.[76] 하여간 교인 분포도를 도표화하면 역삼각형이 된다는 것이 오늘의 현실이다. 그리고 결과적으로 많은 기독교 지도자들이 교회학교는 더 이상 교회성장에 효과적인 기여를 할 수 없다고 생각하게 되었고, 오늘의 교회는 그런 사고(思考)의 후유증을 앓고있다고 해도 틀린 말은 아닐 것이다.

---

76) 출산율의 저하로 아이들의 절대 수가 줄었다고는 하지만 이전 세대에서는 교회학교에 등록한 아이들의 상당수가 불신가정에서 나왔으나 오늘의 교회에서는 신자들의 아이들마저 교회학교에 다니지 않는 경우가 많아지고, 무슨 행사가 있을 때 봉사해줄 교사도 쉽지 않다는 말이 쉽게 들려오기 때문이다.

그러나 이와는 정반대로 여전히 교회학교는 교회성장의 중요한 요인이라고 믿고 교회학교 운동에 최선을 다하는 교회들도 많이 있다. 그리고 미국에서 나온 조사 보고에 따르면 교회의 규모와는 무관하게 교회학교운동을 적극적으로 전개하는 교회가 복음전도에 훨씬 효과적이고 또한 성장하고 있다는 결론에 도달하고 있다(Rainer 1996: 81-116; Rainer 1999: 29-48). 이런 현상은 한국교회에서도 마찬가지로 증언되고 있다. 현대의 젊은 부모들은 자녀의 수를 적게 두는 대신 자녀들을 끔찍이 아끼기 때문에 아이가 먼저 교회에 발을 들여놓고 그 부모에게 떼를 쓰게 하는 것이 매우 효과적인 전도방법 중의 하나라는 것이다. 그렇다고 교회학교운동이 단순히 어린이들을 대상으로 하는 것은 아니다. 오히려 처음에는 가난한 어린이들을 가르치려고 시작되었지만 발전해오는 과정에서 교회학교는 모든 연령층의 사람들을 체계적으로 교육할 수 있는 다양한 목적(multipurpose)을 가지고 행해져 왔고, 또 교회성장의 중요한 요인 중의 하나가 되어왔으며, 앞으로도 그러할 것이기 때문이다. 어떤 의미에서 교회교육은 앞에서 언급한 바와 같이 교회의 뒷문을 닫고 앞문을 열 수 있는 가장 효과적인 방법 중의 하나가 될 것이기 때문이다(Rainer 1993: 192).

III. 교회성장을 위한 교회학교 운영

목표 수립

어떤 일을 하려고 할 때 왜 그 일을 해야 하는지(목적)를 결정하고, 이루어야할 구체적인 일이 무엇인지(목표)를 먼저 결정해야 한다. 교회학교를 운영할 때도 막연히 교회에서 운영해야 하는 전통적으로 내려오는 하나의 과정 정도로 생각해서는 그 교회학교를 활성화시키지는 못할 것이다. 그렇다면 교회학교를 운영해야 하는 목적은 어디에 두어야 할까? 그것은 교회의 존립 목적과 결코 무관하지 않다. 교회는 왜 존재하는가?(Why does th church exist?). 교회의 지체들로서의 우리는 어떠해야 하는가?(What are we to be as a church?). 교회의 지체들로서의 우리는 무엇을 해야 하는가?(What are we to do as a church?). 이 세 가지 질문(Warren 1995: 98)에 대한 대답을 찾는 것이 먼저 해야 할 과제인 것이다. 교회는 하나님의 백성들의 공동체로서 그 구성원들이 그 안에서 훌륭한 하나님의 자녀가 되게 하고, 나아가서 하나님의 일군이 되어 맡기신 일을 성실하게(충성스럽게) 수행하도록 하려고 존재한다고 할 수 있다. 구체적으로는 그 교회에 속한 교인들을 성숙한 성도와 제자로 육성하여 복음을 땅 끝까지 전하는 선교적 사명을 감당하도록 하는데 교회의 존립 목적이 있는 것이다. 교회학교의 목적도 같은 맥락에서 이해되어야 한다. 특히 교회성장이라는 관점에서 본다면 더욱 그러하다고 할 수 있다. 다시 말해서 교회에서 교회학교를 운영하는 목적은 가능한 한 많은 사람들에게 복음을 전하여 하나님의 자녀가 되게 하는 것이라는 말이다. 물론 구체적으로는 구성원들을 제자로 육성하고(discipleship) 성숙하도록 하며(maturity), 청지기직을 감당하도록 하고(stewardship) 성도의 교제가 바로 이루어지게 하며(fellowship), 나아가서 복음의 역군이 되게 하는 것이라고 할 수 있다. 결국 그것은 교회 자체의 목적이나 목표와 같으며, 그 교회학교를 통해서 전도자와 봉사자, 교사와 설교가, 목사와 선교사들이 배출된다고 할 수 있고, 과거의 역사는 그것을 실증적으로 보여준다고 할 수 있다(Bisagno 1971: 143).

그리고 나아가서 그 교회는 그 역량을 최대한 교회학교 운영에 기울인다는 목표를 세우고 남녀노소를 불문하고 또 오래된 교인이나 신입교인을 불문하고 누구나 따뜻한 그리스도의 사랑과 환대를 느낄 수 있는 장소를 마련해야 하며, 그 교회가 그런 계획과 준비를 갖추고있음을 그 지역사회에 널리 알릴 홍보 계획도 있어야 한다. 그리고 최대한 많은 교회학교 학생을 확보할 준비를 갖추는 것도 구체적 실천 목표 가운데 포함시켜야 할 것이다(Benson 1988: 102). 이런 구체적이고 실천 가능한 목표 설정 없이는 원론적인 목적달성은 불가능하기 때문이다.

조직

교회가 주어진 사명을 효과적으로 수행하기 위해서는 인적, 물적 자원들과 프로그램들을 조직화하여 원활하게 움직이게 해야 한다. 더군다나 사회적인 존재로서의 사람을 다루는 교육이 이루어지는 곳에서는 조직의 필요성을 더 이상 말할 필요도 없다. 그러나 그 조직은 교회마다 다를 수밖에 없고 아무리 작은 교회라도 조직이 없을 수는 없다. 그리고 모든 조직에는 세 가지 공통 요인이 있다. 인적 자원(human resources), 물적 자원(material resources), 성취해야 할 과업(the tasks to be accomplished)이 그것이다.

교회에는 하나님께서 부르신 사람들이 있다. 하나님께서는 천사들을 통해서 일하실 수 있지만 그렇게 하지 않으시고 사람들을 통해 이루시려는 일을 하신다. 물적 자원은 없을 수도 있으나 교회에는 인적 자원은 언제나 있다는 것이다. 하나님의 백성들이 모인 공동체가 교회이기 때문이다. 결국 조직이란 그 사람들의 역량을 최대한 발휘하게 하는데 초점을 맞출 수밖에 없다. 교회학교는 조직을 통해서 평신도들의 능력을 최대한 개발하고 활용할 수 있는 이점(利點)이 있다. 교회학교 운영은 평신도 사역자들의 교사로서의 자발적인 봉사가 없이는 불가능한 것이다. 결국 그 조직은 이런 평신도들의 자원을 효과적으로 개발 활용하는 방안의 일환으로 이루어져야 할 것이다(George 1992: 29).

다음으로 그 조직은 평신도들이 이끄는 소그룹 활동의 하나가 되도록 운용되어야 한다. 소그룹 운동은 앞에서 고찰한 것처럼 현대에 와서 교회성장의 중요한 한 요인으로 인정되고 있음을 부인하지 못한다. 그런 소그룹 운동을 가장 쉽게 교회마다 도입 활용할 수 있는 방법의 하나가 교회학교운동의 활성화일 것이다. 교회학교는 누구나 쉽게 들어올 수 있는 곳이고, 밀접한 관계를 형성함으로 운영되는 조직으로 소그룹 활동에 아주 적절한 요소들을 갖추고 있다고 할 수 있는 것이다.

주어진 과업을 효과적으로 수행하기 위해서는 물적 자원이 필요하다. 그런데 교회에는 어느 정도의 물적 자원도 있다. 그러나 조직을 원활하게 활용하지 못하면 자원은 낭비되고, 결국 사람들의 신뢰를 잃게 되어 자원 조달은 한층 어려워진다. 큰 교회의 경우에 흔히 볼 수 있는 하나의 현상은 어떤 일을 위해서 중복되는 노력을 기울임으로써 인적 물적 자원을 모두 낭비하는 일이다(Athony 2001: 149-150).

교회학교의 조직과 구조가 그 성장의 직접적인 원인은 되지 않지만 그 성장의 속도와 규모에 영향은 미친다. 그러므로 교회학교도 다시 구조조정과 조직개편을 필요로 한다. 그 때 참고할 수 있는 몇 가지 원리를 찾아본다면 먼저 조직과 구조는 단순화시켜야 한다. 교회학교는 너무 복잡한 구조나 조직을 가질 필요는 없다. 그 대신 그 지역의 문화에 적절하게 적응할 수 있어야 하고 그 지역사회의 필요가 무엇인지를 찾아 거기에 적합한 사역을 행하며 복음전도와 교육 사이의 균형을 유지할 수 있어야한다. 둘째로 교회학교 조직은 봉사할 수 있는 지도자(교사)들을 지속적으로 발굴하고 육성할 수 있어야 한다. 그들은 지도자로 봉사하기 전에먼저 지도자로서의 자질을 갖추도록 훈련되어야 하고 결국 다른 사람들을 훈련시키는 책임까지 질 수 있어야 한다. 셋째로 사람들이 변화된 삶을 살도록 하는데 초점이 맞추어져야 한다. 물론 우리가 진흙을 빚어 무엇인가를 만들어내듯이 사람을 변화된 모습으로 만들지는 못한다. 그러나 우리는 하나님의 동역자로서의 소임을 감당해야 하는 것이다 (Teaching is a partnership with God.)(Johnson and Toler 2000: 50-54).

전통적인 교회학교의 조직은 연령에 따라 구분하는 방법을 따른다. 유치부, 아동부(유년부 초등부 소년부), 중등부, 고등부, 대학부, 청년부, 장년부로 구분하여 교회학교 조직을 운영하는 방법이다. 대형교회인 경우 그 구분은 좀더 세밀하게(예를 들어 학년 별로 구분하는 식으로) 구분할 수 있을 것이다. 그런 경우 자원봉사자로서의 교사들과 파트타임(part-time)으로 봉사하는 교육 전도사들(또는 전임 교역자나 전문 사역자들) 등의 다양한 지도자들이 조직의 중추를 이룬다. 그리고 이런 지도자들의 조직은 담임 목사나 부목사, 또는 교육 목사의 전체적인 지도와 감독 하에 놓이게 되고, 크게는 당회와 전체 교회의 교육방침을 따르게 되어있다고 할 수 있다. 이런 조직의 장점은 이미 교단 차원에서 개발된 교제들을 활용하기 쉽고, 따라서 교육의 통일성, 일관성, 연속성을 유지하기가 쉽다는 점이다. 그러나 단점도 있다. 우선 연령별로만 구분이 되고 신앙적 연륜이나 경험은 전혀 고려되지 않은데서 오는 문제가 있을 수 있다. 또 지도자에 따라 성취하려는 목표가 다를 경우, 다시 말해서 담임 목사나 부목사 등은 영적인 체험을 강조하고(spiritual formation) 담임 교사는 성경의 내용을 폭넓게 가르치기를 원한다면 거기에는 눈에 보이지 않는 갈등 요소가 있다고 해야 한다. 따라서 이런 조직만으로는 변화와 다양성, 특화(特化)를 요구하는 현대 교회학교의 필요와 요구를 만족하게 충족시키기는 어렵다.

다시 말해서 전통적인 조직만으로는 목표의 성취가 보장되지 않는다고 할 수 있다. 그래서 시대적 요청에 부응하면서 그 교회의 상황과 형편에 적합한 새로운 형태의 조직을 고려할 수 있어야 한다. 먼저 연령층으로 세분하던 조직에서 크게 아동부, 청소년부, 청년부, 장년부 정도로 크게 구분하고 그것을 각기 특성을 가지는 그룹들로 하부 조직을 가지게 하여 거기에 따라 특성에 맞는 프로그램들까지 운용하는 방법이다. 한국 교회의 경우 중소형의 교회들은 대체로 이런 조직을 가지고 있지만 효율적인 운용에 실패함으로써 성과를 거두지 못하는 형편이다. 기본 조직만 있고 구체적인 활동 그룹들, 곧 예배, 영성 함양, 봉사, 전도, 교제 등을 위한 구체적인 활동 그룹이나 거기에 부합되는 프로그램들을 개발 시행하지 못하기 때문이다(Anthony 2001: 153-156). 하여간 규모에 관계없이 어느 교회에서나 담임 목사(또는 책임진 다른 지도자)를 위시한 각부 책임 지도자들이 모이는 교육 지도위원회를 구성하고, 거기에서 논의를 거쳐 프로그램들을 계획하고 운용한다면 일선 교사들은 대체로 성경공부에 전념할 수 있고 각 프로그램을 책임진 사람들은 나름대로 소신껏 일하고 다른 사람들은 재능과 은사에 따라 기쁨으로 봉사하도록 함으로써 전체적인 효율성을 높이고 좋은 성과도 거둘 수 있을 것이다. 한 마디로 말해서 조직부터 분석에서 종합으로, 그리고 천편일률적 운용에서 특화된 프로그램 수행으로 바꾸자는 것이다.

　현대 문화는 변화와 더불어 수많은 선택의 여지 속에 사는 문화이다. TV를 시청하는 아이들이 끊임없이 채널을 돌리는 것이 바로 그것을 여실히 보여주는 예라고 할 수 있다. 그러므로 교회학교도 다루는 주제의 다양성(결혼 문제, 경제 문제, 육아 문제 등까지를 포함해서)만이 아니라 장소나 시간도 다양하게(예를 들어 저녁 시간에 fast-food점에서 모이는 등) 해서 학생들이 선택할 수 있는 여지를 주자는 것이다. 다음으로 새로운 교회학교를 위해서는 단순히 가르침을 베푸는 교육을 넘어서서 돌보는 형태의 교육을 해야 한다. 영적인 순례의 길에 들어서서 인생 길을 헤

쳐가고 있는 학생들에게 신앙생활의 길잡이를 제공하고 기도를 생활화하도록 도와주며, 학생들의 필요를 찾아 필요한 조처와 대응을 베푸는 것이다(Johnson and Toler 2000: 55-57).

지도자(교사) 육성

어느 조직에나 좋은 지도자가 없이는 효과를 기대할 수 없다. 교회학교도 그냥 조직만 있다고 효과적인 교육이나 복음전도 등이 이루어지지는 않는다. 따라서 그런 교회는 교회학교를 통한 교회성장도 기대할 수 없다. 교회학교의 지도자는 담임목사로부터 다른 목사들이나 전도사들, 특히 교육 전도사들이라고 할 수 있다. 또 장로나 집사 등, 특히 책임을 맡은 부장이나 부감을 포함해서 교사들 모두가 교회학교의 지도자들이라고 할 수 있다. 그 가운데서 담임목사의 교육철학과 목회방침 또는 목회 비전은 필수적이다. 최고 지도자의 비전이나 철학이 명확하게 제시되지 않고는 효과적인 교회학교는 기대할 수 없는 것이다.

나아가서 좋은 교회학교 교사들(quality teachers)의 봉사도 필수적이다. 따라서 교회마다 그런 교사를 선별하여 육성하는 일은 결코 소홀히 할 수 없는 중요한 과제이다. 교사 양성의 필요성은 우선 그들에게 필요한 정보, 즉 교회학교의 존립 목적(철학)과 실제로 전달해야 하는 교육의 내용 등을 갖추도록 하고, 그런 내용을 현장에서 효과적으로 전달하고 학생들의 삶에 적용시키도록 하는 능력을 갖추게 해야 하기 때문이다. 또 학생들에게 비치는 영적 지도자로서의 교사 자신의 영적 성숙을 반드시 필요로 하기 때문이다(Johnson and Toler 2000: 55-57).

그렇게 하기 위해서 우리는 세 가지 방법을 생각할 수 있다. 첫째는 교사 훈련과정을 가지는 방법이다. 교사 양성반을 만들어 일정기간 동안 소정의 과정을 밟게 하거나 유능한 교사(master teacher)가 일대 일로 멘토

링(mentoring)을 행함으로써 훌륭한 후배를 육성하는 방법(apprenticeship)
이다. 둘째 방법은 교사들을 위한 세미나나 특별 강습회 등에 참여하게
하고 관련 비디오 테이프를 구해서 시청하게 하며 나아가 책을 구해 읽
게 하는 방법(self-directed study)이다. 그러나 이런 경우 많은 자료들이 성
경의 내용을 가르치는 일보다는 지도력 개발이나 학생들을 다루는 방법
론에 치우쳐 있다는 어려움도 있다. 셋째 방법은 첫째 방법과 통하는 것
으로 예비 교사들로 하여금 좋은 교사(quality teacher)가 하는 교육행위를
직접 참여 관찰하게 하고 거기에 대해서 질문하고 답을 들을 수 있는 기
회를 제공함으로써 스스로 성숙한 교사의 자질을 함양할 수 있게 하는
방법(master teachers' classroom)이다. 예비 교사가 그런 과정을 통해 준비
가 되고 자질을 갖추게 되면 한 반을 맡아 가르치게 하고 그에게는 또 다
른 예비 교사를 붙여주어 제 3의 교사를 양성하는 것이다. 이렇게 교사를
양성하려 할 때의 어려움은 그런 과정들을 개설해보지만 정말 질적으로
우수한 교사를 양성하는 일은 쉽지 않고, 또 젊은 유능한 교사들을 양성
했을 때에도 별로 자질을 갖추지도 못한 선배 교사들이 쉽게 자리를 내
놓지도 않는다는 것이다(Rainer 1996: 94; Halverson 2000: 58). 실제로 교회
에서는 좀 무능하다고 해서 봉사하던 교사직을 그만두라고 하기는 정말
어려운 것이다.

복음전도의 활성화

교회성장을 위해서는 무엇보다도 복음전도가 활성화되어야 한다. 교
회학교도 예수의 지상명령의 사명을 첫째 과업으로 삼아야하는 것은 당
연한 일이다. 교회학교는 그리스도를 통해 삶이 변화되어 그리스도의 몸
인 교회의 지체가 된 사람들과 구주를 필요로 하고 구원받은 사람들의
공동체에 들어와야 하는 사람들 사이에 있는 훌륭한 연결고리인 것이다.

문제는 과학과 이성이 발전할대로 발전했고 사회는 상대성을 추구하는 사회로 바뀌었으며, 교회학교는 쇠퇴하는 길에 들어선 오늘에 와서 교회학교를 통한 전도는 가능한가? 하는 것이다. 물론 대답은 '그렇다' 이다. 현대인들은(어린이나 청소년들을 위시하여) "영적인 것들에 관한 심각한 질문을 하고있으며(grapple with profound questions about spiritual things)" (Chandler 1992: 112), 신비한 세계에 대한 관심이 지대하다는 것이 그 가능성을 충분히 보여준다. 따라서 오늘의 신학과 교회는 기독교가 가진 건전한 신비를 바로 이해하고 그것을 전도의 발판으로 삼아야 할 것이다.

교회학교를 통해서 주님의 지상명령을 수행하려 할 때 우리는 그 명령을 3단계로 이해할 수 있다. "가서"라는 말은 복음전도를 말하고 "세례를 주라"는 말은 동화(同化)됨(assimilating)을 의미하며, "가르쳐라"는 말은 제자로 만들라(discipling)는 명령으로 이해하는 것이다. 이렇게 할 때 교회학교는 미래의 가장 강력한 성장의 도구가 될 수 있는 것이다. 교회학교는 복음이 부드러운 분위기에서 전해질 수 있는 곳이요, 교회에 다니지 않는 불신자들과 관계를 맺어가기가 쉬운 분위기를 조성할 수 있는 곳이며, 그리스도를 자연스럽게 소개하는 자리가 될 수 있고 교회에 처음 나오는 사람들이 그 교회의 일원으로 동화되는 가장 좋은 통로가 될 수 있기 때문이다(Johnson and Toler 2000: 35-39).

교회마다 전도를 위해서 배가운동(倍加運動)이나 한 사람이 한 사람씩 전도하기 운동을 벌이기도 하지만 실지로 전도에 성공하는 사람 수는 제한되어있다. 우리는 보통 신자들 중에 복음전도의 은사를 받은 사람을 5-10% 정도로 생각한다. 물론 일부에서는 그런 은사를 개발하기 위해서 전도훈련을 함으로써 복음전도자들을 육성하기도 한다. 하여간 그런 은사를 받은 사람들만이 실지로 헌신적인 복음전도자가 되는 것은 부인할 수 없는 사실이다.

교회학교에 속한 모든 사람이 그런 은사를 받지는 않았을 수 있다. 그러나 교회학교에 속한 사람은 누구나 성령께서 주시는 능력을 힘입어 복음전도운동에 관계되어있다. 사도행전 8장에서 예루살렘 교회에 큰 박해의 바람이 불어닥치자 사도들 이외의 모든 사람이 흩어졌지만 흩어진 그들이 가는 곳마다 복음을 전했다고 한다. 복음전도의 은사와 사명을 받은 사람들(사도들)은 예루살렘에 머물러 있었지만 흩어진 성도들이 가는 곳마다 복음전도운동이 일어났던 것처럼 오늘의 교회에서는 교회학교가 바르게 운영되는 곳에서는 어디에서나 전도운동이 일어날 수 있는 것이다.

우리는 흔히 어릴 때 성탄절이나 감사절에 과자나 떡을 얻어먹으려고 교회(주일학교)에 가본 것이 후일에 성인이 된 뒤에 신앙을 갖게 한 원인이었다는 이야기를 들어왔다. 그리고 어릴 때 교회학교에 다닌 것이 계기가 되어 훌륭한 교회 지도자가 될 수 있었다는 이야기도 흔히 듣는다. 그만큼 교회학교는 드러나지 않게 복음전도운동을 이미 펼치고있는 것이다. 거기다가 좀더 신경을 기울이고 활성화를 시도한다면 훨씬 효과적인 전도운동이 일어날 것은 자명하다고 하겠다.

그러면 구체적으로 어떤 것을 시도해보아야 할까? 물론 먼저 구체적인 계획이 앞서야 한다. 그 중에서도 기도가 최우선이다. 교회와 교회학교의 지도자들이 함께 모여 교회학교를 통한 영혼 구원의 비전을 달라고 하나님께 합심하여 기도하는 것이다. 그리고 그 교회의 장단점을 파악하고 그 지역의 문화와 필요를 이해함으로써 구체적인 목표를 수립한다. 다음으로 그 교회가 가진 인적 물적 자원과 이용 가능한 시설 등을 파악한 뒤에 구체적인 계획을 수립한다. 계획이 수립되면 온 교회가 기도 후원자가 되게 하고 어떤 그룹의 사람들을 주목표로 삼을지를 결정해야 한다. 연령별로나 어떤 필요에 따른 부류의 사람들을 목표로 정하고 그들을 위한 행사나 활동을 시행할 수 있을 것이다. 그리고 일단 교회(학교)에 발을 들여놓은 사람들을 전략적으로 관리하는 일도 잊어서는 안 될 것이다(Johnson and Toler 2000: 45-46). 교회의 뒷문을 닫는 전략을 개발하는 것이다.

교회학교를 복음전도 지향적으로 만들려고 할 때 그것을 가로막는 방해 요인들도 있게 마련이다. 이런 장애물들을 극복하지 않으면 세워진 목표는 헛될 것이다. 가장 흔히 볼 수 있는 방해 요인은 그 교회가 영적으로 잠들어있는 상황이다. 그런 상황에서는 자동적으로 전도는 활력을 잃고 만다. 그런 경우 교회학교를 통해서 교회의 잠을 깨우는 일도 시도해 볼만한 일이다. 두 번째 방해 요인은 교회가 지역사회의 필요에 둔감한 것이다. 평소부터 도움이 필요한 곳을 찾아 도움의 손길을 펴는 태도를 함양함으로써 이런 방해 요인을 극복할 수 있다. 셋째로 지식의 장벽이 있다. 교회가 주님의 지상명령이 무엇인지도 모르는 경우이다. 여기서의 그리스도의 부르심은 하나의 선택사항이 아니라 절대 명령이라는 점을 이해할 필요가 있는 것이다. 넷째 장벽은 그들의 신앙을 어떻게 이웃과 나누어야 하는지를 모르는 경우이다. 이런 경우 단순한 하나님의 구원 계획을 가르침으로써 많은 사람들이 그리스도를 알려고 나아오게 될 것이다. 가장 쉬운 방법으로는 자기가 죄인인 것을 인정하고(롬 3:23) 예수 그리스도께서 자기를 위해서 죽으셨다는 것을 믿으며(요 1:12), 예수 그리스도께서 자신의 삶의 주인이심을 고백할 수 있게 하는 것이다 (Johnson and Toler 2000: 41-42). 하여간 이런 장해 요인들을 극복하고 나면 거의 자동적으로 교회학교는 복음전도의 중요한 도구로 변할 것이고 교회성장의 한 초석이 되는 것이다.

그리고 교회학교에서의 복음전도의 활성화와 관련되는 몇 가지 원리들을 찾아보면 좀더 효과적인 결과를 얻게 될 것이다. (1) 교회들이 교회학교를 통해서 복음전도를 활발하게 못하는 이유는 그렇게 하려는 의도적인 노력을 기울이지 않기 때문이다. (2) 교회학교는 개인전도를 위한 훈련을 할 수 있는 자연스러운 장이 될 수 있다. (3) 지도자들이 교회학교를 통해서 전도를 강조하면 다른 사람들은 따르게될 것이다. (4) 교회학교를 통한 전도는 전체 교회에서 전도를 최우선 과제로 삼지 않는 한 효과적으로 이루어지지는 않을 것이다. (5) 교회학교를 통한 복음전도는 결과적으로 좀더 효과적인 동화(同化)를 낳을 것이다. (6) 교회학교는 관계형성을 통한 전도(relationship evangelism)를 실천하기에 적합한 장이 된다(Rainer 1999: 43-44). 하여간 교회학교는 잘만 활용하면 교회성장을 위한 전도가 활발하게 행해지는 장이 될 수 있다는 것만은 확실하다.

장년부의 활성화

교회학교라고 하면 우리는 흔히 어린이들을 위한 주일학교를 생각하고 잘해야 중고등부까지를 생각한다. 그러나 아동부나 중고등부도 중요하지만 성인들을 위한 교회학교도 그에 못지 않게 중요하다. 실지로 순조롭게 성장하는 교회들은 대체로 성인들을 위한 교회학교가 성공적으로 운영되고있는 교회들이다. 사람들은 성인들을 위한 교회학교를 통해서 먼저 성경에 대한 까막눈 단계를 벗어날 수 있고, 신앙을 기초로 삼아 그들의 그리스도인으로서의 삶을 바르게 세워나갈 수 있으며, 나아가 봉사의 길을 발견하고 평신도 차원에서의 증언과 선교사역을 위한 준비를 할 수 있게 된다. 나아가서 그것은 교회 지도자들을 양성해내는 주요한 기관이 되기도 한다(Johnson 1989: 66-67).

그런데 대부분의 교회에서는 성인들을 위한 교회학교는 한 사람의 지도자가 인도하는 하나의 반 밖에 없든지 아니면 전임 교역자들이 각기 맡아 가르치는 몇 개의 반 밖에 없다. 결과적으로 신실한 일부의 성도들만 거기에 참여하여 전체 교회의 생동하는 면이 결여된다. 물론 작은 교회의 경우는 별도로 하고 규모가 큰 교회라면 마땅히 다양한 지도자가 인도하는 다양한 반이 운영되어야 할 것이다. 앞에서 언급한대로 주제는 물론 시간과 장소까지 다양한 변화를 모색함으로써 신자들의 신앙 성장과 생활에 도움이 되어야 하고 신입교인들은 그 교회에 마음을 붙이고 동화되는 길이 되어야 한다.

교회의 규모와 관계없이 성장하고 있는 교회는 대체로 장년 공부반이 새로운 사람들이 교회로 들어오는 통로(avenue into the life of the church) 구실을 하는 교회들이다. 그런 교회의 지도자들과 성도들은 그 교회로 예배하러 오는 사람 누구나 그 교회의 다른 프로그램으로부터도 유익을 얻게 되리라는 신념을 갖고 있다. 그런 교회에서는 처음 온 새 신자가 있는 경우 누구나 쉽게 그 교회의 장년 성경 공부반에 참여하는 것을 적극 권하게 된다. 결국 그것이 그로 하여금 그 교회의 등록교인이 되게 하는 통로가 될 수 있는 것이다. 또 그런 교회에서의 장년 공부반은 성도들을 훈련시키는 장이 되기도 한다. 성경말씀에 대한 바른 이해를 돕게 되고 교회 역사나 성도의 바람직한 생활을 배우며, 나아가서 선교의식까지 고취시킬 수 있기 때문이다. 교단 차원에서 개발된 교제는 물론 그 교육을 책임진 지도자나 목회자는 다른 다양한 자료들을 활용할 수 있으면 더욱 좋을 것이다. 그렇게 함으로써 기도, 봉사, 전도, 선교, 바람직한 가정생활 등을 목표로 하는 다양한 소그룹 활동을 활성화시킬 수 있다. 나아가서 선교회 조직과 잘 연계시킬 수만 있다면 평신도들을 개척교회나 미 자립교회, 또는 농어촌 교회에 선교사로 파송하는 국내 선교를 활발하게 진행시킬 수 있을 것이다(Johnson 1989: 66-67).

하여간 장년 공부반을 통해 위에서 말한 여러 가지 목표를 효과적으로 달성하여 교회성장의 한 기둥이 되게 하려면 전통적으로 해오던 공과책을 들고 매주 천편일률의 전달교육을 하던 형태의 장년 교회학교는 빨리 탈피해야 한다. 지도자는 목회자를 위시하여 교회 안의 다른 지도자들과 심지어 외부의 강사까지 때로는 초빙할 수 있어야 하고, 시간도 주일에만 국한되지 말고 주간의 일정 시간들을 활용해야 하며, 기간도 장 단기 다양한 프로그램을 통해 성도들을 특수 목적을 두고 훈련시키는 과정으로 삼을 수 있어야 할 것이다. 단지 이 때 너무 욕심을 내서 참여하는 사람들이 지치게 해서는 안 될 것이다.

최근에 관심을 끌고 있는 다양한 문화교실의 운영은 이런 교회학교의 변형된 한 형태라고 해야 할 것이다. 불신자들도 문화교실이라는 통로를 통해 일단 교회에 발을 들여놓게 되고 이것은 문화 선교에로 이어질 수 있으며 지역사회 공동체를 위한 섬김의 길도 될 것이다. 그러나 문화교실은 문자 그대로 문화교실이기 때문에 처음부터 전도나 선교를 위한 사업이라는 인상을 주지는 말고 교회가 지역사회를 위해 벌이는 순수한 봉사 프로그램이라는 점을 부각시켜야 한다. 자발적인 교회 등록은 부산물로 얻는다는 의식인 것이다. 단지 불신자들에게 교회 문턱이 높지 않아서 누구나 들어올 수 있는 곳이라는 의식만 심을 수 있다면 성공적이라 할 수 있을 것이다.

교회학교를 활성화시키는 방법

21세기의 교회학교를 생동감있게 발전시킬 수 있는 방법은 있을까? 물론 지난 200년 동안 교회학교를 발전시켜온 그 기본 목표와 원리들은 그대로 적용되어야 할 것이다. 그리고 방법론에서까지도 아무리 환경이 변해도 근본적으로는 크게 변할 수 없다. 단지 시대적 사회적 변화에 따라 적용해나가는 기술이 필요할 뿐이다.

우리는 어느 시대보다도 영적 진리를 절실히 필요로 하면서 잘못된 영적인 것들에 관심을 빼앗기고 있는 시대에 살고 있다. 이런 상황에서 교회학교를 활성화시키려면 무엇보다도 학생들에게 가치있는 교육의 내용을 전할 수 있어야 한다. 그 내용을 전할 때 이론적인 전달보다는 삶에 적용해가는 활동을 통해서 전하는 것이 가장 효과적이다. 머리로 배우는 것이 아니라 삶을 통해 배움으로써 산 교육이 이루어지는 것이다. 체험을 통한 교육이 최상의 교육 방법이기 때문이다.

학생들에게 늘 개인적인 관심을 가지고 대해주고, 질문을 해올 때는 언제나 답할 수 있는 준비가 되어있어야 한다. 혹시 즉석에서 대답할 수 없을 때는 약속을 하고 연구 조사해서 다음 기회에 꼭 답을 주어야 한다. 그리고 질문을 스스럼없이 할 수 있는 분위기를 조성해야 한다. 이런 묻고 답하는 관계가 형성될 때 교사와 학생간의 친밀감이 형성되고, 그럴 때에 그런 문제들과 고민들에 대한 상담도 이루어지기 때문이다(Johnson 1995: 12-35).

학생들이 지루하게 느끼지 않도록 재미있게 운용하는 것은 기본이다. 어린이뿐 아니라 성인들도 현대문화의 영향으로 너무 이론적이거나 지적인 것은 흥미를 유발하지 못한다. 그렇다고 내용이 없는 코미디극의 연출로는 전혀 효과적인 교육을 기대할 수 없다. 전하고 가르치려는 진리를 어떻게 흥미롭게 전할 수 있는가가 관건이다. 현대문명의 산물인 갖가지 기자재를 활용하는 것도 한 방법이 될 것이다.

작은 교회에서의 교회학교

교회학교의 다양한 프로그램은 규모가 어느 정도 안정된 수준일 때는 쉽게 시도할 수 있지만 작은 교회에서는 자칫 그림의 떡이 될 수도 있다. 그런데 작은 교회의 비율이 절대다수를 차지하는 현실에서 우리는 소규모 교회에서의 교회학교 운영을 고려하지 않을 수 없다. 작은 교회는 규모는 작지만 대형교회와 같은 원리와 실제를 갖춘 기본적인 교회학교를 운영해야 한다. 그러나 똑같이 다양한 프로그램을 운영하면 조만간 대형교회로 성장할 수 있다는 생각은 잘못된 가정이다.

작다 크다하는 것은 상대적인 개념이다. 같은 규모지만 비교 대상의 크기에 따라 작다고 생각하기도 하고 크다고 생각하기도 하는 것이다. 어쨌든 작은 교회가 큰 교회로 되는 것이다. 그리고 작은 교회가 성장하기 위해서는 작은 교회가 가진 장점을 최대한 살려야 한다. 대체로 작은 교회는 가족이 중심이 되는 사역(ministry built around family)을 펼치기 쉽고 가족적인 분위기에서 성도 상호간의 관계가 친밀하다는 장점을 지닌다. 새로운 신자가 생겼을 때에도 쉽게 동화시킬 수 있는 것이다. 그러나 반대로 조금 성장하면서 너무 내적 결속이 단단해서 새로운 신자가 그 안에 들어오기 어렵게 만들 수도 있다(Anthony 2001: 160-161). 이럴 때 이런 결속을 풀려는 노력은 오히려 역반응을 일으킬 수 있으므로, 새로운 얼굴들끼리 새로운 가정 형태를 이루도록 함으로써 결과적으로 교회 안에 여러 개의 작은 교회들(many small churches in a church)을 이루게 한다는 형태로 발전시키는 것이 가장 바람직한 방향일 수 있다. 물론 이런 교회에서는 목회자도 어느 분야의 전문가나 행정가이기보다는 일반적인 목사형이어야 할 것이다.

또 작은 교회에서는 전통적인 사역(ministry built upon tradition)에 기초할 수 있다는 장점이 있다. 그러나 전통적인 것 때문에 상처를 입거나 어려움을 겪는 사람들이 많을 경우에는 어느 정도의 변화는 불가피하다. 이때에도 물론 나이든 어른들은 변화를 좋아하지 않는다는 것은 감안되어야 한다. 따라서 젊은 세대들이 들어와서 교회가 성장하기를 바란다면 기성세대들을 설득하여 변화를 수용할 수 있게 하는 것은 중요하다. 교회의 장래를 위해서 새로운 전통을 창출하자는 것이다. 결국 기성세대에 속한 사람들도 수년이 경과한 뒤에는 변화에는 즐겁지 않아도 교회의 성장한 모습에는 만족할 수 있으면 된다. 작은 교회에서 대형교회가 하는 교육 프로그램을 그대로 쫓아가는 것은 불가능하다. 인적 물적 자원은 물론 시설도 따라주지 않기 때문이다. 따라서 작은 교회의 경우에는 기본적인 교회학교 이외의 장기적인 프로그램을 추구하기보다는 단기적인 또는 일회성의 특별행사나 특별활동을 시도하는 것이 효과적일 수 있다. 그렇다고 기본적인 교회학교나 성경공부를 소홀히 해서는 안 된다. 반대로 전혀 변화를 시도하지 말라는 것도 물론 아니다. 단지 신중하게 기본을 유지하면서 형편에 가장 합당한 변화를 추구함으로써 효과적인 교육이 이루어지게 해야 함을 의미한다. 하여간 규모 여하를 불문하고 교회학교를 효과적으로 운용하는 것은 중요하다. 나름대로 그 교회의 특성과 장점을 활용하여 교회성장에 도움이 될 수 있는 교회학교 운영을 모색하라는 것이다.

제14장

교회 경영론

    우리는 급변하는 사회에서 세계화나 무한 경쟁시대라는 말을 수없이 들으면서 살고 있다. 무한 경쟁사회는 적자생존(適者生存: survival of the fittest)이라는 옛날 진화론자들이 쓰던 개념을 전제로 하고 있다고 할 수 있다. 따라서 사업을 하는 사람은 물론이고 개인이나 가정, 그리고 다양한 인간 공동체는 사회의 모든 분야에서 치열한 경쟁 상황에서 살아남기 위한 나름대로의 경영철학과 원리를 가지고 최선을 다해야 한다. 교회도 예외적인 곳이라고 할 수는 없다. 더군다나 교회의 경쟁상대가 다른 교회나 다른 교파라고 생각하는 우(遇)는 더 이상 범하지 말아야 한다. 세속적인 물결이 엄청난 파도를 일으키며 범람하는 이 시대, 특히 종교다원주의(religious pluralism)와 같은 신학의 한 분야인 것처럼 보이면서 기독교를 종교시장(religious market)에서 사람들이 자유롭게 선택할 수 있는 상대적인 종교로 전락시켜버림으로써 복음이 치명타를 입고 있는 이 시대에 교회는 살아남을 뿐 아니라 하나님께서 맡겨주신 사명들을 제대로 수행하는 교회가 되어야 하는 과제를 안고 있다.

    교회는 본질적인 면에서 예배공동체이면서 기능적인 면에서는 선교공동체이다. 그래서 우리는 하나님께서 자기 백성들에게 요구하시는 일이 모이면 예배하고 흩어지면 복음을 전하여 하나님의 나라가 확장되게 하는 것이라는데 이의를 제기하지는 못한다. 여기에서 교회가 오늘의 시대에도 그대로 상존하고 성장함으로써 복음이 땅 끝까지 전해지는 사역을 감당하려면 교회도 현대의 경영이론을 활용해야한다는 주장이 나오는 것이다.

I. 교회와 경영

어떤 의미에서 현대사회에서 교회가 살아남을 뿐 아니라 성장하려면 교회도 경영원리들을 도입 활용해야 한다는 것이다. 경영학을 전공하지 않은 사람이라도 사업을 잘하고있는 사람이라면 그는 학문적인 경영이론은 몰라도 나름대로의 경영경험과 철학을 토대로 사업을 잘하고 있다고 할 수 있다. 마찬가지로 교회를 맡아 목회하고 있는 목사들도 비록 불완전하기는 하지만 이미 교회경영을 하고 있다고 할 수 있다. 교회마다 사업 계획이 있고 이를 성취하기 위한 위원회와 뒷받침하는 예산까지 운용되고 있다. 그러나 그런 과정을 경영이라는 측면에서 보면 형편없는 경영을 하고 있기 때문에 그 결과도 비효율적으로 나타나는 것은 당연한 귀결이라 할 수 있다. 마치 건축자재와 도구들을 갖추어두고도 기껏해야 개집이나 짓는 것과 비슷하다고 듣기에 거북한 비유를 할 수 있다.

경영(management)이라는 말은 '취급하다, 다루다, 처리하다' 등을 의미하는 라틴어 동사에서 온 개념으로 "특정 목표를 세우고 그것을 달성해 가는 과정과 관련되는 일체의 활동"이라고 할 수 있다(이한겸 1994: 9-10). 그러므로 효율적인 경영이 이루어지기 위해서는 훌륭한 경영관리자(manager, leader)가 있어서 사업의 목표를 분명하게 설정하고 거기에 따른 경영계획을 바르게 세워 경영조직을 통하여 그것을 건전하게 수행해나

가야 한다. 그것을 수행하는 과정은 좁은 의미에서의 경영이요, 그것은 곧 마케팅(marketing)이라 할 수 있다. 이제 이러한 경영의 기본 원리들을 교회에서도 적용해야 할 시대가 되었다는 것이 일반적인 이해이다.

그러나 교회경영이라는 말만 들어도 그것을 신성모독에 준하는 잘못된 주장이라고 악평하는 교회지도자들도 많이 있을 수 있다. 교회성장 방법론으로서의 교회경영론은 참된 목회사역과는 거리가 멀다는 것이다. 그런 주장에 따르면 건전한 목회자들은 교회경영론 같은데 말려들어서는 안 된다고 한다. 어떤 사람은 이렇게 말했다. "우리는 성경말씀을 읽고 있고 하나님의 축복해주심을 믿으며 이를 위하여 기도하고 있다. 우리는 성령의 인도하심을 따른다. 경영기술 같은 것은 우리가 세상이 하고 있는 일을 받아들이고, 하나님의 인도하심을 거부하고 있다는 하나의 표이다. 무엇보다도 우리는 영적인 싸움에 임해야 하고 이 세상적인 경제적 이론(싸움)에 말려 들어서는 안 된다."(Barna 1990: 27)는 것이다.

그런 사람들은 "교회가 크면 클수록 좋고(the bigger, the better) 교인 수가 많으면 많을수록 더 좋다(the more, the better)"는 식의 물량주의적 사고는 하나님께서 원하시지 않는다고 한다. 이런 지적은 결코 간과해버릴 수 없는 바른 지적이다. 그러나 여기에서 말하는 교회경영론을 주장하는 사람들도 결코 비신앙적, 세속적 사고에서 출발하여 이런 주장을 펴고 있지는 않다. 그들은 영적 부요를 누리면서 전통적으로 복음적인 교회들이 지켜온 하나님과 예수 그리스도에 대한 신앙고백을 그대로 한다. 즉 하나님의 속성과 권능을 결코 의심하지 않는다. 다만 그들은 하나님의 뜻에 순종하는 하나의 길로서의 교회경영은 반드시 바르게 행해져야 한다고 믿고 있는 것이다(Barna 1990: 12-17).

II. 교회경영론은 성서적인가?

그러면 이런 주장은 성서적인 뒷받침을 받고있는가? 물론 성경에는 경영이라는 개념조차 나오지 않는다. 그리고 경영이론을 전개하지도 않는다. 그런데도 성서는 세상에서 가장 위대한 경영지침서 중의 하나라고 할 수 있다. 그 말씀들은 신묘막측(神妙莫測)하고 웅대한 하나님의 경륜을 드러내 보여주고, 또 그 하나님의 뜻에 순종하여 봉사하는 수많은 하나님의 사람들이 어떻게 지혜롭게 최선을 다하여 그 맡겨진 사역들을 감당해왔는지를 잘 보여주고 있기 때문이다.

모세는 하나님의 부르심을 받아 젖과 꿀이 흐르는 땅 가나안을 바라보며 광야 40년의 역경을 헤치고 이스라엘 백성들을 인도하였던 하나님의 사람이었다. 그는 결코 그냥 앉아 기도만 하고있지 않았고, 시내산에 올라 하나님과 비밀스러운 교제만 하고 있지도 않았다. 그는 가나안 땅이라는 하나님께서 보여주신 비전을 제시하며, 수많은 고난과 위험을 무릅쓰고 이스라엘 백성들을 그 비전을 향해 인도하여 갔던 것이다. 그는 오십부장과 백부장 제도를 도입하여 백성들을 조직함으로써 좀더 효율적으로 그들을 지도하며 목표를 향하여 나아갈 수 있게도 하였다.

신약에서 우리는 이런 면을 더 분명히 볼 수 있다. 좁은 의미에서의 경영을 마케팅으로 볼 때 성경말씀에는 그런 류의 교훈들과 예들을 쉽게 볼 수 있기 때문이다. 예수님과 그의 제자들이 행한 일들은 이런 의미에서 철저히 경영원리에 입각한 활동이었다. 예수님의 사역을 살펴보면 그는 자료수집과 분석의 대가였다고 할 수 있다. 비록 현대인들이 이용하는 조사방법론과 분석기술을 쓰시지는 않았지만 그는 개인적인 질문과 예리한 관찰, 그리고 직관을 통해 사람들의 필요를 정확히 파악하시었고, 거기에 적절히 대처함으로써 각인에게 만족을 주셨던 것이다. 나면

서 소경된 자와 백부장이 그에게 나아왔을 때, 그는 '무엇을 원하느냐?'
고 물어보심으로써 그들의 절실한 필요를 파악하시었고, 가나의 혼인잔
치에서는 그 어머니 마리아와의 대화를 통하여 거기에 포도주가 꼭 필요
하다는 것을 아시고 거기에서도 만족한 결과를 주시었다.

또 그는 친히 계획에 실패하는 사람들의 어리석음을 비판하시면서 계
획의 중요성을 가르치기도 하셨다(눅 14:28-30). 비유들을 통하여 전략의
중요성을 가르치기도 하셨으니 어리석은 처녀들의 비유(마 25:1-13)는 필
요를 예상하고 그 필요를 위해 준비를 갖추는 것이 얼마나 중요한지를
보여주고, 씨뿌리는 비유(마 13:1-9)는 많은 수확을 위하여 어디에 노력을
기울여야 하는지를 가르쳐준다. 다양한 청중들을 정확히 이해하고 그들
에게 어떤 말씀을 전해야 할지 그리고 무슨 도움을 주어야 할지를 결정
하신 것이다.

예수 그리스도는 커뮤니케이션의 전문가이기도 하셨다. 표적 청중
(target audience)이 어떤 사람들인지를 확인하고 그들의 필요가 무엇인지
를 파악하여 그들에게 가장 적절한 말씀을 주심으로 그들의 필요를 충족
시키신 것이었다. 청중의 성격에 따라 메시지의 내용과 언어를 결정하시
었기 때문이다. 니고데모와 베드로, 백부장 야이로는 각기 다른 필요를
가지고 그에게로 나아왔고, 바리새인들은 또 다른 부류의 사람들로 그에
게 나아왔던 것이다. 물론 그의 메시지는 본질적으로 같은 것이기는 하
지만 각기 다르게 적용된 것이다(Barna 1990: 30-33).

사도행전 6장에는 사도들이 그들의 본무(本務)인 말씀과 기도에 전념
하기 위해서 집사들을 세우는 기사가 있다. 물질적 필요를 충족시키기
위한 새로운 직책을 마련한 것이다. 이것도 정해진 목표(말씀전파와 물
질적인 공궤)를 달성하기 위하여 취해진 훌륭한 경영적 수단이었다고 할
수 있다. 그러나 신약에서의 대표적인 인물인 바울을 들어 그의 사역을

고찰하는 것이 가장 좋은 예증이 될 것이다. 고린도전서 9장 19-23절에서 우리는 바울이 얼마나 청중 중심적 인물이었는지를 알 수 있다. 복음전파라는 한 가지 목표를 위하여 사람들의 필요에 따라 그가 전하는 복음 전파의 형태는 늘 바뀌었던 것이다(Barna 1990: 33).

이런 관점에서 성경말씀을 읽는다면 경영이론을 교회성장과 복음의 유익을 위하여 활용해야 한다는 주장은 비성서적, 비기독교적, 세속적 주장이 아니라 성서적 뒷받침을 충분히 받고 있는 건전한 주장이다. 그러므로 우리의 태도는 교회의 성장과 발전을 위하여 하나님의 능력을 믿고 기도함과 더불어 우리가 할 수 있는 최선의 경영전략을 활용하여 일하는 것이 되어야 한다. 그러나 그것은 하나님의 뜻을 이 땅 위에 성취하시도록 하려는 순종적 활동이어야 함은 당연한 전제로 삼아야 한다.

III. 책임있는 경영자로서의 목사

좋은 경영이 이루어지려면 훌륭한 경영자가 있어야 함은 당연한 일이다. 교회경영도 책임있는 좋은 지도자 없이는 그 성과를 기대할 수 없다. 그러나 문제는 목회자들이 경영에 관한 전문적 안목을 거의 갖추지 못하고 있다는 데 있다. 보통의 목사들은 교육을 받는 동안 경영에 관해서는 전혀 또는 거의 듣지도 배우지도 못하는 것이 현실이다. 그럼에도 불구하고 목회현장에 들어가면 처음부터 목사는 교회운영 전반에 걸친 책임을 져야 한다. 또 목사로 안수받으면 나이나 경력에 무관하게 대부분은 당회장이라는 직함을 얻게 되고, 교회의 운영과 관리의 책임을 전적으로 져야 한다. 단지 교회경영과 회사경영의 다른 점이 있다면 그것은 교회는 영리 목적으로 운영되지 않는다는 점이다. 그러나 좀더 깊이 생각해보면 복음을 전하여 구원얻는 사람의 수가 더욱 많아지게 하고 교회가 성장하는 것을 교회나 목회의 가시적 목표로 삼는다는 점을 감안하면, 교회경영도 물질적인 영리를 추구하지 않을 뿐 그 결과로서의 열매는 기대되고 있고 또 마땅히 거두어져야 한다는 점에서는 회사경영과 큰 차이가 없다고 할 수 있다. 그러나 목사라고 해서 누구나 교회를 잘 운영하는 재능과 지도력을 갖추고 있는 것은 아니다. 어떤 목사는 자신의 소명이 사도행전 6장에서의 사도들처럼 오직 말씀과 기도에 전념하는 것이라고 생각할 수도 있다. 만일 자신이 그런 형의 지도자라면, 그는 훌륭한 경영 능력을 갖춘 다른 지도자와 공동사역을 하는 편을 택하는 것이 좋을 것이다. 반대로 자신이 교회운영의 전반적인 책임까지 지는 지도자의 길을 가려고 한다면 스스로 그런 능력을 갖추어야만 할 것이다(Cousins and others 1990: 28). 그것은 보통 목사에게 요구되고 기대되는 일이기 때문이다.

목사가 해야 하는 일은 정말 무엇인가? 농부는 농사일을 하고 상인은 사람들이 필요로 하는 물건을 구해다가 파는 일을 한다. 선생님은 학생들을 가르치고 판사는 재판을 하며, 정치가는 정치를 한다. 그런 논리에서 보면 목사는 목회를 한다고 쉽게 이야기할 수 있다. 그러나 정확히 그것이 무엇을 의미하는지를 분명히 말하기는 쉽지 않다. 그는 신학교수처럼 말씀을 명쾌하게 풀어 가르치고, 심리학자나 상담사처럼 가지가지 상황에 처한 사람들의 상담에 응해야 한다. 그는 매주 하나님의 대변인이 되어 의미있게 말씀을 선포하여야 하고, 선거전에 뛰어든 정치인처럼 누구에게나 항상 미소를 띠고 악수를 나누며 인사해야 한다. 그는 코미디언처럼 늘 사람들에게 즐거움과 웃음을 주어야 하고, 전문 회계사도 아니면서 교회의 재정관리의 책임을 져야 하며, 최고 수준의 경영자가 되어 교회를 원만하게 관리 운영해야 한다. 너무 많은 것을 사람들은 목사에게 기대하고 요구하는 것이다. 한마디로 말해서 목사는 팔방미인이 되라는 것이요, 모든 사람에게 모든 것이 되어달라는(all things to all men) 것이다. 이런 잡다한 일들을 간단히 요약해본다면 목사에게 요구되는 일은 넷으로 묶어질 수 있다(Frank and others 1993: 165-167).

첫째 목사는 설교자로서 하나님의 말씀을 오늘의 사람들에게 의미있게 전하는 일을 해야 한다. 둘째로는 목자가 되어 맡겨진 양들을 지키고 방향을 지시하며, 장애물을 제거해주고 그들의 안녕을 위해 최선을 다해야 한다. 이 때 목자는 부드러운 면(soft duty)과 엄격한 면(hard duty)을 아울러 갖추어야 한다. 양을 사랑하고 돌보며 격려하고 위로하는 면을 가지면서 동시에 권징(勸懲)을 통해 전염병에 걸린 양을 격리하고 뿔로 받는 염소를 경계하기도 해야 하기 때문이다(Van Auken 1989: 120) 셋째는 사회사업가가 되어 어려운 사람들을 돌아보고 가난한 사람, 약한 자와 병든 사람들에게 지극한 관심을 보여야 한다. 마지막으로 목사는 사업가가 되어 교회가 하는 모든 일을 관장하고 관리해야 한다. 그리고 이 네 가지 중 어느 한 가지도 소홀히 할 수 없는 것이 목사에게 주어진 사명인 것이다.

목사는 앞의 세 가지 사명에 관해서는 신학교육을 통해 배우기도 하고 훈련받기도 하였다. 그러나 네 번째 사명에 관해서는 전혀 그렇지 못하다. 그렇다고 의존할 수 있는 다른 길도 별로 없다. 그런 사정을 전문적으로 상담해주는 상담소(consulting institute)도 없고, 또 그런 곳이 있다고 해도 외부인이 개교회의 형편을 충분히 이해하기는 어렵고 따라서 적절한 처방을 얻기도 어렵다. 교단 차원에서 선배나 상회(上會)의 도움을 의뢰하여보아도 대체로는 격려하는 정도의 차원에 머물고 만다. 혹 전문가적 조언을 듣는다고 해도 그것은 거시적인 일반론에 불과하고 개 교회가 당면하고 있는 어려움에 대한 미시적인 적절한 처방을 기대하기는 어렵다

(Barna 1990: 15). 결국 모든 일은 그 교회를 담임하고 있는 목사가 책임지고 스스로 하든 교회 안에서 인재를 발굴하여 일을 처리할 수밖에 없다.

교회에서의 경영이란 지도력(leadership)이 교회 안에서 구체적으로 그 모습을 드러내는 한 방식이라 할 수 있다. 지도자의 여러 모습 가운데 그것이 하나이기 때문이다. 그러나 기독교적 지도력의 본질은 일을 수행하는 과정(능력)에서보다는 지도자의 인격에서 먼저 찾아져야 한다. 그리스도께서는 그가 하신 일(what he does) 때문이 아니라 그가 누구시냐(who he is) 때문에 위대한 지도자이셨다고 할 수 있다. 또 모세, 다윗, 바울 같은 성경에 나오는 위대한 지도자들의 경우에도 그들이 하나님과 맺은 관계 때문에 그런 지도력을 발휘하였다고 할 수 있다. 따라서 지금도 우리가 하나님께서 원하시는 그런 사람이 먼저 되기만 하면 그가 친히 우리를 쓸만한 지도자로 만들어주실 것이다(Van Auken 1989: 107-108; Minirth et. al. 1993: 166). 이런 의미에서 목사는 경영자로서의 지도자 이전에 영적 성숙을 이룬 영적 지도자가 먼저 되어야 함은 당연한 요구라고 할 수 있다.

그리고 목사는 존경받고 섬김을 받기 위해서 존재하는 지도자가 아니라 섬기기 위해서 존재하는 종으로서의 지도자임(servant leadership)도 잊지 말아야 한다(Van Auken 1989: 116). 그러나 목사는 교회 경영을 책임진 지도자로서 교인들의 심부름꾼으로서 즉 교인들을 무조건 섬기기 위해서 존재하는 사람은 아니다. 즉 그는 온 교회가 주님을 바로 섬기도록 인도하는 사람, 곧 '오라. 우리 함께 주님을 섬기자' 라고 하는 종으로서의 지도자인 것이다(Minirth et. al. 1993: 166).

하여간 지도자로서의 목사를 평가하는 평가 기준은 그를 향한 다양한 요구들 때문에 사람마다 각기 달리 하겠지만 일반적으로 말하면 먼저 성품을 말할 수밖에 없다. 앞에서 이미 말한대로 지도자로서의 목사에게는 받은 은사나 재능 그리고 훈련도 중요하지만, 그보다 더 중요한 것은 성품인 것이다. 그리고 그런 성품들은 보통 20대 중반까지 형성되어 굳어 진다. 둘째로는 역시 영적 성숙 또는 영적 건전성(spiritual authenticity)을 말할 수밖에 없다. 이것은 스스로 하나님 앞에 서는 매일의 경건훈련을 통해서 형성되며, 그렇게 함으로써 목사는 균형잡힌 영적 지도자로서의 면모를 갖추게 된다. 셋째로는 역시 일을 하는 능력이다. 받은 은사와 재능에 덧붙여 최선을 다해 일하는 것, 즉 하나님께서 주시는 것과 인간적인 최선의 노력이 합해져서 영적 지도자로서의 자질이 형성되는 것이다(Don Cousins et. al. 1990: 120-122). 이런 자질을 갖추는 것이 경영적인 차원에서의 지도자가 되는 길이라고 할 수 있다.

교회가 하나님께서 맡기신 일을 하는 사역공동체라고 할 때, 교회는 "필요"를 사역의 출발점으로 삼지 말고 강력한 지도력을 갖춘 지도자를 그 출발점으로 하여 사역에 임할 필요가 있다. 하나님께서도 늘 지도자(일군)들을 먼저 택하셔서 일을 하셨다는 것이 성서의 가르침이기 때문이다. 지도자로서의 목사라고 해서 모든 일을 혼자 짐지고 처리할 수는 없다. 때로는 돕는 부교역자들이나 평신도 지도자들을 통해서 일할 수도 있고, 때로는 그 일에 가장 적합한 지도자를 외부로부터 초빙하여 일을 맡길 수도 있다. 성급히 많은 일을 벌이는 것만이 능사가 아니라 그 일을 위한 재능과 자질과 열심을 두루 갖춘 좋은 지도자들을 찾아 일을 맡기는 것(delegation)이 비록 시간이 소요되고 재정적 부담이 있다고는 하더라도 이것이 훌륭한 결과를 기대할 수 있는 길이기 때문이다(Don Cousins et. al. 1990: 76). 좋은 경영 지도자는 구성원 모두가 하나가 되어 일할 수 있도록 하는 사람이다. 교회에서는 교인들을 훈련시켜 적재적소에 배치함으로써 팀 사역(team ministry)이 이루어지도록 하는 목사가 좋은 경영 지도자라고 할 수 있을 것이다. 또 그가 다행히 좋은 일군들을 교회 안의 자원봉사자들 중에서 얻을 수 있다면 더없이 좋을 것이다. 하여간 이런 모든 일을 조정 주선함으로써 목사는 일선에 나가 직접 뛰지 않으면서도 훌륭한 교회경영 지도자로서의 소임을 감당할 수 있게 된다.

IV. 마케팅으로서의 교회경영

오늘의 교회들은 치열한 경쟁이라는 환경 하에 놓여있다. 갖가지 방송국들이나 영화사들과 극장들, 백화점과 상가들이 모두 치열한 사업 전쟁을 벌이고 있다. 그런 사업들은 교회가 전도하여 말씀으로 양육하고자 하는 바로 그 사람들의 생활 깊숙이 파고들어 그들의 시간과 주의와 돈을 뺏어가고 있다. 더군다나 그런 사업체들은 그들이 원하는 목표달성을 위해 고도로 발달된 마케팅 전문가들에 의해 운영되고 있다(Barna 1990: 28). 따라서 교회가 자칫 한눈 팔고있다가는 우리가 상대해야 하는 천하보다 귀한 그 생명들을 다른 데로 뺏앗기는 비극을 경험하게 될지도 모른다.

그러므로 교회의 하나의 경영원리로서의 마케팅 원리들을 응용하되, 교회경영의 궁극적 목적은 하나님의 영광에 있음을 간과해서는 안 된다. 하나님께서는 우리가 간신히 버티도록 하시는 것이 아니라 목회의 한 방편으로서의 교회경영을 잘 하도록 은사와 능력을 주시었고, 우리는 그런 은사와 능력으로 바른 경영을 하여 하나님께 영광을 돌림으로써 하나님과 하나님의 교회를 바로 섬기고 하나님의 백성들을 그에게 순종하며 살도록 인도할 수 있게 되는 것이다(Don Cousins et. al. 1990: 29).

경영으로서의 마케팅

마케팅이란 소비자의 필요와 욕구를 충족시키고 생산자의 목표와 목적을 달성하기 위하여 생산자로부터 상품이나 서비스를 소비자에게로 전해주는 일련의 활동으로 구성되는 과정 전체를 말한다. 소비자는 자기의 필요와 욕구가 충족되기 때문에 만족하고 생산자는 목표를 달성하기 때문에 만족을 얻는다. 그러므로 마케팅은 생산자와 소비자 양자가 모두 그런 과정(transaction)을 거치기 전보다 더 나아지게끔 하는 일련의 활동이다(Barna 1990: 41; Hirsh and Pearson 1990: 9-10). 이런 마케팅은 실지로 소비자의 태도와 행동에 초점을 맞춘 시장조사(research), 거기에 부합되는 상품생산, 전략적 기획, 가격책정, 홍보활동, 계획한대로 실행하는 것 등을 포함하는 광범한 활동이다(Barna 1990: 41, 44-45).

이러한 원리를 교회경영에 적용해보려는 것이 주어진 과제이다. 실제로 전임 목회(full-time ministry)를 경험하는 사람이라면 누구나 목회의 효율성을 높이기 위해서는 경영으로서의 목회가 절실히 필요하다는 것을 인정할 것이다. 그렇게 함으로써 목회사역에서의 우선순위를 결정하고 교인들이 협력해서 일할 수 있도록 조정하며, 분별력을 가지고 교인들의 의사결정에 관여하고 그들의 사역의 효율성을 높이기 위해서 훈련과 파송을 전문적으로 운용할 수 있게 된다.

목회사역의 궁극적 목표가 하나님께 영광을 돌리는 것이고, 그렇게 하기 위한 가시적인 일차적 과제가 교회성장이라는 데는 누구나 동의할 것이다. 그런데도 많은 교회가 성장하지 못하고 있는 현실은 성장해야 한다는 마음이 없어서가 아니다. 또 그렇게 하는데 필요한 자원이 없어서만도 아니다. 실제에 있어서 교회성장이 안 되는 또는 둔화되는 이유는 우리가 마케팅의 원리들을 파악하지 못하고 그것들을 교회에 제대로 적용하지 못한 것이 가장 중요한 원인이라고 해도 크게 틀린 말이라고 할 수는 없다(Barna 1990: 40). 그만큼 마케팅은 우리의 사역을 좀더 효율적으로 만들고자 할 때 교회에 큰 유익을 줄 수 있는 것이다. 구체적으로 수적 증가를 비롯하여 있는 자원의 원활한 활용, 지역사회의 사람들과 그들의 문제에 대한 더 분명한 이해, 봉사와 선교의 기회 확대, 교인들의 책임있는 사역에의 참여, 새로운 지도자(일군)들의 발굴 등의 유익을 줄 수 있다(Barna 1990: 34-36, 47).

대부분의 목사들은 열심히 일을 한다. 잠시도 쉴 틈이 없고 밤낮 없이 일을 한다. 문제는 우리가 얼마나 열심히 일하느냐보다는 얼마나 빈틈없이 세련되게 일하고 있느냐 하는 것이다. 실제로 목회에서는 얼마나 일을 잘하고 있는지를 평가하기가 매우 어렵다. 그래서 목사들은 열심히 일하고 또 열심히 기도한다. 그리고 그 결과가 하나님께서 기뻐하시는 것으로 드러나리라고 믿는다(Don Cousins et. al. 1990: 75). 그러나 우리는 그것이 정말 그러한지를 늘 반문해보아야 한다. 우리가 성취해야 하는 그 일을 위하여 우리가 택한 전략이 적합한지를 자문해보라는 것이다.

물론 일반적인 마케팅과 교회경영으로서의 마케팅에는 여러 가지 다른 점들이 있다. 우선 교회 마케팅에서 부족한 것 몇 가지를 들면 앞에서 언급한 바와 같이 지도자들의 전문적인 교육과 훈련이 전무하거나 부족하며, 재정적 뒷받침도 부족하고 사역의 실제에 있어서는 대체로 자원봉사자들의 봉사에 의존할 수밖에 없다는 점 등이 문제이다. 그러나 유리한 점들이 더 많기 때문에 전체적으로는 오히려 용기를 얻어 일할 수 있다. 먼저 성서가 교회경영의 지침서가 되어준다. 이미 살펴본대로 특히 예수님과 그의 제자들의 사역을 통해 우리는 많은 것을 배울 수 있다. 둘째로 우리는 전능하신 하나님의 권능을 믿고 기도한다. 그래서 하나님의 인도와 능력을 힘입을 수 있다. 교회경영에서 아무도 하나님께 묻지 않고, 즉 기도하지 않고 무슨 계획을 수립하고 추진하지는 않을 것이기 때문이다. 또 우리는 하나님의 동역자들로서 비록 난관에 봉착할지라도 좌절하지 않고 그것을 극복하는 힘을 하나님으로부터 얻을 수 있는 것이다. 셋째로 바로 선 교회라면 모든 교인들이 하나님의 교회를 위해 봉사하려고 하기 때문에 각기 받은 바 은사를 발휘하여 협력할 수 있고, 교회 안에서의 경쟁으로 시달리지 아니하고 기쁨으로 하나님의 일에 동참할 수 있게 된다. 또 그런 교회는 가시적인 외형적 성장만을 추구하지 않기 때문에 도리어 하나님의 백성들의 영적 성장을 추구하면서 건전한 양과 질의 균형이 이루어지는 성장을 얻게 될 것이다(Barna 1990: 58-59). 이러한 장점들은 불리한 단점들을 극복하고도 남을 만큼 충분한 것들이다.

고객으로서의 사람들 연구

마케팅의 제1원리는 고객의 필요를 조사하고 연구하는 것이다. 만일 사업을 성공적으로 하려면 시장조사와 이해, 즉 고객을 연구하는데 투자를 과감하게 하는 것이 기본이다(Hirsh 1990: 11). 그럼에도 불구하고 교회 경영의 책임자인 목사들은 대체로 그렇지 않다는데 문제가 있다. 그들이 섬기는 사람들의 필요를 파악하기 위해서 아무런 조사연구도 하지 않는 것이다. 이런 측면은 대부분의 목사들이 말하는 편에 속하고 듣는 편에 속하지 않는다는 데서도 드러난다. 그래서 교회들은 사람들이 처한 환경이나 필요가 해를 거듭하면서 엄청나게 변하고 있는데도 불구하고 매양 같은 프로그램만 반복하고 몇 십년 전의 목회 방식을 오늘에도 그대로 적용하는 우를 범하고 있는 것이다(Hirsh 1990: 13, 44).

그렇게 해온 결과 교회마다 매주 예배에 빠지지 않고 출석하는 사람들은 대체로 40대 이상 연령층의 교인들이 주축이 되고 교회성장률도 둔화되고 있는 현실이다. 교회들은 전도비나 선교비를 상당히 많이 지출하고 있고 그런 활동에 쏟는 정열도 엄청나게 크다. 또 신앙서적이나 신학 관련 서적들의 출판도 증가하고 있고 기독교방송에 대한 관심도 상당히 높은 편이다. 그러나 교회성장은 둔화되고 진실한 그리스도인들의 수는 크게 증가하지 않고 있는 것이 현실이다. 그런데 사업가의 가장 중요한 수단은 정보이고 오늘의 시대가 "고도 정보시대"라고 말은 하면서도 교회는 교회경영의 제1원리인 시장조사(교회가 위치한 지역사회와 거기에 사는 사람들에 대한 조사)와 그 정보 확보에는 아예 눈감고 있는 것이 문제점으로 부상하고 있는 것이다. 우리가 대상으로 삼고있는 그들은 누구이며 그들의 필요는 무엇인가를 파악하는 것이 교회의 최우선 과제인데도 불구하고 교회는 그 일에 선교비를 할애한다는 생각마저 하지 않는 것이다. 그러나 그런 파악을 위해서는 그들의 연령, 성별, 생활방식, 직업, 수입 등 다양한 정보를 수집 정리해보아야 한다.

이런 정보를 제대로 수집하지 못하면 목사는 있지도 않은 필요를 가정하고 목회를 하게 되고, 사람들의 주의를 끌려고 외쳐보지만 그것은 사람들의 삶과는 무관한 설교가 되고만다. 또 필요로 하지도 않는 훈련을 위한 프로그램들을 개발하고 실시해보지만 사람들의 필요를 무시한 것이기에 그 프로그램들도 큰 효과를 보지는 못한다(Hirsh 1990: 15; Barna 1990: 55).

그런데 목사들은 신학교육을 받았지만 그것을 통해 마케팅이나 시장조사의 원리를 배운 적이 없으므로 이와같이 정보수집을 통해 목회현장을 바로 파악해보고 싶어하지만 구체적인 방안을 수립하지 못한다. 교회의 다른 직원들도 시장조사를 할 준비는 되어있지 않다. 그러므로 교회가 시장조사를 통해서 사역을 위한 정보를 수집해서 분석 적용해보려고 해도 그 짐을 지고갈 사람이 없는 것이 보통이다. 그리고 교회는 그 일을 위한 비용도 전혀 예산에 반영하지 않고 있는 것이 현실이다. 심지어 지금의 교인들이 왜 교회에 계속 출석하고있는지를 설명해주는 자료도 없다.[77] 거기다가 교회들은 어떻게 그 지역을 복음화할 수 있을지를 가름할 수 있는 그 교회 나름의 장점이나 저력을 보여주는 정리된 자료들도 마땅하게 가진 것이 없다. 결국 교회는 사역의 열매를 거두기 위해서 그 저력을 충분히 활용하지도 못하고 있는 것이 현실이다(Barna 1990: 24, 64).

물론 여기에 대한 반론도 있을 수 있다. 복음은 변하지 않는 것이고 사람들의 기본적인 필요도 변하지 않는다. 죄인들은 동서고금(東西古今)을 막론하고 누구나 구원을 필요로 하고, 복음은 초시간적인 진리로서 2,000년 동안 변함없이 사람들의 그런 필요를 충족시켜온 것이다. 그러나 우리 시대의 문화와 기술들의 발전은 전혀 새로운 문제들을 불러일으켰고, 오늘의 사람들은 이전의 사람들이 상상할 수도 없었던 필요를 느끼며 살고 있는 것이다(Hirsh 1990: 41). 그러므로 필요의 파악은 복음의 본질을 변화 파괴하려는 것이 아니고, 또 그것이 구원을 얻는데 충분조건이라는 신앙고백을 거부하는 것도 아니다. 이것은 같은 약의 성분을 함유하고 있는 알약이라도 아이들을 위해서는 당의정(糖衣錠)이나 씹어서 먹는 정제(錠劑)를 개발해야 하는 것과 같은 원리와 논리이다. 제약회사들은 이런 원리에서 이미 발명 발견된 약제를 아이들에게 복용시키기 위해서 그 필요를 파악하고 거기에 부합되는 제품들을 개발하여 시판한지 오래 되었는데, 영적인 명약을 가지고 있는 교회가 그 약을 먹어야 하는 사람들의 필요를 제대로 파악하지 못해서 그 약의 보급을 제대로 못하고 있다면 이것은 부끄러운 일이요 크게 반성할 일이라고 할 수밖에 없다.

교회의 시장조사 방법으로 먼저 들 수 있는 것은 그 지역의 유지나 여론을 주도하는 사람들을 찾아내어 정기적인 관계를 유지하는 것이다. 그렇게 함으로써 좋은 정보도 얻고 관심을 갖고 있다는 인상을 주기도 한다. 둘째로는 교인들을 조사대상으로 삼는다. 교회가 그들의 필요를 얼

---

77) William D. Hendricks의 *Exit Interviews*는 교회를 떠나는 현대인들이 말하는 떠나는 이유들을 보여준다. 미국에서 연구한 자료이므로 우리의 현실에 그대로 적용할 수는 없다고 하더라도 충분히 참고자료로서의 가치는 있다고 할 수 있다.

마나 충족시키고 있는지에 대한 피이드백(feedback)을 조사하는 것으로, 각종 예배, 각종 프로그램, 활동, 편의시설 등에 대한 만족도에 대한 설문조사를 실시하고 앞으로의 기대와 희망사항도 함께 조사할 수 있다. 실지로 안으로 만족을 주지 못하는 교회가 성장하리라고 기대한다거나, 밖으로 지역민들의 필요에 바르게 부응하여 사역을 할 수 있으리라고 기대할 수는 없는 것이다. 셋째로 지역사회를 조사대상으로 삼는다. 무작위로 선정된 주민들에게서 교회가 그 지역사회에 어떻게 비치고 있는지, 그리고 그들이 교회로부터 기대하는 것이 무엇인지를 파악하려는 것이다(Barna 1990: 73-75). 덧붙여서 지역의 관공서를 통해 인구조사 보고서를 참고할 수 있을 것이다. 거기에서 인구 이동상황을 파악할 수 있고, 지방의 신문이나 조사기관들, 대학이나 교단의 연구소 등을 통해 지역민들의 태도나 생활방식의 변화, 그리고 당면한 문제들이나 필요에 대한 의견 등을 폭넓게 이해할 수 있을 것이다(Barna 1990: 67).

사업가는 아무도 소비자는 마땅히 이러이러한 상품과 서비스를 필요로 해야 한다는 전제로 상품이나 서비스를 생산하여 제공하지는 않는다. 마땅히 소비자들에게 먼저 주의를 기울이고 그들의 필요 우선의 원리에 입각하여 상품을 생산 유통시키는 것이다. 그런데 교회는 불변의 진리인 복음을 전파해야 하는 필연적 사명을 띠고 있다. 그러나 그것을 어떻게 포장하여 어떻게 전하느냐 하는 것은 사람들을 조사 연구하는 데서 출발하자는 것이다.

목표 수립

앞에서 우리는 교회나 목회의 궁극적 목적은 하나님께 영광을 돌리는 것이라고 하였고, 그것은 사람들을 복음으로 인도하여 교회성장이라는 표면적인 결과로 표출되어야 한다고 했다. 그러나 이러한 목표는 이상에

머무르기 쉽다. 그러므로 교회의 모든 사역이나 활동은 그런 궁극적 목표를 지향하되 좀더 구체적이고 특수한 목표도 있어야 한다. 또 실지로 지도자의 지도력은 목표를 바르게 설정하는데서 먼저 드러날 수 있고, 그렇게 함으로써 구성원들의 폭넓은 호응과 지지를 얻을 수 있는 법이다 (George and Logan 1987: 57). 좋은 목표설정은 구성원들에게 통일된 목표감을 주면서 생산적인 방향으로 그들의 힘을 결집시킬 수 있기 때문에, 그들에게 일의 실행을 위한 강력한 동기를 부여하고 일을 추진하는 강력한 추진력을 줄 수도 있다. 반대로 전략적인 목표가 결여되면 그 사역은 동기유발에도 실패하고 힘을 낭비하게 되며 열악한 결과를 얻게 되는 것은 당연한 결과라 할 수 있다(Van Auken 1989: 39-40).

그런 목표는 미래에 속하는 일이다. 그러므로 교회에서의 목표설정은 신앙고백적 진술이라 할 수 있다(George and Logan 1987: 57). 교회의 현재 상황을 바로 인식하고, 하나님께서 그 교회를 향하여 원하시는 것이 무엇인지를 파악하여 결정하는 것이 목표설정이기 때문이다. 그러나 단순히 ○○○를 하려는 의도가 목표는 아니다. 많은 목회자들이 목적의식을 가지는 것과 목표설정을 혼동하고 있다. 단순히 무엇이 이루어졌으면 하고 바라는 정도로는 그것을 이루는 데까지 이르지는 못하므로 그것은 목표라고 할 수는 없다. 다시 말해서 의미있는 목표는 분명한 결과를 가져오는 특수한 과정인 것이다. 어떤 목적과 그것을 달성하는 구체적인 수단이 분명히 설정되지 않는 한 그 목표설정은 무의미한 것이 되고 만다. 가려는 목적지가 결정되었으면 그리로 가는 길을 구체적으로 보여주는 지도와 이용할 수 있는 교통수단까지 동시에 제시되어야 그 목적지는 의미있는 것이 되기 때문이다(Van Auken 1989: 43). 구체적인 목적지의 결정 없이 떠나는 여행은 가보고 싶은 어느 지역에 이르기를 기대할 수 없고, 또 가야 할 목적지는 결정되었으나 어떻게 그리로 갈 것인지가 제시되지 않고 막연히 '열심히 가다보면 거기에 도달하겠지' 하는 식의 대답밖에 없다면 그 여행은 의미있게 행해질 리가 없다(Hirsh and Pearson 1990: 49-52).

어떤 사역이든 그 목표는 구체적이고 단일해야 한다. 지도자를 중심으로 교회의 사역활동 하나 하나가 어떤 구체적 목표 한가지를 지향하고, 그것으로 한가지 필요를 충족시킬 수 있게 해야 한다. 예를 들면 1시간의 주일 오전 예배를 통하여 신자들을 영적으로 훈련(spiritual discipline)시키고 불신자들을 그리스도에게로 인도하며, 성도의 교제를 활발하게 하고 말씀으로 신자들을 교육 감화시키며, 하나님께는 참된 예배가 드려져서 그에게 영광이 돌려지는 예배를 드린다는 목표를 세운다면, 그것은 거의 도달할 수 없는 목표, 즉 아름답기는 하나 뜬구름을 잡으려는 것과 같은 목표가 되고 만다. 아무도 그리고 어떤 것도 모든 사람에게 모든 것(all things to all men)이 될 수는 없기 때문에 한 가지 단일한 목표를 세우고 나머지 모든 것은 부수적인 목표로 생각해야 하는 것이다. 사람들은 한가지 필요가 철저히 그리고 충분히 충족되기만 해도 끌려오며, 또 다른 필요를 위해 다시 교회를 찾을 것이기 때문이다(Don Cousins et. al. 1990: 79).

목표설정은 최고 지도자가 제시하는 비전이라고도 할 수 있다. 비전이란 현재의 자기(교회)가 처한 자리를 이해하고 어디로 가야 하는지 그리고 어떻게 그리로 가려고 하는지에 대한 하나의 포괄적 이해이기 때문이다(Barna 1990: 80). 그러나 그것은 인간이 세우는 단순한 사업 목표와는 구별되어야 한다. 그것은 하나님께서 보여주시는 아름다운 꿈과 관계되어야 하기 때문이다. 출애굽 시대에 모세가 제시하였던 "젖과 꿀이 흐르는 가나안 땅"이 그런 비전이요, 또 그 먼 여행의 목표설정이었던 것이다. 이처럼 비전과 일치하는 목표설정이 될 때 그 자체가 일을 하는 추진력을 주기도 한다. 또 그것은 난관에 봉착하여 바로 쓰러질 것 같은 때에도

장애물을 극복하고 다음 걸음을 내딛게 하는 내적 힘이 되는 것이다
(Barna 1990: 81).

계획의 수립

구체적 실행계획이 따르지 않는 목표설정은 단순한 꿈에 불과하다고
앞에서 이미 언급했다. "계획은 비전을 현실화시켜주는 과정"(Van Auken
1989: 55)이기 때문이다. 교회경영에 있어서의 계획수립은 그 교회의 현
재와 미래의 상황에 대한 평가와 바람직한 목표와 그 목표에 이르는 전
략을 포함하는 하나의 지침서가 된다. 즉 한 교회가 현재의 모습으로부
터 미래 어느 시점에서의 바람직한 모습에로 변화 발전되어가기 위하여
취할 수 있는 현재와 미래의 활동을 위한 청사진이 계획수립인 것이다
(Barna 1990: 95).

계획을 바로 수립하면 그것은 그 교회의 성장을 가로막는 문제점들을
밝혀내고, 성장을 위하여 이용할 수 있는 기회들을 포착하게 한다. 또 그
것은 비전을 현실화시키는 다리 역할을 하고, 그 교회의 사역의 우선순
위를 결정할 수 있게 해주며, 이미 확보하고 있는 인적 물적 자원들을 최
대한 활용할 수 있게 해주고 수행하는 일의 책임소재를 분명하게 해준다
(Barna 1990: 96).

마지막으로 계획수립 과정에서 주의할 점들을 살펴보자. 계획은 현실
에서 출발하여 설정된 목표에로 이행되어가는 과정이므로 그 교회의 전
체 사역목적과 일관성이 있어야 한다. 그리고 계획은 마케팅의 첫 단계
에서 교인들과 지역 공동체에 관하여 얻은 바 자료와 정보들을 충분히
활용하여 수립되어야 한다. 그리고 구체적인 전략을 수립함으로써 계획
은 완성된다(Barna 1990: 97-99). 건전한 전략은 효율성과 적합성, 도덕성
과 신학적 성서적 타당성까지 갖추어야 함도 잊어서는 안 될 것이다.

계획의 실행

목표설정과 계획수립이 아무리 잘 되었다고 하더라도 그것이 실행되지 않으면 목표는 달성되지 아니하고 비전은 공염불에 불과하게 된다. 예를 들어 삶의 변화를 촉구하는 설교를 듣고 회중은 동의의 표시로 고개를 끄떡인 뒤 교회를 떠난다. 그러나 그들의 태도나 행동에는 아무런 변화없이 그대로 살아간다. 이런 현상은 설교자에게는 맥빠지는 일이고 회중은 자신이 성장할 기회를 잃게 된다. 이것은 실천이 따르지 않기 때문인데 그 이유는 여러 가지가 있을 수 있다. 제시한 목표가 너무 추상적이어서 현실화될 가능성이 없는 경우가 그 첫째 이유로 등장할 수 있고, 회중이 그런 타성에 젖어있어서 고개만 끄덕이는 것으로 만족하는 것이 그 이유일 수 있다. 사람은 습관의 노예가 되기 쉬운 존재이기 때문이다. 그러나 회중의 그런 문제까지도 목사가 전략적으로 타개해 나가야 할 문제이다(Barna 1990: 120).

하여간 교회경영이 성공적으로 이루어지려면 목표설정과 계획수립 과정에 회중들이 동참하여 그 일이 남의 일이 아니라 자신의 일이요, 자기에게 주어진 사명이라는 확신을 가지고 일할 수 있게 해야 한다. 혼자서 일방적으로 의사결정을 하면 결정을 빨리 내릴 수는 있다. 그러나 그 실행은 늦어질 수밖에 없고, 난관에 봉착할 확률도 높다. 여러 사람이 참여하여 일치된 의견을 도출하는 것은 훨씬 많은 시간을 요하고 결정과정도 어려울 수 있다. 그러나 그것은 더 큰 협력과 헌신이라는 보상을 얻을 수 있는 길을 열어준다(Van Auken 1989: 12). 이것은 목사의 지도력의 약화를 의미하기보다는 오히려 유능한 지도력을 필요로 하고 드러내는 길이 된다.

또 계획이 수립된 뒤에는 그 일을 책임있게 추진할 지도자나 위원회가 결정될 필요도 있다. 목사가 무슨 일에나 자동적으로 그 책임을 지는 것은 결코 바람직한 일이라고 할 수는 없다. 물론 다른 인적 자원이 없는 작은 교회라면 달리 무슨 길이 없을 것이다. 그러나 도움을 줄 수 있는 다른 사람들이 있다면 그들에게 책임을 위임하는 것도 고려해야 한다는 말이다.

마케팅의 4가지 요소

성공적인 마케팅을 위해서는 먼저 소비자의 필요를 충족시켜주면서 생산자나 공급자의 목표를 성취시켜주는데 필요한 상품(product)이나 서비스가 있어야 한다. 둘째로 그런 상품이나 서비스를 고객에게 전달해주는 장소(place)가 필요하다. 셋째로 그 상품의 성질과 효용가치를 알리는 홍보활동(promotion)이 있어야 하고, 마지막으로 경쟁에서 이길 수 있는 가격(price)이 결정되어야 한다(Barna 1990: 43).

그러면 교회경영에서 교회가 제공할 수 있는 상품(product)은 무엇일까? 그것을 쉽게 "복음"이라고 대답하고, 구체적으로는 예수 그리스도 또는 전도의 내용 등이 그 상품이라고 할 수 있다. 그러나 교회가 가진 가장 실제적인 상품은 "관계"라고 할 수 있다. 그 관계는 삶을 변화시키는 예수 그리스도와의 개인적인 관계를 말한다. 우리의 하나님과의 관계도 이런 예수 그리스도와의 관계를 통해서 가능해진다. 그리고 우리의 삶의 목적은 하나님을 사랑하고 신뢰하며 그를 섬김으로써 그를 영화롭게 하는 것이다.

교회가 가진 상품을 관계라고 보는 것은 성서적인 대답인가? 초대교회가 경험한 것을 토대로 고찰하면 이런 주장이 성서적임을 알 수 있다. 사도행전 4장에서 주님과의 관계가 바르게 정립된 성도들은 서로의 필요를 돌아봄으로써 교회는 든든히 세워져갔다. 그들의 영적인 자원(주님과의 관계)은 물론이고 물질적 재물까지도 공동의 유익을 위해 나눈 것이다. 예수님의 사역을 보면 그는 사람들과 관계를 맺어가는 전문가였다. 그렇게 함으로써 그는 구원의 선물을 그들에게 나누어줄 수 있었다. 그는 교회의 집회에 참석하라고 사람들을 초대한 적이 없었고, 베드로에게 교회학교를 시작하라고 권하지도 않으셨다. 그는 사마리아 우물가에서 만난 여인과 맺은 개인적인 관계를 통해 인생의 좀더 깊이있는 영적인 이야기에까지 발전시켰고 결국 그 여인을 구원의 길로 인도할 수 있었다. 이것이 예수께서 친히 택하셨던 방법이었다(Barna 1990: 51-52). 그러므로 우리가 예수 그리스도와 맺고있는 관계가 우리가 보여주고 전해줄 수 있는 제1의 상품이고, 다른 사람들과 사랑으로 맺고 있는 관계는 거기에서 파생된 부차적 상품이라고 할 수 있다.

둘째로는 그 상품을 진열하고 전파하는 장소(place)를 생각해보자. 많은 사람들은 그 장소를 목사가 교회 건물을 중심으로 펼치는 일과 관련시켜 생각한다. 그러나 이것은 우리가 버려야 할 편협한 생각이다. 성도들은 흩어진 교회로서 가는 곳 어디에서나 기독인으로 살고 활동한다. 성도는 가는 곳 어디에서나 활동하는 교회(the church in action)로서 그리스도의 홍보용 광고판이 되어야 하는 것이다. 우리는 어디에서나 사람들과 만나고 있으며, 항상 그리스도와의 관계에서 끊어지지 않고 있다. 이런 의미에서 우리의 교회로서의 활동에 지리적 물질적 한계가 있을 수 없다. 물론 교회의 건물은 성도의 생활에서 중요한 역할을 담당한다. 성도들의 제1의 상품(그리스도와의 관계)이 형성되고, 표적 고객(target consumer)들이 영적으로 성장하도록 하는 일들이 주로 거기에서 이루어지기 때문이다. 그러나 교회의 사역의 장(場)을 교회 건물의 벽 안에 제한해둘 수는 없다. 성도가 한 사람이라도 있는 그곳은 이미 교회의 사역이 이루어지는 자리이기 때문이다(Barna 1990: 52).

이런 의미에서 교회경영으로서의 목회 사역을 목사의 전유물로 생각하는 것도 버려야 할 사고에 속한다. 모든 성도가 함께 그리스도의 이름으로 일하는 사역자들이요, 그의 대사들이기 때문이다(벧전 4:10-11). 단지 목사는 그런 일군들이 효과적으로 일할 수 있도록, 그래서 최상의 가치를 창출해내도록 돕고 지도하는 경영자에 불과한 것이다.

셋째 요소는 교회가 가진 그 상품의 성질과 가치를 널리 알리는 일 (promotion)이다. 보고된 연구결과들에 따르면 신문이나 방송을 통한 교회의 홍보활동이나 선교활동은 효과적인 방법이 못된다. 교회 앞에 세운 교회 안내 표시판도 마찬가지이다. 가장 신뢰할 수 있는 홍보방법은 믿을만한 사람이 평소에 관계를 맺고 사는 사람들에게 개인적으로 천거하고 권면하는 것이라고 보고되고 있다. 우리가 보급 확산시켜야 하는 상품이 예수 그리스도와의 직접적인(personal) 관계라고 할 때, 그것을 널리 보급 확산시키는 가장 효율적인 방법은 성도들이 이미 맺고 있는 그 관계를 실제적으로 활용하는 것이라는 뜻이다. 우리의 입을 통한 광고와 생활모습을 통한 광고가 교회의 가장 적절하고 효율적인 홍보방법인 것이다(Barna 1990: 53).

마지막 요소는 그런 관계를 자기 것으로 받아들이는 사람들이 치러야 할 값(price)이다. 물론 복음, 곧 그리스도와의 관계는 값없이 누구에게나 은혜로 주어진다. 그러나 받는 사람 편에서는 본훼퍼(Bonhoeffer)의 말대로 비싼 대가를 치르고 받는 은혜(costly grace)여야 한다. 이것은 성서와 교회역사가 실증해주고 있는 진리이다. 이런 의미에서 교회의 사역이 요구하는 대가는 헌신(commitment)이다. 교회는 그리스도와의 관계를 새롭게 받아들이는 사람들에게 전적이고 개인적인(total and personal) 헌신을 요구하는 것이다. 물론 교회에 등록하고 교회의 일원이 되면 재정적인 동참(헌금)도 요구한다. 그러나 주님께서 요구하는 진정한 투자는 지갑으로부터의 투자가 아니라 마음으로부터 나오는 투자요, 삶의 모든 영역에 걸친 투자임을 잊어서는 안 된다(Barna 1990: 54).

이상의 네가지 요소가 잘 조화되면 그 교회의 마케팅으로서의 교회경영은 성공할 것이다. 결국 목표는 달성되고, 가시적으로 교회는 성장하며 궁극적으로는 하나님께서 기뻐하시는 교회로 발전할 것이다. 목사는 교회의 경영을 책임진 지도자로서 모든 성도가 함께 협력하여 일할 수 있게 조정자 역할을 잘 감당함으로써 이 네가지 요소를 조화롭게 만들 수 있을 것이다.

결과에 대한 평가와 반성

효과적인 교회경영은 현재의 상황을 바르게 평가하여(evaluating) 그것을 기초로 목표를 설정하고(goal-setting), 계획을 수립하여(planning) 그것을 실행에 옮김으로써(implementing) 확립된다. 그것을 쉽게 도식화하면 아래와 같이 표시할 수 있다(George and Logan 1987: 72).

$$E \rightarrow G \ \& \ P \rightarrow I$$

그리고 이런 과정은 한번으로 종결되는 과정이 아니고 반복 실행되어야 하는 과정이다. 이렇게 함으로써 시행착오를 최소화하고 과거의 영광스러운 날을 되씹고 자랑하며 안주하려는 교회를 일깨워 당면하는 필요를 늘 충족시켜주면서, 계속 앞에 보이는 아름답고 위대한 꿈을 바라보며 그 꿈을 자랑으로 삼고 나아가게 할 수 있다. 이렇게 될 때 과거에 대한 집착은 현재의 필요와 미래의 아름다운 꿈에 밀리어 사라져버린다. 실지로 대부분의 목사들은 사람들이 과거의 일들을 생생히 기억하고 있고 거기에서 파생된 문제들을 안고 있는 교회에 부임한다. 그런 상황에서 교회를 과거지향적 교회에서 미래지향적 교회로 탈바꿈하게 하는 것은 반드시 필요한 과정이요, 주어진 상황에서 앞에서 언급한 책임있는 지도자의 모습을 신실하게 견지함으로써 신뢰도를 쌓음으로 가능해진다(Don Cousins et. al. 1990: 66-70).

성공적인 교회경영을 하려는 지도자나 교회는 융통성과 적응성을 갖춘 태도를 가져야 한다. 교회를 경영하는 단일하면서 바른 하나의 길(a single right way)을 찾을 수 없기 때문이다. 교회마다 형편이 다르므로 그 교회가 가진 특수성(uniqueness)을 항상 감안하지 않으면 안 되는 것이다(Barna 1990: 18). 교파나 지역에 따라 다를 수밖에 없고 같은 교단 같은 지역에 속한 교회들 간에도 그 주변 여건이나 구성원인 교인들의 형편에 따라 각기 다른 것은 마치 이 세상에 결코 꼭같은 개미가 두 마리 존재할 수 없다는 것과 같다. 따라서 교회경영을 위해 경영의 일반원리를 도입 운용하는 것은 당연한 일이지만 어디에서나 액면 그대로 적용해도 좋은 그런 영구불변의 진리로서의 원리는 아니기 때문에 그 교회에 적합하도록 수정 보완 적용되어야 할 것이다.

오늘의 시대에 살아남아 발전하기 위해서는 교회경영론을 도입해야 한다고 해서 도덕성이나 신학적 건전성을 도외시하고 복음을 문화에 타협시켜야 한다는 말은 결코 아니다. 또 교회의 사역을 가능케 하시는 분은 성령이심을 믿고, 최상의 경영기술을 발휘해도 성령의 역사하심이 없으면 아무 것도 아니라는 확신을 바탕으로 일을 해야 한다. 교회의 사역은 고임금이나 승진, 명성을 미끼로 추진되는 것이 아니라, 예수께서 하신 것처럼 "나를 따르라" "나를 본받으라"고 하면서 말씀과 성령의 인도하심에 순종하는 지도자가 앞서서 모범을 보일 때 가능해진다. 성령께서는 건전한 경영기술을 무조건 물리치시지 않고 운용하게 하시되, 하나님의 뜻과 성령의 인도 역사하심에 순종하려는 사람들을 통하여 교회의 목회사역이 효과적으로 바르게 행해지도록 하실 것이다. 따라서 교회경영을 책임진 사람들은 반드시 하나님의 뜻과 역사하심에 순종하는 순종적 태도부터 갖추지 않으면 안 된다. 앞서 거론한 이런 모든 것이 질서있고 조화롭게 행해질 때 교회경영은 성공적이라 평가할 수 있을 것이다.

참고서적

곽선희. "현대 설교의 특징과 고려해야 할 사항들," **한국교회 2세기의 과제: 예 배 설교 선교**(제6회 연세대 목회자 신학 세미나 강의집) 연세대학교 & 유니온 학술 자료원. 1986.

김상복. **목회자의 리더십.** 서울: 도서출판 엠마오. 1987.

김재은. **우리의 청소년: 그들은 누구인가?** 서울: 교육 문화사. 1996.

박성남. "리더를 키워라," **청년 대학부를 살려라.**(홍정길 외 14인 지음) 서울: 도서출판 두란노. 1996.

박은규. "예배 신학," **현대교회의 예배와 설교**(제9회 연신원 목회자 신학 세미나 강의집) 연세대학교 & 유니온 학술 자료원. 1989.

송길원. **가정을 허무는 여우를 잡으라.** 서울: 도서출판 두란노. 1994.

윤주병. **종교교육과 청소년 지도.** 서울: 카톨릭 대학교 출판부. 1989.

은준관. "한국교회의 바람직한 예배," **현대교회의 예배와 설교**(제9회 연신원 목회자 신학 세미나). 1989.

이문균. "21세기 사회 환경의 변화와 목회", **21세기와 목회.** 한남대학교 기독 교 문화 연구소 편. 서울: 도서출판 한들. 1999.

이성희. **미래 목회 대 예언.** 서울: 규장문화사. 1998.
         미래 사회와 미래 교회. 서울: 기독교서회. 1996.

이용원. **무엇을 믿을까요?** 서울: 한국 장로교 출판사. 2004.

이장식. **평신도는 누구인가?** 서울: 대한 기독교 출판사. 1980.

이한겸. **경영학 개론.** 서울: 형설출판사. 1994.

임광진. **청소년 문화운동의 현장.** 서울: 집문당. 1994.

전성철. **안녕하십니까? 전성철입니다.** 서울: 중앙 M & B. 1999.

주승중. "설교 형태의 연구" **21세기와 목회**(한남대학교 기독교 문화 연구소 총서 2집). 서울: 도서출판 한들. 1999.

주재용. "종교개혁자들의 예배," **현대교회의 예배와 설교**(제9회 연신원 목회자

신학 세미나 강의집(1989.

최영기. **가정교회로 세워지는 평신도 목회.** 서울: 도서출판 두란노. 1999.

황성철. "전통적 구역 제도의 기여와 한계" **목회와 신학.** 83권(1996년 5월호)

Anderson, Leith. *A Church for 21st Century.* Minneapolis, Minnesota: Bethany House Publishers. 1992.

———————— *Dying for Change.* Minneapolis, Minnesota: Bethany House Publishers. 1990.

———————— 이용원 역. **목회학.** 서울: 도서출판 소망사. 2000.

———————— *Circles of Influence.* Chicago: Moody Press. 1991.

Anderson, Andy and Lawson, Linda. *Effective Methods of Church Growth.* Nashville, Tennessee: Broadman Press. 1985.

Anthony, Michael J. *Introducing Christian Education.* Grand Rapids, Michigan: Baker Academic. 2001.

Barna, George. *The Habits of Highly Effective Churches.* Ventura, CA.: Regal Books. 1999.

———————— *Leaders on Leadership.* Ventura, CA: Regal Books. 1997.

———————— *Evangelism that Works.* Ventura, CA.: Regal Books. 1995.

———————— *Today's Pastors.* Ventura, CA.: Regal Books. 1993.

———————— *User Friendly Churches.* Ventura, California: Regal Books. 1991.

———————— *Marketing the Church.* Colorado Springs, Colorado: NAV Press. 1990.

Benson, Dennis C. *The Visible Church.* Nashville, Tennessee: Abingdon Press. 1988.

Bisagno, John R. *How to Build an Evangelistic Church.* Nashville, Tennessee: Broadman Press. 1971.

Borgman, Dean. *When Kumbaya is not enough: A Practical Theology for Youth Ministry.* Peabody, MA.: Hendrickson Publishers. 1997.

Boshers, Bo. *Student Ministry for the 21st Century.* Grand Rapids, Michigan: Zondervan Publishing House. 1997.

Bush, Luis & Lutz, Lorry. *Partnering in Ministry:* The Direction of World Evangelism.

Downers Grove, Ill.: Inter Varsity Press, 1990.

Calahan, Kennon L. *Twelve Keys to an Effective Church.* San Francisco: Harper & Row
        Publishers. 1983.

Cedar, Paul, Hughes, Kent, and Patterson, Ben. *Mastering the Pastoral Role.* Portland,
        Oregon: Multnomah Press. 1991.

Chandler, Russell. *Racing toward 2001.* Grand Rapids, Michigan: Zondervan Publishing
        House. 1992.

Clinton, J. Robert. "How to Look at Leadership," *Theology News and Notes*(XXVI)
        Pasadena: Fuller Theological Seminary. June 1989.

_____ *The Making of a Leader.* Colorado Springs, Colorado: NAV Press.
        1988.

Cousins, Don; Anderson, Leith; Dekruyter, Arthur. *Mastering Church Management.*
        Portland, Oregon: Multnomah. 1990.

Damazio, Frank. *The Making of a Leader.* Portland, Oregon: City Bible Publishing. 1988.

Farris, Lawrence W. *Ten Commandments for Pastors New to a Congregation.* Grand
        Rapids, Michigan: William B. Eerdmans Publishing Company. 2003.

Fields, Doug. *Purpose-Driven Youth Ministry.* Grand Rapids, Michigan: Zondervan
        Publishing House. 1998.

Fisher, David. *The 21st Century Pastor.* Grand Rapids, Michigan: Zondervan Publishing
        House. 1996.

Fulenwider, Ray. *The Servant-Driven Church.* Joplin, Missouri: College Press Publishing
        Company. 1997.

Garland, Diana S. Richmond and Pancoast, Diand L. *The Church's Ministry with Families.*
        Dallas: Word Publishing. 1990.

George, Carl F. *Prepare Your Church for the Future.* Grand Rapids, Michigan: Fleming
        H. Revell. 1992.

_____ (with Warren Bird), *How to Break Growth Barriers.* Grand Rapids,
        Michigan: Baker Book House. 1993.

George, Carl F. and Logan, Robert E. *Leading and Managing Your Church.* Grand
        Rapids, Michigan: Fleming H. Revell. 1987.

Gets, Gene A. & Wall, Joe L. *Effective Church Growth Strategies*. Nashville, Tennessee: Word Publishing. 2000.

Gibbs, Mark & Morton, T. Ralph. God' s Frozen People. 김성환 역. **오늘의 평신도와 교회**. 서울: 대한 기독교 출판사. 1979.

Hall, Eddy & Morsch, Gary. *The Lay Ministry Revolution*. Grand Rapids, Michigan: Baker Books. 1995.

Halverson, Delia. *The Nuts and Bolts of Christian Education*. Nashville, Tennessee: Abingdon Press. 2000.

Hayford, Jack W. *God' s Principles for Spiritual Leaders*. Nashville, Tennessee: Thomas Nelson Publishers. 1944.

Hebbard, Don W. *The Complete Handbook for Family Life Ministry in the Church*. Nashville, Tennessee: Thomas Nelson Publishers. 1995.

Hemphill, Ken S. *The Antioch Effect*. Nashville, Tennessee: Broadman & Holman Publishers. 1994.

Hendricks, William D. *Exit Interviews*. Chicago: Moody Press. 1993.

Hirsh, Robert D. and Pearson, John W. *Marketing Your Ministry*. Brentwood, Tennessee: Wolgewuth & Hyatt Publishers, Inc. 1990.

Icenogle, Gareth Weldon. *Biblical Foundations for Small Group Ministry*. Downers Grove, Ill.: InterVarsity Press. 1994.

Johnson, Douglas W. *Vitality Means Church Growth*. Nashville, Tennessee: Abingdon Press. 1989.

Johnson, Ray. *Help! I' m a Sunday School Teacher*. Grand Rapids, Michigan: Zondervan Publishing House. 1995.

Johnson, Talmadge and Toler, Stan. *Rediscovering the Sunday School*. Kansas City, Missouri: Beacon Hill Press of Kansas City. 2000.

Kouzes, James M. and Posner, Barry Z. *The Leadership Challenge*. San Francisco: Jossey-Bass Publishers. 1987.

Kraemer, Hendrik. 유동식 역. **평신도 신학과 교회 갱신**. 서울: 평신도 신학 연구소. 1994.

Lee, Blaine. 정성민 역. **지도력의 원칙**. 서울: 김영사. 1999.

Leman, Kevin. *Keeping Your Family Together When the World Is Falling Apart.* Colorado Springs, Colorado: Focus on Family Publishing. 1992.

Logan, Robert E. & Short, Larry. *Mobilizing for Compassion: Moving People into Ministry.* Grand Rapids, Michigan: Fleming H. Revell. 1994.

Ludwig, Glenn E. *Creative Leadership Series: Keys to Building Youth Ministry.* Nashville, TN.: Abingdon Press. 1988.

Lutzer, Erwin W. *Pastor to Pastor.* Grand Rapids, Michigan: Kregel Publishers. 1998.

Lutzer, Erwin W. and Devries, John F. *Satan's Evangelistic Strategy for This New Age.* Wheaton, Ill.: Victor Books. 1989.

MacArthur, Jr, John F. *The Master's Plan for the Church.* Chicago: Moody Press. 1991.

Malphurs, Aubrey. *The Dynamics of Church Leadership.* Grand Rapids, Michigan: Baker Book House. 1999.

_____ *Planting Gowing Churches for the 21st Century.* Grand Rapids, Michigan: Baker Book House. 1992.

Maxwell, John C. *The 21 Indispensible Qualities of a Leader.* Nashville, Tennessee: Thomas Nelson Inc. 1999.

McBride, Neal F. *How to Lead Small Groups.* Colorado Springs, Colorado: NAV Press. 1990.

_____ *How to Build a Small Groups Ministry.* Colorado Springs, Colorado: NAV Press. 1995.

McDill, S. R. & McDill, Linda. *Dangerous Marriage.* Grand Rapids, Michigan: Fleming H. Revell. 1999.

Means, James E. *Effective Pastors for a New Century.* Grand Rapids, Michigan: Baker Books. 1993.

_____ *Leadership in Christian Ministry.* Grand Rapids, Michigan: Baker Books. 1989.

Miller, Calvin. *The Empowered leader.* Nashville, Tennessee: Broadman & Holman Pulishers. 1995.

Minirth, Frank; Meier, Paul; Newman, Brian; Congo, David. *What They don't Teach You in Seminary.* Nashville, Tennessee: Thomas Nelson Publishers. 1993.

Moberg, Daniel O. *The Church as a Social Institution*. Grand Rapids. Michigan: Baker Book House. 1984.

Nicolas, Ron, Baker, Steve, Johnson, Judy, Malone, Rob, and Whallon, Doug. 신재구 역. 소그룹 운동과 교회 성장. 서울: 한국 기독 학생회 출판부. 1986.

Pelt, Rich van. 오성춘, 오규훈 역. 사춘기 청소년들의 위기 상담. 서울: 한국 장로교 출판사. 1995.

Powers, Bruce P. *Christian Leadership*. Nashville, Tennessee: Broadman Press. 1979.

Prior, Kenneth. *Perils of Leadership*. Downers Grove, Illinois: InterVarsity Press. 1990.

Rainer, Thom S. *High Expectations*. Nashville, Tennessee: Broadman & Holman Publishers. 1999.

_____ *Effective Evangelistic Churches*. Nashville, Tennessee: Broadman & Holman Publishers. 1996.

_____ *The Book of Church Growth*. Nashville, Tennessee: Broadman & Holman Publishers. 1993.

Reid, Clyde. 정장복 역. 說敎의 危機. 서울: 대한 기독교 출판사. 1982.

_____ 전용섭 역. 소그룹이 살면 교회가 산다. 서울: 쿰란 출판사. 1996.

Reid, Daniel G. ed. *Dictionary of Christianity in America*. Downer Grove, Ill.: InterVarsity Press. 1995.

Rice, Wayne. *Junior High Ministry*. Grand Rapids, Michigan: Zondervan Publishing House. 1998.

Roadcup, David. "행사계획 수립의 필수요인," 청소년 목회 방법론. ed. by David Roadcup. 김국환 역. 서울: 성광 문화사. 1991.

Sanders, J. Oswald. *Spiritual Leadership*. Vol. I. Chicago: Moody Bible Institute. 1994.

Slocum, Robert E. *Maximize Your Ministry*. Colorade Springs: Nav Press. 1990.

Smith, Donald P. *How to Attract and Keep Active Church Members*. Louiville, Kentucky: Westminster and John Knox Press. 1992.

Southard, Samuel. *Training Church Members for Pastoral Care*. Valley Forge, PA: Judson Press. 1982.

Steinbron, Melvin J. *The Lay Driven Church*. Ventura, CA: The Division of Gospel Light. 1997.

Sturkie, Joan and Tan, Siang-Yang. *Advanced Peer Counseling in Youth Groups*. Grand Rapids, Michigan: Zondervan Publishing House. 1993.

Terry, John Mark; Smith, Ebbie & Anderson, Justice ed. *Missiology*. Nashville, Tennessee: Broadman & Holman Publishers, 1998.

Underwood, Jonathan. "청소년 사역에서의 소그룹 활용," **청소년 목회 방법론**. ed. by David Roadcup. 김국환 역. 서울: 성광 문화사. 1991.

Van Auken, Philip M. *The Well-Managed Ministry*. Wheaton, Ill.: Victor Books. 1989.

Warren, Rick. *The Purpose Driven Church*. Grand Rapids, Michigan: Zondervan Publishing House. 1995.

Whybrew, Lyndon E. *Minister, Wife and Church: Unlocking the Triangle*. Washington D.C.: The Alban Institute, Inc. 1984.

Wagner, C. Peter. *Your Spiritual Gifts Can Help Your Church Grow*. Ventura, CA: Regal Books. 1994.

Wiersbe. Warren W. & David W. *Ten Power Principles for Christian Service*. Grand Rapids, Michigan: Baker Books. 1997.

Willimon, William H. *What's Right with the Church*. San Francisco: Harper & Row Publishers. 1985.

Wuthnow, Robert. *Christianity in the 21st Century*. New York: Oxford University Press. 1993.

21세기의 목회를 꿈꾸는 사람들을 위한 책

21세기 목회학

초판 01쇄 발행 2005. 08. 05.
초판 03쇄 발행 2019. 09. 05.

지은이 이용원
펴낸이 방주석
펴낸곳 도서출판 소망
주 소 10252 경기도 고양시 일산동구 고봉로 776-92
전 화 031-977-4231
팩 스 031-977-4232
이메일 Somangsa77@daum.net
창립일 1977년 5월 11일
등 록 (제48호) 2015년 9월 16일

ISBN   978-89-7510-016-2 93230
책값은 뒤표지에 있습니다.

도서출판 소망은 말씀과 성령 안에서 기도로 시작하며
영혼이 풍요로워지는 책을 만드는 데 힘쓰고 있으며,
문서선교 사역의 현장에서 하나님나라의 비전을 넓혀가겠습니다.

나의 힘이신 여호와여 내가 주를 사랑하나이다(시 18:1)